धंधा

धंधा

गुजराती कारोबार कैसे करते हैं

शोभा बोन्द्रे

अनुवाद : डॉ. सुधीर दीक्षित

पेंगुइन बुक्स
पेंगुइन रैंडम हाउस इम्प्रिंट

पेंगुइन बुक्स

यूएसए | कनाडा | यूके | आयरलैंड | ऑस्ट्रेलिया | सिंगापुर
न्यू ज़ीलैंड | भारत | दक्षिण अफ्रीका | चीन

पेंगुइन बुक्स, पेंगुइन रैंडम हाउस ग्रुप ऑफ कम्पनीज़
का हिस्सा है जिसका पता global.penguinrandomhouse.com पर मिलेगा

पेंगुइन रैंडम हाउस इंडिया प्रा. लि.,
चौथी मंजिल, कैपिटल टावर -1, एम जी रोड,
गुड़गांव-122002, हरियाणा, भारत

पेंगुइन
रैंडम हाउस
इंडिया

इस पुस्तक को अंग्रेज़ी में रैण्डम हाउस इंडिया द्वारा 2013 में पहली द्वारा प्रकाशित किया गया।
प्रथम हिंदी संस्करण 2014 में प्रकाशित
यह हिंदी संस्करण 2018 में प्रकाशित
शोभा बोन्दे द्वारा लिखित पुस्तक का हिन्दी अनुवाद इसी पुस्तक
के अंग्रेज़ी अनुवाद से किया गया है, जिसकी अनुवादक शलाका वालिम्बे हैं।

10 9 8 7 6 5 4 3

सहयोगी प्रकाशक

MANJUL

मंजुल पब्लिशिंग हाउस
द्वितीय तल, उषा प्रीत कॉम्पलेक्स 42 मालवीय नगर, भोपाल - 462003
7/32, भू तल, अंसारी रोड़ दरियागंज, नई दिल्ली - 110002
www.manjulindia.com

ISBN 9788184005479

हिन्दी अनुवादः डॉ. सुधीर दीक्षित
मुद्रकः रेप्रो इंडिया लिमिटेड

www.penguin.co.in

FSC
www.fsc.org
MIX
Paper from responsible sources
FSC® C047271

This is a legitimate digitally printed version of the book and therefore might not have certain extra finishing on the cover.

अनुक्रमणिका

आमुख

शोभा बोंद्रे की लिखी यह प्रशंसनीय पुस्तक पाकर ख़ुशी हुई। इसमें सफलता की जो कहानियाँ बताई गई हैं, उनमें गुजराती संस्कृति और साहस को महिमामंडित किया गया है। मुश्किल परिस्थितियों का डटकर सामना करने और उद्यमिता के संसार में प्रवेश करने के तरीक़े अनूठे और विविध हैं। सफलता के लिए जिन गुणों, तरकीबों और सहनशक्ति की ज़रूरत होती है, वे गुजरातियों के सहज–स्वाभाविक कारोबारी भाव हैं – कठोर मेहनत और श्रम करने की आदत – जब तक कि प्रगति और सफलता की राह न मिल जाए।

गुजरातियों की ज़बर्दस्त सफलता के कई कारण हैं। उनकी तीक्ष्ण बुद्धि, प्रबल इच्छा शक्ति और कड़ी मेहनत की अविश्वसनीय क्षमता। सफलता ने उनमें दृढ़ जीवन मूल्य और समाज के प्रति ज़िम्मेदारी का अहसास कूट–कूट कर भरा है। परवाह करने वाला नज़रिया और सहृदय नीति उनके पेशेवर व्यवहार और सेवा के प्रति समर्पण में साफ़ झलकती है। एक बार जब चुनौती को स्वीकार कर लिया जाता है, तो फिर पीछे पलटकर देखने का प्रश्न ही नहीं होता – आत्मविश्वास एक ऐसा गुण है, जिसे संजोकर रखा जाता है और यह जीवन भर काम आता है।

इस पुस्तक में शामिल लोगों में वह दयाभाव, लोकप्रियता और साहस है, जिसकी गुजराती संस्कृति में अपेक्षा की जाती है। ईमानदारी और आशाएँ, संबंधों का सम्मान और व्यवहार में निष्पक्षता एक दूसरे की सफलता की मार्गदर्शक शक्तियाँ हैं। सजीव भाषा और गर्मजोशी भरे शब्दों में इन सभी का चित्रण किया गया है, जो हर दिल को छूने वाला है।

मैं रैंडम हाउस इंडिया को इस सार्थक प्रकाशन के लिए बधाई देता हूँ। साथ ही मराठी ग्रंथालय संघ को भी धन्यवाद देता हूँ, कि उन्होंने इस पुस्तक के मूल संस्करण को बेस्ट बुक अवॉर्ड दिया।

मुझे आशा है कि यह पुस्तक सभी लोगों को विशेष पहचान बनाने और एक सूत्र में बँधने के गुजराती तरीक़े से जीवन में आगे बढ़ने के लिए प्रेरित करेगी।

(नरेन्द्र मोदी)
मुख्यमंत्री, गुजरात

प्रस्तावना

जब कोई गुजरात के एक छोर से दूसरे छोर तक की यात्रा करता है, तो उसे पता चलता है कि पुराने ज़माने में राजाओं ने ग़रीबी से शुरुआत करके अपने विशाल साम्राज्य बनाए थे। आज गुजरात के व्यवसायी अपने कारोबारी साम्राज्य बनाकर इतिहास को दोहरा रहे हैं।

कारोबारी निपुणता एक ऐसा गुण है जो गुजरातियों में जन्मजात नज़र आता है। ऐसा लगता ही नहीं है कि उन्हें इसे सीखने की ज़रूरत होती है। क्या आप जानते हैं कि रणछोड़लाल छोटालाल नामक गुजराती ही कपड़ा उद्योग को भारत में लाए थे? कि यह गुजरात के गोंडल महाराज थे जिन्होंने अँग्रेज़ों के साथ मिलकर रेल की पटरियाँ बिछाई थीं? ये उदाहरण आपको बताते हैं कि किस तरह कारोबार की ललक गुजराती समुदाय की धमनियों में लहू की तरह बहती है।

इस पुस्तक में शोभा गुजराती व्यावसायिक समुदाय के कुछ शिरोमणियों की जीवनगाथा पर प्रकाश डालती हैं। ये ऐसे लोग हैं, जिन्होंने सिर्फ़ अपने लिए ही नहीं, बल्कि देश के लिए भी दौलत कमाई। ये ऐसे लोग हैं, जिन्होंने सिर्फ़ धन ही नहीं, बल्कि नाम भी कमाया।

हमें आशा है कि यह पुस्तक दुनिया भर के लोगों के लिए गर्व और प्रेरणा का स्त्रोत बनेगी।

(अमिताभ बच्चन)
ब्रॉन्ड एम्बैसेडर, गुजरात पर्यटन

हीरे सदा के लिए है

भीमजीभाई पटेल

1974 की बात है। मुंबई के ब्रिटिश हाई कमिशन में यह एक व्यस्त दिन था। मैं क़तार में लगे सैकड़ों लोगों में से एक था। मैं वहाँ अपने पासपोर्ट पर ब्रिटिश वीज़ा का ठप्पा लगवाने के लिए आया था। क़तार कछुए की गति से धीरे–धीरे सरक रही थी। आख़िरकार, मेरी बारी आ ही गई। मैंने काउंटर पर बैठे अँग्रेज़ अफ़सर को अपने क़ागज़ात थमा दिए।

उसने मेरे क़ागज़ात पर नज़र डाली और अँग्रेज़ी में पूछा, 'तुम इंग्लैंड क्यों जाना चाहते हो?'

मेरे मुँह से एक शब्द भी नहीं निकला। निकलता भी कैसे, मैं पूरी ज़िंदगी में पंद्रह दिन भी स्कूल नहीं गया था, इसलिए ज़ाहिर है, मुझे अँग्रेज़ी का एक शब्द भी नहीं आता था।

मैंने विनम्रता से आग्रह किया, 'साहब, गुजराती मा बोलो।'

उसने चिढ़कर मुझे देखा और अँग्रेज़ी में सवालों की बमबारी करने लगा – 'क्या तुम इंग्लैंड में किसी को जानते हो? तुम इंग्लैंड में रहोगे कहाँ? तुम्हारे जाने का उद्‌देश्य क्या है?'

मैं नहीं जानता था कि क्या कहूँ, इसलिए मैंने एक बार फिर दोहरा दिया, 'भाई, मेहरबानी करके गुजराती में बोलो।'

उसने अँग्रेज़ी में सवालों की झड़ी लगा दी और मैं उससे गुजराती में बोलने का आग्रह करता रहा। यह कुश्ती कुछ समय तक बदस्तूर चली। आख़िर उसने गुस्से में आकर मेरे पासपोर्ट पर एक ठप्पा लगाया और उसे ज़मीन पर फेंक दिया।

मुझे समझ नहीं आया कि हुआ क्या था। मैंने नीचे झुककर अपना पासपोर्ट उठाया। मैं मन ही मन सोच रहा था, *इस गोरे ने मुझे वीज़ा दिया है या नहीं? और उसने इसे ज़मीन पर क्यों फेंका?*

मुझे इन दोनों ही सवालों के जवाब खोजने की ज़रूरत थी। मैंने आस–पास देखा। अगले काउंटर पर एक भारतीय, संभवतः एक गुजराती, महिला दिखी। यह देखकर मैंने राहत की साँस ली।

मैंने उसे अपना पासपोर्ट दिखाकर हिंदी में पूछा, 'बेन, क्या आप मेहरबानी करके बता सकती हैं कि मेरे पासपोर्ट में क्या गड़बड़ है? गोरे अफ़सर ने इसे नीचे क्यों फेंक दिया?'

'सर, आपके पासपोर्ट में कोई गड़बड़ नहीं है, लेकिन उन्होंने आपको वीज़ा देने से इंकार कर दिया है। यह रहा अस्वीकृति का ठप्पा।'

मैंने उससे पूछा, 'उन्होंने मुझे वीज़ा देने से इंकार क्यों किया?'

वह अपने पास वाले ब्रिटिश अफ़सर की ओर मुड़ी और उससे अँग्रेज़ी में बात करने लगी। उसने महिला का सवाल सुनकर कोई जवाब दिया। महिला ने मुझे हिंदी में बताया, 'वह कहता है कि आप अँग्रेज़ी का एक शब्द भी नहीं बोल पाते हैं, तो फिर आप इंग्लैंड में क्या करेंगे?'

मैंने कहा, 'बेन, मेहरबानी करके उससे पूछें, क्या वह हिंदी बोलता है? क्या वह कोई भी भारतीय भाषा बोलता है? यदि वह स्थानीय भाषा जाने बिना यहाँ काम कर सकता है, तो फिर अँग्रेज़ी बोले बिना मैं इंग्लैंड में क्यों नहीं रह सकता?'

महिला मुस्कुराई और उसने मेरी कही बात अफ़सर के सामने दोहरा दी। वह थोड़ी देर तक सोचता रहा। फिर उसने एक लंबे पल के लिए मुझे घूरा और आख़िरकार मुस्कुरा दिया।

'लाओ, मुझे अपना पासपोर्ट दे दो।' उसने एक बार फिर मेरे पासपोर्ट पर ठप्पा लगाया और महिला से कहा, 'उससे कह दो कि उसे वीज़ा मिल गया है। उसे बता दो कि वह शाम को आकर अपना पासपोर्ट ले जाए।'

ब्रिटिश हाई कमिशन से लौटते वक़्त मुझे ऐसा महसूस हुआ, मानो

मैं आसमान में पहुँच गया हूँ। जब टैक्सी चौपाटी के पास से गुज़र रही थी तो मैंने अरब सागर को क्षितिज तक फैले देखा और ख़ुद से कहा, 'भीमजीभाई, अपने जीवन में एक नए अध्याय के लिए तैयार हो जाओ। बहुत जल्द ही तुम यह सागर और अटलांटिक भी पार करोगे तथा एक नई ज़मीन पर पैर रखोगे। तुम्हें इस नई चुनौती का सामना करने की तैयारी करनी है।'

इंग्लैंड के बाद मैं बेल्जियम और इज़राइल की यात्रा करने जाने वाला था। मेरे दिल में अपने हीरों के कारोबार को फैलाने के बड़े सपने थे। मैंने अपना सिर पीछे वाली सीट पर टिका लिया, अपनी आँखें बंद कीं और अतीत में चला गया। मैं सौराष्ट्र, हजीराधर के अपने छोटे गाँव में पहुँच गया था। मुझे अपना मकान, अपना खेत, बाज़ार और किराने की दुकान दिख रही थी, जिसके सामने मैं खड़ा था, और मेरी उम्र उस वक़्त दस साल की थी।

एक सुबह बा ने मुझे सामान की सूची देकर गाँव की किराने की दुकान पर भेजा। मैंने सूची करसनजी काका की दुकान के नौकर को थमा दी। फिर जब वह सामान बाँध रहा था, तो मैं इंतज़ार करने लगा। करसनजी काका गुजराती अख़बार *जयहिंद* पढ़ रहे थे। वे हमारे गाँव के इकलौते आदमी थे जो हर दिन अख़बार पढ़ते थे। मैं उनके सामने खड़ा था इसलिए मेरी नज़र भी अख़बार पर पड़ी। बिना सोचे–समझे मैं अक्षरों को पढ़ने लगा। इससे पहले कि मुझे पता चल पाए, अक्षर शब्द बन गए और मैंने दरअसल यह खबर पूरी पढ़ ली, 'भारत ने मुंबई का मैच दो विकेट से जीत लिया...' मगर तभी अख़बार अचानक एक तरफ़ को हट गया और मुझे करसनजी काका का चेहरा नज़र आया। वे हैरानी से मुझे घूर रहे थे।

'डीकरा, तुम पढ़ना जानते हो?'

'अह...अह... थोड़ा सा...,' मैं बुदबुदाया।

'क्या तुम स्कूल जाते हो?' उन्होंने मुझसे पूछा।

मुझे समझ नहीं आया कि इस सवाल का क्या जवाब दूँ। 'अह, मेरा

मतलब है मैं जाता तो हूँ, मगर...'

'भीमू, तुम्हें स्कूल जाने का समय कब मिलता है? जब भी मैं देखता हूँ, तुम खेतों में काम करते रहते हो।'

मुझे इस बात का कोई जवाब नहीं सूझा, लेकिन क़िस्मत से उसी पल नौकर ने मुझे किराने का सामान थमा दिया और मैं आगे कुछ कहे बिना वहाँ से चला आया।

वापस लौटते वक़्त मैं मन ही मन सोचता रहा, *काका की बात सही है।*

हालाँकि मैंने स्कूल में नाम लिखाया था, लेकिन मैं महीनों तक कक्षाओं में नहीं गया था। एक बात तो यह थी कि स्कूल मेरे घर से लगभग पाँच किलोमीटर दूर था। वहाँ जाने और वहाँ से वापस आने में बहुत समय लग जाता था। दूसरी बात, चूँकि मैं घर का सबसे बड़ा लड़का था, इसलिए बापू के कामकाज में मदद करना मेरा फ़र्ज़ था।

हम एक मकान और थोड़ी सी ज़मीन के मालिक थे। लेकिन ज़मीन उपजाऊ नहीं थी, इसलिए हमारी फ़सल बारिश के रहमोकरम पर निर्भर थी। यही वजह थी कि दिन भर मेहनत करने के बावजूद हमारे यहाँ इतनी कम फ़सल होती थी कि हम सबका पेट मुश्किल से भर पाता था।

उस शाम जब मैं दिन भर की दमतोड़ मेहनत के बाद बिस्तर पर लेटा था, तो मैं स्कूल के बारे में सोचता रहा। मुझे इस बात पर अफ़सोस हो रहा था कि मैं स्कूल नहीं जा पाता था। वैसे आशा की एक छोटी किरण थी। पिछले कुछ दिनों से पड़ोस के एक गाँव का एक ब्राह्मण लड़का अपने घोड़े पर बैठकर हमारे गाँव आ रहा था। उसका उद्देश्य मेरे जैसे लड़कों को पढ़ाना–लिखाना था, जो स्कूल तक नहीं जा सकते थे।

उसकी कोशिशों की बदौलत अब मैं अक्षरों को पहचान सकता था, थोड़ा पढ़ सकता था और थोड़ा गणित कर सकता था। ज़्यादा महत्त्वपूर्ण यह था कि मुझमें सीखने का सच्चा जोश आ गया था।

जब मैंने आँखें बंद करके सोने की कोशिश की तो मेरे दिमाग़ में विरोधी विचारों का कुहासा छाया हुआ था। तभी अचानक मुझे एक सफ़ेद, चमकती रोशनी दिखी। मैं चौंककर बिस्तर पर बैठ गया। मुझे एक नई

राह खुलती दिखी, जिससे मैं शिक्षित हो सकता था। जब मुझे अपनी समस्या का चमत्कारिक जवाब मिला तो मेरे दिमाग़ में कई स्भावनाएँ दौड़ने लगीं और चेहरे पर मुस्कान खिल उठी। मैं एक बार फिर लेट गया और अगले दिन के सपने देखने लगा।

अगली सुबह जल्दी ही मैंने एक साफ़ चूड़ीदार पाजामा और कुर्ता पहनकर पगड़ी बाँधी। बा मेरे लिए रोटियाँ बना रही थी। मुझे इस वेशभूषा में देखकर वे हैरान रह गईं। उन्होंने पूछा, 'भीमू, तुम आज खेत पर काम करने नहीं जा रहे हो?'

मैंने जवाब दिया, 'नहीं बा, मैं बाज़ार जा रहा हूँ।' फिर मैंने मकान से बाहर दौड़ लगा दी ताकि वे आगे कोई और सवाल न पूछ पाएँ।

जब मैं करसनजी काका की दुकान पर पहुँचा तो वे अख़बार पढ़ रहे थे। उन्होंने मुझे देखकर अख़बार एक तरफ़ रख दिया, 'अरे भीमू, आज क्या चाहिए?'

'आपका अख़बार।'

'क्या?'

उनके चेहरे पर अचरज का भाव देखकर मेरा मन हँसने को हुआ, लेकिन मैंने उनसे गंभीर लहज़े में पूछा, 'काका, आपके अख़बार की क्या क़ीमत है?'

'एक आना।'

'ठीक है। अब अगर मैं आपको आधी क़ीमत यानी हर दिन आधा आना दूँ, तो क्या आप मुझे अख़बार दे देंगे? ज़ाहिर है, इसे पढ़ने के बाद।'

काका मेरे प्रस्ताव पर हँस पड़े, लेकिन उन्होंने इसे स्वीकार कर लिया।

मैंने तुरंत अपनी जेब में हाथ डालकर आधा आना बाहर निकाला। 'यह रहे आज के पैसे।'

करसन काका को अहसास हो गया कि मैं इस बारे में सचमुच गंभीर

था। उन्होंने पैसे ले लिए और कहा, 'ठीक है, शाम को आकर अख़बार ले जाना, लेकिन तुम्हें इसे अगले दिन लौटाना होगा।'

मैंने ख़ुशी में झूमते हुए अपना सिर हिला दिया। मैं रोमांचित था। दरअसल मैंने एक अनुभवी व्यापारी के साथ अपना पहला सौदा कर लिया था।

घर लौटने के बाद मैंने एक बार फिर हिसाब लगाया। महीने में पंद्रह आने मेरे लिए बहुत बड़ी रकम थी। क्या मेरे पास इतने पैसे थे?

हालाँकि मेरी उम्र महज़ दस साल थी लेकिन मैं परिवार का कमाऊ सदस्य था। मैं न सिर्फ़ अपने परिवार के खेतों में काम करता था, बल्कि दूसरे किसानों के खेतों में भी मज़दूरी करता था। इस काम के बदले में मुझे हर दिन 2–4 आने मिलते थे। मैं अधिकतर पैसे बापू को दे देता था लेकिन थोड़ा हिस्सा अपने लिए बचा लेता था।

मेरे पास आमदनी का एक और गोपनीय ज़रिया था। हमारे गाँव में हनुमानजी का एक मंदिर था। उस मंदिर में अक्सर मेले लगते रहते थे। मेले जाते समय बापू मुझे 8 आने दिया करते थे : 4 आने मेरे ख़र्च के लिए और 4 आने नारियल ख़रीदकर हनुमानजी पर चढ़ाने के लिए। लेकिन जब मैंने हनुमानजी के सामने नारियलों का विशाल ढेर देखा तो ख़ुद से कहा, 'बेचारे हनुमानजी इतने सारे नारियलों का क्या करेंगे? अगर मैं उन्हें नारियल न चढ़ाऊँ, तो वे ज़्यादा ख़ुश होंगे।' इससे भी मेरा छोटा सा ख़ज़ाना बढ़ गया।

आख़िरकार, कई जटिल गणनाओं के बाद मैं इस नतीजे पर पहुँचा कि मेरे पास अख़बार के लिए पर्याप्त पैसे थे। अख़बार मेरा मार्गदर्शक, मेरा गुरु बनेगा और ज्ञान हासिल करने में मेरी मदद करेगा।

और ठीक यही हुआ। मेहनत भरे दिन के बाद मैं करसन काका के यहाँ से अख़बार उठाता था। मेरी पूरी शाम और आधी रात भी अख़बार को धीरे–धीरे, मेहनत से पढ़ने और समझने की कोशिश में बीत जाती थी।

समय गुज़रने के साथ मेरी पढ़ने की गति तेज़ हो गई। अब मुझे

अख़बार में छपी सामग्री पढ़ने में मज़ा आने लगा। अख़बार मेरे लिए बाहरी संसार की खिड़की बन गया। इसकी बदौलत मैं अपने छोटे से गाँव से आगे पहुँच जाता था और मुझे विशाल जगत के बारे में मनमोहक तथ्य पता चलते थे।

खेत में दिन भर मेहनत करने के बाद अख़बार पढ़ना जादू जैसा था। यह एक तरह का मनोरंजन और आराम का ऐसा रूप था, जिससे मुझे भारी ख़ुशी मिलती थी।

एक शाम जब मैं काम के बाद घर लौट रहा था तो मुझे मेरा सहपाठी गोविंद मिला। वह अपने स्कूल का बस्ता उठाए था, जिसमें पुस्तकों का बोझ था, जबकि मेरे सिर पर भूसे का ढेर था। मुझे देखकर उसने रुककर बताया, 'अरे भीमू, कल अपने स्कूल में परीक्षा है। तुम परीक्षा देने तो आओगे ना?'

मैंने हाँ में जवाब दे दिया।

जब मैंने घर पर बा और बापू को यह बात बताई तो वे थोड़े चिंतित हो गए। 'लेकिन भीमू, तुम परीक्षा कैसे दोगे? तुम तो एक ज़माने से स्कूल ही नहीं गए हो।'

'देखते हैं। लेकिन मैं निश्चित रूप से इसकी कोशिश करूँगा,' मैंने उन्हें बताया।

अगली सुबह मैंने साफ़ कपड़े पहने, पगड़ी बाँधी और स्कूल चला गया। गुरुजी कक्षा में आए, उन्होंने चारों तरफ़ नज़र डाली और मुझे वहाँ देखकर चौंक गए। मैं जल्दी से उनके पास गया, उनके पैर छुए और उन्हें हरी मिर्च तथा गुड़ से भरा झोला दे दिया। वे इस छोटी भेंट से पसीज गए और मुझे बैठने को कह दिया।

फिर वे ब्लैकबोर्ड के पास गए और परीक्षा के लिए गणित के सवाल लिखने लगे। उन्होंने बोर्ड पर कुछ जोड़ने वाले सवाल लिखे और हमसे पाठ्यपुस्तक के दो अध्याय पढ़ने को भी कहा। मैंने न सिर्फ़ पलक झपकते ही गणित के सवाल हल कर दिए, बल्कि अध्यायों को भी धाराप्रवाह और आत्मविश्वास से पढ़ दिया। सभी सहपाठी मुँह खोलकर मुझे ताकते रहे

और गुरुजी ने मेरे अच्छे प्रदर्शन पर मुझे बधाई दी।

मैं मन ही मन ख़ुश था। उन लोगों को यह पता नहीं था कि मैं हर दिन अख़बार पढ़ता था, इसलिए मुझे यह परीक्षा आसान और सरल लगी थी।

परिणामों की घोषणा आधी छुट्टी के बाद होने वाली थी। जब मैं आधी छुट्टी के बाद कक्षा में पहुँचा, तो गुरुजी ने आकर कहा, 'जिस लड़के ने आज के परीक्षा में सबसे ज़्यादा अंक हासिल किए हैं, उसका नाम है भीमजी डाह्या पटेल।'

सभी हैरान थे। मैं ख़ुशी से उछल पड़ा, लेकिन गुरुजी ने आगे कहा, 'भीमजी, यह अच्छी ख़बर थी। बुरी ख़बर यह है कि हेडमास्टर ने तुम्हें स्कूल से निकाल दिया है। तुम मुश्किल से पंद्रह दिन स्कूल आए हो और यह नहीं चलेगा। मुझे बहुत अफ़सोस है, लेकिन तुम अब स्कूल नहीं आ सकते।'

मैं अवाक् था।

मैं किसी मूर्ति की तरह वहाँ बैठा रहा, जबकि गुरुजी कक्षा के दूसरे लड़कों के अंक बताते रहे। वे चले गए और दूसरे लड़के भी। किसी ने भी मुझे पलटकर नहीं देखा।

आख़िर मैं भी खड़ा हो गया। मैं दोबारा कभी वहाँ नहीं आ पाऊँगा, इस अहसास के साथ मैं भारी दिल से स्कूल से बाहर निकला और अपने घर की तरफ़ चल दिया।

मेरी औपचारिक शिक्षा का अंत एक झटके में हो गया, लेकिन सौभाग्य से पढ़ने के प्रति मेरा जोश क़ायम रहा।

इस दौरान जीवन बदस्तूर चल रहा था। दिन, सप्ताह, महीने गुज़रते गए मगर हमारे परिवार की दशा जस की तस बनी रही। अब मेरे तीन छोटे भाई थे – शिवलाल, कुर्जी और धीरू। लेकिन वे अब भी बहुत छोटे थे, इसलिए खेती के काम में पिताजी की मदद करने का बोझ

परिवार में मेरे ही कंधों पर था। मेरी दुनिया फ़सल, बीज, बारिश, जुताई, बुआई और कटाई तक ही सीमित थी। जीवन में मेरा एकमात्र लक्ष्य यह था कि ज़्यादा से ज़्यादा पैसे कमाऊँ और पिताजी के बोझ को हल्का कर दूँ। फिर भी कई बार ऐसी परिस्थितियाँ बन जाती थीं कि पिताजी के पास साहूकार से उधार लेने के अलावा दूसरा कोई विकल्प नहीं रहता था।

एक मौक़े पर पिताजी ने एक साहूकार से पैसे उधार लिए। वह साहूकार दरअसल उनके बचपन का मित्र था मगर जिस दिन उसने पिताजी को उधार दिया उसी दिन से उस मित्र का व्यवहार बदल गया। वह दौर इतना मुश्किल था कि मूल धन की बात तो रहने दें, हम अक्सर समय पर ब्याज भी नहीं चुका पाते थे।

कर्ज़ वसूलने के लिए साहूकार मुझसे इधर-उधर के काम कराता रहता था। वह मेरे साथ गुलामों जैसा बर्ताव करता था। वह मुझसे उम्मीद करता था कि जैसे ही वह मुझे कोई आदेश दे, मैं हाथ के हर काम को छोड़ दूँ और उसकी आज्ञा का तुरंत पालन करूँ। मुझे मन ही मन गुस्सा तो बहुत आता था, लेकिन क्या करता, बेबसी थी। मुझे उसका कहा सारा काम करना पड़ता था और मैं विरोध का एक स्वर भी अपने मुँह से नहीं निकाल सकता था।

एक दिन स्थिति विस्फोटक हो गई। मैं अपने खेतों में पानी दे रहा था, तभी साहूकार वहाँ आकर बोला, 'सुनो, तुरंत मेरे खेतों पर चले जाओ। हमें फ़सल काटने के लिए ज़्यादा लोग चाहिए।'

मैंने विनम्रता से जवाब दिया, 'काका, अपने खेत में पानी देने के बाद मैं फ़ौरन चला जाऊँगा।'

साहूकार तैश में आ गया। 'तुमने सुना नहीं, मैंने क्या कहा? तुरंत।'

इस स्वार्थी और घमंडी आदमी पर मुझे ताव आ गया। मैंने एक शब्द भी नहीं कहा, मगर अपने खेत में पहले की तरह पानी देता रहा।

अब उसका पारा सातवें आसमान पर पहुँच गया। उसने पिताजी को आवाज लगाई, 'डाह्या... डाह्याभाई... जल्दी यहाँ आओ।'

पिताजी दौड़े-दौड़े वहाँ आए। साहूकार ने उसे कहानी सुनाई। मैंने

पिताजी को अपना दृष्टिकोण समझाने की कोशिश की। 'बापू, मैंने तो काका से बस इतना ही कहा था कि अपने खेतों में पानी देने के बाद उनके खेत पर चला जाऊँगा।'

साहूकार चिल्लाया, 'देखा, कितना बदतमीज़ और अशिष्ट है! इसे तो इस बात की भी परवाह नहीं है कि तुम क्या सोचते हो।'

बापू ने मेरे गाल पर कसकर तमाचा मारा। 'मूर्ख कहीं के! मैं इस भले आदमी का ब्याज भी नहीं चुका सकता और तुम उसका काम करने से इंकार करते हो? तुम जो कुछ भी कर रहे हो उसे छोड़ दो और जो वह कहता है उसे करो।'

यह जले पर नमक छिड़कने जैसा था। मैं चुपचाप साहूकार के साथ चला गया।

उस दिन मैंने दोपहर 4 बजे से रात को 2 बजे तक साहूकार के यहाँ काम किया। जब मैं आख़िरकार लौटने लगा, तो साहूकार बोला, 'अनाज के ये बोरे मेरे घर पहुँचा दो। इसके बाद तुम अपने घर जा सकते हो।'

मैं किसी तरह से इंकार नहीं कर सकता था। काम पूरा करते-करते सूरज निकल आया। दरअसल काम जब ख़त्म हुआ, तो सुबह के 9 बज रहे थे। मैंने बहुत लंबे समय तक, बहुत सारा काम किया था और बीच में मुझे एक पल का आराम, एक निवाला भोजन, पानी की एक बूँद भी नसीब नहीं हुई थी।

जब मैं घर पहुँचा तो मेरी आँखें जल रही थीं और शरीर थकान के मारे निढाल था। बा ने मेरे लिए गर्म रोटियाँ सेकीं। लेकिन मुँह में पहला कौर रखते ही मेरी आँखें आँसुओं से डबडबा आईं। 'हे भगवान, ऐसी क़िस्मत मेरे सबसे बुरे दुश्मन को भी मत देना।' कुछ समय बाद मैंने शांत होकर थोड़ा-बहुत खाया और फिर नए संकल्प के साथ नए दिन का सामना करने की तैयारी की।

उस घटना के बाद मैंने निर्णय लिया कि यदि भविष्य में मेरी कभी किसी को कर्ज़ देने की हैसियत हुई, तो मैं उससे सूद कभी नहीं लूँगा।

इस घटना का एक और सकारात्मक परिणाम यह हुआ कि उस दमतोड़ काम के बाद मुझे कभी कोई काम शारीरिक रूप से बहुत थकाने वाला नहीं लगा। साहूकार के लिए सत्रह घंटे तक अथक काम करने के मेरे अनुभव ने मुझे शारीरिक और मानसिक रूप से मज़बूत बना दिया।

कई वर्ष बाद पाँसा पलट चुका है और आज कई लोग मुझसे कर्ज़ माँगते हैं। एक बार मेरे एक मित्र ने मुझसे 20,000 रुपये उधार लिए थे। इसके कुछ महीनों बाद मैं उसके खेत के पास से निकल रहा था। उसने चिल्लाकर कहा, 'भीमजी, अंदर आ जाओ। तुमको देखे तो सदियाँ बीत गई हैं। आओ, एक कप चाय हो जाए।'

मैं अंदर गया, मैंने चाय पी और हमने कुछ देर बातचीत की। जब मैं चलने लगा तो उसने ताज़ी फलियों का एक झोला मेरे हाथों में पकड़ा दिया। 'इन्हें ले जाओ, ये खेत से ताज़ी टूटी हैं।'

'धन्यवाद,' मैंने कहा। 'कितने पैसे दूँ?'

'तुम भी कैसी बातें कर रहे हो,' उसने ज्वाब दिया। 'मैंने तुमसे जो पैसा उधार लिया था, उसका मैंने न तो मूल धन लौटाया है और न ही सूद। मैं तुमसे पैसे कैसे ले सकता हूँ?'

मैंने कहा, 'मित्र, कभी भी सूद शब्द का इस्तेमाल दोबारा मत करना। और कर्ज़ बिलकुल ही अलग मामला है। उसे इसके साथ मत जोड़ो। मुझे बताओ कि सेम के मुझे कितने पैसे देने हैं।'

लेकिन इसके बावजूद मेरा मित्र पैसे लेने में हिचकिचा रहा था। आख़िर मैंने कहा, 'ठीक है, तो मेरे 20,000 रुपये इसी समय लौटा दो।'

मेरे मित्र ने आँखें फाड़कर मुझे देखा।

'इस समय पैसे नहीं लौटा सकते, है ना? मेरे मित्र, नैं तुम्हें यही बताने की कोशिश कर रहा हूँ। तुम जब चाहो और जब मौक़ा मिले, मुझे पैसे लौटा देना। लेकिन मुझसे कभी "सूद" शब्द का ज़िक्र मत करना। और अब मुझे बताओ कि इस सेम के लिए तुम्हें कितने पैसे दूँ?'

मित्र झुक गया और उसने वह पैसा ले लिया, जो मैंने उसके हाथों में जबरन रख दिया।

बहरहाल, यह सब होने से पहले ऐसा बहुत कुछ था जो मेरे साथ घटा। लेकिन वह एक अलग कहानी है।

1960 में माता–पिता ने मेरी शादी पड़ोस के गाँव की रमीला से करा दी।

आम तौर पर शादी से पहले और तुरंत बाद के कुछ दिन जादुई होते हैं – रोमांस, उम्मीद और उल्लास से भरे।

हम सबका दुर्भाग्य था कि क़िस्मत हम पर मेहरबान नहीं हुई। उस साल गुजरात में भयानक सूखा पड़ा। सौराष्ट्र के जिस इलाक़े में हम रहते थे, वह उस सूखे से तबाह हो गया। हमारा 'अमरेली' ज़िला तो सबसे ज़्यादा प्रभावित इलाक़ों में से एक था।

हालात बहुत ख़राब थे : न पानी, न फ़सल, और न ही भोजन। ऐसे में कोई क्या कर सकता था?

हमारे गाँव के कई लोग भायावदर चले गए थे क्योंकि वहाँ आदमी खेतों में मज़दूरी करके हर दिन 2 रुपये कमा सकता था।

बा और बापू के साथ इस बारे में बातचीत के बाद यह फ़ैसला हुआ कि रमीला और मैं काम की तलाश में भायावदर जाएँ। उन दिनों हमारे गाँव से भायावदर जाने का बस का किराया सिर्फ़ सवा पाँच रुपये था। काफ़ी जोड़–तोड़ और मान–मनुहार के बाद हम आख़िरकार अपने गाँव के एक व्यक्ति से 15 रुपये उधार लेने में कामयाब हुए। किराया देने के बाद हमारे पास सिर्फ़ 4.50 रुपये बचे थे।

रमीला और मैंने तय किया कि बस से उतरते ही और कुछ नहीं करेंगे, सबसे पहले काम खोजेंगे। भोजन, रहने की जगह... ये सारी बातें बाद में सोचेंगे।

सौभाग्य से हमें काम भी मिल गया और रहने के लिए एक छोटी सी झोपड़ी भी। और इस तरह हमारी वैवाहिक ज़िंदगी शुरू हुई। हमारे बीच जो पहली निजी बातचीत हुई, वह बजट और पैसों के बारे में थी।

हमने हिसाब लगाया कि हम दोनों मिलकर एक महीने में 120 रुपये कमा लेंगे। उसमें से 15 रुपये का वह कर्ज़ चुका देंगे, जो हमने लिया था, घर पर माता–पिता को कुछ पैसे भेज देंगे और बचे हुए में गुज़ारा करेंगे। काम बहुत मुश्किल था! मगर इंसान के सामने जब चुनौती आती है तो वह आम तौर पर आशा और ऊर्जा का कोई न कोई छुपा हुआ स्त्रोत खोज ही लेता है।

हम जल्द ही अपनी नई दिनचर्या में ढल गए और दिन गुज़रने लगे। एक शाम जब हम काम से लौट रहे थे तो हमें एक तेल मिल के बाहर सूचना दिखी, जिस पर लिखा था, 'कर्मचारी चाहिए।' उन्हें रात को काम करने वाले कर्मचारियों की तलाश थी। तनख़्वाह 2 रुपये प्रति रात थी।

घर पहुँचकर मैंने रमीला से कहा, 'मैं निश्चित रूप से यह काम करूँगा। अगर हम दोनों ही यह काम कर लें, तो हर महीने 240 रुपये कमा सकते हैं। लेकिन तुम काम करना चाहती हो या नहीं, यह तुम पर है। अगर तुम्हें लगता हो कि तुम दोनों काम एक साथ नहीं कर पाओगी तो मैं तुम्हें इसके लिए मजबूर नहीं करूँगा।'

रमीला भड़क गई। 'जहाँ तुम जाओगे, वहाँ मैं भी जाऊँगी। तुम क्या सोचते हो, जब तुम पूरी रात काम करोगे तो क्या मैं शांति से सो सकती हूँ? नामुमकिन!'

अगले ही दिन से हमने 'डबल ड्यूटी' शुरू कर दी। हम सुबह 8 से शाम 6 बजे तक खेतों में बिना रुके काम करते थे, घर लौटते थे, रात का खाना खाते थे, तेल मिल में रात 9 बजे से सुबह 4 बजे तक काम करते थे, घर लौटकर दो घंटे की नींद लेते थे, जागते थे, खाना पकाते थे, साफ़–सफ़ाई करते थे, खाना तैयार करते थे और खेत की तरफ़ चल देते थे। दिन और रात एक हो गए थे। हमें अहसास ही नहीं हुआ कि समय कैसे गुज़र रहा था। शायद आपको हम पर दया आ रही होगी और आप सोच रहे होंगे कि यह कितने अफ़सोस की बात है, बेचारे कितने परेशान थे और कमर तोड़ने वाली मेहनत कर रहे थे। लेकिन सच कहूँ, तो उन दिनों हममें अनंत ऊर्जा, प्रबल आशा और काम के प्रति कमाल का जोश भरा हुआ था। और हम युवा थे। हमारे मन स्पनों और उम्मीदों से भरे

थे। इसके अलावा, यह संतुष्टि भी थी कि हम अपने परिवार को सहारा दे रहे हैं और अपनी पूरी क्षमता से अपनी ज़िम्मेदारियों को पूरा कर रहे हैं।

कुछ महीनों बाद हमारे गाँव में हालात सुधर गए और हम लौट आए। हम बैंगन, लौकी और चचेड़े जैसी सब्ज़ियाँ उगाने लगे। सप्ताह में एक दिन मैं सब्ज़ियों से भरा हुआ भारी बोरा पीठ पर लाद लेता था और अगले गाँव दामनगर के हाट चला जाता था। एक बार जब मैं वहाँ जा रहा था, तो रास्ते में मुझे अपने गाँव का एक पुराना मित्र मिला। दरअसल वे मुझसे थोड़े बड़े थे, इसलिए मैं उन्हें काका कहता था। मैंने सुना था कि वे अब सूरत में रहने लगे थे। वे मुझे कई बरस बाद दिखे थे और उनके हुलिए के कायाकल्प को देखकर मैं दंग रह गया। मैंने उनकी ओर एकटक देखते हुए आश्चर्य से कहा, 'काका, अब तो आप देहाती लग ही नहीं रहे हो। आप तो स्मार्ट शहरी बाबू बन गए हो। आप इतने ज़्यादा कैसे बदल गए?'

काका हँस दिए। 'भीमजी, शहर इंसान के साथ यह सब कर देता है। वहाँ का भोजन, भाषा, जीवनशैली, और विचार – हर चीज़ अलग है। इंसान को बदलना ही पड़ता है।'

मैंने उत्सुकता से पूछा, 'आप शहर में क्या करते हो?'

'मैं सूरत में हीरों की पॉलिश करता हूँ।'

'यह क्या होता है?' मैंने पूछा।

उन्होंने कहा, 'तुम्हें इतना भी नहीं मालूम! देखो, तुम्हें यह तो पता होगा कि हीरे क्या होते हैं।'

'मेरा मतलब है, मैं जानता हूँ कि वे क्या होते हैं। मैंने हीरों के बारे में सुन रखा है। वे संसार की सबसे कठोर और सबसे महँगी चीज़ों में से एक हैं, लेकिन मैंने आज तक कभी अपनी आँखों से हीरा नहीं देखा है।'

काका ने समझाया, 'सूरत में हीरों की कई फ़ैक्ट्रियाँ हैं। इन फ़ैक्ट्रियों में हीरों की कटाई और पॉलिश होती है, जिससे वे क़ीमती बनते हैं। मैं ऐसी ही एक फ़ैक्ट्री में पॉलिश करने का काम करता हूँ।'

'बधाई, आपने सचमुच बहुत तरक्की कर ली है। क्या मैं आपसे

एक सवाल पूछ सकता हूँ?'

'बिल्कुल।'

'आप कितने पैसे कमा लेते हो?'

'देखो, सच्चाई यह है कि इस धंधे में कोई बँधी हुई मासिक तनख़्वाह नहीं होती। हीरों की पॉलिश करना बहुत नाज़ुक और क़ाबिलियत वाला काम है। आपकी आमदनी इस बात पर निर्भर होती है कि आप कितने क़ाबिल हैं। अब मिसाल के तौर पर, इस महीने मैंने 800 रुपये कमाए और मालिक से 500 रुपये का एडवांस लिया। इस वक़्त मेरी जेब में 1,300 रुपये हैं।'

मैंने उनकी ओर श्रद्धा भरे भाव से देखा और मेरे मुँह से ये शब्द निकले, 'मुझे भी अपने साथ सूरत ले चलो।'

मैंने सोचा था कि वे मना कर देंगे, लेकिन वे तुरंत राज़ी हो गए। 'क्यों नहीं? इस बारे में अच्छी तरह सोच लो और जब तुम फ़ैसला कर लो, तो मुझे बता देना।'

उस रात मैं काम के बाद देर से घर लौटा। रात भर मैं सूरत के बारे में ही सोचता रहा। मुझे एक भी कारण नहीं मिला कि मुझे वहाँ क्यों नहीं जाना चाहिए, इसलिए मैं सुबह फटाफट काका से मिलने गया और उन्हें अपना निर्णय बता दिया।

काका ने मुझे बताया, 'देखो भीमजी, तुम्हें हीरे की फ़ैक्ट्री में चार महीने का प्रशिक्षण लेना होगा और इस प्रशिक्षण के लिए 400 रुपये देने होंगे। इस दौरान तुम्हें एक भी पैसा नहीं मिलेगा। एक बार जब तुम काम शुरू कर दोगे, तो उसके बाद तुम्हारी कमाई इस बात पर निर्भर करेगी कि तुम कितने क़ाबिल और मेहनती हो। क्या तुम्हें यह मंजूर है?'

मैंने अपना सिर हिलाया, 'इस बार जब आप सूरत जाओगे तो मैं यक़ीनन आपके साथ चलूँगा।'

निर्णय लेना और काका को बताना दुनिया की सबसे आसान चीज़ थी। सबसे बड़ी समस्या हमेशा की तरह यह थी, 'पैसों का बंदोबस्त कहाँ से होगा?'

जैसे ही मैं घर पहुँचा, मेरा हिसाब–किताब एक बार फिर शुरू हो गया। हजीराधर से सूरत का ट्रेन का किराया 13.50 रुपये था और प्रशिक्षण की फ़ीस 400 रुपये।

मुझे प्रशिक्षण के दौरान सूरत शहर में रहने के ख़र्च का अंदाज़ा नहीं था, लेकिन मैंने क़िस्से सुन रखे थे कि बड़े शहरों में रहना बहुत ख़र्चीला होता है।

आख़िरकार मैंने निर्णय लिया कि सूरत जाते समय मेरी जेब में कम से कम 1,000 रुपये होने चाहिए। इससे प्रशिक्षण काल में मेरा पूरा ख़र्च चल जाएगा। लेकिन 1,000 रुपये? मुझे इतने पैसे कौन देगा और वह भी किसी चीज़ को गिरवी रखे बिना?

मैं एक मित्र से मिला जो एक सहकारी संस्था का मैनेजर था, लेकिन उसने कहा कि उसकी संस्था मुझे सूरत जाने के लिए कर्ज़ नहीं दे सकती। मेरा चेहरा लटक गया, लेकिन अगले ही पल वह बोला, 'सहकारी संस्था को भूल जाओ। मैं तुम्हें थोड़ा पैसा ख़ुद दे दूँगा। मैं तुम्हें 300 रुपये उधार दे सकता हूँ। इसलिए ख़ुश हो जाओ और सोचो कि तुम बाक़ी पैसों की जुगाड़ कहाँ से कर सकते हो।' मैं नहीं जानता था कि उसे कैसे धन्यवाद दूँ।

फिर मैं अपने ही गाँव में रहने वाले एक रिश्तेदार से मिला। ये वही थे, जिनसे मैंने भायावदर जाते वक़्त 15 रुपये लिए थे। चूँकि पिछली बार मैंने उनका पैसा बहुत जल्दी लौटा दिया था, इसलिए उन्हें मुझे पर भरोसा हो गया था। इस बार उन्होंने मुझे 200 रुपये उधार दे दिए।

उस शाम जब मैं रमीला से इस मसले पर बातचीत कर रहा था, तो उसने पूछा, 'तो आप अपनी ज़रूरत का आधा पैसा इकट्ठा करने में कामयाब हो गए। बाक़ी के लिए क्या करने वाले हो?'

मैंने जवाब दिया, 'अगर 500 रुपयों की व्यवस्था और हो जाए, तो अच्छा रहेगा। वरना मुझे सिर्फ़ 500 रुपयों में ही काम चलाना पड़ेगा। याद है, जब हम भायावदर गए थे, तब हमारे पास सिर्फ़ 15 रुपये थे?

क्या तब हमने अच्छी तरह काम नहीं चला लिया था?'

'हाँ, मगर ऐसा इसलिए हुआ था, क्योंकि हम तुरंत काम करने लगे थे। यहाँ आप शुरू के चार महीने हीरों की फ़ैक्ट्री में प्रशिक्षण लोगे। उस दौरान आपको पैसों की ज़रूरत होगी।'

'मैं हीरों की फ़ैक्ट्री में काम नहीं कर सकता, लेकिन कौन कहता है कि मैं किसी दूसरी जगह काम नहीं कर सकता? मेरा मानना है कि अगर इंसान में इच्छाशक्ति, संकल्प और काम करने की इच्छा है, तो वह कभी भूखा नहीं रह सकता।'

रमीला गर्व से मेरी ओर देखकर बोली, 'आपकी बात सोलह टके सही है।'

और इस तरह मैं जेब में सिर्फ़ 500 रुपये लेकर सूरत गया। काका जिस फ़ैक्ट्री में काम करते थे, वहाँ उन्होंने मेरी सिफ़ारिश की और मुझे प्रशिक्षणार्थी के रूप में रख लिया गया। एक लॉज में मेरे रहने का इंतज़ाम हो गया, मैंने 45 रुपये लॉज का किराया दे दिय और इस तरह मेरे जीवन का एक नया अध्याय शुरू हो गया।

ट्रेन के टिकट, प्रशिक्षण की फ़ीस और लॉज के किराए के बाद मेरे पास सिर्फ़ 41.50 रुपये बचे थे। मैंने फ़ैसला किया कि एक बार जब मैं प्रशिक्षण में रम जाऊँगा, तो कोई पार्ट–टाइम काम करने लगूँगा। मेरी ख़ुशक़िस्मती थी कि मुझे दो–तीन दिन में ही काम मिल गया। एक नेपाली आदमी हमारे लॉज की सफ़ाई करता था। वह अच्छा काम नहीं करता था और लॉज के मालिक से हमेशा बहस करत रहता था। एक बार मैंने मालिक से पूछा, 'आप उसे कितने पैसे देते हैं?'

'तुम यह क्यों जानना चाहते हो?'

'मुझे कृपया बता दें।'

'पचास रुपये।'

'अगर आप मुझे 50 रुपये दें, तो मैं इस जगह की साफ़–सफ़ाई करने को तैयार हूँ और मैं आपको गारंटी देता हूँ कि आपको शिकायत का कोई मौक़ा नहीं मिलेगा।'

मालिक हैरान रह गया। 'ठीक है। अगर तुम अच्छा काम करोगे, तो मैं तुम्हें 60 रुपये देने को तैयार हूँ।'

कहा जाता है, 'हिम्मते मरदा मददे खुदा।' मेरी पैसों की समस्या सुलझ गई थी और अब मैं अपना पूरा ध्यान हीरे की कटाई की कला सीखने पर केंद्रित कर सकता था।

हीरों का चमकता संसार मुझे अलीबाबा के ख़ज़ाने की गुफा जैसा दिख रहा था। चमकते हुए संसार का हिस्सा बनना किसी सपने के साकार होने जैसा था।

साथ ही, यह ख़ुद को शिक्षित करने और उज्ज्वल भविष्य की राह बनाने का मेरा पहला अवसर था। यह कहने की ज़रूरत नहीं है कि मैं बहुत मेहनती विद्यार्थी था और मैंने अपना शत–प्रतिशत प्रयास किया।

सूरत में हीरा उद्योग का मुख्य काम कच्चे हीरों की कटाई और पॉलिश करके उन्हें चमचमाते, क़ीमती रत्नों में बदलना है।

मैं कटाई और चमकाने की योग्यताएँ सीखने में ही रुचि नहीं लेता था, मुझे तो हीरा उद्योग के सभी पहलुओं के बारे में सब कुछ जानने–सीखने की प्रबल इच्छा भी महसूस होती थी।

हीरों का इस्तेमाल दो अलग–अलग कारणों से किया जा सकता है। हीरे का सबसे लोकप्रिय और प्रख्यात उपयोग है रत्न के रूप में; इन्हें 'रत्न कोटि हीरे' कहा जाता है। इन हीरों का मूल्य मूलतः उनकी सुंदरता और दिखने के आधार पर आँका जाता है।

कुछ हीरों का इस्तेमाल उद्योगों में होता है; इन्हें 'औद्योगिक कोटि हीरे' कहा जाता है। इन हीरों में सुंदरता गौण होती है; अधिक महत्त्वपूर्ण तो इनकी कठोरता और ऊष्णीय चालकता होती है।

इन दोनों प्रकार के हीरों की क़ीमत तय करने के पैमाने भी बहुत अलग होते हैं। मिसाल के तौर पर, रत्न कोटि वाले हीरे का भाव आम तौर पर चार पारंपरिक सी (C) पर निर्भर करता है : कट (कटाई), कलर

(रंग), क्लैरिटी (स्पष्टता) और कैरेट वेट (कैरेट में वज़न)।

हीरा आज संसार में सबसे लोकप्रिय वस्तु है, लेकिन मुट्ठी भर देशों में ही हीरों की खुदाई होती है, उन्हें काटा और तराशा जाता है या उनका व्यापार किया जाता है।

हर साल लगभग 26,000 किलो हीरों का खनन होता है, जिनमें से लगभग आधे मध्य और दक्षिण अफ़्रीका स्थित खदानों से आते हैं। बाक़ी के हीरे कैनेडा, भारत, ब्राज़ील और ऑस्ट्रेलिया से आते हैं। दक्षिण अफ़्रीका की डि बियर्स कंपनी विश्व में हीरे की सबसे बड़ी खनन कंपनियों में से एक है, इसलिए यह विश्व हीरा उद्योग में अति महत्त्वपूर्ण भूमिका निभाती है। इसकी कई देशों में कई खदानें हैं, जिनमें बोत्स्वाना में विशाल ज्वानेंग खदान शामिल है।

सदियों से भारत में भी हीरों की खदानें रही हैं। हीरे पारंपरिक रूप से कर्नाटक के गुंटूर और कृष्णा नदी की घाटियों में पाए जाते थे।

बहरहाल, ये खदानें 18वीं सदी के अंत तक पूरी तरह ख़ाली हो गईं। वर्तमान में भारत में हीरे की खदानें सिर्फ़ पन्ना में हैं।

कच्चे हीरे पूरे संसार में ज़मीन से निकाले जाते हैं और वे अंत में थोक हीरा व्यापार केंद्रों या एक्सचेंजों में आते हैं, जिन्हें 'सरफ़ा' कहा जाता है। संसार के सबसे बड़े हीरा केंद्रों में से एक बेल्जियम में ऐंटवर्प में स्थित है। इसी कारण ऐंटवर्प को अक्सर 'विश्व की हीरा राजधानी' भी कहा जाता है।

एक और महत्त्वपूर्ण थोक हीरा व्यापार केंद्र न्यू यॉर्क सिटी में है। लंदन और तेल अवीव के केंद्र भी महत्त्वपूर्ण हैं।

हीरे के इन केंद्रों में कच्चे हीरे ख़रीदे और बेचे जाते हैं। इसके बाद उन्हें कटाई और पॉलिश के लिए हीरा फ़ैक्ट्रियों में भेजा जाता है। यहीं पर हीरे का मूल्य बढ़ता है।

2003 में किए गए एक सर्वे के अनुसार संसार के लगभग 92 प्रतिशत कच्चे हीरे कटाई और पॉलिश के लिए भारत के सूरत शहर में भेजे जाते हैं। बाक़ी के हीरे दूसरी जगहों पर भेजे जाते हैं, जैसे

जोहैनसबर्ग, ऐमस्टर्डम, ऐंटवर्प, न्यू यॉर्क, तेल अवीव आदि। सूरत में अधिकतर कच्चे हीरे भेजने का मुख्य कारण यह है कि यहाँ पर कुशल श्रम कम दाम पर उपलब्ध है।

छोटे कैरेट के अधिकतर हीरे सूरत में ही तराशे जाते हैं, जबकि ज़्यादा बड़े या ज़्यादा मूल्यवान हीरे यूरोप और अमेरिका की प्रख्यात फ़ैक्ट्रियों के पास भेजे जाते हैं। यहीं पर उन्हें काटा जाता है, चमकाया जाता है और मूल्यवान रत्नों में बदला जाता है।

सूरत की हीरा फ़ैक्ट्रियों ने हीरा उद्योग पर बहुत महत्त्वपूर्ण प्रभाव डाला है। पहले छोटे पत्थरों की कटाई और पॉलिश करना आर्थिक दृष्टि से लाभकारी नहीं होता था। बहरहाल, सूरत में कटाई और पॉलिश की दरें इतनी कम थीं कि छोटे हीरों में कारोबार करना भी बहुत लाभदायक बन चुका है। और सूरत की फ़ैक्ट्रियों को ही इस बात का श्रेय भी दिया जाना चाहिए कि उन्हीं की बदौलत हीरे इतने सस्ते हैं कि मध्य वर्ग के बहुसंख्यक लोग उन्हें ख़रीद सकते हैं।

हीरा फ़ैक्ट्री में कच्चे हीरे का चमत्कारिक कायाकल्प होता है। इस कायाकल्प की सबसे महत्त्वपूर्ण प्रक्रियाएँ हैं कटाई और पॉलिश। ये दोनों ही काम जटिल और अति महत्त्वपूर्ण हैं। कटर यानी काटने वाले को पहले कच्चे हीरे का पूरा विश्लेषण करना होता है। उसे इसके प्राकृतिक आकार और वज़न पर ग़ौर करना होता है। यदि कच्चा हीरा चौकोर या गोल है, तो तराशा हुआ हीरा भी उसी आकार का होगा। लेकिन अगर कच्चा हीरा दीर्घाकार है, तो तराशा हुआ हीरा नाशपाती या अंडे के आकार का हो सकता है। एक और महत्त्वपूर्ण निर्णय यह होता है कि किस कटाई का इस्तेमाल किया जाना चाहिए : सिंगल कट, ओल्ड माइन कट, यूरोपियन कट, बुनियादी चौतरफ़ा कट, या आजकल का प्रिय कट – आधुनिक दीप्तिमान कट।

हीरों पर निशान लगाए जाते हैं, ताकि काटने वाले को पता रहे कि उस पर कैसे और कहाँ कट लगने हैं। यह बहुत नाज़ुक काम होता है

और छोटी से छोटी भूल से भी हज़ारों डॉलर का नुक़सान हो सकता है।

हालाँकि हीरा संसार की सबसे कठोर वस्तुओं में से एक है, लेकिन यह बहुत नाज़ुक भी होता है। अगर निशान लगाने या काटने में ज़रा सी भी ग़लती हुई, तो यह चटक सकता है। यदि इसके फलकों और आकार के अनुमान में त्रुटि हो जाए, तो यह फीका और धुँधला बन सकता है। इसलिए सटीक निशान लगाना हीरे की कटाई में सर्वाधिक नहत्त्वपूर्ण होता है।

हीरे के आकार व वज़न के साथ दो और बातें समान महत्त्व की हैं – स्पष्टता और हीरे के क्रिस्टल की दिशा।

अगला चरण है हीरे को सचमुच काटना। हीरों को काटने के लिए हीरे का ही उपयोग किया जाता है, या तो ख़ास तौर पर बने औज़ारों से या फिर लेथ मशीन से।

किसी हीरे की सच्ची क़ीमत उत्कृष्ट काटने वाले की कुशल तकनीक के ज़रिये ही हासिल की जा सकती है।

इस प्रक्रिया के बारे में अधिक जानने के लिए आइए, नीचे दी गई तस्वीर पर नज़र डालते हैं :

एक गोल दीप्तिमान कट वाले हीरे के भिन्न फ़लक

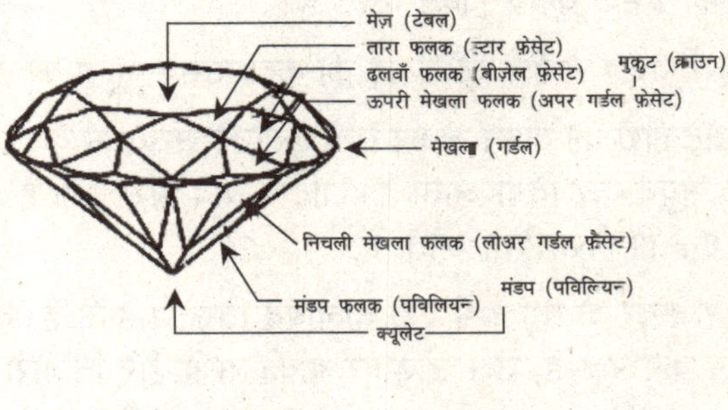

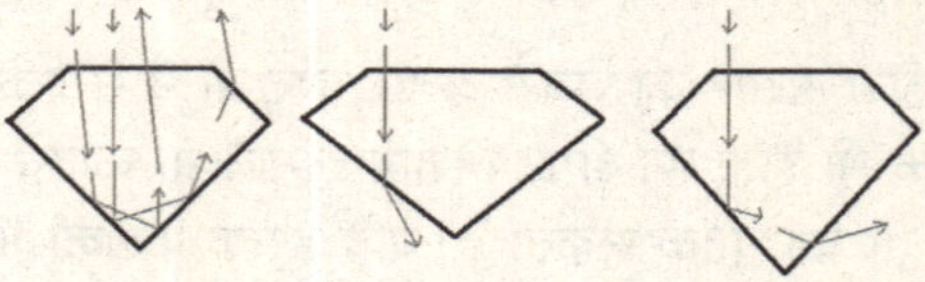

यह बहुत महँगा और शानदार तरीक़े से कटा हीरा है। ऊपर के समतल हिस्से को मेज़ कहा जाता है। मेज़ का आकार तराशे हुए हीरे के आकार को तय करता है, जैसा नीचे की तस्वीर में देखा जा सकता है।

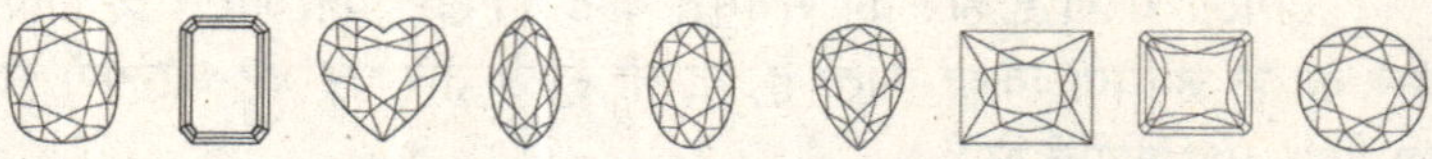

मेज़ के नीचे मुकुट होता है, मुकुट के नीचे मेखला, जिसके नीचे मंडप और सबसे अंत में क्यूलेट।

मुकुट और मंडप कई फलकों में काटे जाते हैं। प्रकाश मेज़ से हीरे में दाख़िल होता है; फलकों की लंबाई, व्यास, गहराई और कोण परावर्तित प्रकाश की चमक को प्रभावित करते हैं।

इसी वजह से हीरे की कटाई की कला उसके मूल्य को तय करती है।

छोटे हीरों का वज़न लेकर उन्हें ढ़ेरों की संख्या में कटर यानी काटने वाले के सुपुर्द कर दिया जाता है। लेकिन यदि हीरा बड़ा है, तो उसे एक बार में एक ही हीरा दिया जाता है।

हर कटर के बग़ल में एक तालाबंद तिजोरी होती है। वह जिस हीरे पर काम कर रहा है, उसे छोड़कर बाक़ी सभी हीरे तिजोरी में तालाबंद रहते हैं। जब दिन का काम ख़त्म हो जाता है, तो नीचे गिरी धूल को एक रेशमी ब्रश से हल्के से साफ़ किया जाता है और सावधानी से उसकी जाँच की जाती है। तिजोरी खोली जाती है और सारे हीरों का हिसाब मिलाया जाता है।

यदि दिए गए और काटे गए हीरों की संख्या में कोई भी अंतर होता है, तो उस नुक़सान के लिए कटर ही ज़िम्मेदार होता है, इसलिए उसे पूरी एकाग्रता के साथ काम करना पड़ता है और हीरों को सँभालते समय बेहद सावधान रहना होता है।

हालाँकि कटाई पूरी प्रक्रिया का अति महत्त्वपूर्ण हिस्सा है, लेकिन एक बार जब निशान लग जाते हैं तो उसके बाद किसी हीरे की कटाई में ज़्यादा समय नहीं लगता है। हीरे को पॉलिश करने या चमकाने की प्रक्रिया समय लेने वाली तथा थकाने वाली होती है। इसीलिए मेज़, मुकुट और मंडप की पॉलिश का काम तीन अलग–अलग लोगों द्वारा किया जाता है, जो अपने–अपने क्षेत्र के विशेषज्ञ होते हैं। पॉलिश करने वाले की दृष्टि पैनी होती है। इसके अलावा, हीरे के प्रति उसमें सहज बोध होता है। पॉलिश करने में उस्ताद व्यक्ति किसी हीरे की सतह पर अँगुलियाँ फेरकर ही बता सकता है कि पॉलिश का काम अच्छी तरह किया गया है या नहीं।

इतने वर्षों में हीरे की पॉलिश की कई विधियाँ विकसित हुई हैं। वर्तमान में हीरों की पॉलिश के लिए धातु के 'स्केफ़' नामक घूमते चक्र का इस्तेमाल किया जाता है। चक्र पर हीरे की धूल का हल्का लेप होता है। उसमें 'टैंग' नामक एक ख़ास औज़ार होता है, जो पॉलिश करते समय हीरे के पिछले हिस्से को सही जगह पर रखने के लिए इस्तेमाल किया जाता है। मेज़, मुकुट और मंडप को तब तक चमकाया जाता है, जब तक कि हीरा अपनी सबसे तेज़ चमक न फेंकने लगे। कई बार, आदर्श चमक पाने में कई दिन लग जाते हैं। कहा जाता है कि अफ़्रीकी हीरों की पॉलिश करना सबसे मुश्किल होता है। लेकिन इंसान प्रकृति की दी हुई चुनौतियों का सामना पूरे जोश से करता है। यह हीरा उद्योग के मामले में पूरी तरह सच है।

मेरे प्रशिक्षण के महीने आँधी जितनी तेज़ी से उड़ते चले गए। देखने, अवलोकन करने और सीखने के लिए इतना कुछ था कि दिन में 24 घंटे भी कम लगते थे। मेरे दिमाग़ ने सारी जानकारी को स्पंज की तरह सोख

लिया और चार महीने में ही मैं हीरे काटने की कला में पारंगत हो गया।

यह काम पर मेरा पहला दिन था। मैं पूरे उत्साह के साथ काम पर गया।

मालिक ने मुझसे कहा, 'भीमजी, चूँकि तुमने लेथ मशीन पर हीरों की कटाई की मुश्किल योग्यता में महारत हासिल कर ली है, इसलिए आज से तुम यही काम करोगे।'

मैंने आदेश का पालन किया और लेथ मशीन की ओर गया। मुझे वहाँ हीरे काटने वाले व्यक्ति की मदद करनी थी। मैं यह सोचकर गया था कि हम बारी–बारी से मशीन पर काम करेंगे, लेकिन ऐसा हुआ नहीं। दिन भर में एक बार भी मुझे मशीन पर काम करने का मौक़ा नहीं मिला। अगले चार दिन भी यही सिलसिला चला। मैं बहुत असमंजस में था। *ऐसी स्थिति में मैं क्या करूँ? क्या मालिक को यह बता दूँ? लेकिन इससे दूसरे कर्मचारियों के साथ मेरे संबंध बिगड़ सकते थे। दूसरी ओर, यदि मैं किसी से कुछ नहीं कहूँगा, तो यह स्थिति कैसे बदलेगी?* इसी तरह के लाखों विचार मेरे दिमाग़ में सरपट दौड़ रहे थे।

जब मैं इस ऊहापोह में था कि क्या करूँ, तो एक स्वर्णिम अवसर अपने आप सामने आ गया। एक सुबह जब मैं फ़ैक्ट्री पहुँचा, तो मुझे एक लेथ मशीन ख़ाली दिखी। मैं तुरंत मालिक के पास गया और उस पर काम करने की अनुमति माँगी।

उस दिन मेरा सच्चा इम्तहान था। मैंने मन में फटाफट प्रार्थना की और काम करने लगा। मैंने पूरी तरह से हाथ के काम पर ध्यान केंद्रित किया। उस शाम मालिक ने मेरे काटे हीरों की ग़ौर से जाँच की और कहा, 'शानदार।' वह एक शब्द ही मेरे आत्मविश्वास को बढ़ाने के लिए काफ़ी था। अगले दिन से मैंने फ़ैसला किया कि मैं जितना ज़्यादा से ज़्यादा काम कर सकता हूँ, करूँगा। अगले महीने मैंने सुबह 4 बजे से लेकर रात के 9 बजे तक काम किया। महीने के अंत में जब हिसाब–किताब हुआ, तो मुझे 2,800 रुपये मिले। मुझे अपनी आँखों पर विश्वास नहीं हुआ। मैंने पूरी ज़िंदगी में इतना सारा पैसा कभी एक साथ नहीं देखा था और अब यह सिर्फ़ एक महीने की कमाई थी। मेरी कड़ी मेहनत रंग लाई थी।

अपने लिए थोड़ा पैसा अलग रखकर बाक़ी मैंने पिताजी के पास भेज दिया। इसी तरह एक साल बीत गया। गाँव में घर की स्थिति धीरे–धीरे सुधर रही थी। मैंने सूरत आते समय जो पैसा उधार लिया था, उसे चुका दिया। इसके अलावा, हमने अपनी ज़मीन पर कुएँ की मरम्मत और सफ़ाई करा ली थी तथा उस पर पानी का एक पंप लगवा लिया था।

एक साल बाद रमीला और हमारी दो साल की बेटी मेरे पास सूरत आ गईं। सूरत में हमारा जीवन एक छोटे से टिन शेड में शुरू हुआ, जिसका हम हर महीने 25 रुपये किराया देते थे। यह इतना छोटा था कि हमारा ढाई लोगों का परिवार भी उसमें मुश्किल से समा पाता था। एक स्टोव, थोड़े बर्तन, कपड़े और एक छोटी चारपाई से ही पूरा शेड भर जाता था। बाक़ी किसी चीज़ के लिए जगह ही नहीं बचती थी।

लेकिन जैसा कहा जाता है, आवश्यकता ही आविष्कार की जननी है। जल्द ही रमीला के मन में एक बेहतरीन विचार आया। सुबह खाना बनाने के बाद वह स्टोव को खटिया के नीचे खिसका देती थी, ताकि चलने–फिरने के लिए ज़्यादा जगह रहे। इस तरह हमारा किचन दरअसल खटिया से ढँका रहता था और अब हमारी बैठक के रूप में सेवा देता था। रात को वही जगह हमारा बेडरूम बन जाती थी।

एक दिन रमीला मुझसे बोली, 'मैं भी कुछ करना चाहती हूँ और परिवार की आमदनी में योगदान देना चाहती हूँ।'

मैं चिंतित हो गया। 'लेकिन तुम्हें इसके लिए समय कैसे मिलेगा?'

'मैं समय निकाल लूँगी। वैसे भी खाना बनाने और साफ़–सफ़ाई करने में मुझे ज़्यादा समय नहीं लगता। बाक़ी पूरे दिन मैं ख़ाली रहती हूँ।'

उसकी आँखों की चमक ने मुझे बता दिया कि उसके दिमाग़ में पहले से ही कोई योजना आ चुकी है।

'तुमने किसी चीज़ के बारे में सोच लिया है, है ना?'

रमीला ने स्पष्ट किया, 'आपके कई साथियों ने मुझे बताया है कि उनके मेस का खाना बहुत ख़राब है। उन्होंने जब अपने घर भोजन किया था, तो वह उन्हें बहुत अच्छा लगा था।'

'इसमें हैरानी की क्या बात है? तुम खाना वाक़ई बहुत अच्छा बनाती हो।'

'मेरा मतलब है कि हम यहाँ से उनके लिए मेस क्यों नहीं शुरू कर देते? तीन लोगों के बजाय मैं दस लोगों के लिए पका लूँगी।'

मुझे उस पर बहुत गर्व हुआ। अपने परिवार से मुझे इसी तरह के समर्थन की तो ज़रूरत थी।

मैंने अपने साथियों से बात की। उन्हें यह विचार बहुत अच्छा लगा और हमारा नया कारोबार तुरंत शुरू हो गया। धीरे–धीरे मेस इतना लोकप्रिय हो गया कि हमारे 20 नियमित ग्राहक हो गए। हर व्यक्ति से 45 रुपये लिए जाते थे। इस तरह रमीला हर महीने 900 रुपये कमा लेती थी, जो पारिवारिक आमदनी में महत्त्वपूर्ण योगदान था।

यह कल्पना करना मुश्किल था कि चंद महीनों पहले ही रमीला और मैं खेत में मज़दूरी करते थे तथा एक दिन में सिर्फ़ 4 रुपये कमाते थे। अब हमारी मासिक आमदनी हज़ारों में होती थी। मज़दूरी के दिन अब अतीत की यादें बन चुके थे। रमीला अब एक छोटा सा कारोबार चलाती थी और मेरे हाथों में अब हल नहीं, हीरे रहते थे। अविश्वसनीय, है ना? लेकिन यही तो जीवन की सुंदरता है : कई बार स्याह और निराशाजनक, फिर अचानक प्रकाशमान और सुनहरा।

कुछ ही महीनों में मुझे हीरा उद्योग का बहुत योग्य कटर माना जाने लगा। एक अन्य फ़ैक्ट्री ने मेरे सामने एक बहुत अच्छा प्रस्ताव रखकर अपने यहाँ काम करने बुलाया। उन्होंने मुझे विश्वास में लेने की पूरी कोशिश की। वे बेहतर तनख़्वाह दे रहे थे और आख़िर काफ़ी सोच–विचार के बाद मैंने उनका प्रस्ताव मंजूर कर लिया तथा अपना नया काम शुरू कर दिया।

धीरे–धीरे हमारी आर्थिक स्थिति इतनी बेहतर हो गई कि हमने 100 रुपये के किराए पर एक अपार्टमेंट लेने का फ़ैसला किया। इस अपार्टमेंट में नल, बाथरूम और किचन था – ये सब वे विलासिताएँ थीं,

जिनके हम पहले सपने भी नहीं देख सकते थे। अब जब हमने एक बड़ा अपार्टमेंट ले लिया था, तो मैंने अपने तीनों भाइयों को सूरत बुलवा लिया। शिव ने कक्षा 5 तक पढ़ाई की थी, कुर्जी ने कक्षा 8 तक और धीरज ने कक्षा 9 तक।

वे आगे पढ़ने के लिए उत्सुक नहीं थे, इसलिए मैंने सोचा कि वे भी मेरी ही तरह किसी हीरा फ़ैक्ट्री में प्रशिक्षण ले सकते हैं। तब तक मैं जान चुका था कि हीरों का कारोबार कैसे होता है : मैं हीरों की कटाई में माहिर था, इसलिए मैंने सुझाव दिया कि वे तराशने वाला या पॉलिशर बनने पर ज़्यादा ध्यान केंद्रित करें। वास्तव में, मैंने सोचा कि आदर्श स्थिति में अगर एक मेज़ तराशने का विशेषज्ञ बन जाए, दूसरा मुकुट चमकाने का और तीसरा मंडप तराशने का, तो यह हमारे परिवार की भावी संभावनाओं के लिए बेहतरीन रहेगा।

'ऐसा क्यों?' शिव ने पूछा। मैं मुस्कुराया, 'अगर हम चारों इन अलग–अलग क्षेत्रों में विशेषज्ञ बन जाते हैं, तो एक दिन हम अपने खुद के हीरा कारोबार के मालिक बन सकते हैं।'

मेरे भाई उद्योग में नए आए थे। लेकिन मुझे उन पर पूरा भरोसा था। वे भी मेरे निर्णय पर भरोसा करते थे और मेरे हर सुझाव पर अमल करते थे।

कुछ ही महीनों में उनका प्रशिक्षण पूरा हो गया और वे एक हीरा फ़ैक्ट्री में पॉलिशर यानी तराशने वाले के रूप में काम करने लगे। जल्द ही वे भी अपने काम में माहिर हो गए।

एक शाम को मेरे मित्र कनूभाई घर पर खाना खाने आए। रमीला ने पूड़ी के साथ पारंपरिक गुजराती व्यंजन 'ऊँधियो' बनाया था। जब कनूभाई को अहसास हुआ कि हम चारों भाई हीरा उद्योग के चार महत्त्वपूर्ण क्षेत्रों के विशेषज्ञ हैं, तो उन्होंने सुझाव दिया, 'तुम अपनी खुद की फ़ैक्ट्री क्यों नहीं डाल लेते?'

मैंने उत्साह से जवाब दिया, 'मेरे दिमाग़ में भी यही बात थी। लेकिन समस्या यह है कि हमें पूँजी कहाँ से मिलेगी?'

कनूभाई बोले, 'उसकी चिंता मत करो। पैसे की व्यवस्था मैं कर दूँगा।'

'अगर यह मामला है, तो हम निश्चित रूप से अपना ख़ुद का कारोबार शुरू करेंगे। शिव, कुर्जी, धीरज, क्या तुम लोग इस काम के लिए तैयार हो?'

उन तीनों ने उत्साह से सिर हिला दिया। कनूभाई अपने वादे के पक्के थे। उन्होंने मेरा परिचय एक व्यवसायी से कराया, जो मुझे 20,000 रुपये सिर्फ़ इसलिए देने को तैयार हो गया, क्योंकि उसे कनूभाई की बात पर पूरा भरोसा था और कनूभाई ने उसे आश्वस्त कर दिया था कि मैं समय पर उसका पैसा लौटाने का हरसंभव प्रयास करूँगा।

मैं सोचता हूँ कि मैं एक चीज़ में बहुत ख़ुशकिस्मत रहा हूँ : इतने सारे लोग रहे हैं, जिन्होंने मुझ जैसे साधारण आदमी पर विश्वास किया है और ज़रूरत के समय मेरी मदद की है। और मैंने भी हमेशा अपना वादा निभाया है तथा उनके विश्वास को कभी नहीं तोड़ा है।

उस पैसे से हमने एक लेथ और दो पॉलिशिंग मशीनें ख़रीद लीं। फिर हमने छोटी सी किराए की जगह लेकर अपनी ख़ुद की फ़ैक्ट्री शुरू कर दी। अपने नए कारोबार के शुरुआती कुछ दिन मुझे हमेशा याद रहेंगे। हम ही मालिक थे और हम ही कर्मचारी थे। हम सेल्स मैनेजर भी थे और कई बार तो सफ़ाई करने वाले भी थे।

हमने दूसरी हीरा फ़ैक्ट्रियों के काम लेकर शुरुआत की। जो फ़ैक्ट्री मालिक कटर के रूप में मेरी क़ाबिलियत को जानते थे, वे मेरे पास ऑर्डर भेजने लगे।

कारोबार चाहे कितना भी छोटा क्यों न हो, भारी संतुष्टि देता है। साथ ही, यह महत्त्वाकांक्षा की लपटों को हवा भी देता है। कारोबार का मंत्र है ज़्यादा से ज़्यादा काम करना, ज़्यादा बड़े व्यवसाय स्थापित करना और विकास की अंतहीन इच्छा रखना।

क़िस्मत से हमें कभी काम की कमी नहीं पड़ी, क्योंकि हमारे पास जो भी काम आया हमने उसे करने से इंकार नहीं किया।

हमारे सामने जो भी चुनौती आती थी, हम उसे एक नए अवसर और रोमांचक अभियान की तरह लेते थे। ऐसा प्रत्येक अवसर हमारे लिए विकास करने का अवसर भी था। एक–एक करके हमने कई और लेथ व पॉलिशिंग मशीनें ख़रीद लीं। हम एक कर्ज़ चुकाते थे और नई मशीनें ख़रीदने के लिए दूसरा कर्ज़ ले लेते थे। इस तरह हमने अपने कारोबार को और फैला लिया। जब मशीनों की संख्या बढ़ी, तो काम करने वाले कर्मचारियों की संख्या भी बढ़ गई। नतीजा यह हुआ कि बहुत जल्दी ही मैंने दो बड़ी जगहें किराए पर ले लीं; एक हम लोगों के रहने के लिए और दूसरी हमारी फ़ैक्ट्री के लिए।

एक शाम को हम चारों भाई अपनी वर्तमान स्थिति का विश्लेषण कर रहे थे और अपनी कंपनी की प्रगति पर ग़ौर कर रहे थे।

शिव ने कहा, 'भीमजीभाई, पिछले कुछ महीनों में हमने बेहतरीन कारोबार किया है। काम बढ़ गया है और मशीनों की संख्या भी बढ़ गई है। लकिन अब हमारे पास और मशीनें रखने के लिए जगह ही नहीं बची है।'

मैंने जवाब दिया, 'इसमें कोई समस्या नहीं है। अगर कोई जगह नहीं है तो हमें जगह बनानी होगी। मेरा मानन है कि कारोबार में अगर कोई रुक जाता है तो वह ख़त्म हो जाता है। अधिकतर विशाल कारोबारी साम्राज्य इसी सिद्धांत पर स्थापित हुए हैं। यानी हमारे लिए एक ही राह है, आगे बढ़ते रहना। अब जब हम इस मुद्दे पर बात कर ही रहे हैं, तो मैं तुम्हें अपना सपना बताना चाहता हूँ। हम अपना करोबार धीरे–धीरे और स्थिरता से बढ़ाएँगे। बहरहाल, हम जहाँ तक पहुँच गए हैं, हमें उतने से ही संतुष्ट नहीं होना चाहिए, बल्कि हमेशा उससे भी ऊँचे लक्ष्य की कोशिश करनी चाहिए।'

मेरे भाई चकरा गए। 'हम ऐसा कैसे करेंगे?'

'देखो, हम हमेशा के लिए दूसरों का दिया काम करके खुद को सीमित नहीं करेंगे। मैं चाहता हूँ कि अंततः हमारी कंपनी कच्चे हीरे ख़रीदे, उनकी कटाई करे, उन्हें तराशे और उन्हें मूल्यवान, चमचमाते हीरों में बदले। मैं उन्हें न सिर्फ़ स्थानीय बाज़ार में, बल्कि संसार के बड़े हीरा केंद्रों में बेचना चाहता हूँ।'

यह सुनकर रमीला और मेरे भाई स्तब्ध रह गए। आख़िरकार कुर्जी ने कहा, 'भीमजीभाई, क्या आपको पूरा यक़ीन है कि यह सपना सच होगा?'

मैंने मुस्कुराकर जवाब दिया, 'क्यों नहीं होगा? नैपोलियन ने कहा था, "असंभव शब्द मेरे शब्दकोष में नहीं है," और मैं भी ऐसा ही सोचता हूँ।'

रमीला को अब भी यक़ीन नहीं हुआ था। 'देखो जी, नैपोलियन चाहे जो हो, उसे कुछ भी कहने दो। लेकिन हीरे ख़रीदना और बेचना बच्चों का खेल नहीं है। मैं सोचती हूँ कि यह ज़रूरत से ज़्यादा ख़तरनाक है। हमें मुँह की खानी पड़ सकती है।'

'मैं नहीं सोचता कि ऐसी नौबत आएगी। इस समय मैं हीरा उद्योग के सभी पहलुओं का विस्तृत अध्ययन कर रहा हूँ। हम इस काम में तभी हाथ डालेंगे, जब इसके लिए पूरी तरह तैयार हो जाएँगे। चिंता मत करो।'

लेकिन रमीला ने चुभती नज़रों से मेरी ओर देखा और पूछा, 'मुझे बताओ, मैं पिछले कुछ दिनों से एक बात पर ग़ौर कर रही हूँ। आप शाम को बाहर जाते हैं और देर रात को घर लौटते हैं। वह कौन सा स्कूल है, जहाँ इतनी देर रात तक पढ़ाई होती है? मैं जानने के लिए उत्सुक हूँ।'

रमीला ने मुझे फँसा दिया था। अब मुझे अपना रहस्य बताना ही था।

'दरअसल, मैं कांतिभाई और केशूभाई से मिलने जाता हूँ, जो अक्सर मुंबई से यहाँ आते हैं। वे दोनों बड़े हीरा व्यापारी हैं और हमारे ग्राहक हैं। मैं उनकी मदद करने जाता हूँ, लेकिन साथ ही मैं ख़ुद की और हमारे उद्देश्य की भी मदद कर रहा हूँ, क्योंकि मैं वह सब सीखने की कोशिश कर रहा हूँ जो मैं हीरे ख़रीदने और बेचने के बारे में सीख सकता हूँ।'

रमीला इतने से संतुष्ट नहीं हुई। 'मैं समझती हूँ कि आप हीरा कारोबार के बारे में सीख रहे हैं, लेकिन मैं यह भी जानना चाहती हूँ कि आप उनकी मदद कैसे कर रहे हैं?'

'ठीक है, मैं तुम्हें हर बात बता देता हूँ। एक बार जब हीरों पर पॉलिश हो जाती है, तो उन्हें अलग–अलग करके उनकी ग्रेडिंग यानी

कोटि तय करनी होती है। यह बहुत ही महत्त्वपूर्ण पल होता है और इसके लिए उन्हें उन लोगों की ज़रूरत होती है, जिन पर उन्हें पूरा भरोसा हो, जैसे मैं। मैंने हीरों की ग्रेडिंग और छँटाई में उनकी मदद करने का प्रस्ताव रखा था। मेरा मुख्य उद्देश्य यह था कि मैं एक नए पहलू के बारे में सीख लूँ और हीरा उद्योग के अपने ज्ञान को बढ़ा लूँ।'

रमीला ने पूछा, 'तो क्या आपका उद्देश्य पूरा हो गया?'

'मैं सही पटरी पर हूँ। मैं कई सवालों के जवाब जान रहा हूँ, जैसे यह कि कच्चे हीरे ख़रीदते समय किन बातों पर विचार करना चाहिए? हीरों की ग्रेडिंग कैसे की जानी चाहिए? और किसी हीरे का मूल्य कैसे तय किया जाता है?'

'मैं धीरे–धीरे हीरा कारोबार के बारे में ज़्यादा से ज़्यादा सीख रहा हूँ। एक बार जब मुझे विश्वास हो जाएगा कि मैं इसके सभी पहलुओं को समझ गया हूँ, तो हम इसमें कूद पड़ेंगे। हमारा अंतिम लक्ष्य पर्वत के शिखर पर पहुँचना है। कर्मचारी से फ़ैक्ट्री मालिक से हीरा व्यापारी – यही हमारा लक्ष्य होना चाहिए।'

"पटेल बंधु, हीरा व्यापारी" हमें भविष्य में इसी नाम से जाना जाएगा।'

हर कोई अवाक् था, और सपनों की दुनिया में खो गया था और हम अगले दिन की सुबह का अधीरता से इंतज़ार करने लगे।

एक बार फिर, जगह की तंगी की समस्या आने लगी थी। जिन दो फ़्लैट्स का हम उस वक़्त इस्तेमाल कर रहे थे, वे हमारे तेज़ी से फैलते कारोबार के लिए पर्याप्त नहीं थे। हम नई मशीनें ख़रीदने की योजना बना रहे थे, ताकि उन बड़े नए ऑर्डर्स को पूरा कर सकें जिनमें हम गले तक डूबे हुए थे। मैंने अपने भाइयों से लंबी बातचीत की। हमने कामकाज और आर्थिक स्थिति को ग़ौर से देखा तथा अंत में इस नतीजे पर पहुँचे हम उन दो फ़्लैट्स को ख़ाली कर देंगे, जिन्हें हमने वर्तमान में किराए पर ले रखा था और ज़्यादा बड़ी जगह पर जाएँगे।

हमने अपने परिवार के लिए एक बड़ा बँगला खोज लिया। हमने फ़ैक्ट्री के लिए पर्याप्त बड़ी जगह खोज ली। अब हम अपने घर और फ़ैक्ट्री दोनों की जगह बदलने जा रहे थे। उस वक़्त हम जिन फ़्लैट्स में किराए पर रह रहे थे, उनके मालिक मशहूर फ़िल्म फ़ोटोग्राफ़र बाबूभाई मिस्त्री थे। हमारी उनसे बहुत कम मुलाक़ातें हुई थीं। उनके कर्मचारी श्री मेहता हमसे हर महीने निर्धारित तारीख़ पर किराया वसूलने आते थे।

हमने मकान बदलने के लिए जो तारीख़ तय की थी, वह तेज़ी से क़रीब आ रही थी, लेकिन किसी कारण श्री मेहता किराया वसूलने के लिए आए ही नहीं। हमें समझ नहीं आ रहा था कि क्या करें।

आख़िर, हमने सोचा कि जगह तो बदल ही लेते हैं। हमने सामान नई जगह पर पहुँचा दिया और दोनों फ़्लैट ख़ाली कर दिए। चूँकि लक्ष्मी देवी ने इन फ़्लैट्स में हम पर इतनी कृपा की थी, इसलिए हमें महसूस हुआ कि हमें उनके प्रति अपने प्रेम और कृतज्ञता को दिखाने के लिए एक छोटा सा धार्मिक कार्यक्रम करना चाहिए। हमने देवी की प्रार्थना की, 'पूजा' की और मूर्ति के सामने 11 रुपये रख दिए। इसके बाद हमने फ़्लैट पर ताला लगा दिया और चाबी अपने भतीजे को दे दी, जो क़रीब ही रहता था।

कुछ दिनों बाद श्री मेहता किराया वसूलने आए और दोनों फ़्लैट्स पर ताला लगा देखकर सदमे में आ गए।

जब उन्होंने पड़ोसियों से पूछा, तो उन्हें बताया गया कि भीमजीभाई अपने परिवार के साथ कहीं पर एक बँगले में चले गए हैं और वे अपनी फ़ैक्ट्री भी दूसरी जगह ले गए हैं।

उन्होंने बाबूभाई को तुरंत फ़ोन किया और बोले, 'भीमजीभाई अपना मकान और फ़ैक्ट्री दोनों ही किसी दूसरी जगह ले गए हैं। उन्होंने जाने से पहले फ़्लैट्स पर ताले लगा दिए हैं और मुझे चाबियाँ भी नहीं दी हैं। मुझे यक़ीन है कि वे फ़्लैट ख़ाली करने के लिए पैसे माँगेंगे।'

कुछ दिनों बाद बाबूभाई सूरत आए और मेरे नए पते पर मुझसे मिले।

मैंने गर्मजोशी से उनका स्वागत किया, 'आओ, बाबूभाई।'

बाबूभाई सीधे मुद्दे की बात पर आए। 'भीमजीभाई, मुझे साफ़–साफ़ बताओ, तुम इन फ़्लैट्स के लिए कितना चाहते हो?'

मैंने पूछा, 'आपका क्या मतलब है?'

'मेरा मतलब है, तुम मेरे फ़्लैट ख़ाली करने के बदले में कितने पैसे चाहते हो? मैं तुम्हें एक फ़्लैट के एक लाख रुपये देने को तैयार हूँ। क्या यह ठीक है?'

मैंने एक गंभीर लहज़े में जवाब दिया, 'नहीं। यह ठीक नहीं है।'

बाबूभाई का चेहरा उतर गया। 'तो फिर तुम कितना पैसा चाहते हो। अपनी क़ीमत बताओ।'

'मैं एक भी पैसा नहीं चाहता, बाबूभाई।'

लेकिन वे फिर भी नहीं समझे। 'तुम्हारी बात का क्या मतलब है?'

'मेरा मतलब है, मैं तो आपके फ़्लैट्स में किराए से रह रहा था। अब जब मैंने फ़्लैट ख़ाली कर दिए हैं, तो मुझे आपसे पैसे क्यों लेने चाहिए?'

बाबूभाई ने यह कहते हुए जवाब दिया, 'सभी किराएदार ऐसा करते हैं। वे मकान ख़ाली करने के लिए पैसे माँगते हैं।'

'वे ऐसा कर सकते हैं, लेकिन मैं नहीं। मेरा इस तरह के पैसों पर कोई हक़ नहीं है। दरअसल मैं तो आपका आभारी हूँ, जो आपने वे फ़्लैट मुझे उस वक़्त दिए जब मुझे उनकी सख़्त ज़रूरत थी। इसीलिए हमने वहाँ पूजा कर दी थी और हमें लगा कि फ़्लैट खुले छोड़ना ठीक नहीं है। इसीलिए हमने उन पर ताला लगा दिया और चाबी अपने भतीजे को दे दी। कृपया उससे चाबी ले लें। अगर मेहताजी हमेशा की तरह सही तारीख़ पर आते, तो यह सारा गड़बड़झाला होता ही नहीं।'

बाबूभाई की आँखों में आँसू छलछला आए। उन्होंने मुझसे हाथ मिलाया और कहा, 'भीमजीभाई, मेरे पास सूरत, बड़ौदा, मद्रास और मुंबई में कई जायदाद तथा फ़्लैट्स हैं और लगभग सभी में किराएदार रहते हैं। लेकिन किराएदार हमेशा उम्मीद करता है कि जायदाद ख़ाली कराने के लिए उसे भारी धनराशि दी जाए। मैंने कभी आप जैसा किराएदार नहीं देखा और मैं नहीं सोचता कि आगे भी कभी देखूँगा।'

इस घटना के बाद बाबूभाई और मैं बहुत अच्छे मित्र बन गए। समय बीतने के साथ हमारी मित्रता गहरी होती गई। जब भी मैं मुंबई जाता था, तो वे मुझे अपनी शूटिंग देखने के लिए सेट पर बुला लेते थे। हिंदी फ़िल्म उद्योग के महारथियों से वे मेरा परिचय इस तरह कराते थे, 'ये हैं मेरे दोस्त भीमजीभाई पटेल। ये एक बड़े हीरा व्यापारी हैं। और उससे भी ज़्यादा ख़ास बात यह है कि वे ख़ुद एक नायाब हीरा हैं।'

पैसा बेहद महत्त्वपूर्ण है। मेरी पृष्ठभूमि को देखते हुए मैं इसके महत्त्व को समझता हूँ। लेकिन, मैं पूरी ईमानदारी से कह सकता हूँ कि मेरे लिए यह कभी लोगों से ज़्यादा महत्त्वपूर्ण नहीं रहा।

वापस कहानी पर लौटते हुए, सूरत में हमारी हीरों की कटाई की फ़ैक्ट्री बहुत अच्छी तरह चल रही थी। अब हमारे पास 60 लेथ मशीनें थीं, 120 पॉलिश करने वाली मशीनें थीं और लगभग 300 कर्मचारी थे। एक बार फिर, यह कारोबार को फैलाने का समय था। इस लक्ष्य के दिमाग़ में रहने से अब मुंबई की मेरी यात्राएँ बढ़ गई थीं। उजरत के काम करने के अलावा अब हम कच्चा माल यानी कच्चे हीरे ख़ुद ख़रीदते थे और झवेरी बाज़ार में तराशे हुए हीरे बेचते थे। अब मैं कच्चे हीरों की वास्तविक ख़रीदारी और तराशे हुए हीरों को बेचने में ख़ुद जुड़ा था। ये बहुत जटिल और जोखिम भरे सौदे थे, लेकिन कटर और फिर फ़ैक्ट्री मालिक के रूप में मेरे बरसों के तजुर्बे तथा रत्नों के ज्ञान ने मेरा अच्छा साथ दिया। ज़रा सोचें, कुछ साल पहले ही रमीला और मैंने अपनी जेब में 15 रुपये के साथ अपनी पहली यात्रा की थी तथा वे पैसे भी उधार के थे। अगर किसी ने उस वक़्त हमें बताया होता कि 10 साल बाद हम किसी हीरा फ़ैक्ट्री के मालिक बनेंगे और हीरों का कारोबार करेंगे, तो मैं ज़ोर से हँस पड़ता। लेकिन यही तो जीवन की सुंदरता है। यह तब पटरी बदल लेता है जब हमें इसकी सबसे कम उम्मीद होती है और इससे पहले कि हमें अहसास हो पाए, हमें आसमान पर पहुँचा देता है।

1970 में मैंने निर्णय लिया कि यह मुंबई में मकान ख़रीदने और कारोबार की शाखा डालने का समय था। साथ ही, यह नई दिल्ली में एक इकाई खोलने का समय भी था। बच्चे रमीला के साथ मुंबई में रह सकते

थे, क्योंकि वहाँ की शिक्षा बहुत अच्छी थी। मैं भी मुंबई में अपना ज़्यादातर समय बिताने की कोशिश करूँगा। मेरे तीनों भाई सूरत में कारोबार चला सकते हैं। इतने बड़े सपने देखना और उन सपनों को साकार करना ख़ास तौर पर इसीलिए संभव था, क्योंकि हमारे परिवार में एकता थी और मेरे भाइयों का असंदिग्ध समर्थन था।

1974 में हर चीज़ योजना के अनुसार हो रही थी, इसलिए अब मैं नई चुनौतियों के लिए विदेश की ओर देखने लगा। मैं अपनी आँखों से लंदन, ऐंटवर्प, तेल अवीव और न्यू यॉर्क के हीरे के मशहूर बाज़ारों को देखना चाहता था। मैं सीखना चाहता था कि सौदे कैसे होते हैं, कच्चे हीरे कैसे थोक बाज़ार में ख़रीदे जाते हैं और तराशे हुए हीरे कैसे बिकते हैं।

'साहब, आप यहाँ नीचे उतरना चाहते हैं या आगे जाना चाहते हैं?' टैक्सी ड्राइवर की आवाज़ सुनकर मैं झटके से अतीत से वर्तमान में लौट आया।

'मैं बहुत आगे तक जाना चाहता हूँ।' ये शब्द अपने आप मेरे मुँह से बाहर निकल गए, लेकिन इसके तुरंत बाद ही मुझे अहसास हो गया कि यह मैंने क्या कह दिया।

'क्या? लेकिन आपने तो कहा था कि...' असमंजस का भाव टैक्सी ड्राइवर के चेहरे पर साफ़ नज़र आ रहा था।

मैं एक झटके से अपनी यादों के संसार से बाहर निकला और बोला, 'नहीं, मैं यहीं उतरूँगा।'

मैं टैक्सी से उतरा और क़दमों में लचक के साथ अपने घर की ओर बढ़ने लगा। जब मैं बताऊँगा कि मुझे वीज़ा मिल गया था, तो सब लोग कितने ख़ुश होंगे!

उपसंहार

यह भीमजीभाई की पहली विदेश यात्रा थी। वे हीथ्रो हवाई अड्डे पर उतरे। उनका भतीजा जीतू उन्हें लेने आया था। जीतू अफ़्रीका से आकर लंदन में रहने लगा था। जीतू उन्हें घर ले गया, जहाँ उसकी पत्नी ने उनका स्वागत गुजराती 'मसाला चाय' के गर्म कप के साथ किया।

एक पल के लिए भीमजीबाई को महसूस हुआ, मानो वे वापस गुजरात पहुँच गए हों।

जीतू भीमजीभाई की यूरोप यात्रा की योजनाओं के बारे में जानना चाहता था। जब भीमजीभाई ने बताया कि वे हीरा व्यापार के विभिन्न पहलुओं को देखना और सीखना चाहते थे तथा कुछ कच्चे हीरे भी ख़रीदना चाहते थे, तो जीतू चिंतित नज़र आने लगा। उसने अपनी पत्नी की ओर देखा और कहा, 'अंकल, आपकी योजनाएँ अच्छी हैं, लेकिन सच कहूँ, तो आप यह सब कैसे करेंगे, जबकि आप कोई यूरोपीय भाषा नहीं बोल पाते हैं?'

भीमजीभाई आत्मविश्वासी थे। 'मैं हीरों को जानता हूँ और यह इस कारोबार की सबसे महत्त्वपूर्ण भाषा है।'

जीतू और उसकी पत्नी को विश्वास नहीं हुआ। वे अब भी चिंतित थे कि भीमजीभाई को लोगों के साथ बातचीत करने में मुश्किल आएगी या कोई उन्हें धोखा दे देगा। जीतू की पत्नी ने कहा, 'अंकल, आपको समस्या आएगी और जब आप कई देशों में जाएँगे, अजनबी होटैल्स में रहेंगे, तो आपको बातचीत करने में मुश्किल आएगी।'

भीमजीभाई मुस्कुरा दिए। 'वास्तव में, समस्या तो उन लोगों को आएगी। देखो, मैं उनका ग्राहक हूँ, इसलिए यह सुनिश्चित करना उनके हित में होगा कि वे मेरे साथ बातचीत कर सकें।'

जीतू हँसने लगा। 'अंकल, आपकी बात में दम है।'

'जीतू, मेरी चिंता मत करो। मैं भी उनके साथ बातचीत करने की कोशिश करूँगा। वास्तव में, मैंने इस यात्रा के लिए पूरी

तैयारी की है। मैंने अपने बारे में और हमारे कारोबार के बारे में महत्त्वपूर्ण जानकारी का अनुवाद अँग्रेज़ी में करा लिया है। मेरे पास लोगों के नाम, पते और टेलीफ़ोन नंबरों की सूची है, जिनसे मुझे संपर्क करना है। सबसे महत्त्वपूर्ण बात, यहाँ के हीरा व्यापार के बारे में मैं जिन सवालों के जवाब चाहता हूँ, उन्हें मैंने अँग्रेज़ी में लिखवा लिया है। और आख़िरी, लेकिन महत्त्वपूर्ण बात, मैंने एक ब्रोकर यानी मध्यस्थ का इंतज़ाम कर लिया है, जो इनमें से प्रत्येक बाज़ार में मेरे साथ जाएगा। ये ब्रोकर गुजराती हैं और स्थानीय भाषा भी बोलते हैं। इसलिए मुझे 100 प्रतिशत यक़ीन है कि मुझे अपना काम कराने में कोई समस्या नहीं आएगी।'

यह सुनकर जीतू प्रभावित हुआ और आख़िरकार उसे यक़ीन हो गया।

उसने और उसकी पत्नी ने भीमजीभाई के अभियान के लिए उन्हें शुभकामनाएँ दीं और आश्वस्त किया कि वे भी अपने बूते की पूरी मदद करेंगे।

पहली यात्रा बहुत सफल रही। आने वाले वर्षों में भीमजीभाई ने पूरे संसार के हीरा बाज़ारों में इतनी सारी यात्राएँ कीं कि विदेश यात्रा उनके लिए सामान्य बात हो गई। वे सबसे अच्छे सौदे करने में विशेषज्ञ बन गए – चाहे यह हीरे ख़रीदना हो या बेचना – और उन्होंने जल्द ही हीरों के संसार में नाम कमा लिया। लोग हीरा व्यापारी भीमजीभाई के बारे में सम्मान और प्रशंसा भाव से बात करने लगे।

भीमजीभाई के सपने साकार हो गए। इसका श्रेय उनके जन्मजात गुणों, उनकी प्रतिभा, सीखने के उनके जोश, कड़ी मेहनत की उनकी क्षमता, उनकी ईमानदारी और ख़ुद में तथा अपनी क़ाबिलियत में उनके अटल विश्वास को जाता है। सबसे नीचे से शुरू करके सफलता के सर्वोच्च शिखर पर पहुँचने की उनकी अविश्वसनीय यात्रा बहुत प्रेरक और अद्‌भुत है।

लेकिन मन में यह सवाल भी आता है कि क्या शिखर तक पहुँचने की इस चढ़ाई में वे कभी गिरे हैं या उन्हें चोट पहुँची है?

क्या परिस्थितियों, बदक़िस्मती या दुर्घटनाओं ने उन्हें कभी पराजित

नहीं किया? ज़ाहिर है, भीमजीभाई की सफलता के मार्ग में ऐसी कुछ घटनाएँ रही थीं। किसी भी कारोबार या किसी भी व्यक्ति की कहानी ऐसी घटनाओं के बिना अधूरी रहेगी।

भीमजीभाई ऐसी ही एक घटना बताते हैं। उन्होंने न्यू यॉर्क में विस्तार की योजना के चलते वहाँ एक ऑफ़िस खोला था। उस ऑफ़िस को सँभालने के लिए वे एक अनुभवी और विश्वसनीय व्यक्ति की तलाश कर रहे थे। तभी एक गुजराती युवक उनसे मिलने आया। वह काम की तलाश कर रहा था और भीमजीभाई के एक परिचित ने उसे उनके पास भेजा था। वह मूलतः अहमदाबाद का था, लेकिन पिछले कुछ सालों से अमेरिका में रह रहा था। भीमजीभाई ने उससे लंबी बातचीत की।

उस युवक को कई वर्षों का अनुभव था, इसलिए भीमजीभाई ने उसे न्यू यॉर्क ऑफ़िस की ज़िम्मेदारी सौंपने का निर्णय लिया।

शुरुआत में तो हर चीज़ अच्छी तरह हुई। भीमजीभाई अक्सर ऑफ़िस जाकर देखते थे कि हर चीज़ सही पटरी पर थी। लेकिन कुछ समय बाद उस युवक के व्यवहार में एक सूक्ष्म परिवर्तन दिखाई देने लगा। वह थोड़ा अन्यमनस्क, लापरवाह और अतिरिक्त प्रयास करने का अनिच्छुक नज़र आने लगा।

भीमजीभाई ने यह भी देखा कि वह हिसाब–किताब बताने का अनिच्छुक था और किसी भी सवाल का स्पष्ट जवाब देने में कतराने लगा था। अब वह भीमजीभाई को लेने के लिए हवाई अड्डे भी नहीं जाता था, जैसा कि वह पहले किया करता था।

एक दिन वह बस रफूचक्कर हो गया। तब जाकर भीमजीभाई को पता चला कि वह कंपनी को चूना लगा रहा था। उसने ऑफ़िस के हिसाब–किताब में हेराफेरी कर दी थी और ख़ुद के लिए अच्छी खासी रक़म बना ली थी।

भीमजीभाई खुलकर स्वीकार करते हैं कि इस घटना के लिए वे ख़ुद पूरी तरह ज़िम्मेदार थे। इतनी बड़ी ज़िम्मेदारी सौंपने से पहले उन्हें उसकी पृष्ठभूमि की ज़्यादा पुख़्ता जाँच करनी चाहिए थी और अहमदाबाद

में उसके सारे संदर्भों की पुष्टि कर लेनी चाहिए थी। अगर उन्होंने ऐसा किया होता, तो यह दुर्भाग्यपूर्ण घटना नहीं होती। इस अप्रिय अनुभव की बदौलत भीमजीभाई ने निश्चित रूप से एक सबक़ सीख लिया।

एक और घटना उनके दिमाग़ में आती है, जब उन्होंने ऐंटवर्प में हीरा बाज़ार की यात्रा शुरू कर दी और वहाँ अपनी ठोस छवि बना ली। कई अन्य भारतीय हीरा व्यापारियों की तरह ही भीमजीभाई भी वहाँ थोक के भाव पर हीरे ख़रीदते थे, ग्रेडिंग कराते थे, अच्छी गुणवत्ता वाले पत्थरों को रख लेते थे और घटिया गुणवत्ता वाले पत्थर अंततः थोक व्यापारियों को लौटा देते थे।

जो कर्मचारी हीरों की छँटाई करते थे और उनकी ग्रेडिंग करते थे, चाहे वे बेल्जियम के हों या भारतीय, उन्हें बेल्जियम सरकार के नियमों का कठोरता से पालन करना होता था। काम करने की सभी जगहें बेल्जियम में सप्ताहांत पर बंद हो जाती थीं, इसलिए हीरों को शुक्रवार शाम तक मालिक को लौटाना होता था। सप्ताहांत पर जाने की हड़बड़ी में कई बार घटिया गुणवत्ता के रत्न अच्छी गुणवत्ता के रत्नों में मिल जाते थे और इसका उल्टा भी हो जाता था। दोनों ही स्थितियों में नुक़सान मालिक को होता था। और नुक़सान भारी होता था, प्रायः लाखों रुपयों का।

भीमजीभाई ने इस स्थिति से निबटने का एक अनूठा तरीक़ा निकाला। हीरा केंद्रों के छँटाई और ग्रेडिंग केंद्र शनिवार और रविवार को ख़ाली रहते थे। भीमजीभाई वहाँ जाते थे और सप्ताहांत पर ख़ुद ही बहुत सावधानीपूर्वक हीरों की ग्रेडिंग और जाँच करते थे। इस तरह उन्होंने सुनिश्चित किया कि उन्हें सिर्फ़ सबसे अच्छे रत्न ही मिलें। ऐंटवर्प में हर एक ने उनके इस कार्य की सराहना की और ख़ुद हीरों की दोबारा जाँच करने के लिए उन्हें सम्मान दिया।

मुंबई का एक बहुत बड़ा हीरा व्यापारी ऐंटवर्प में था। उसने भीमजीभाई के बारे में सुना और वह उनकी चतुराई से बड़ा प्रभावित हुआ। उसे भी ग्रेडिंग करने वाले कर्मचारियों के कारण दो–एक बार गंभीर नुक़सान झेलना पड़ा था। इसलिए वह कारोबार के प्रति भीमजीभाई की अधिक सावधान नीति की क़द्र करता था। उसे महसूस हुआ कि अगर वे

दोनों मिल जाएँ, तो आसमान छू सकते हैं।

अंततः दोनों की मुलाक़ात हुई और काफ़ी विचार–विमर्श के बाद उन्होंने हीरा कारोबार में साझेदार बनने का फ़ैसला किया। जब इतने गुणी और उद्यमी दो लोग मिले, तो यह स्वाभाविक ही था कि उनके सपने बहुत बड़े होंगे और वे उन सपनों को हक़ीक़त में बदलने में सफल होंगे। इस साझेदारी का परिणाम सूरत का प्रभावशाली, विशाल, आधुनिक 'डायमंड नगर' था, जो 120 एकड़ की विशाल भूमि पर फैला था।

डायमंड नगर में कोई कमी नहीं थी। यहाँ हर वह सुविधा थी, जिसके बारे में आप सोच सकते थे। स्वाभाविक रूप से हीरा फ़ैक्ट्री भी अत्याधुनिक थी, जिसमें नवीनतम उपकरण और मशीनें थीं। डायमंड नगर में कर्मचारियों के रहने के लिए बड़े और आरामदेह मकान थे, एक बड़ी डेअरी थी, डेअरी उत्पाद बनाने वाली फ़ैक्ट्री थी, एक टैक्सटाइल इकाई थी, वाहनों के लिए सर्विस सेंटर था, बड़े खेत थे, जो सब्ज़ियाँ, फल और फूल उगाते थे और एक फ़ैक्ट्री भी थी, जो हीरा उद्योग में आवश्यक विशेषज्ञतापूर्ण मशीनें बनाती थी।

डायमंड नगर एक आदर्श, समृद्ध, अमीर, सुंदर और आत्मनिर्भर कस्बा था। पूरे संसार के यात्री, जिनमें बहुत से वीआईपी शामिल थे, यहाँ की यात्रा किए बिना नहीं रह पाते थे। यह भीमजीभाई के चरम स्वप्न की अभिव्यक्ति थी। यह उनकी सफलता के ग्राफ़ का सर्वोच्च बिंदु था। भीमजीभाई ने अपने सपने को साकार करने में कोई कसर बाक़ी नहीं रखी। हालाँकि कई बार सच्चाई भी भ्रम साबित हो सकती है। कुछ ही सालों में साझेदारी में दरार आ गई और इसे तोड़ दिया गया। इसके साथ ही डायमंड नगर भी इतिहास का हिस्सा बन गया।

लेकिन भीमजीभाई हर चीज़ को स्वीकार कर लेते हैं। वे कहते हैं, 'यह जीवन है। हर कारोबार में उतार–चढ़ाव होते हैं। लेकिन इंसान के पैर हमेशा ज़मीन पर सख़्ती से जमे होने चाहिए। पैसा, संपत्तियाँ और भौतिक चीज़ें आती–जाती रहती हैं, लेकिन एक दौलत जो हमेशा मेरे साथ रहेगी, वह है हीरों का मेरा ज्ञान और अनुभव। अगर मैं इसे इस रोशनी में देखता हूँ, तो मैं अपनी हासिल की हुई दौलत कभी नहीं खो सकता।'

आज भीमजीभाई की उम्र सत्तर के पार हो चुकी है, मगर फिर भी वे पहले जितने ही गतिशील और सक्रिय हैं। भीमजीभाई के लिए यह भारी संतुष्टि और गर्व का विषय है कि उनके तीनों भाई अब भी उनके साथ हैं। 'मेरे भाइयों को मुझ पर पूरा भरोसा है और वे हमेशा मेरे सहज बोध पर विश्वास करते हैं। वे जानते हैं कि अगर मैं किसी चीज़ पर निर्णय लेता हूँ, तो उसके पीछे हमेशा कोई न कोई वैध कारण होता है। इसीलिए वे बिना सवाल किए मेरे आदेशों का पालन करते हैं। ज़ाहिर है, मैं अंततः अपने निर्णय के पीछे छिपे कारण उन्हें बता देता हूँ और वे समझ जाते हैं।'

उनके परिवार के ऑफ़िस और निवास मुंबई, नई दिल्ली तथा शिकागो में हैं। पटेल परिवार की उच्च शिक्षित और सुयोग्य अगली पीढ़ी भी कारोबार में उतर चुकी है और सफलता की नई बुलंदियों को छूने के लिए बेताब है। भीमजीभाई के बेटे लालजी ने अमेरिका से एमबीए किया है और अब वह अपनी पत्नी के साथ शिकागो शाखा सँभालता है। शिवलाल का बेटा रवीन नई दिल्ली में कारोबार सँभालता है।

हीरों के अलावा परिवार ने सूरत में एक टैक्सटाइल इकाई भी डाल रखी है, जिसे शिवलाल सँभालते हैं। धीरूभाई और कुर्जीभाई मुंबई ऑफ़िस के प्रमुख हैं। सबसे युवा पीढ़ी वर्तमान में अमेरिका तथा ताईवान के विश्वविद्यालयों में पढ़ रही है और इसे भी अपना भविष्य बनाना है।

भीमजीभाई अब अपने गाँव 'हजीराधर' में रहते हैं और किसान के रूप में पुरानी भूमिका में एक बार फिर आ चुके हैं। वे परिवार की 14 एकड़ पुश्तैनी ज़मीन पर खेती करते हैं। वे 'लालजी डेअरी एंड फ़ार्म प्राइवेट लिमिटेड' भी चलाते हैं, जो डेअरी और फ़ार्म उत्पाद बनाती है।

भीमजीभाई खेती के सभी पहलुओं पर क़रीबी निगरानी रखते हैं और साथ ही अपने हीरा उद्योग की देखरेख के लिए प्रायः सूरत, मुंबई, शिकागो, नई दिल्ली, लंदन, ऐंटवर्प तथा संसार की दूसरी जगहों पर जाते हैं।

कारोबारी दस्तावेज़ों और क़ागज़ात के साथ ही वे यात्रा करते समय अपने साथ पुस्तकों का भारी बोझ रखते हैं। ये पुस्तकें उनके साथ

पूरा संसार घूम चुकी हैं। गुजराती में झवेरचंद मेघानी और डेल कारनेगी (उन्होंने गुजराती अनुवाद पढ़े हैं) उनके प्रिय लेखक हैं। वे गुजराती में प्रकाशित सभी तरह की पुस्तकें पढ़ते हैं और वे अब भी उनके लिए जानकारी तथा प्रेरणा की स्त्रोत हैं।

भीमजीभाई की उपलब्धियों में से नवीनतम, जो निश्चित रूप से छोटी नहीं है, हजीराधर में मोंगी बाई डाह्या पटेल स्कूल है, जिसे उन्होंने अपनी माँ की स्मृति में बनवाया है। इस वक़्त स्कूल में लगभग 700 विद्यार्थी पढ़ते हैं। यह स्कूल ख़ास तौर पर महत्त्वपूर्ण है। भीमजीभाई औपचारिक शिक्षा सिर्फ़ इस वजह से प्राप्त नहीं कर पाए थे, क्योंकि उनके गाँव में कोई स्कूल नहीं था। आज हजीराधर के किसी बच्चे को इस कमी से गुज़रने की ज़रूरत नहीं है। और इसका श्रेय भीमजीभाई के सपने तथा पहल को जाता है।

जीवन का चक्र

मोहनभाई पटेल

सन् 1958 की बात है। मेरे सामने एक बहुत व्यस्त दिन पड़ा था, क्योंकि मुझे हिमालयन ड्रग कंपनी ने कोलैप्सिबल एल्युमिनियम ट्यूब्स का पहला बड़ा ऑर्डर दिया था। तब मैं एक छोटा निर्माता था और टूथपेस्ट तथा अन्य दवाएँ पैक करने के लिए ख़ाली ट्यूब बनाता था। इस ऑर्डर को पूरा करने के लिए फ़ैक्ट्री युद्ध स्तर पर काम कर रही थी। किसी तरह की कोई गड़बड़ी न हो जाए, इसलिए मैं निजी तौर पर हर छोटी–बड़ी बात की निगरानी कर रहा था तभी फ़ोन की घंटी बजी।

'हलो। मैं मोहन पटेल बोल रहा हूँ।'

दूसरी तरफ़ से एक आवाज़ आई, 'गुड मॉर्निंग, सर। मैं मेटल बॉक्स कंपनी के मैनेजिंग डायरेक्टर मिस्टर कॉकरन बार्नेट की ओर से बोल रही हूँ। मिस्टर बार्नेट आपसे मिलना चाहते हैं। आप कब उपलब्ध रहेंगे?'

मैं हैरान रह गया और सोचने लगा कि मैटल बॉक्स के मैनेजिंग डायरेक्टर को मुझसे क्या काम हो सकता है।

मैटल बॉक्स एक बहुत प्रतिष्ठित ब्रिटिश कंपनी थी, जो भारत में कोलैप्सिबल एल्युमिनियम ट्यूब्स की अग्रणी निर्माता और सप्लायर थी। वे इस क्षेत्र की बड़ी तोप थे और मैं सिर्फ़ तमंचा।

चूँकि मिस्टर बार्नेट उम्र, अनुभव और पद में मुझसे बड़े थे, इसलिए मैंने कहा कि मैं ख़ुद उनसे मिलने के लिए मैटल बॉक्स के ऑफ़िस आ जाऊँगा। मैंने मिस्टर बार्नेट की सैक्रेटरी से समय तय किया और निर्धारित समय पर वहाँ पहुँच गया।

मिस्टर बार्नेट व्यक्तिगत रूप से मेरा अभिवादन करने आए और मुझे अपने ऑफ़िस में ले गए। कैबिन में बस वे, उनकी सैक्रेटरी और मैं ही थे। खुलकर मुस्कुराते हुए उन्होंने मुझे बैठने का इशारा किया।

'देखो नौजवान, मैंने तुम्हारे बारे में बहुत सुन रखा है। मैं जानता हूँ कि तुम इंग्लैंड के प्रतिष्ठित फ़ैरेडे इंजीनियरिंग कॉलेज से प्रथम श्रेणी में उत्तीर्ण हुए हो। फिर तुम भारत में टाटा समूह की कंपनी में एक ऊँचे पद पर रहे हो। यह बेहतरीन है।'

मैं चकरा गया। *मिस्टर बार्नेट मेरी तारीफ़ों के पुल क्यों बाँध रहे हैं?*

मुझे एकटक देखते हुए उन्होंने आगे कहा, 'अपनी बुद्धिमत्ता और योग्यताओं की बदौलत तुमने यह साबित कर दिया है कि तुम बहुत गुणी और समर्पित इंसान हो। इसीलिए मैं इस बात से और भी ज़्यादा हैरान हूँ कि तुमने टाटा समूह की बेहतरीन नौकरी छोड़कर अपना ख़ुद का धंधा क्यों शुरू किया।'

उनका लहज़ा चाकू की धार की तरह पैना हो गया था। उनके शब्द भारी व्यंग से भरे हुए थे। 'देखो, मैं तुम्हारे साथ खुलकर बात कर रहा हूँ। हमारी कंपनी प्रतिस्पर्धा बर्दाश्त नहीं करती। हम भारत में कोलैप्सिबल एल्युमिनियम ट्यूब्स के अग्रणी उत्पादक हैं और हम इसी स्थिति को बनाए रखने के लिए जान लड़ा देंगे। हम यह सुनिश्चित करेंगे कि जो भी कंपनी हमारे सामने खड़े होने की जुर्रत करे, वह बर्बाद हो जाए।'

मैंने सोचा, *कितना घमंड है।*

मैं सदमे में भी था और नाराज़ भी। बहरहाल, अपने जज़्बातों पर क़ाबू रखते हुए मैंने सहज स्वर में जवाब दिया, 'मिस्टर बार्नेट, इंग्लैंड में सात कंपनियाँ एल्युमिनियम ट्यूब बना रही हैं। लेकिन वे आपस में लड़ने–झगड़ने में समय बर्बाद नहीं करती हैं। यदि किसी ग्राहक को किसी कंपनी के प्रॉडक्ट्स अच्छे लगते हैं, तो कंपनी को ग्राहक की पसंद के आधार पर ऑर्डर मिल जाता है। अगर इस तरह की स्वस्थ प्रतिस्पर्धा वहाँ सभी को स्वीकार है, तो भारत में क्यों नहीं होनी चाहिए? हमारा देश बड़ा है। आपको मेरे जैसी एक और छोटी कंपनी के खुलने से ख़तरा

महसूस नहीं होना चाहिए। आप अपने ग्राहकों की ज़रूरतों की परवाह करें और मैं अपने ग्राहकों की परवाह कर लूँगा।'

तब तक मिस्टर बार्नेट गुस्से से उबलने लगे थे और उन्होंने तैश में आकर कहा, 'हर कोई शुरुआत में ऐसा ही कहता है, लेकिन बहुत जल्दी वे हमारे ग्राहकों को हमसे चुराने की कोशिश करते हैं। मैं ऐसी बकवास को हर्गिज़ बर्दाश्त नहीं करूँगा। मैं तुम जैसे नाचीज़ को हमारे कारोबार में रोड़े नहीं डालने दूँगा।'

लेकिन मैं दृढ़ था। 'यह आपकी समस्या है, मिस्टर बार्नेट। अपना कारोबार शुरू करने का निर्णय मैंने काफ़ी सोच-विचार के बाद लिया है। इसे संभव बनाने के लिए मैंने बहुत पापड़ बेले हैं और मैं आपकी धमकियों की वजह से इसे बंद नहीं करने वाला। अलविदा, मिस्टर बार्नेट।'

इसके साथ ही मैं चलने के लिए उठ खड़ा हुआ। अचानक मिस्टर बार्नेट का सुर बदल गया। 'मिस्टर पटेल, मैं जो बात कहने जा रहा हूँ, मेहरबानी करके उसे तो पूरा सुन लो। इसमें तुम्हारा भी फ़ायदा है। सबसे पहली बात, तुमने अपनी कंपनी खड़ी करने में जो भी पैसा ख़र्च किया है, हम उससे दोगुना पैसा तुम्हें देंगे। तो देखा, तुम्हें एक पैसे का भी नुक़सान नहीं होगा और दरअसल तुमने जितने पैसे का निवेश किया है, वह दोगुना होकर तुम्हें मिल जाएगा।'

मैं वहाँ ख़ामोशी में खड़ा रहा, जब उन्होंने समझौता करने वाले अंदाज़ में आगे कहा, 'सिर्फ़ इतना ही नहीं। तुम्हारी कंपनी का विलय मैटल बॉक्स में कर दिया जाएगा। तुम्हें यहाँ एक बहुत वरिष्ठ पद दिया जाएगा और टाटा में जितनी तनख़्वाह मिल रही थी, उससे दोगुनी तनख़्वाह दी जाएगी – 3,000 रुपये। चूँकि तुमने इंग्लैंड में पढ़ाई की है, इसलिए तुम्हें वरिष्ठ ब्रिटिश मैनेजर को निलने वाले सभी लाभ और अतिरिक्त सुविधाएँ भी दी जाएँगी। इस बारे में तुम्हारा क्या ख़्याल है?'

मैं दरअसल मन ही मन हँस रहा था, क्योंकि मैं जान गया था कि इस प्रस्ताव के ज़रिये मुझे रिश्वत दी जा रही थी। मगर मैंने सपाट चेहरे से जवाब दिया, 'आपके उदार प्रस्ताव के लिए बहुत-बहुत धन्यवाद, लेकिन... मैं आपके प्रस्ताव को स्वीकार नहीं कर सकता। देखिए, मैं

गुजराती हूँ। मैं कारोबारी समुदाय का हूँ। नौकरी का हमारे लिए कोई महत्त्व नहीं है। अपना ख़ुद का कारोबार शुरू करना हर गुजराती का सपना होता है। हम मानते हैं कि कारोबार में सफल होने से ही यह साबित होता है कि वह किस मिट्टी का बना है। इसलिए चाहे आप मुझे धमकाने की कोशिश करें या प्रलोभन देने की कोशिश करें, मेरा जवाब वही रहेगा : मैं अपना कारोबार बंद नहीं करूँगा।'

क्रोध के मारे मिस्टर बार्नेट की बोलती बंद हो गई। आख़िरकार वे बोले, 'ठीक है, मिस्टर पटेल। अगर तुम पेशेवर आत्महत्या करना चाहते हो, तो यही सही। क्या तुमने ओरिएंट कैन कंपनी के बारे में सुना है? उसने प्रतिस्पर्धी बनकर हमारे ख़िलाफ़ खड़े होने की जुर्रत की थी। आज वह कहाँ है? कहीं नहीं। वह बंद हो गई; उसका मालिक दिवालिया हो गया। अगर तुम्हें मेरी कही बातों में समझदारी नज़र नहीं आई, तो तुम्हारा भी यही हाल होगा। आज भी अधिकतर फ़ार्मास्यूटिकल टूथपेस्ट कंपनियों में यूरोपीय मैनेजमेंट बोर्ड है। हम यूरोप से सीधे उन पर दबाव डलवा सकते हैं कि वे तुम्हारे प्रॉडक्ट्स न ख़रीदें।'

'दूसरी बात, तुम्हारा सबसे महत्त्वपूर्ण कच्चा माल – एल्युमिनियम स्लग्स – इंडियन एल्युमिनियम कंपनी यानी इंडाल बनाती है। मैटल बॉक्स का डायरेक्टर इंडाल का चेयरमैन भी है। क्या इससे तुम्हें कुछ समझ आता है? तुम्हें इंडाल से वह कच्चा माल नहीं मिलेगा, जिसकी तुम्हें ज़रूरत है।'

'तीसरी और आख़िरी बात, सिर्फ़ एक ही कंपनी है, जो कोलैप्सिबल ट्यूब्स के लिए प्लास्टिक कैप बनाती है – इंडियन प्लास्टिक कंपनी। हम इसके सबसे बड़े ग्राहक हैं। हम यह सुनिश्चित करेंगे कि तुम्हारी कंपनी को वहाँ से कैप न मिलें।'

मैं हँसे बिना नहीं रह पाया।

'मिस्टर बार्नेट, मेहरबानी करके ऐसी मूर्खतापूर्ण धमकियाँ देकर ख़ुद को नीचे न गिराएँ। आप जिन घटनाओं का ज़िक्र कर रहे हैं, उनमें से प्रत्येक के बारे में मैं पहले ही विचार कर चुका हूँ। और मेरी योजना यह है : पहली बात, भारत में कई यूरोपीय कंपनियाँ फ़ार्मास्यूटिकल्स और

टूथपेस्ट बना रही हैं। लेकिन दूसरी ओर, साराभाई, अलैम्बिक, ज़न्डू और बेंगॉल कैमिकल्स जैसी कुछ भारतीय कंपनियाँ भी हैं, जो तीव्र गति से विकास कर रही हैं और बाज़ार में स्थापित हो रही हैं। इससे भी ज़्यादा महत्त्वपूर्ण बात, इन कंपनियों में कई अधिकारी हैं, जिन्हें भारतीय होने पर गर्व है। वे विदेशी दबाव के सामने नहीं झुकेंगे और भारतीय उद्यमियों को प्रोत्साहित करने का सर्वश्रेष्ठ प्रयास करेंगे। वास्तव में, कई विदेशी कंपनियों को भी भारतीयों को काम देने में कोई समस्या नहीं आती। मेरे प्रॉडक्ट्स अपनी पहचान ख़ुद बनाएँगे। अगर उनकी गुणवत्ता बेहतर है, तो उन्हें ग्राहक मिल ही जाएँगे – चाहे वे भारतीय हों या यूरोपीय।'

अब आपकी दूसरी धमकी पर आते हैं : इंडाल। यह कोई हाल की समस्या नहीं है। आप काफ़ी समय पहले ही अपनी धमकी पर अमल कर चुके हैं। मुझे कच्चा माल न मिल पाए, इस चक्कर में आपने इंडाल से अपनी ज़रूरत से बहुत ज़्यादा कच्चा माल ख़रीद लिया था। वास्तव में, आपने कमानी कंपनी वेयरहाउस इसीलिए या तो ख़रीदा है या किराए पर लिया है, क्योंकि आपके पास अपना कच्चा माल रखने के लिए पर्याप्त जगह नहीं है। अब कमानी के साथ आपका अनुबंध ख़त्म होने वाला है, इसलिए आप मामले को सुलझाने के लिए बेचैन हो रहे हैं। देखिए मिस्टर बार्नेट, आप अपना कच्चा माल शौक से रख सकते हैं, क्योंकि मैंने इंडाल के साथ एक क़रार पर हस्ताक्षर कर दिए हैं, जिसके तहत वे लोग *मेरी* कंपनी को कच्चा माल देने के लिए सहमत हो गए हैं।'

'आपकी तीसरी और आख़िरी धमकी : प्लास्टिक कैप का मामला। कितनी छोटी बात है! शायद आप जानते नहीं हैं, लेकिन आगे से मैं अपने कारोबार में लगने वाली सभी प्लास्टिक कैप्स का उत्पादन करूँगा। मुझे इतने छोटे मामलों के लिए किसी दूसरे पर निर्भर रहने की ज़रूरत नहीं है। इसके लिए मुझे किसी दूसरे को पैसे देने की ज़रूरत भी नहीं है। ऐसा करने से मेरा मुनाफ़ा दोगुना हो जाएगा।'

मिस्टर बार्नेट के चेहरे का सारा रंग उड़ गया था, जिससे मुझे उन पर दया आने लगी। लेकिन अब भी एक आख़िरी बात थी, जिसका हिसाब बराबर करना बचा था।

'मिस्टर बार्नेट, आप जैसे शिक्षित और "सुसंस्कृत" व्यक्ति से किसी को भी कम से कम शालीनता की उम्मीद होती है। लेकिन आज मेरा यह मुग़ालता दूर हो चुका है। अगर मैं इतनी घटिया नीतियों का इस्तेमाल करता और आपके देश में आपके साथ यही करता, तो आपको कैसा महसूस होता?'

मिस्टर बार्नेट पसीना–पसीना हो गए। उनकी सेक्रेटरी ने उनकी ओर देखा और हस्तक्षेप करने की कोशिश की। 'मिस्टर पटेल, मुझे लगता है, आपने हमें ग़लत समझ लिया है। मिस्टर बार्नेट का यह मतलब नहीं था।'

मैंने जवाब दिया, 'मैडम, पूरे सम्मान के साथ कहना चाहूँगा, कृपया वही करें, जो आप सबसे अच्छी तरह जानती हैं – अपने बॉस के लिए कॉफ़ी बनाना – और उनके बचाव की कोशिश न करें। आप भी उनकी धमकियों की चश्मदीद गवाह हैं। लेकिन मैं एक बार फिर स्पष्ट करना चाहूँगा : मैं धमकियों के सामने घुटने टेकने वाला इंसान नहीं हूँ। गुड डे।'

और मैं मिस्टर बार्नेट के कैबिन से बाहर निकल आया।

1980

मिस्टर बार्नेट के कैबिन में हुई उस गर्मागर्म बहस को अब बाईस साल हो चुके हैं। जिस छोटी कंपनी को मैंने तब शुरू किया था, अब वह पटेल एक्स्ट्रूज़न ग्रूप ऑफ़ इंडस्ट्रीज़ का अभिन्न अंग है, जिसमें 11 वृहद कंपनियाँ शामिल हैं। हम अपनी फ़ैक्ट्रियों में सभी तरह की कोलैप्सिबल ट्यूब्स बनाते हैं। हमारा हेड ऑफ़िस गोरेगाँव, मुंबई में हैं, जो वैस्टर्न एक्सप्रेस हाइवे के क़रीब है।

मुझे एक बार फिर वह दिन याद आ गया जब मैं अपने कैबिन में कुछ दस्तावेज़ों को देख रहा था। मेरी सैक्रेटरी ने आकर मुझे एक पत्र थमाया। यह यूरोपियन पैकेजिंग मैन्युफ़ैक्चरर्स असोसिएशन की तरफ़ से आया था। इसमें लिखा था :

बधाई, मिस्टर पटेल। हमें यह घोषणा करते हुए ख़ुशी हो रही है कि आपकी कंपनी ने संसार में कोलैप्सिबल ट्यूब्स की सबसे बड़ा उत्पादक होने का गौरव हासिल किया है। अगले महीने इंग्लैंड में हमारी विश्वव्यापी मीटिंग हो रही है, जिसमें मुख्य अतिथि के रूप में आपको आमंत्रित करते हुए हमें बहुत प्रसन्नता हो रही है। हम आपकी पत्नी को भी हार्दिक आमंत्रण देना पसंद करेंगे। मीटिंग के विस्तृत विवरण, जिनमें दिनांक, स्थान और समय शामिल है, शीघ्र ही भेजे जाएँगे।

मुझे बहुत गर्व और सम्मान का अहसास हुआ। आख़िर, इंसान के काम का सार्वजनिक सम्मान ही तो है जो मायने रखता है।

मैंने तुरंत अपनी पत्नी चंदा को फ़ोन किया और उसे यह ख़ुशख़बरी दी।

समारोह लंदन के क़रीब एक सुंदर टापू पर होने वाला था। हमारे रहने और घूमने के इंतज़ाम वाक़ई भव्य थे।

जब हम समारोह स्थल पर पहुँचे तो पहली क़तार में एक सीट चंदा के लिए ख़ास तौर पर सुरक्षित रखी गई थी। मेरे दाख़िल होते ही असोसिएशन के मुखिया चलकर आए और मुझे मंच पर अपनी जगह तक ले गए।

मीटिंग जल्द ही शुरू हो गई। चेयरमैन ने सभी सदस्यों का स्वागत किया, कार्यक्रम की रूपरेखा बताई और श्रोताओं को मेरा परिचय दिया।

'कृपया हमारे सम्मानित मुख्य अतिथि भारत के श्री मोहन पटेल का स्वागत करें। उनकी कंपनी संसार में कोलैप्सिबल एल्युमिनियम ट्यूब्स की अग्रणी उत्पादक है, जिनका इस्तेमाल टूथपेस्ट्स और फ़ार्मास्यूटिकल्स में किया जाता है।'

इस कथन पर ज़ोरदार तालियाँ बजीं।

इसके बाद चेयरमैन मेरी तरफ़ मुड़े और आगे बोलने लगे, 'श्री पटेल, आपके देश की परंपरा यह है कि अतिथियों का स्वागत फूलमाला डालकर किया जाता है। हम इसे अलग तरीक़े से करते हैं। मैं आपकी उपलब्धियों को सलाम करना चाहता हूँ, इसलिए मैं आज के लिए अपनी

कुर्सी आपको देता हूँ।' चेयरमैन एक तरफ़ खड़े हो गए और हाथ हिलाकर मुझे उस दिन की कार्यवाही शुरू करने के लिए आमंत्रित किया।

मैं अभिभूत था। कितना अविस्मरणीय पल था! यह अल्पकालिक सभापतित्व मेरे लिए किसी सजावटी ट्रॉफ़ी या प्रमाणपत्र से अधिक मूल्यवान था। यह एक ऐसा अवसर था, जिसने यह साबित कर दिया कि आख़िर संसार में न्याय होता है और भले लोगों की जीत होती है।

जब से मुझे याद है, मैं हमेशा इंडियन सिविल सर्विस (आईसीएस) अफ़सर बनना चाहता था और अपने चुने हुए पेशे में सर्वोच्च सम्मान हासिल करना चाहता था। उस वक्त इंजीनियर बनने का मेरा कोई इरादा नहीं था और मुझे तो पता भी नहीं था कि कोलैप्सिबल ट्यूब क्या होती है।

तक़दीर के खेल भी निराले होते हैं।

वैसे, मेरी तक़दीर अलग क्यों होनी चाहिए? यहाँ तक कि भगवान राम को भी पता नहीं था कि भविष्य के गर्त में उनके लिए क्या छुपा था। उनके राज्याभिषेक की पूर्व–संध्या पर वे एक राजकुमार थे और एक विशाल, समृद्ध राज्य का प्रशासन सँभालने का इंतज़ार कर रहे थे। तब उन्हें यह बात कहाँ पता थी कि अगले ही दिन उन्हें अपना घर और राज्य छोड़ना पड़ेगा तथा चौदह वर्ष की लंबी अवधि के लिए वन में जाकर रहना पड़ेगा और मुसीबत व ख़तरे का जीवन बिताना पड़ेगा।

मेरे बचपन के सपनों पर लौटते हैं। मैं सिविल सर्विसेस के प्रति जिस वजह से आसक्त था, वह मेरे श्रद्धा जगाने वाले पड़ोसी थे – एच. एम. पटेल।

मुल्जीभाई पटेल जोगेश्वरी में हमारे बग़ल वाले बँगले में रहते थे। वे हमेशा अपने बेटे हीरूभाई (एच.एम. पटेल) के गुण गाते रहते थे और वह वाक़ई तारीफ़ के क़ाबिल था भी।

हीरूभाई के करियर का ग्राफ़ आदर्श था। वह हमेशा स्कूल और कॉलेज में अपनी कक्षा में प्रथम आता था। फिर उसने इंग्लैंड जाकर

आईसीएस की परीक्षा अच्छी तरह उत्तीर्ण कर ली। भारत लौटने पर उसने आईसीएस में कई महत्त्वपूर्ण पद सँभाले और उस वक़्त वह दिल्ली में टैक्सटाइल कमिश्नर था।

हीरूभाई मेरा आदर्श था, उस समय का मेरा सबसे बड़ा हीरो।

मुझे अब भी याद है कि जब हीरूभाई अपने परिवार से मिलने आता था तब हर कोई कितना रोमांचित होता था। उसके पिता मुल्जीभाई उसके स्वागत में कोई कसर बाक़ी नहीं रखते थे। हीरूभाई को यह पसंद है... हीरूभाई को वह अच्छा लगता है... आदि–इत्यादि।

पूरा घर उसके आने की तैयारी में कई दिन पहले से जुट जाता था, मानो बेटा नहीं, परिवार का मूल्यवान दामाद आ रहा हो। हमारा परिवार भी उतने ही जोशोख़रोश से स्वागत की तैयारी करता था। मुल्जीभाई पिताजी से कहते थे, 'ईश्वरभाई, भुलेश्वर से पातरा (एक स्वादिष्ट पकवान जो हीरूभाई को बहुत पसंद था) लाना मत भूलना।' यह सुनकर पिताजी शाम को शहर के दूसरे छोर पर भूलेश्वर तक जाते थे और एक ख़ास दुकान से दो किलो पातरा ले आते थे।

जब हीरूभाई आख़िरकार घर आता था तो हमारी छोटी सी गली में जीवन का धूमधड़ाका होने लगता था। मैं उसके घर के सामने खड़ी कारों की लंबी क़तार से विस्मयाभिभूत हो जाता था (हीरूभाई की सरकारी कार के अलावा कई तरह की प्रभावशाली विदेशी कारें खड़ी रहती थीं, जो उससे मिलने वाले वीआईपी लोगों की होती थीं)। साथ ही मैं उन कारों से उतरने वाले सुंदर, अमीर पोशाक वाले लोगों से भी अभिभूत हो जाता था। मैं उसकी शक्ति के आभामंडल पर मुग्ध था।

इसलिए जब मैंने मैट्रिक की परीक्षा पास की, तो मैंने भविष्य के लिए अपनी योजनाओं का ऐलान कर दिया : मैं बी.कॉम. पूरा करने के बाद लंदन जाकर आईसीएस की परीक्षा दूँगा।

दरअसल, मुझे बी.कॉम. पूरा करने का इंतज़ार भी नहीं करना पड़ा। इंटर–कॉमर्स परीक्षाओं के तुरंत बाद पिताजी ने मुझे लंदन भेजने का निर्णय लिया, ताकि मैं अपनी बाक़ी पढ़ाई वहाँ पूरी कर लूँ।

पिताजी ने मुझे 900 रुपये दिए और सैन्य जहाज़ एस.एस. फ़्रैंकोनिआ का एक टिकट दिया। चालीस दिन लंबी समुद्री यात्रा के बाद जहाज़ आख़िरकार 1946 में साउथैम्प्टन बंदरगाह पर पहुँचा।

हमारे पारिवारिक मित्र रामभाई पटेल वहाँ मुझे लेने आए थे। रामभाई भावनगर स्टेट रेलवेज़ के जनरल मैनेजर थे और उस वक़्त रेलवे के कुछ इंजन ख़रीदने के सिलसिले में इंग्लैंड गए हुए थे। उस वक़्त साउथैम्प्टन से लंदन पहुँचने में लगभग दो घंटे लगते थे और हम यात्रा के दौरान बातें करने लगे। रामभाई ने मुझसे गुजराती में पूछा, 'तुम लंदन क्यों आए हो?'

मैं तुरंत अपनी भावी योजनाएँ पूरे विस्तार से बताने लगा : लंदन युनिवर्सिटी से बैचलर इन कॉमर्स; लिंकन इन में क़ानूनी पढ़ाई और आख़िर में, लेकिन सबसे महत्त्वपूर्ण, आईसीएस परीक्षा।

रामभाई ने मेरी तरफ़ अजीब अंदाज़ में देखा और बोले, 'बाक़ी सब तो ठीक है, लेकिन यह सारी पढ़ाई पूरी करने में तुम्हें कम से कम तीन–चार साल तो लग ही जाएँगे और तब तक आईसीएस परीक्षाएँ बंद हो जाएँगी।'

मैं अवाक था। 'आपका क्या मतलब है?'

'मेरा मतलब यह है कि वर्तमान में उम्मीदवारों का आख़िरी बैच लंदन में होने वाली आईसीएस परीक्षाओं की तैयारी कर रहा है और यह आख़िरी साल है, जब परीक्षाएँ यहाँ होंगी। आगे से इन परीक्षाओं को आईएएस (भारतीय प्रशासनिक सेवा) कहा जाएगा और उम्मीदवार भारत में ही ये परीक्षाएँ देंगे।'

मेरे सारे सपने एक पल में ही चकनाचूर हो गए।

रामभाई ने मुझसे पूछा, 'अब तुम क्या करोगे? भारत लौट जाओगे?'

कितनी बुरी क़िस्मत थी! मैं अभी इंग्लैंड पहुँचा ही था और हम वापस घर लौटने की बातें कर रहे थे। मैंने ज़ोर से अपना सिर हिलाया।

रामभाई हँसने लगे। 'बेटा, मैं यह सुझाव नहीं दे रहा हूँ कि तुम इसी समय लौट जाओ। अपना समय लो, इस बारे में सोचो और फिर फ़ैसला

करो कि तुम क्या चाहते हो।' इसके बाद वे दूसरे विषयों पर बात करने लगे। मैं उनकी बात सुनने का नाटक करता रहा, हालाँकि मुझे बिलकुल पता नहीं था कि वे क्या कह रहे थे। मेरा सिर घूम रहा था।

जब तक हम विक्टोरिया स्टेशन पहुँचे, मैंने अपना मन बना लिया था। मैंने रामभाई को अपना निर्णय बता दिया, 'मैंने आईसीएस अफ़सर बनने का इरादा छोड़ दिया है। अब मैंने बी.कॉम. करने, वकील बनने और वकालत का करियर बनाने का फ़ैसला किया है।'

रामभाई ने एक शब्द कहे बिना ही अपना सिर हिला दिया।

अगले दिन रविवार था। मैं देर से उठा, मैंने नाश्ता किया और फिर रामभाई के साथ लंदन की सैर करने निकल पड़ा।

जहाँ मैं ठहरा था, वहाँ के पास के एक सुंदर पार्क से हमने दिन की शुरुआत शुरू की। थोड़ी देर टहलने के बाद हम एक बैंच पर बैठ गए। जल्दी ही रामभाई ने मुझसे पूछा, 'तो तुमने क्या फ़ैसला किया? क्या तुम वकील बनने वाले हो?'

मैंने दृढ़ता से जवाब दिया, 'हाँ।'

ऐसा लगा, जैसे रामभाई को मेरा वकालत का फ़ैसला पसंद नहीं आया था। वे कुछ समय तक ख़ामोश रहे। आख़िरकार वे बोले, 'तो तुम वकील बनने जा रहे हो। तुम सच्चाई को तोड़ने–मरोड़ने में माहिर हो जाओगे।'

मैं हैरान था, 'आज संसार में इतने सारे वकील हैं। उन्हें सम्मान मिलता है और वे अपने पेशे में बहुत सफल हैं।'

रामभाई ने जवाब दिया, 'हाँ, ज़ाहिर है। लेकिन उनकी सफलता की कुंजी क्या है? शब्दों का जाल बुनने की योग्यता। उन्हें अपनी अंतरात्मा की आवाज़ को नज़रअंदाज़ करना होता है। इस बात के मैं तुम्हें बहुत सारे उदाहरण दे सकता हूँ। दो भाइयों के बीच जायदाद की लड़ाई में सबसे ज़्यादा फ़ायदा किसे होता है? वकील को। किसी अपराधी को कौन बचाता है और उसे उसके अपराध की सज़ा से कौन मुक्त कराता है? वकील।'

मेरा दिमाग़ एक बार फिर असमंजस भरे विचारों और भावनाओं से चकरा रहा था। 'तो फिर आपके हिसाब से मुझे क्या करना चाहिए?'

'तुम इंजीनियर क्यों नहीं बन जाते?'

'इंजीनियर?'

'हाँ। हमारे देश को आज सबसे बढ़कर इंजीनियरों की ज़रूरत है। शायद तुम जानते होगे कि अँग्रेज़ जल्द ही भारत छोड़कर चले जाएँगे। स्वतंत्र भारत को कई नए उद्योगों की ज़रूरत होगी। अगर तुम अपने देश से प्यार करते हो और इसके विकास में सकारात्मक योगदान देना चाहते हो, तो तुम्हें इंजीनियर बनना चाहिए और इसकी प्रगति में सक्रिय भूमिका निभानी चाहिए। मुझे उम्मीद है, तुम समझ रहे हो कि मैं क्या कहने की कोशिश कर रहा हूँ।'

मैं यह तो समझ गया कि वे क्या कहने की कोशिश कर रहे थे, लेकिन मैं यह नहीं जानता था कि जवाब में क्या कहूँ।

हम उठकर खड़े हुए और लंदन की सैर पर चल दिए। लेकिन मेरे दिमाग़ में खलबली मची हुई थी। दिमाग़ में वही सवाल बार–बार घूमते रहे – *अब मैं क्या करूँ? मुझे कौन सा पेशा चुनना चाहिए?*

बहरहाल, सोमवार सुबह तक मैं अंततः निर्णय पर पहुँच चुका था। नाश्ते पर मैंने रामभाई को बताया, 'मैंने इंजीनियर बनने का फ़ैसला किया है।'

जब मैं शनिवार को इंग्लैंड पहुँचा था, तो मेरे मन में आईसीएस अफ़सर बनने की योजनाएँ थीं। वहाँ पहुँचने के दो घंटे के भीतर मैंने वकील बनने का फ़ैसला कर लिया था और अब मैं विश्वास के साथ कह रहा था कि मैं इंजीनियर बनना चाहता हूँ। जीवन के मोड़ भी कितने अनोखे होते हैं!

बहरहाल, रामभाई को मेरे निर्णय के बारे में कुछ भी असामान्य नहीं लगा। दरअसल यह सुनकर वे बहुत ख़ुश हुए और बोले, 'ठीक है। अब जब तुमने अपना मन बना लिया है, तो मैं देखता हूँ कि इसके लिए क्या करना होगा।'

अगले ही दिन वे मुझे प्रतिष्ठित इंजीनियरिंग कॉलेज फ़ैरेडे हाउस ले गए।

हम वहाँ के रजिस्ट्रार से मिले, जो ब्रिटिश सेना के सेवानिवृत्त ब्रिगेडियर थे। उन्होंने हमारी बात सुनी, मेरी अंकसूचियाँ देखीं और ऐलान कर दिया, 'अफ़सोस। इंजीनियर बनने के लिए तुम्हारी पृष्ठभूमि सही नहीं है। तुम अब तक कॉमर्स के विद्यार्थी रहे हो। अचानक तुम्हारा इरादा कैसे बदल गया?'

मैंने जवाब दिया, 'मेरी रुचि इंजीनियरिंग में है और मैं इंजीनियर बनने के लिए हरसंभव कोशिश करने को तैयार हूँ।'

'तो फिर ठीक है। तुम्हें इंजीनियरिंग के लिए आवश्यक तकनीकी विषयों का अध्ययन करना होगा और एक बार फिर यहाँ मैट्रिक की परीक्षा देनी होगी। मैट्रिक की परीक्षा चार महीनों में आयोजित होगी। अगर इस परीक्षा में तुम 75 प्रतिशत अंक हासिल कर लेते हो, तो तुम्हें यहाँ के इंजीनियरिंग कोर्स में दाख़िला मिल जाएगा।'

अब मैं सचमुच डर गया था। पहिया पीछे की तरफ़ घूमता लग रहा था। हालाँकि मैं इंटर की परीक्षा पास कर चुका था, लेकिन मुझे एक बार फिर मैट्रिक की परीक्षा में बैठना होगा। वह भी नए विषयों के साथ और सिर्फ़ चार महीने में।

सिर्फ़ तभी मैं इंजीनियरिंग कॉलेज में दाख़िला पा सकता था। मैं नहीं जानता था कि क्या कहूँ। लेकिन रामभाई ने मेरी तरफ़ से जवाब दिया। 'हाँ, ज़ाहिर है। वह यह काम कर लेगा।'

रामभाई मुझमें जितना विश्वास दिखा रहे थे, उसे देखते हुए मेरे पास दूसरा कोई विकल्प ही नहीं था। मैं इंजीनियर बनने की सर्वश्रेष्ठ कोशिश करने वाला था।

पाँच साल बाद मैं इलैक्ट्रिकल इंजीनियर बन गया। मैंने तुरंत प्रशिक्षणार्थी के रूप में काम शुरू कर दिया।

तब तक मेरा परिवार मुझ पर शादी करने का दबाव डालने लगा था। सच तो यह था कि मैंने अपना भावी जीवनसाथी बहुत पहले ही चुन लिया था। जब मेरी उम्र 17 साल थी और चंदा की 14, तभी से हम एक दूसरे से प्रेम करने लगे थे। हम पड़ोसी थे। हमारे परिवार एक दूसरे को अच्छी तरह जानते थे, इसलिए मेरी इस घोषणा से वे ख़ुश हुए कि वही वो लड़की थी जिससे मैं शादी करना चाहता था। इसके बाद मैं पाँच साल लंदन में रहा। इस दौरान मुलाक़ात करना तो दूर रहा, हमने एक दूसरे से फ़ोन पर भी बातचीत नहीं की थी। लेकिन इसके बावजूद हम शादी के फ़ैसले पर अटल थे। इस दौरान संपर्क को बरक़रार रखने के लिए हम एक दूसरे को नियमित रूप से पत्र लिखते रहे। ये पत्र हमारे प्यार का इज़हार थे और इन्होंने हमारे बीच के बंधन को अधिक गहरा बनाया।

अपनी इंजीनियरिंग की पढ़ाई पूरी करने के बाद मैं आठ दिनों की तूफ़ानी यात्रा पर भारत लौटा। मैंने फटाफट चंदा से शादी की और उसे लेकर लंदन आ गया ताकि अपने जीवन का एक नया, अधिक सुखद दौर शुरू कर सकूँ।

मेरा काम रोचक था और मेरी प्रिय पत्नी मेरे साथ थी। जीवन पूर्ण था। लेकिन जैसे ही इंसान जीवन में किसी मील के पत्थर तक पहुँचकर संतुष्टि महसूस करने लगता है, उसके मन में 'अब अगली चीज़ क्या?' की भावना आ जाती है। इंसान हमेशा भविष्य को ताकता रहता है और नए सपने देखता रहता है। अब जब मैं लंदन में अच्छी तरह बस चुका था, कामकाज और घर से ख़ुश था, तो मैं भारत लौटने के सपने देखने लगा।

उसी समय टाटा लिमिटेड कंपनी के लंदन ऑफ़िस के मुखिया सर नॉर्मन रेडफ़ोर्ड को श्री ए.डी. श्रॉफ का एक पत्र मिला। पत्र में आग्रह किया गया था कि वे उनके मुंबई ऑफ़िस के लिए एक युवा, प्रगतिशील ब्रिटिश इंजीनियर खोजकर दें।

सर नॉर्मन रेडफ़ोर्ड ने फ़ैरेडे हाउस के प्रिंसिपल सर जॉन ऐडम्स से संपर्क किया। उन्होंने उस पद के लिए किसी उपयुक्त उम्मीदवार का नाम पूछा।

इस आग्रह पर सर जॉन पशोपेश में पड़ गए और बोले, 'मुझे लगता

है कि आपको एक युवा, प्रगतिशील इंजीनियर की ज़रूरत है। लेकिन आप इस बात पर ज़ोर क्यों देते हैं कि वह अँग्रेज़ ही होना चाहिए? यदि राष्ट्रीयता का मुद्दा बीच में न आए तो मैं इस काम के लिए हमारे सर्वश्रेष्ठ विद्यार्थियों में से एक मोहन पटेल की अनुशंसा करना चाहूँगा।'

सर नॉर्मन के दिल में सर जॉन के प्रति बहुत सम्मान था। उनके ज़ोर देने पर वे मुझसे मिलने को तैयार हो गए। मैं अपनी अंकसूचियाँ और दूसरे दस्तावेज़ साथ लेकर गया। लेकिन सर नॉर्मन ने उन पर सरसरी निगाह डाली और इसके बाद मेरी ओर एकटक देखकर घोषणा की, 'तो ठीक है नवयुवक। तुम्हें चुन लिया गया है।'

मैं हैरान था। 'माफ़ करें सर, लेकिन क्या आप मेरा इंटरव्यू नहीं लेना चाहते?'

सर नॉर्मन ने मुस्कुराकर अपना सिर हिलाया, 'नहीं। मैं कभी तुम्हारा इंटरव्यू नहीं लेना चाहता था। तुम्हारे इंजीनियरिंग कॉलेज के प्रिंसिपल ने तुम्हारी प्रशंसा करते हुए जो अनुशंसा की थी, उसके बाद इसकी ज़रूरत ही नहीं है।'

मैं अभिभूत था। 'धन्यवाद... बहुत–बहुत धन्यवाद, सर।'

उन्होंने जवाब दिया, 'मैं तुरंत मुंबई ऑफ़िस को पत्र लिखकर तुम्हारे चयन की जानकारी उन्हें दे दूँगा। इस दौरान तुम यहाँ हमारे ऑफ़िस में काम शुरू कर सकते हो, ताकि तुम्हें टाटा कंपनी में काम करने का अनुभव मिल जाए। फिर बाद में तुम मुंबई ऑफ़िस में काम शुरू कर सकते हो। तुम्हारी तनख़्वाह 1,800 रुपये होगी और इसके अलावा, तुम्हें किसी ब्रिटिश इंजीनियर को मिलने वाली सारी सुविधाएँ और लाभ मिलेंगे। क्या यह तुम्हें मंजूर है?'

मैंने सहमति में सिर हिलाया। अपने चयन को लेकर मैं सातवें आसमान पर था क्योंकि यह मेरे करियर की एक महत्त्वपूर्ण उपलब्धि थी।

मैंने एक पहाड़ (चाहे वह कितना ही छोटा क्यों न हो) पर चढ़ने की कोशिश की थी और सफलतापूर्वक उसके शिखर पर पहुँच गया था। मैंने खुद से वादा किया कि यह निश्चित रूप से मेरे जीवन का आख़िरी या

सर्वोच्च गौरव नहीं होगा।

मुंबई अचानक मेरी पहुँच के बहुत ज़्यादा भीतर लगने लगा।

कुछ दिनों बाद सर नॉर्मन ने मुझे बुलावा भेजा। उनके ऑफ़िस की ओर जाते समय मैं सोचने लगा, *सर नॉर्मन के पास मुंबई ऑफ़िस से जवाब आया होगा जिसमें मेरी नियुक्ति की पुष्टि की गई होगी। दरअसल यह भी हो सकता है कि मुझे आज ही नियुक्ति पत्र मिल जाए और मुझे तुरंत काम शुरू करने के लिए कहा जाए।*

मैं सर नॉर्मन के ऑफ़िस में दाख़िल हुआ और मेरा अंदाज़ा सही था। उन्होंने मुझे एक पत्र थमाया और बोले, 'यह मुंबई ऑफ़िस के डायरेक्टर श्री ए. डी. श्रॉफ का पत्र है। वे चाहते हैं कि तुम काम शुरू कर दो। मगर...'

मैं हैरान था। *मैंने ख़ुद से पूछा, अब क्या समस्या हो सकती है?* मैं लगातार बेचैन हो रहा था और जानना चाहता था कि मिस्टर श्रॉफ ने क्या कहा था।

'देखो, मिस्टर श्रॉफ की राय यह है कि तुम निश्चित रूप से सही और क़ाबिल उम्मीदवार हो। लेकिन वे कहते हैं कि चूँकि तुम भारतीय हो, इसलिए तुम्हें एक श्वेत ब्रिटिश इंजीनियर जितनी तनख़्वाह और सुविधाएँ नहीं दी जानी चाहिए। 1,800 रुपये के बजाय वे तुम्हें 800 रुपये तनख़्वाह देना चाहते हैं। यह भारत में तुम्हारी उम्र के युवक के लिए काफ़ी अच्छी तनख़्वाह है।'

जब मैं वह पत्र पढ़ रहा था, तो सर नॉर्मन मेरी तरफ़ ग़ौर से देख रहे थे। फिर उन्होंने पूछा, 'तो तुम क्या सोचते हो? क्या तुम सोचते हो कि यह ठीक है?'

मैं दरअसल यह नहीं जानता था कि क्या सोचूँ। भारत को आज़ाद हुए चार साल से अधिक समय हो गया था, लेकिन ज़्यादा कुछ नहीं बदला था क्योंकि गोरी चमड़ी के लोग अब भी भूरी चमड़ी के लोगों से श्रेष्ठ समझे जाते थे।

ख़ास तौर पर पारसी लोग (मिस्टर श्रॉफ पारसी समुदाय के थे)

सभी अँग्रेज़ी चीज़ों के प्रशंसक होने के लिए विख्यात थे और वे इस कहावत में दृढ़ता से यक़ीन करते थे, 'यदि आप श्वेत हैं, तो आप सही हैं।' वे ब्रिटिश संस्कृति की श्रेष्ठता से प्रभावित थे और अँग्रेज़ों तथा उनकी भाषा, रीति–रिवाज़ों व आदतों की नक़ल करने की कोशिश करते थे।

सर नॉर्मन के सवाल के जवाब में मैंने कहा, 'मैं नहीं जानता कि उनका प्रस्ताव सही है या नहीं। लेकिन मुझे अब निर्णय लेना होगा कि मेरे लिए क्या करना सही है।'

सर नॉर्मन ने ज़ोर देकर कहा, 'और तुमने क्या करने का निर्णय लिया है?'

सोचे–समझे बिना मैंने ऐलान कर दिया, 'मैं इस प्रस्ताव और नौकरी को स्वीकार करता हूँ।'

'बकवास,' सर नॉर्मन ने चिढ़े अंदाज़ में कहा और उनकी ऊँची आवाज़ कमरे में गूँजने लगी। 'इंग्लैंड के एक बहुत प्रतिष्ठित इंजीनियरिंग कॉलेज का प्रिंसिपल सोचता है कि तुम उसके सबसे अच्छे विद्यार्थी हो और इसके बावजूद तुम 800 रुपये स्वीकार करने के लिए तैयार हो, जबकि तुम 1,800 रुपये पाने की क़ाबिलियत रखते हो। क्यों? भारतीय हमेशा अँग्रेज़ों पर आरोप लगाते हैं कि उन्होंने भारतीयों को नीचे रखा, दबाया और उनके साथ भेदभाव किया। अब भारतीयों के साथ भेदभाव कौन कर रहा है? ख़ुद एक भारतीय। और स्थिति को अच्छी तरह जानने के बावजूद तुम जैसा समझदार और हक़दार युवक उसकी माँगों के आगे झुकने को तैयार है? किसी तरह नहीं। मैं इसमें बीच में नहीं पड़ूँगा। मैं भारत में तुम्हारे वरिष्ठ अधिकारियों के भेदभावपूर्ण नज़रिये से सहमत नहीं हूँ। अगर तुम सिर झुकाकर परिस्थिति को स्वीकार करने को तैयार हो तो अपना निर्णय उन तक तुम ख़ुद पहुँचाओ। मैं बीच में नहीं रहूँगा।'

यह कहने के बाद उन्होंने पत्र मेरी ओर बढ़ाया। मैं ख़ुद पर शर्मिंदा हुआ और मुझे अहसास हुआ कि मैंने कितनी बड़ी ग़लती कर दी थी। साथ ही उनके प्रति मेरा सम्मान कई गुना बढ़ गया। मैं बोला, 'आपने बिलकुल सही कहा, सर। यह सही नहीं है कि मैं अपने आत्मसम्मान को त्याग दूँ और प्रतिष्ठा कम करने वाले इस तरह के प्रस्ताव को सिर्फ़

इसलिए स्वीकार कर लूँ क्योंकि मैं भारत लौटने के लिए उत्सुक हूँ।' यह कहकर मैं उनके ऑफ़िस से बाहर आ गया।

सर नॉर्मन और मिस्टर श्रॉफ के बीच कई गर्मागर्म बातें हुईं। मैं उनकी बातचीत या पत्राचार के विस्तृत विवरण नहीं जानता। अंततः मुझे बताया गया कि मुझे मुंबई टाटा ऑफ़िस में इंजीनियर पद पर 1,500 रुपये की तनख़्वाह दी जाएगी। मामले को आगे टाले बिना मैंने उनके प्रस्ताव को स्वीकार कर लिया और मुंबई जाने की तैयारी करने लगा।

मैंने मुंबई में टाटा ऑफ़िस में काम शुरू कर दिया। मेरी तनख़्वाह किसी अँग्रेज़ की तनख़्वाह से सिर्फ़ 300 रुपये कम थी।

पहली बात, 1,500 रुपये 1953 में बहुत बड़ी रक़म समझे जाते थे। बहुत आरामदेह जीवन जीने के बावजूद हम महीने में सिर्फ़ 300 रुपये ही ख़र्च कर पाते थे। इसका मतलब था हर महीने 1,200 रुपये की भारी बचत।

ज़ाहिर है, 'आरामदेह' जीवन का हमारा विचार उन दिनों काफ़ी सामान्य था। इसका मतलब था जोगेश्वरी से चर्चगेट तक का प्रथम – श्रेणी का ट्रेन पास। टाटा समूह में शनिवार को आधे दिन ही काम होता था, इसलिए चंदा दोपहर एक बजे तक मेरे ऑफ़िस आ जाती थी। हम पास वाले चेतना रेस्तराँ में ज़ायक़ेदार 'थाली' का आनंद लेते थे, जो सिर्फ़ 5 रुपये में मिलती थी। फिर हम रीगल या एम्पायर सिनेमा में कोई अँग्रेज़ी फ़िल्म देखते थे। इसके बाद हम चौपाटी के तट पर टहलने जाते थे। एक साथ आदर्श दिन बिताने के बाद हम 10.30 बजे रात तक जोगेश्वरी लौट आते थे।

मैं उन दिनों बहुत ख़ुश था। इसका एक अहम कारण यह था कि टाटा में अपने काम से मुझे बहुत संतुष्टि मिलती थी। मुझे इलैक्ट्रिकल इंजीनियरिंग डिपार्टमेंट का प्रमुख बनाया गया था। 25 साल के नवयुवक के लिहाज़ से यह बहुत बड़ी ज़िम्मेदारी थी और मुझे निश्चित रूप से इसका पूरा अहसास था। इसीलिए मैं ऑफ़िस में बिताए हर पल

का सर्वश्रेष्ठ उपयोग करना चाहता था। हमारा ऑफ़िस सुबह 10 बजे खुलता था। मगर मैं हर दिन सुबह 9.30 तक ऑफ़िस पहुँच जाता था, ताकि अपना होमवर्क कर सकूँ, अपने दिन की योजना कुशलता से बना सकूँ और इंजीनियरिंग के क्षेत्र में ताज़ा प्रगति की जानकारी के लिए अंतरराष्ट्रीय जर्नल्स तथा पत्रिकाएँ भी पढ़ सकूँ। जब तक बाक़ी कर्मचारी ऑफ़िस आते थे, मैं एक नए दिन की चुनौतियों का सामना करने के लिए तैयार हो जाता था।

जैसे ही स्टाफ़ के सदस्य आते थे, काम में जुटने का समय होता था। मेरे विभाग में आलस और काम टालना वर्जित समझा जाता था। जल्द ही मैंने अत्यधिक काम की अपेक्षा रखने वाले और जमकर काम कराने वाले अधिकारी की छवि बना ली।

मुझे मुंबई आए हुए छह महीने हो चुके थे। तभी एक दिन डायरेक्टर श्री ए. डी. श्रॉफ ने एक संदेश भेजकर तुरंत उनसे मिलने को कहा। जब मैं उनके ऑफ़िस में पहुँचा, तो वे बोले, 'पटेल, जब तुम हमारे लंदन ऑफ़िस में काम कर रहे थे, तो तुम एक रोलिंग मिल प्रौजेक्ट सँभाल रहे थे, है ना?'

मैंने जवाब दिया, 'हाँ सर। मैंने रोलिंग मिल्स के लिए एक प्रौजेक्ट रिपोर्ट तैयार की थी, जिसमें मशीनों, संभावित ख़र्च, प्रौजेक्ट के बजट आदि के विवरण शामिल थे।'

मिस्टर श्रॉफ ने अपना सिर हिलाया, 'ठीक है। हम इन रोलिंग मिल्स के लिए एक पायलट प्लांट शुरू करने वाले हैं। हम लंदन से मशीनें मँगाने का ऑर्डर दे रहे हैं। चूँकि तुम्हें इस प्रौजेक्ट का पहले से ही अंदाज़ा है, इसलिए मैं सोचता हूँ कि इसे तुम्हें सँभालना चाहिए। तुम पूरे प्रौजेक्ट के प्रभारी रहोगे और तुम्हारे पास पूरी ज़िम्मेदारी रहेगी।'

मैं काम को लेकर बहुत उत्साही था और मैंने उनके प्रस्ताव को तुरंत स्वीकार कर लिया।

मैं इस प्रौजेक्ट के बारे में हमारे लंदन ऑफ़िस से पत्राचार करने लगा। लंदन में जो काम मैं देख रहा था उसे अब हेल्स नामक अँग्रेज़

सँभाल रहा था। मैंने उससे प्रौजेक्ट के लिए नवीनतम आँकड़े भेजने को कहा। लंदन ऑफ़िस द्वारा भेजे क़ागज़ात पढ़ते समय मैंने ग़ौर किया कि मशीन ख़रीदने के लिए पुनरीक्षित कोटेशन की कुल लागत 75 लाख रुपये थी। मैं हैरान था, क्योंकि सिर्फ़ छह महीने पहले मैंने उन्हीं मशीनों का कोटेशन 38 लाख रुपये में तैयार किया था। *इतने कम समय में भाव दोगुने कैसे हो सकते थे?*

मैंने हेल्स को पत्र लिखकर स्पष्टीकरण माँगा। उसने जवाब दिया कि जो आँकड़े उसने भेजे थे वे पूरी तरह सही थे। लेकिन मैं जानता था कि दाल में कुछ काला है। इसलिए मैंने बार–बार पत्र भेजकर मशीन ख़रीदने संबंधी सारे विवरण माँगे। कई पत्र भेजने के बाद भी हेल्स टस से मस नहीं हुआ। वह अपनी बात पर डटा रहा और मेरी बात मानने को ही तैयार नहीं था।

कुछ दिनों बाद मुझे मिस्टर श्रॉफ का एक और संदेश मिला कि मैं उनसे उनके ऑफ़िस में मिलूँ।

जब मैं उनके कैबिन में पहुँचा, तो वे चिड़चिड़े अंदाज़ में बोले, 'पटेल, तुम यह क्या कर रहे हो? तुम लंदन ऑफ़िस के भेजे कोटेशन को क्यों नहीं मान रहे हो? तुम्हारे अड़ियल रवैये के कारण हमारे प्रौजेक्ट में देर हो रही है।'

मैंने अपने अड़ने के कारण स्पष्ट किए, लेकिन उन्होंने उस बिंदु को देखने से इंकार कर दिया, जो मैं उनके सामने रख रहा था।

'तुम्हें कोई ग़लतफ़हमी हुई होगी। अगर हेल्स ने 75 लाख रुपये का कोटेशन भेजा है, तो यह उचित ही होगा। वह सही होगा।'

अब मैं सचमुच नाराज़ हो गया। 'श्वेत आदमी सही है' यह अब भी हमारे देश में अटल विश्वास था। मैंने मिस्टर श्रॉफ की आँखों में झाँककर दृढ़ता से कहा, 'मैंने भी सही हिसाब–किताब लगाया था। पिछले छह महीनों में मेरे कोटेशन की किसी भी चीज़ का भाव दोगुना नहीं हुआ है। इस प्रौजेक्ट का प्रभारी होने के नाते मैं एक बार फिर कहता हूँ कि मैं इन भावों पर मशीन ख़रीदने की मंजूरी नहीं दे सकता।'

मैं क्रोध के विस्फोट का इंतज़ार करने लगा। मिस्टर श्रॉफ टाटा ग्रूप ऑफ़ कंपनीज़ के बहुत वरिष्ठ और सम्मानित संचालक थे। उन्हें आर्थिक मसलों का अच्छा जानकार समझा जाता था। वे मेरे जैसे युवा और अनुभवहीन व्यक्ति की बात क्यों सुनने लगे?

लेकिन मुझे हैरानी हुई, जब वे पल भर ख़ामोश रहे और फिर समझौता करने वाले लहज़े में बोले, 'अगर तुम्हें ख़ुद पर इतना ही विश्वास है तो मेरा सुझाव है कि तुम लंदन चले जाओ, हेल्स से आमने-सामने मिलो और इस मामले की तह तक पहुँचकर इसे सुलझा लो। महत्त्वपूर्ण बात यह है कि यह मुद्दा जल्दी से जल्दी सुलझा लिया जाए। हमारे प्रोजेक्ट में किसी भी सूरत में देर नहीं होनी चाहिए।'

उनके शब्दों से मैं थोड़ा ठंडा हुआ, लेकिन मेरे अंदर की ज़िद्दी प्रवृत्ति ने हार मानने से इंकार किया, 'मैं लंदन क्यों जाऊँ? हेल्स मेरा जूनियर है। उसे पूरी बातचीत करने के लिए यहाँ आना चाहिए।'

तब मिस्टर श्रॉफ ने मुझे यह सलाह दी, 'पटेल, एक स्वर्णिम नियम हमेशा याद रखना। काम किसी भी तरह के व्यक्तिगत मुद्दों से पहले आता है। इंसान का अहं काम में आड़े नहीं आना चाहिए। अगर हम एक क़दम आगे बढ़ाते हैं, जिससे हमारे काम में आने वाली अड़चन दूर हो जाती है, तो इसमें कुछ भी ग़लत नहीं है। मेरी बात मानो। लंदन चले जाओ और इस मामले की तह तक पहुँचो।'

मैंने मिस्टर श्रॉफ की उम्र और अनुभव का लिहाज़ करते हुए अपना सिर सहमति में हिला दिया, हालाँकि मैं इस बात पर क़तई ख़ुश नहीं था कि अपनी बात को सही साबित करने के लिए मुझे लंदन तक की यात्रा करनी होगी।

मैंने लंदन पहुँचने के बाद पहला काम यह किया कि मैं जाकर सर नॉर्मन से मिला, जो तब तक रिटायर हो चुके थे। जब मैंने उन्हें स्थिति बताई, तो वे बोले, 'अगर तुम्हें विश्वास है कि तुम सही हो तो हार मत मानो। मुद्दे की तह तक जाओ, हर पहलू की विस्तार से जाँच करो और अपनी बात को सही साबित करो।'

मैं हेल्स से मिला और मामले पर बातचीत करने लगा। शुरुआत में तो उसने अपनी राय बदलने से इंकार कर दिया। चार मुलाक़ातों का समय लगा, जिनमें उसके दिए आँकड़ों का विस्तृत विश्लेषण किया गया और उन आँकड़ों में त्रुटियों का स्पष्ट सबूत दिखाया गया, तब कहीं जाकर उसने माना कि उससे सचमुच ग़लती हुई थी। अब वे ग़लतियाँ अनजाने में हुई थीं या जान–बूझकर की गई थीं, यह निर्णय कंपनी को लेना था।

मैंने अपना उद्देश्य पूरा कर लिया था। कोटेशन आख़िरकार 44 लाख रुपये पर पहुँच गया। मैं कंपनी के 31 लाख रुपये बचाने में सफल हुआ था, जो बहुत भारी रक़म थी।

बिना किसी देरी के मैंने मशीनों का ऑर्डर दे दिया।

इस प्रसंग का एक महत्त्वपूर्ण परिणाम यह हुआ कि मिस्टर श्रॉफ अब मुझ पर ज़्यादा विश्वास करने लगे।

उन्हें यह विश्वास हो गया था कि मेरे मन में केवल कंपनी का लाभ था और मैं अपने अहं और स्वार्थ से नहीं, बल्कि कंपनी के लाभ के उद्देश्य से काम करता था। इस घटना के बाद मिस्टर श्रॉफ और मेरे बीच आपसी विश्वास तथा सम्मान पर आधारित एक लंबा संबंध शुरू हुआ।

अब मैं आराम से जम चुका था और टाटा समूह में काम करने का आनंद ले रहा था। अपने कामकाज के सिलसिले में मुझे अक्सर दूसरी कंपनियों में जाना पड़ता था। मैं उन कंपनियों को खड़ा करने वाले सफल उद्यमियों से भी मिलता था और उनसे मिलकर बहुत प्रभावित होता था। धीरे–धीरे उनके जैसा बनने और अपने ख़ुद के सफल कारोबार का मालिक बनने की इच्छा मेरे दिमाग़ में पलने लगी।

मैं मन ही मन सोचता रहा – *मुझे किस व्यवसाय में क़दम रखना चाहिए? कौन सा व्यवसाय आज से कुछ वर्षों बाद भी सफल रहेगा?*

इस समय के आस–पास कंपनी को रेलवे की तरफ़ से एक बड़ा

ऑर्डर मिला। हमें उन्हें विट्रियस इनैमल्ड रिफ्लेक्टर्स सप्लाई करने थे, जो हम बेंगॉल इनैमल कंपनी से मँगाने वाले थे।

मुझे जल्द ही अहसास हो गया कि इनैमल्ड रिफ्लैक्टर्स की ज़रूरत न सिर्फ़ रेलवे को भारी तादाद में पड़ती है, बल्कि सड़कों, फ़ैक्ट्रियों आदि को रोशन करने के लिए भी इनका इस्तेमाल होता है। यह सोचकर मैंने इनैमल्ड रिफ्लैक्टर्स बनाने वाली कंपनी शुरू करने का निर्णय लिया।

बिना कोई समय गँवाए मैंने अख़बारों में विज्ञापन देकर कहा कि इस विशेष क्षेत्र में ज्ञान रखने वाले लोग मुझसे संपर्क करें।

विज्ञापन के जवाब में श्री रसिक लाल दवे मुझसे मिलने आए। उन्होंने कहा, 'पटेल साहब, आप मुंबई में एक नई फ़ैक्ट्री क्यों डाल रहे हो? ऐसी फ़ैक्ट्री पहले से ही दादर में मौजूद है, हालाँकि इस वक़्त यह बंद है। आप नई शुरुआत करने के बजाय उसी फ़ैक्ट्री को क्यों नहीं ख़रीद लेते?'

रसिक लाल की बात में समझदारी थी। मैंने फ़ैक्ट्री के बारे में विस्तृत तहक़ीक़ात की। मुझे पता चला कि आर्थिक समस्याओं के चलते यह पिछले दो सालों से बंद थी। मालिक कोलकाता में रहता था और फ़ैक्ट्री देना बैंक के पास गिरवी पड़ी थी।

जब मैंने कंपनी का मालिक बनने में रुचि दिखाई, तो ट्रेड यूनियन लीडर श्री बंदिवदेकर मुझसे मिले, कंपनी की स्थिति के बारे में लंबी बातचीत की और फिर मुझसे आग्रह किया कि मैं पुराने स्टाफ़ तथा कर्मचारियों को दोबारा नौकरी पर रख लूँ, क्योंकि ये लोग पिछले दो सालों से बेकार थे।

मैंने उससे कहा, 'जब मैं कंपनी दोबारा शुरू करूँगा, तो उन्हीं कर्मचारियों को लूँगा और वही तनख़्वाह दूँगा, जो उन्हें उस वक़्त मिल रही थी।'

बंदिवदेकर ने कहा, 'लेकिन पटेल साहब, ये लोग पिछले दो साल से बेरोज़गार हैं, जिसमें उनकी कोई ग़लती नहीं है। क्या आप इसके लिए उन्हें कुछ मुआवज़ा दे सकते हैं?'

मैंने इस मुद्दे को शुरुआत से ही साफ़ करने की कोशिश की। 'बंदिवदेकर, जो बीत गया, सो बीत गया। वह मेरी ज़िम्मेदारी नहीं है। मैं तो सिर्फ़ भविष्य में कर्मचारियों को न्यायोचित सौदा देने की गारंटी दे सकता हूँ। आप इस बारे में सोच लें।'

बंदिवदेकर समझदार था और मैं जो समझाने की कोशिश कर रहा था, उसे वह समझ गया। हालाँकि वह यूनियन लीडर था, लेकिन उसे अहसास था कि मज़दूरों को भड़काने और मुआवज़े के लिए उन्हें उकसाने से उनका भला नहीं होगा। उसे अहसास था कि यह मज़दूरों के सर्वश्रेष्ठ हित में था कि काम तुरंत शुरू हो जाए। उसके सकारात्मक नज़रिये ने भविष्य में कंपनी के प्रबंधन और मज़दूरों के बीच ठोस व अच्छे संबंध का मार्ग प्रशस्त किया।

कर्मचारी ख़ुश थे कि इंडियन इनैमल कंपनी एक बार फिर काम शुरू करने वाली है। देना बैंक वाले भी इतने ही ख़ुश थे।

बैंक पर कंपनी की 1,10,000 रुपये की उधारी थी। यदि मैं इस राशि को चुकाने की ज़िम्मेदारी ले लूँ, तो इससे बैंक को राहत मिल जाएगी।

देना बैंक के अधिकारियों के साथ मुलाक़ात के दौरान उन्होंने तहक़ीक़ात की और मुझसे मेरी पृष्ठभूमि तथा वर्तमान पद के बारे में कई सवाल पूछे – 'क्या इस उद्योग में आपका कोई पुराना अनुभव है? आपकी वर्तमान तनख़्वाह क्या है? वर्तमान में आपके क्या ख़र्च हैं? कर्ज़ की राशि का भुगतान करने की आपकी क्या योजना है?' आदि।

वे मेरे अनुभव, टाटा समूह में मेरे पद और मेरी आमदनी से अच्छे-ख़ासे प्रभावित हुए।

मैंने उनसे वादा किया, 'शुरुआत में तो मैं आपके बैंक को हर महीने 1,200 रुपये चुकाऊँगा। एक बार जब कंपनी काम शुरू कर देगी और मुनाफ़ा कमाने लगेगी, तो मैं हर महीने ज़्यादा पैसे चुका सकता हूँ तथा कर्ज़ को जल्दी से जल्दी साफ़ कर सकता हूँ।'

बैंक अधिकारियों के मुँह से राहत की सुनाई देने वाली साँस निकली

और मुझे कंपनी चलाने की अनुमति मिल गई। द इंडियन इनैमल कंपनी अब क़ानूनन मेरी हो गई थी।

इसके बाद इस कारोबार को दोबारा सफलतापूर्वक चलाने का असल युद्ध शुरू हुआ। लेकिन मैंने निर्णय लिया था कि इस सपने को साकार करने के लिए हर संभव प्रयास करूँगा।

वाकई में मेरा सब कुछ दाँव पर लगा था, क्योंकि मैंने अपनी लगभग सारी बचत कंपनी में लगा दी थी। मैंने नालिक के साथ सौदेबाज़ी की और उसे तय राशि दे दी। फिर मैंने मशीनों की मरम्मत कराई और ज़रूरी कच्चे माल का ऑर्डर दे दिया। इसमें काफ़ी मेहनत लगी, लेकिन साथ ही आख़िरकार ख़ुद का धंधा करने का रोमांच भी था।

लंबे समय तक मैं दोनों काम करता रहा – द इंडियन इनैमल कंपनी भी सँभालता रहा और टाटा समूह में नौकरी भी करता रहा। इसके बाद परिवार, पत्नी, बच्चों और माता–पिता के प्रति मेरी ज़िम्मेदारी भी मुझे निभानी पड़ती थी। कई बार मुझे यह अपराधबोध सतात था कि मैं उन पर ज़्यादा ध्यान या समय नहीं दे पाता हूँ। इसलिए मैंने टाटा समूह की नौकरी से इस्तीफ़ा देने का निर्णय लिया। मगर मुझे अहसास था कि इससे पहले मुझे अपने परिवार से इस बारे में बातचोत करनी होगी और उन्हें विश्वास में लेना होगा। इसलिए एक शाम मैं जल्दी घर पहुँच गया। डिनर के बाद मैंने सामान्य पारिवारिक बातचीत को तोड़ते हुए बम छोड़ दिया।

'बापू, मैं टाटा कंपनी से इस्तीफ़ा दे रहा हूँ।'

जैसी मुझे उम्मीद थी, मेरी बात से सदमे भरी ख़ामोशी छा गई। किसी को भी पता नहीं था कि इस पर कैसे प्रतिक्रिया करें य क्या कहें।

आख़िरकार मेरे पिता की आवाज़ लौट आई और उन्होंने घोषणा की, 'मोहन, तुम्हारे लिए हर चीज़ अच्छी तरह चल रही है। तुम इस सबको गड़बड़ाना क्यों चाहते हो? तुम्हारे पास टाटा जैसी प्रतिष्ठित कंपनी में नौकरी है, ज़िम्मेदारी भरा वरिष्ठ पद है और ज़बर्दस्त तनख़्वाह है, जिसके लिए लोग जान देने या लेने को तैयार हो सकते हैं। इससे ज़्यादा और कोई क्या चाह सकता है?'

मुझे बापू से ऐसी ही प्रतिक्रिया की उम्मीद थी। उन्होंने जीवन भर एक छोटा कारोबार किया था और यह उनके लिए गर्व का विषय था कि उनका बेटा इंग्लैंड में पढ़ा था तथा टाटा जैसी दिग्गज कंपनी में इतने बड़े पद पर था। वे मेरे एयर–कंडीशन्ड ऑफ़िस और कंपनी की दी हुई ड्राइंवर वाली शैवरोले कार से बहुत प्रभावित थे। वे हर एक के सामने गर्व से घोषणा करते थे, 'मेरा बेटा अब बड़ा साहब बन चुका है।'

बापू सचमुच विचलित थे। वे अपना विरोध प्रकट करते रहे, 'जब तुम्हारे पास इतनी अच्छी नौकरी है, तो अपना धंधा शुरू करने में क्या तुक है? दरअसल, मैं तुमसे यही सवाल तब पूछने वाला था, जब तुमने इंडियन इनैमल कंपनी ख़रीदी थी, लेकिन उस वक़्त तुमने कहा था कि तुम नौकरी और कारोबार एक साथ करोगे, इसलिए मैं चुप रह गया। अब अचानक नौकरी छोड़ने का निर्णय क्यों लेना?'

मैं बापू का दृष्टिकोण नहीं समझ पाया। लेकिन मेरे पास मेरा सपना था और मैं उसे हक़ीक़त में बदलने के लिए उत्सुक था। मैंने यथासंभव नम्र आवाज़ में कहा, 'बापू, मैं अपना ख़ुद का कारोबार शुरू करना चाहता हूँ। पिछले कुछ दिनों से मैं नौकरी और कारोबार दोनों ही सँभाल रहा हूँ, लेकिन यह हमेशा नहीं चल सकता। भविष्य में किसी बिंदु पर मुझे यह अत्यंत महत्त्वपूर्ण निर्णय लेना होगा : नौकरी या कारोबार। देखिए, मैं पहले ही अपना निर्णय ले चुका हूँ। मैं व्यवसायी बनना चाहता हूँ।'

और बहस जारी रही।

मैं अपना इरादा बदलने से इंकार करता रहा और बापू अपनी राय पर डटे रहे। आख़िर में उन्होंने अपना सिर हिलाया और पराजित स्वर में कहा, 'डीकरा, मैं तुम्हें खुलकर सच्चाई बता देता हूँ। व्यवसायी बनने पर तुम्हें वह सम्मान नहीं मिलेगा जो इस वक़्त टाटा की प्रतिष्ठित नौकरी में मिलता है। मेरी बात सुनने में भद्दी लग सकती है, लेकिन कारोबार में सचमुच ऐसे मौक़े आते हैं जब तुम्हें किसी ऐसे व्यक्ति की पिछाड़ी चाटनी होगी जिसका चेहरा देखना भी तुम्हें गवारा नहीं होगा। इसलिए किसी भी चीज़ का निर्णय करने से पहले अच्छी तरह सोच–विचार कर लो।'

लेकिन मैं अपने निर्णय पर दृढ़ था। अगले ही दिन मैं श्री श्रॉफ से

मिलने गया, उनकी डैस्क पर अपना इस्तीफ़ा रखा और उन्हें सारी स्थिति बताई। उन्होंने मेरी पूरी बात सुनी, लेकिन उसके बाद मेरा इस्तीफ़ा उठाने के बजाय वे बोले, 'मैं समझता हूँ कि तुम किस तनाव से गुज़र रहे हो। लेकिन इस वजह से तुम इतनी अच्छी नौकरी क्यों छोड़ना चाहते हो? मेरे पास एक बेहतरीन विचार है। क्यों न तुम हमारे ऑफ़िस में आधा दिन नौकरी करने लगो?'

मैं हैरान रह गया।

उन्होंने आगे कहा, 'इस बारे में ज़्यादा मत सोचो। यह मैं तुम्हारे ही भले के लिए कह रहा हूँ। हमारे ऑफ़िस में आधा दिन आओ और बाक़ी का समय अपनी कंपनी को दो। एक बार जब कारोबार अच्छी तरह चलने लगे और तुम मुनाफ़ा कमाने लगो, तब इस्तीफ़ा देने के बारे में सोचना।'

मैंने श्री श्रॉफ को धन्यवाद दिया और अपना इस्तीफ़ा फाड़ने के बाद उनके ऑफ़िस से बाहर निकल आया।

जब मैं घर लौटा और सारी घटना पिताजी को बताई, तो वे एक शब्द भी नहीं बोले, बस हल्के से मुस्कुरा दिए।

इसके बाद फिर से ऑफ़िस–फ़ैक्ट्री–घर–ऑफ़िस की वही मेहनत भरी दिनचर्या शुरू हो गई।

लेकिन मैं अब कारोबार को बहुत ज़्यादा समय दे सकता था।

महीने के आख़िर में मुझे टाटा समूह से तनख़्वाह का चेक मिला। उसमें पहले जितनी ही राशि देखकर मैं दंग रह गया। मैं तुरंत चीफ़ अकाउन्टेन्ट श्री गोलवल से मिलने गया, गोलवल जी, मैं सोचता हूँ कि इस चेक में एक ग़लती है। मैं अब यहाँ सिर्फ़ आधे दिन ही काम करता हूँ, इसलिए मुझे पूरी तनख़्वाह नहीं मिलनी चाहिए।'

गोलवल मुस्कुराए और उन्होंने जवाब दिया, 'नहीं, नहीं, मिस्टर पटेल, कहीं कोई ग़लती नहीं है। मिस्टर श्रॉफ ने ख़ास तौर पर मुझे निर्देश दिया था कि आपकी तनख़्वाह में से कुछ न काटा जाए, बल्कि पूरी तनख़्वाह का चेक बनाया जाए।'

मेरे पास अपनी भावनाओं को व्यक्त करने के लिए शब्द नहीं थे।

मैंने चुपचाप चेक लिया और ऑफ़िस से बाहर निकल आया।

कुछ महीने बाद की बात है। मैं टाटा समूह के अपने कैबिन में था और एक इंजीनियरिंग जर्नल पढ़ रहा था। एक ख़ास विज्ञापन मेरी आँखों के सामने आया। इसे जर्मन कंपनी आर. लेशनर ने दिया था। यह कंपनी किसी भारतीय कंपनी या भारतीय नागरिक की तलाश कर रही थी, जो उनके लिए उनकी एल्युमिनियम कोलैप्सिबल ट्यूब्स की मार्केटिंग करे।

ये खोखली, हल्की एल्युमिनियम कोलैप्सिबल ट्यूब्स एल्युमिनियम के बहुत पतले पत्तर या (फ़ॉइल) से बनती थीं और इनका इस्तेमाल टूथपेस्ट व दवाओं को पैक करने के लिए किया जाता था। चूँकि उन्हें जहाज़ से भेजना होता था, इसलिए उनकी पैकिंग बहुत सावधानी से करनी पड़ती थी, ताकि रास्ते में नुक़सान न हो। अगर जर्मन कंपनी इन ट्यूब्स को परिवहन की अतिरिक्त लागत के बावजूद भारत भेज रही थी, तो मुझे यक़ीन था कि यह जर्मन कंपनी के लिए मुनाफ़े का सौदा था और भारत में इस प्रॉडक्ट की भारी माँग थी।

इस विज्ञापन ने मुझे सोचने पर मजबूर कर दिया। *अगर भारत में इन ट्यूब्स की इतनी भारी माँग है, तो हम उन्हें यहीं क्यों न बनाएँ? इससे हम परिवहन में लगने वाले बहुत से पैसे बचा सकते हैं और मुनाफ़े को दोगुना कर सकते हैं।*

मैं विचारोत्तेजित आदमी की तरह उठा और कमरे में चहलक़दमी करते हुए सोचने लगा कि यह कैसे किया जाए।

आने वाले दिनों में मैंने इन कोलैप्सिबल ट्यूब्स के बारे में अधिक जानकारी प्राप्त की। मुझे पता चला कि भारत में एक ही बड़ी कंपनी उनका उत्पादन कर रही थी : मैटल बॉक्स।

लेकिन भारत में कोलैप्सिबल ट्यूब्स की माँग यहाँ होने वाले उत्पादन से बहुत ज़्यादा थी, इसीलिए आर. लेशनर जैसी कंपनियाँ इन ट्यूब्स का जर्मनी से निर्यात करती थीं और उन्हें यहाँ भारी संख्या में बेचती थीं।

मेरी दिलचस्पी जाग गई थी। मैंने निर्णय लिया कि मैं भारत में इन कोलैप्सिबल ट्यूब्स का उत्पादन करने के लिए फ़ैक्ट्री डालूँगा। ज़ाहिर है, किसी चीज़ का निर्णय लेना सबसे आसान काम होता है। असल चुनौती भारी दिखने वाली बाधाओं को पार करने की थी, जो किसी नए उपक्रम को खड़ा करते समय आती हैं। लेकिन मुझे एक चीज़ का अहसास भी था : चुनौती जितनी बड़ी होती है उसे पार करने की इच्छाशक्ति उतनी ही ज़्यादा बड़ी होती है और ऐसी स्थिति में इंसान में ऊर्जा तथा संकल्प की असीमित मात्रा सामने आती है।

टाटा समूह में नौकरी, इंडियन इनैमल कंपनी और अब एक नए उद्यम का गठन : यह सब हवा में तनी हुई रस्सी पर चलने जैसा काम था। अचानक मुझे महसूस होने लगा कि एक दिन में 24 घंटे का समय ही काफ़ी नहीं था।

इंडियन इनैमल कंपनी अच्छी तरह चल रही थी। उत्पादन शुरू हो गया था और हमारे पास रिफ्लैक्टर्स के अच्छे ऑर्डर थे। बस एक ही समस्या थी : कच्चे माल को हासिल करना। रिफ़्लैक्टर्स के उत्पादन के लिए स्टील प्लेट्स की ज़रूरत थी और उन्हें पाने के लिए हमें बार–बार दो दरवाज़े खटखटाने होते थे।

एक था लाइसेंस देने वाला दिल्ली का डायरेक्टरेट जनरल ऑफ़ टैक्निकल डिवेलपमेंट (डीजीटीडी) का ऑफ़िस और दूसरा थ कोलकाता के आयरन एंड स्टील कंट्रोल बोर्ड का ऑफ़िस।

भारत में हर जगह मौजूद लालफीताशाही और अफ़सरशाही हमें भी झेलनी पड़ी।

डीजीटीडी में अधिकारी आपकी फ़ाइल पर कई दिनों तक बेपरवाही से 'बैठ' जाते थे और उसके बारे में कुछ नहीं करते थे। बार–बार उनके पास जाने और उनके 'हिस्से' पर लंबी बहसबाज़ी के बाद वे लाइसेंस का अनुमोदन करने की कृपा करते थे। जब हर चीज़ पर सहमति हो जाती थी, तब भी कुछ अधिकारी कोई न कोई छुटपुट बहाना बनाकर लाइसेंस रोक देते थे।

श्री तोमर एक ऐसे ही अफ़सर थे। एक बार फ़ाइल उनकी टेबल पर पहुँच जाए तो यह उम्मीद करना मुश्किल ही नहीं नामुमकिन था कि यह जल्दी आगे बढ़ जाएगी, या कभी आगे बढ़ेगी। और हमारी क़िस्मत देखें – हमारी फ़ाइल उन्हीं की मेज़ पर पहुँचनी थी। हम बहुत निराश थे। हमें तब राहत और ख़ुशी मिली जब उद्योग मंत्रालय ने एक आदेश जारी किया, जिसमें कहा गया था कि किसी फ़ाइल को अनुमति देने में 40 दिन से ज़्यादा का समय नहीं लगना चाहिए।

मैं रोमांचित था क्योंकि अब लाइसेंस मिलने में 40 दिन से ज़्यादा नहीं लगेंगे। लेकिन दुखद बात यह थी कि मेरा रोमांच अंडे फूटने से पहले मुर्गी गिनने वाला मामला था। 35 दिन बाद मुझे एक पत्र मिला जिसमें लिखा था कि मेरे आवेदन में कुछ कमियाँ रह गई थीं, इसलिए मुझे नया आवेदन देना होगा।

इसके साथ ही समय पर लाइसेंस मिलने के मेरे अरमान धुआँ–धुआँ हो गए। मेरे पास नए आवेदन के साथ दोबारा शुरू करने के अलावा कोई विकल्प नहीं था।

और यह तो दुःस्वप्न की सिर्फ़ शुरुआत थी। उस गहन युद्ध के बाद लाइसेंस मिलना ख़ुशी की बात नहीं थी। क्योंकि अब कोलकाता में आयरन एंड स्टील कंट्रोल बोर्ड से कोटे का अनुमोदन कराने की ज़्यादा मुश्किल जद्दोजहद शुरू हो गई थी।

उन दिनों मुंबई से कोलकाता तक कोई सीधी उड़ान नहीं थी। इंडियन एयरलाइंस के विमान भारत के चार महानगरों – मुंबई, दिल्ली, कोलकाता और मद्रास – से उड़ान भरते थे और ये चारों विमान लगभग एक ही समय नागपुर पहुँचते थे। नागपुर में डाक और यात्रियों दोनों को ही उचित विमान में पहुँचाया जाता था, जो उन्हें उनकी मंज़िल तक ले जा सके। इसलिए यात्री रात भर की थकाऊ यात्रा के बाद सुबह 6 बजे ही कोलकाता पहुँच पाता था।

मैं फटाफट तरोताज़ा होता था और आयरन एंड स्टील कंट्रोल बोर्ड के ऑफ़िस में जा धमकता था, लेकिन अधिकतर दिनों में मेरा स्वागत बंद दरवाज़ा करता था।

ऑफ़िस के खुलने का सरकारी समय तो 10 बजे था, लेकिन बंगाली बाबू अलसाए अंदाज़ में पान चबाते हुए और अपनी धोती एक हाथ में पकड़कर लगभग 11 बजे ऑफ़िस में आराम से टहलते हुए आते थे। इसके बाद आम तौर पर सीटों को लेकर जमकर लड़ाई होती थी, जिसका अंत हमेशा तभी होता था, जब सुपरइनटेन्डेन्ट मामले को सुलझाने के लिए वहाँ आता था। जिस समय तक यह दैनिक नाटक पूरी निष्ठा के साथ खेला जाता था तब तक दोपहर हो चुकी होती थी। फिर हम धावा बोलते थे और अपना काम कराने के लिए बहादुरी से संघर्ष करते थे। आम तौर पर 100 टन स्टील का कोटा पाने के लिए कोलकाता की चार–पाँच थकाऊ यात्राएँ करनी पड़ती थीं।

जब भी मुझे दिल्ली या कोलकाता जाना होता था तो हर बार टाटा ऑफ़िस से छुट्टी लेनी पड़ती थी। जब बार–बार छुट्टी लेने में मुझे शर्म आने लगी तो मैंने एक और इस्तीफ़ा तैयार किया और श्री श्रॉफ के ऑफ़िस में गया। मेरे हाथ में क़ागज़ देखकर मिस्टर श्रॉफ ने मुझसे पूछा, 'यह क्या है?'

'मेरा इस्तीफ़ा, सर।'

'पटेल, *अब* क्या समस्या है?'

'सर, मुझे अपने कारोबार के सिलसिले में दिल्ली व कोलकाता जाना होता है और मैं ऑफ़िस नहीं आ पाता। यह सही नहीं है, सर।'

'कौन कहता है?'

मुझे समझ नहीं आया कि इसका क्या जवाब दूँ।

श्री श्रॉफ ने आगे कहा, 'मैं तो दरअसल यह सुझाव दूँगा कि चूँकि तुम अक्सर दिल्ली और कोलकाता जाते रहते हो, इसलिए तुम इन शहरों में हमारे अटके हुए काम निबटा सकते हो। मिसाल के तौर पर, हमने दिल्ली में डीजीटीडी ऑफ़िस में 30 लाख रुपये का टेंडर डाला है। इस पर हुई कार्यवाही का पता लगाने के लिए वैसे भी मुझे किसी न किसी को दिल्ली भेजना था। तो फिर यह काम तुम ही क्यों न कर लो? मेरी बात समझ गए?'

एक बार फिर मैं अवाक रह गया। श्री श्रॉफ अपने नवाचारी विचार से बहुत ख़ुश दिख रहे थे। अपनी आँखों में चमक के साथ वे बोले, 'इससे हमारा कुछ पैसा और बहुत सा समय बच जाएगा। दूसरी ओर, इससे तुम्हारा दोगुना पैसा बचेगा। चूँकि तुम टाटा के काम से जा रहे हो, इसलिए तुम्हारी हवाई यात्रा का ख़र्च ऑफ़िस उठाएगा। इस तरह तुम्हारा काम भी पूरा हो जाएगा और तुम हवाई जहाज़ का ख़र्च भी बचा लोगे। क्या यह बेहतरीन नहीं है?'

मैंने प्रतिरोध करने की कोशिश की, 'लेकिन सर...'

लेकिन उन्होंने मुझे एक शब्द भी नहीं बोलने दिया।

'अब और कुछ मत कहो। उस इस्तीफ़े को फाड़कर कूड़ेदान में डाल दो।'

एक बार फिर मैं श्री श्रॉफ के कैबिन से बाहर निकला। मेरा इस्तीफ़े का पत्र मेरे हाथ में मुड़ा हुआ था। मैं इस आदमी की इंसानियत को देखकर दंग था और कृतज्ञता से भरा हुआ था।

इंडियन इनैमल कंपनी के हालात उम्मीद से कहीं जल्दी सही हो गए। यह देखकर मुझे और मेरे पिताजी को भी ख़ुशी हुई कि सिर्फ़ एक साल के उत्पादन में ही हमने 75,000 रुपये का मुनाफ़ा कमा लिया, जो टाटा में मेरी सालाना आमदनी से दोगुना था। पिताजी राहत महसूस कर रहे थे। अब उन्हें यक़ीन हो गया था कि मैं सफल व्यापारी बन जाऊँगा।

अब मुझे इंडियन इनैमल कंपनी की सफलता पर विश्वास हो गया था इसलिए मैंने ख़ुद को पूरी तरह कोलैप्सिबल ट्यूब उद्योग के शोध में झोंक दिया और इस क्षेत्र में प्रवेश की तैयारियाँ करने लगा।

मैंने जर्मन कंपनी आर. लेशनर से संपर्क करके शुरुआत की। मैंने उन्हें पत्र लिखकर बताया कि मैं एक भारतीय उद्यमी हूँ और भारत में कोलैप्सिबल ट्यूब्स का उत्पादन करना चाहता हूँ। मैंने उनसे पूछा कि क्या वे इस उपक्रम में मेरा मार्गदर्शन कर सकते हैं।

चूँकि यह बड़ी कंपनी थी इसलिए मुझे नहीं लगता था कि वहाँ से जवाब आएगा, लेकिन मुझे उनका बहुत सद्भावनापूर्ण जवाब पाकर हैरानी हुई। मैं उस क्षेत्र में अंततः उनका प्रतिद्वंद्वी बनने वाला हूँ, इस तथ्य के बावजूद उन्होंने मुझे आश्वस्त किया कि वे मेरी मदद और मार्गदर्शन करने का सर्वश्रेष्ठ प्रयास करेंगे। और उन्होंने अपना वादा निभाया। अगले कुछ महीनों में उन्होंने मुझे बहुत सी मूल्यवान जानकारी दी कि कोलैप्सिबल ट्यूब्स के उत्पादन के लिए मुझे किन मशीनों की ज़रूरत होगी। मैं उनकी पेशेवर नीति से बड़ा प्रभावित हुआ।

फिर मैंने एक और जर्मन कंपनी हरलन से संपर्क करके मशीन ख़रीदने का सौदा तय कर लिया।

इसके बाद मैंने युद्ध स्तर पर प्रयास शुरू कर दिए : एक तरफ़ तो मैंने दिल्ली में डीजीटीडी को मशीनों के लिए आयात लाइसेंस का आवेदन दिया, दूसरी तरफ़ मैं अपने प्रौजेक्ट हेतु पूँजी की व्यवस्था करने के लिए लोगों की तलाश भी करने लगा।

सौभाग्य से (और ऐसा पहली बार हुआ था) मैं सही समय पर सही जगह पर था। सरकार ने कुछ समय पहले ही भारत में लघु उद्योगों को प्रोत्साहित करने के लिए एक योजना शुरू की थी। स्मॉल इंडस्ट्रीज़ कॉरपोरेशन मशीनें ख़रीदता था और उन्हें किश्तों पर व्यवसायियों को देता था। मैंने उनसे संपर्क करके सब कुछ तय कर लिया।

अब एक और महत्त्वपूर्ण मुद्दा सुलझाना था : जगह।

लंबी खोज के बाद मैंने मुंबई के उपनगर मलाड में एक जगह पट्टे पर ले ली।

जब उपक्रम शुरू करने की तैयारियाँ लगभग हो गईं तो मुझे हैरलॉन कंपनी का एक पत्र मिला, जिसमें उन्होंने मुझे एक महीने के लिए जर्मनी बुलाया था। इस यात्रा का उद्देश्य यह था कि इस सौदे की कुछ बातों को अंतिम रूप दिया जाए और मैं मशीनों की प्रक्रिया को समझने का आवश्यक प्रशिक्षण ले लूँ।

एक बार फिर मैं इस्तीफ़ा हाथ में लेकर श्री श्रॉफ के ऑफ़िस में

पहुँच गया। इस बार उन्होंने मुझसे चिढ़कर पूछा, 'अब क्या हुआ?'

'सर, मुझे एक महीने के लिए जर्मनी जाना है और मैं आपसे एक महीने की छुट्‌टी नहीं माँग सकता।'

श्री श्रॉफ ने जवाब दिया, 'तुम्हारी बात सही है। और मैं तुम्हें एक महीने की छुट्‌टी दे ही नहीं सकता।'

'इसीलिए सर, मैं आपसे मेरा इस्तीफ़ा स्वीकार करने का आग्रह करता हूँ।'

'कभी नहीं, मिस्टर पटेल। मैं तुम्हारा इस्तीफ़ा स्वीकार नहीं करूँगा, क्योंकि मैं तुम्हें इंग्लैंड भेज रहा हूँ।'

उन्होंने मेरे चेहरे पर अचरज के भाव देखे और फिर मुझ पर तरस खाकर स्पष्ट किया, 'पटेल, अगर तुम एक महीने के लिए जर्मनी जाना चाहते हो, तो ज़रूर जाओ। दरअसल यह अच्छा रहेगा, क्योंकि वापस लौटते समय तुम इंग्लैंड में रुक सकते हो और मैनचैस्टर लैंकाशर डाइनैमो कंपनी के साथ हमारे एक अधूरे मामले को निबटा सकते हो। अब जाने की तैयारी करो। जितनी जल्दी होगा, मैं सारे प्रासंगिक दस्तावेज़ भेज दूँगा। और हाँ, बाहर जाते समय अपना इस्तीफ़ा कूड़ेदान में डालते जाना। यह इसके लिए आदर्श जगह है।'

जर्मनी से लौटने के बाद मैंने ख़ुद को काम में बुरी तरह झोंक दिया। मेरा दिन सुबह 6 बजे शुरू हो जाता था जब मैं दादर में इंडियन इनैमल कंपनी जाता था, जिसे अब मैंने लांस मैटल एंड इनैमल वर्क्स नाम दिया था। मैं वहाँ दो–तीन घंटे रहता था और फिर टाटा समूह के चर्चगेट वाले ऑफ़िस जाता था, जहाँ मैं दिन में चार घंटे काम करता था। उसके बाद मैं एक बार फिर लांस लौट आता था और वहाँ से शाम को मलाड की नई फ़ैक्ट्री जाता था।

हमने नई कंपनी का नाम पटेल एक्सट्रूज़न रखने का फ़ैसला किया। फ़ैक्ट्री बन चुकी थी और मशीनें हाल ही में जर्मनी से आ चुकी थीं। अब हमारे सामने मशीनों को फ़िट करने और चालू करने का बहुत भारी काम था। चूँकि इस फ़ैक्ट्री को बिजली सिर्फ़ रात में ही मिलती थी, इसलिए

मैं वहाँ शाम को अपना काम शुरू करता था और लगभग हर दिन सुबह तक रुकता था।

इतनी व्यस्त दिनचर्या के बाद मैं तो भूल ही गया था कि घर जाने पर कैसा महसूस होता है। मशीनों को चलाने का काम इतना रोचक व दिलचस्प था कि कर्मचारियों और मुझे कभी पता ही नहीं चलता था कि रात कैसे गुज़र जाती थी। मैं फ़ैक्ट्री में ही सुबह का चाय–नाश्ता कर लेता था, जिसके बाद एक और व्यस्त दिन शुरू हो जाता था। मलाड से दादर से चर्चगेट से दादर से मलाड लोकल ट्रेन पकड़ने के लिए भागना – यह दिनचर्या हर दिन चलती रही। उन दिनों मुझे सिर्फ़ उतनी ही नींद नसीब हुई, जितनी एक जगह से दूसरी जगह तक पहुँचने वाली रेल यात्रा में आती थी।

एक बार जब मुझे घर गए हुए एक महीने से ज़्यादा हो गया, तो पिताजी ने अपना बैग पैक किया और माँ से बोले, 'लगता है मेरे बेटे को तो घर आने का समय ही नहीं है। इसलिए मैं वहाँ जाकर नई फ़ैक्ट्री में उसके साथ रहता हूँ। दरअसल, मैं वहाँ उसकी मदद करने की पूरी कोशिश करूँगा।'

और वे अपने वादे के पक्के थे। वे छह महीनों तक मेरे साथ मलाड फ़ैक्ट्री में रहे। इससे मुझे बड़ी राहत मिली, क्योंकि अब मेरी ग़ैर–मौजूदगी में काम की निगरानी करने के लिए कोई विश्वसनीय व्यक्ति था।

चंदा के पति और ससुर दोनों ही फ़ैक्ट्री में जाकर रहने लगे थे, इसलिए चंदा फ़ैक्ट्री में हमारे लिए डिनर लाने लगी। एक ऐसे ही मौक़े पर वह बच्चों को भी साथ ले आई। कई दिन (या महीनों?) से मैंने अपने बच्चों की शकल नहीं देखी थी। जैसे ही वे फ़ैक्ट्री में दाख़िल हुए वे मेरी तलाश करने लगे, लेकिन मैं उन्हें कहीं नज़र ही नहीं आया। आख़िरकार चंदा ने बाहर खड़े मेरे पिता से मेरा पता–ठिकाना पूछा। उन्होंने कुछ कर्मचारियों की ओर इशारा किया, जो एक मशीन पर काम कर रहे थे। उनके कपड़े ग्रीस में सने हुए थे और उनके चेहरे काले व गंदे थे। चंदा को बाक़ी मज़दूरों के बीच मुझे पहचानने में काफ़ी मुश्किल आई। वह ज़ोर–ज़ोर से हँसने लगी। मैंने उसे देखकर अपना हाथ हिला दिया।

उसने भी अपना हाथ हिलाया और मुझे वह टिफ़िन दिखाया, जो वह डिनर के लिए लाई थी।

मुझे मानना होगा कि वे जादुई दिन थे, जहाँ इंसान समय, भूख और प्यास की परवाह करना भूल जाता था। काम काफ़ी मुश्किल था लेकिन मैं निकट भविष्य में अपने सपने साकार होते देख सकता था। इससे मुझे एक–एक इंच करके उस सपने के क़रीब पहुँचने की प्रेरणा मिली।

बहरहाल, एक दिन ऐसा आया, जब मुझे महसूस हुआ कि मैं गोल–गोल घूमने लगा हूँ। मेरा जीवन कुछ नहीं था, बस काम, काम और अधिक काम था। मुझे एक मिनट का भी आराम नहीं मिल रहा था। मैं पिछले छह महीनों से घर नहीं गया था और अपने परिवार के साथ ज़रा सा भी समय नहीं बिता रहा था। ईश्वर का शुक्र है कि मेरी पत्नी, बच्चे और माता–पिता समझदार थे, लेकिन आख़िर इंसान के धैर्य की भी एक सीमा होती है।

एक बार फिर, मैंने अपना इस्तीफ़ा लिखा और श्री श्रॉफ के सामने हाथ जोड़कर खड़ा हो गया। वे तुरंत समझ गए कि मैं वहाँ क्यों आया था।

वे मुझसे सवाल पूछने लगे। 'क्या मशीनें आ गई हैं?'

'हाँ, सर।'

'क्या उत्पादन शुरू हो गया है?'

'अभी तक नहीं, सर। हम इस वक़्त उसी की कोशिश कर रहे हैं।'

'समझा। अगर उत्पादन अब तक शुरू नहीं हुआ है, तो इसका मतलब है फ़ैक्ट्री से कोई आमदनी, कोई मुनाफ़ा नहीं, है ना?'

'हाँ सर। मुनाफ़ा कमाने से पहले अब भी काफ़ी लंबा सफ़र तय करना है।'

'अच्छा, तो फिर तुम इस्तीफ़ा देने की इतनी जल्दी में क्यों हो?'

'सर, मैं इस तिहरी ज़िम्मेदारी के बोझ को अब सहन नहीं कर सकता। इसलिए मैं आपसे विनती करता हूँ कि इस बार मेहरबानी करके

मेरा इस्तीफ़ा स्वीकार कर लें और कम से कम मुझे एक ज़िम्मेदारी से तो मुक्त कर दें।'

इस बार श्री श्रॉफ ने बहस नहीं की और मेरे इस्तीफ़े को स्वीकार कर लिया। मैं राहत और कृतज्ञता से भर उठा। जब मैंने उन्हें धन्यवाद दिया कि उन्होंने मेरे लिए कितना कुछ किया था, तो वे मेरी पीठ थपथपाकर बोले, 'पटेल, मुझे उम्मीद है कि तुम्हारे सपने सच होंगे और तुम जीवन में हर मनचाही सफलता हासिल करोगे। तुम निश्चित रूप से इसके हक़दार हो।'

जब मैं टाटा ऑफ़िस की इमारत से बाहर निकला तो आख़िरी बार पीछे मुड़कर देखने से ख़ुद को रोक नहीं पाया।

कितनी बेहतरीन कंपनी थी! कितने बेहतरीन बॉस थे!

मैंने ख़ुद से वादा किया कि जब भी मैं भविष्य में अपना ख़ुद का कारोबार चलाऊँगा, तो ये हमेशा मेरे आदर्श रहेंगे।

मशीनें जर्मनी से आ गई थीं और मैं अब भी उन्हें लगाने तथा चालू करने के जटिल व नाज़ुक काम में उलझा हुआ था। साथ ही, मैं एक बड़े शुभारंभ समारोह की योजना भी बना रहा था।

हालाँकि मेरा पहला कारोबार इंडियन इनैमल कंपनी था, लेकिन उसे मैंने पूरी तरह नहीं बनाया था। दूसरी ओर, पटेल एक्स्ट्रूज़न पूरी तरह से मेरी औलाद थी। कोलैप्सिबल ट्यूब्स के उत्पादन की फ़ैक्ट्री लगाने के विचार से लेकर सब कुछ शुरू करने तक का सारा प्रयास मेरा था। ज़ाहिर है, मैं इसका भव्य शुभारंभ समारोह करना चाहता था।

हमें हिमालयन ड्रग कंपनी से पहला बड़ा ऑर्डर मिल चुका था। आवश्यक कच्चा माल तैयार था। एक बार मशीनें चालू हो जाएँ, तो उत्पादन पूरी तेज़ी से शुरू हो सकता था। हमने परीक्षण के लिए तारीख़ तय कर दी।

जर्मनी से मशीनों के साथ साँचे के कई जोड़े भेजे गए थे। जब हमने ट्रायल करने का निर्णय लिया तो हमें अहसास हुआ कि साँचे का आकार

इंचों में था, जबकि हमने बाक़ी सभी गणनाएँ मिलीमीटर में की थीं। हमें सारी गणनाएँ दोबारा करनी पड़ीं, जिसमें कई दिन का समय ख़राब हुआ।

आख़िरकार, मशीनों के पहले ट्रायल का दिन आ ही गया। हम अपनी फ़ैक्ट्री में कोलैप्सिबल ट्यूब्स का पहले बैच या खेप का उत्पादन करने वाले थे।

कर्मचारी, विशेषज्ञों और मैंने अपनी–अपनी जगह ले ली। वातावरण में रोमांच स्पष्ट दिख रहा था।

जब एल्युमिनियम डिस्क पर 200 टन प्रति इंच का दबाव पड़ा, तो ज़ोर की आवाज़ हुई। एक पल तक हम सभी सदमे में खड़े रहे। फिर हम मशीन की ओर भागे। मशीन का औज़ार टूट गया था।

हमें समझ नहीं आया कि अब क्या करें। हमारा सपना साकार नहीं हुआ था, उल्टे यह तो हमारी आँखों के सामने चूर–चूर हो गया था।

मैंने हड़बड़ी में जर्मनी फ़ोन लगाया और कंपनी वालों से कहा कि वे हमारे लिए एक नया औज़ार बना दें और इसे फ़िट करने के लिए अपना कोई तकनीशियन भारत भेज दें। वे बहुत मददगार थे और उन्होंने जल्द ही किसी को भेजने का वादा किया। लेकिन, जब उन्होंने मुझे यह बताया कि इस सब पर कितना ख़र्च आएगा, तो मेरा दिल टूट गया!

उस वक्त के हालात देखते हुए इतनी भारी राशि देने के बारे में सोचना भी असंभव था। इसलिए आख़िरकार मुझे वह योजना छोड़नी पड़ी। मैंने निर्णय लिया कि वह औज़ार हम ख़ुद बनाएँगे। उत्पादन की योजनाएँ ताक पर रख दी गईं और हम औज़ार बनाने के ज़्यादा ज़रूरी काम में जुट गए।

औज़ार को बनाने के लिए एक ख़ास तरह का स्टील चाहिए था और वह ऑस्ट्रिया में ही मिलता था। जब हमने उस कंपनी से संपर्क किया तो उन्होंने कहा कि वे हमें स्टील भेज तो देंगे लेकिन इसमें तीन महीने का समय लगेगा। इसका मतलब था कि हमें स्टील दिसंबर में ही मिल सकता था।

समस्या यह थी कि हमने शुभारंभ की योजना सितंबर में बनाई

थी। केंद्र सरकार के उद्योग मंत्री श्री मनुभाई शाह फ़ैक्ट्री के शुभारंभ के हमारे निमंत्रण को पहले ही स्वीकार कर चुके थे। कई अन्य महत्त्वपूर्ण उद्योगपति, मित्र और रिश्तेदार भी वहाँ आने वाले थे। लेकिन जब तक मशीनें चालू न हों, शुभारंभ कैसे हो सकता था?

मैं बहुत असमंजस में था। मैंने इस बारे में अपने परिवार वालों से बातचीत की।

बापू ने कहा, 'मोहन, मैं सोचता हूँ कि हमें शुभारंभ तो योजना के हिसाब से ही करना चाहिए।'

मुझे उतना पक्का विश्वास नहीं था, 'लेकिन बापू, मशीनें अभी उत्पादन के लिए तैयार नहीं हैं।'

उन्होंने ज़ोर दिया, 'उससे कोई फ़र्क़ नहीं पड़ता। यह हमारी फ़ैक्ट्री का शुभारंभ है। हम यह दावा तो नहीं कर रहे हैं कि हमने उत्पादन शुरू कर दिया है। फ़ैक्ट्री की इमारत, मशीनें वहाँ सबको दिखेंगी। यही काफ़ी है।'

उनकी बात मुझे अब भी हज़म नहीं हुई, इसलिए अपने सामान्य अंदाज़ में उन्होंने हमारी संस्कृति का एक सटीक उदाहरण दिया : 'तुम जानते हो, भारत में विवाह समारोह योजना के हिसाब से ही चलता है, भले ही परिवार की कोई बूढ़ी औरत गुज़र जाए। हर कोई बहादुरी से तब तक नाटक करता है जब तक कि शादी ख़त्म नहीं हो जाती। अंत्येष्टि और दुःख से बाद में निबटा जाता है। और यही बात कारोबार पर भी लागू होती है।'

मेरे पास इस व्यावहारिक दृष्टिकोण से सहमत होने (हालाँकि अनिच्छा से) के अलावा दूसरा विकल्प नहीं था। मुझे यह अहसास भी था कि अगर मैंने शुभारंभ को मुल्तवी किया तो मुझमें मेरे ग्राहकों का विश्वास डगमगा जाएगा।

तो अंततः शुभारंभ समारोह योजना के हिसाब से ही हुआ। समारोह काफ़ी भव्य था। मंत्री, कई वीआईपी, हमारे मित्र और परिजन सभी उस अवसर पर मौजूद थे। मैंने हर एक को फ़ैक्ट्री में चारों तरफ़ घुमाया और आख़िरकार मंत्रीजी से आग्रह किया कि वे मशीन चालू करने वाला बटन

दबाएँ। मशीन चालू होने की आवाज़ बाद में बजी तालियों के शोर में गुम हो गई। किसी को भी अहसास नहीं हुआ कि मशीन दरअसल ट्यूब्स का उत्पादन नहीं कर रही थी।

औज़ार बनाने वाला स्टील ऑस्ट्रिया से दिसंबर में आ गया और काफ़ी कमरतोड़ मेहनत के बाद हम औज़ार बनाने में कामयाब हुए।

एक बार फिर यह परीक्षण का दिन था – 17 जनवरी 1958। यह मेरी शादी की सालगिरह थी। लेकिन एक और कारण से भी यह दिन मेरे लिए अविस्मरणीय बन गया : इस बार, हम अपनी फ़ैक्ट्री में पहली कोलैप्सिबल ट्यूब बनाने में सफल हो गए।

2,500 ट्यूब्स का हमारा पहला ऑर्डर हिमालयन ड्रग कंपनी ने दिया था। जो घटना मैंने इस कहानी की शुरुआत में बताई थी, वह तब हुई जब वह ऑर्डर डिलिवरी के लिए लगभग तैयार था। मिस्टर बार्नेट के साथ उस विस्फोटक मुलाक़ात के बाद मैंने अथक मेहनत की, क्योंकि मुझे ख़ुद को साबित करना था।

हमारा पहला ऑर्डर समय पर पूरा हो गया। लेकिन क्या आप जानते हैं हमने माल कैसे पहुँचाया? बैलगाड़ी में रखकर।

उस पहले ऑर्डर के बाद अगले कुछ महीने बहुत फीके रहे, क्योंकि हमारे पास ज़्यादा ऑर्डर नहीं थे। कारोबार में उछाल नहीं आ रहा था। तभी अचानक हमें अग्रणी फ़ार्मा कंपनी अलैम्बिक से ऑफ़्थैलमिक नॉज़ल ट्यूब्स का एक चुनौतीपूर्ण ऑर्डर मिला (सामान्य शब्दावली में ये वे ट्यूब्स हैं, जिनमें आँखों का ऑइंटमेंट पैक किया जाता है)। उन दिनों ये ट्यूब्स टिन से बनती थीं, जो एल्युमिनियम से कहीं अधिक महँगा होता था। इसलिए इन ऑफ़्थैलमिक ट्यूब्स की लागत बहुत ऊँची भी थी : 1,000 ट्यूब्स के लिए चार सौ रुपये।

मुझे महसूस हुआ कि अगर हम एल्युमिनियम से ये ट्यूब बनाएँ, तो इससे लागत बहुत कम हो जाएगी और अंततः आई ऑइंटमेंट ख़रीदने वाले आम आदमी को फ़ायदा होगा। मैंने जर्मनी की हरलन कंपनी को लिखकर अपना विचार स्पष्टता से रखा। उनका जवाब बहुत स्पष्ट था : एल्युमिनियम से ऑफ़्थैलमिक नॉज़ल ट्यूब्स बनाना संभव नहीं होगा,

क्योंकि यह एक कठोर धातु है।

इन ट्यूब्स को बनाने के लिए 1/10 मिलीमीटर की मोटाई वाली धातु की चादरों की ज़रूरत होती है। एल्युमिनियम की इतनी पतली चादर मिलना असंभव है। और सबसे बड़ी बात, संसार में कहीं पर भी ये ट्यूब्स एल्युमिनियम से नहीं बनाई जाती हैं। इसलिए इस विचार को भूलना मेरे सर्वश्रेष्ठ हित में होगा।

मैंने उस पत्र को दर्जन बार पढ़ा, लेकिन फिर भी यह सोचे बिना नहीं रह पाया कि कोई न कोई तोड़ तो होगा। मैंने अपने सहज बोध का अनुसरण करने का निर्णय लिया। मैंने फ़ैक्ट्री में किताबें पढ़कर और प्रयोग करके ट्यूब्स पर बहुत विस्तृत शोध किया – उनका डिज़ाइन, आकार और तकनीकी विवरण, उनके उत्पादन के लिए आवश्यक साँचे और औज़ार।

इस दौरान हमें अलैम्बिक से 5 लाख ऑफ़्थैलमिक ट्यूब्स का बड़ा ऑर्डर मिला। मैंने उन्हें एक विकल्प दिया – वे टिन की ट्यूब्स का ऑर्डर दे सकते हैं, जिसकी लागत उन्हें 1,000 ट्यूब्स के लिए 400 रुपये आएगी। या फिर इसके बजाय वे एल्युमिनियम ट्यूब्स का ऑर्डर दे सकते हैं, जिसकी लागत उन्हें 1,000 ट्यूब्स के लिए 80 रुपये आएगी – 80 प्रतिशत कम लागत। मैंने उन्हें आश्वस्त किया कि टिन और एल्युमिनियम दोनों ही से बनी ट्यूब्स इन ऑइंटमेंट्स को भरने के लिए समान रूप से सुरक्षित थीं।

ज़ाहिर है, आर्थिक लाभ का प्रलोभन कंपनो को राज़ी करने में सफल रहा और उन्होंने आख़िरकार 5 लाख एल्युमिनियम ट्यूब्स का ऑर्डर दे दिया। अब यहाँ से पीछे लौटना मेरे लिए असंभव था।

जब सारी गणनाएँ हो गईं, सारे छोटे–छोटे विवरण तय कर लिए गए और उनकी कई बार जाँच कर ली गई, तो हम तैयार थे। अब हम एल्युमिनियम ट्यूब्स के पहले बैच का उत्पादन करने वाले थे। फ़ैक्ट्री में तनाव स्पष्ट दिख रहा था।

आख़िर वह पल आ ही गया जिसका हम सभी को इंतज़ार था। मैंने मशीन में साँचा लगाकर लीवर दबाया। हर कोई अपनी साँस रोके हुए

था... मगर, एक ज़ोर की आवाज़ हुई और साँचा टूट गया।

सबके चेहरे पर निराशा साफ़ दिख रही थी। मैं भी निराश था। मगर फिर मैंने सोचा कि मैं इस एक घटना को यह अनुमति नहीं दूँगा कि यह मुझे निराश कर दे। मैं दोबारा कोशिश करूँगा और निश्चित रूप से किसी दिन सफल हो जाऊँगा।

हमने अपनी गणनाएँ दोबारा कीं और दोबारा साँचा बनाया। लेकिन एक बार फिर, वही कहानी। साँचा टूट गया और उसके कई टुकड़े हो गए। हमने यह प्रक्रिया एक बार नहीं, दो बार नहीं, 30 बार दोहराई। और हर बार हमारे सामने वही मंज़र आता था : साँचे के कई टुकड़े हो जाते थे।

इकतीसवें प्रयास में मशीन ने आख़िरकार काम शुरू किया और एक के बाद एक ट्यूब बाहर निकलने लगीं। साँचा टूटने से पहले हम 7 ट्यूब्स बनाने में कामयाब हो गए थे। इस बार हम साँचा टूटने को लेकर निराश नहीं थे, क्योंकि अब हमें सुरंग के दूसरे छोर पर रोशनी दिख रही थी। एक महीने का लगातार काम, एक और परीक्षण और इस बार हम साँचा टूटने से पहले 250 ट्यूब बनाने में सफल रहे।

अधिक प्रयास, अधिक गणनाएँ और फिर आख़िरकार भोर हो ही गई। मशीन ने 1,600 ट्यूब्स बना लीं, लेकिन साँचा फिर भी नहीं टूटा। हमें अपनी आँखों पर यक़ीन नहीं हो रहा था। एक लंबे पल तक स्तब्ध ख़ामोशी छाई रही। और फिर हम सभी ख़ुशी से उछल पड़े। मैनेजर, कर्मचारी, तकनीशियन, लेखापाल, चपरासी... हम सभी ख़ुशी के मारे बौरा गए थे, चीख़–चिल्ला रहे थे, आँसू हमारे चेहरों पर बह रहे थे : 'हमने यह कर दिया। संसार में पहली बार।'

हम सभी छोटे बच्चों की तरह तालियाँ बजा रहे थे। सच बताऊँ, तो हमें अपनी उपलब्धि के महत्त्व का तब पूरी तरह अहसास नहीं था कि यह ट्यूब किस तरह इतिहास बनाने वाली है और मेरी ज़िंदगी को हमेशा–हमेशा के लिए बदलने वाली है।

एक बार जब अलैम्बिक का ऑर्डर सफलतापूर्वक पूरा हो गया, तो इसके बाद तो ऑफ़्थैल्मिक नॉज़ल ट्यूब्स के बड़े ऑर्डर्स की बाढ़ आ गई, न सिर्फ़ साराभाई जैसी भारत की बड़ी फ़ार्मा कंपनियों से, बल्कि विदेशों से भी।

संसार में कहीं पर भी ये ट्यूब्स एल्युमिनियम से नहीं बनाई जाती थीं और हम बाज़ार में सबसे सस्ती ट्यूब्स बना रहे थे। इसीलिए उनकी इतनी ज़बर्दस्त माँग थी।

जैसा मैंने पहले ज़िक्र किया था, इन ट्यूब्स ने मेरे जीवन की दिशा ही बदल दी।

एक तरह से, मेरे हिसाब–किताब की एक ग़लती ने भी सफलता की इस कहानी को बढ़ाने में योगदान दिया। मैंने कुछ बुनियादी गणनाएँ करके ही अलैम्बिक को 80 रुपये प्रति 1,000 ट्यूब्स का भाव बता दिया था। वास्तव में ऑर्डर पूरा करने के बाद जाकर मुझे अहसास हुआ कि मुझे 1,000 ट्यूब्स की लागत लगभग 40 रुपये ही आ रही थी। यानी मैंने अपने अनुमान से लगभग दोगुना लाभ कमा लिया था। लेकिन मैं ग़लती को सुधारने के लिए कुछ कर सकूँ, इसके पहले ही पुरानी गणनाओं के आधार पर मैं कई दूसरी कंपनियों को भाव बता चुका था। तो इस बार, परिवर्तन के तौर पर, मेरी ग़लती ने भी मेरी बहुत कमाई कराई।

लंबी कहानी को सारांश में समेटते हुए कहूँ तो, मुझे जल्द ही ऑफ़्थैलमिक नॉज़ल ट्यूब्स के क्षेत्र में विश्वव्यापी सम्राट माना जाने लगा और मैं आज भी इस गौरव को गर्व से स्वीकार कर सकता हूँ।

जब मैं पलटकर अतीत की ओर देखता हूँ तो मुझे अहसास होता है कि मेरे ख़िलाफ़ जो संभावनाएँ थीं, वे लगभग अजेय थीं। मेरी लगन और ख़ुद में अटल विश्वास ही मेरी सफलता की कुंजी था। हर बार जब भी कोई बाधा सामने आती थी तो मैं हिम्मत नहीं हारता था और तब तक जुटा रहता था जब तक कि शिखर पर न पहुँच जाऊँ, जिसका मैंने लक्ष्य बनाया था।

ज़ाहिर है, मुझे अपनी उपलब्धियों पर गर्व है। साथ ही, मुझे यह भी स्वीकार करना है कि विजेता लक्ष्य की ओर लंबी दौड़ में मेरे निजी

जीवन के कई क़ीमती पल मेरे पास से गुज़र गए। मुझे हमेशा अफ़सोस होता है कि मैं अपने परिवार को पर्याप्त समय नहीं दे पाया, ख़ास तौर पर मेरे बच्चों को, जब वे बड़े हो रहे थे। मैं उनके साथ उनके बचपन का आनंद नहीं ले पाया। उनके लिए पापा किसी धूमकेतु की तरह थे, जो उनके जीवन में समय–समय पर चमकते थे।

मुझे एक घटना ख़ास तौर पर याद है। एक गर्मी की छुट्टियों की बात है जब बच्चे काफ़ी छोटे थे। हमेशा की तरह हमारे कुछ मित्र परिवार के साथ छुट्टियाँ मनाने लोनावला जाने की योजना बना रहे थे। मेरे सभी मित्रों ने एक महीने की छुट्टी ले ली थी और वे अपने बच्चों को लंबी तथा रोमांचक यात्राओं पर ले जा रहे थे। लेकिन हमारा परिवार ही अकेला ऐसा परिवार था जिसमें 'पापा' योजनाओं का हिस्सा नहीं थे। मैंने चंदा और बच्चों को कह दिया था कि वे हमारे मित्रों के साथ जाकर आनंद लें। और मैंने उनसे वादा किया था कि मैं हर सप्ताहांत पर उनके पास आ जाया करूँगा। ज़ाहिर है, वह 'वादे' का सप्ताहांत कभी नहीं आया। बच्चे हर सप्ताहांत पर मेरा उत्सुकता से इंतज़ार करते थे, लेकिन हर बार उन्हें निराशा ही होती थी।

एक दिन चंदा हमारे मित्र और विख्यात लेखक गुलाबदास ब्रोकर से बात कर रही थी। उन्होंने चंदा से मज़ाक़िया अंदाज़ में पूछा, 'चंदा बेन। यह क्या है? मोहन हमेशा आपसे झूठे वादे क्यों करता है, जिन्हें वह कभी पूरा नहीं करता?'

ज़ाहिर है, चंदा ने हमेशा की तरह मेरा पक्ष लिया और कहा, 'नहीं। दरअसल नयन के पापा यहाँ आने वाले थे, लेकिन एक ऑर्डर की डिलिवरी देने का काम आ गया, इसलिए उन्हें रुकना पड़ा।'

गुलाबदास ने कहा, 'यह ठीक है। मैं तो बस मज़ाक़ कर रहा था।'

लेकिन छोटे नयन ने तपाक से कहा, 'मम्मी। चलो, हम ऐसे पापा को बदल लेते हैं।'

एक पल के लिए चंदा और गुलाबदास दोनों ही छोटे बच्चे के बोल सुनकर स्तब्ध रह गए।

जब गुलाबदास घर लौटे तब भी वे शब्द उनके कानों में गूँज रहे थे। यह बताना रोचक है कि बाद में उन्होंने 'आओ, पापा बदल लेते हैं' शीर्षक से एक बहुत मर्मस्पर्शी कहानी भी लिखी।

इस तरह की घटनाओं पर मैं बहुत अपराधी महसूस करता था। लेकिन कुल मिलाकर मुझे मानना होगा कि मेरे परिवार में हर व्यक्ति – मेरे माता–पिता, पत्नी और बच्चों – ने मेरे प्रयासों का असाधारण समर्थन दिया और उन्होंने हमेशा मुझे समझा।

सबसे बड़ा श्रेय बेशक चंदा को जाता है। उसे दृढ़ विश्वास था कि मैं जो भी करूँगा, वह परिवार के सर्वश्रेष्ठ हित में होगा। और उसने शुरुआत से ही मुझमें यह विश्वास दिखाया था।

जब हमने शादी का निर्णय लिया, तो पहले तो उसके परिवार वाले इसे लेकर बहुत ख़ुश नहीं थे, क्योंकि वे हमारी तुलना में ज़्यादा संपन्न थे। लेकिन चंदा ने अपने पिता से दृढ़ता से कह दिया था, 'मैं इस लड़के से इसलिए शादी करूँगी, क्योंकि मुझे एक बात पर यक़ीन है : अगर उसके पास खाने के लिए सिर्फ़ एक निवाला होगा, तो वह पहले मुझे खाने को देगा।' और जब से हम साथ हैं, उसका यह विश्वास कभी नहीं टूटा।

पहली बार अपना कारोबार शुरू करने के अनिश्चित दौर में एक और व्यक्ति ने मेरा हमेशा समर्थन किया। वे थे मेरे पिताजी। वे हमेशा छोटे व्यापारी रहे थे, लेकिन वे लोगों का आकलन करने के मामले में बहुत चतुर थे। जब भी मुझे किसी तरह की मुश्किल स्थिति से जूझना होता था तो मैं उनके पास जाता था और वे अपने ग्रानीण तथा अनूठे अंदाज़ में मुझे सही सलाह देते थे।

उनकी कुछ प्रिय गुजराती सूक्तियों ने मुझे बहुत कुछ सिखाया :

डीकरा, नमयो तो गमयो।

इंसान को हमेशा विनम्र और सम्मानजनक रहना चाहिए। लोग उस व्यक्ति को पसंद करते हैं, जो नम्रतापूर्वक बोलता है। अहंकार से हमेशा शत्रु पैदा होते हैं।

खरखरतिनू छायंड़ा ना लेवो।

'बेरी' जैसा पर्णरहित पेड़ दूसरों को छाया नहीं दे सकता। किसी ऐसे व्यक्ति पर निर्भर न रहें, जो ख़ुद कमज़ोर हो। वे इस सिद्धांत में भी दृढ़ता से यक़ीन करते थे कि इंसान को हमेशा सादा जीवन जीना चाहिए।

ज़ाहिर है, उन दिनों मैं उनके इस सिद्धांत से पूरी तरह सहमत नहीं था।

कारोबार शुरू करने के तीन–चार साल बाद तिजोरी में अच्छा पैसा आने लगा था और मैं काफ़ी सफल हो गया था। स्वाभाविक रूप से मुझे अपनी उपलब्धि पर गर्व था। मैंने इस पैसे का उपयोग करके हमारे गाँव में माता–पिता के लिए मकान बनाने का निर्णय लिया। यहाँ मैं आपको बता दूँ कि चाहे हम कहीं भी हों या चाहे हम कुछ भी हासिल कर लें, हम गुजराती हमेशा अपनी जड़ों से मज़बूती से जुड़े रहते हैं। हम सुनिश्चित करते हैं कि हम जो भी कमाएँ, उसका कम से कम एक चौथाई उस गाँव में लगे जहाँ से हम आए थे। वहाँ हम घर बनाते हैं, खेती में निवेश करते हैं, स्थानीय स्कूलों, मंदिरों आदि में दान देते हैं। हम सुनिश्चित करते हैं कि हमारे गाँव के विकास में हम एक सकारात्मक और सृजनात्मक योगदान दें। इसलिए जब भी गुजराती व्यवसायियों का कोई समूह मिलता है, तो बातचीत के प्रिय विषय होते हैं, कारोबार, शेयरों के भाव और यह कि उन्होंने अपने गाँव के लिए क्या किया है।

ख़ैर, सादा जीवन के पिताजी के सिद्धांत पर लौटते हैं।

सफलता के उन शुरुआती मादक दिनों में मैंने भी प्रलोभन के सामने सिर झुका दिया और एक नई आयातित सफ़ेद इम्पाला कार ख़रीद ली, जो उन दिनों प्रतिष्ठा का प्रतीक मानी जाती थी। केवल फ़िल्म स्टार या महाराजा ही इम्पाला में घूमते थे।

जैसी उम्मीद थी, पिताजी को मेरी यह फ़िजूलख़र्ची पसंद नहीं आई। उनकी राय थी कि जब पुरानी कार अच्छी चल रही है तो नई कार क्यों ख़रीदना?

मैंने उनके साथ बहस नहीं की, लेकिन मेरा अपनी क़ीमती इम्पाला को छोड़ने का कोई इरादा नहीं था।

सच बताऊँ, तो जब मैं अपनी आलीशान कार में बैठकर लोगों के पास से निकलता था तो मुझे लोगों की विस्मित प्रतिक्रिया देखकर रोमांच होता था। संयोग से, उस ज़माने के मशहूर फ़िल्म स्टार दिलीप कुमार के पास भी सफ़ेद इम्पाला थी। इसलिए जब मैं अपनी कार में जाया करता था तो सड़क पर बच्चे चिल्लाते थे : 'अरे' दिलीप कुमार आ गया।' मैं ख़ुद को बधाई देता था और मन ही मन सोचता था कि मेरी शकल किसी तरह उनसे मिलती होगी।' जब एक दिन मेरी कार विले पार्ले रेलवे क्रॉसिंग पर रुकी, तो हमेशा की तरह कार के आस–पास भीड़ जमा हो गई और चिल्लाने लगी : 'दिलीप कुमार, दिलीप कुमार।'

लेकिन तभी एक चतुर (या कुछ ज़्यादा ही चतुर) बच्चे ने कार के अंदर झाँककर चिल्लाया, 'अरे नहीं। यह दिलीप कुमार नहीं है। यह तो कोई "फालतू आदमी" है।'

मैं मुँह के बल ज़मीन पर आ गिरा।

जब मैंने पिताजी को यह घटना सुनाई तो वे यह कहे बिना नहीं रह सके, 'मैंने तुम्हें बताया था। पैसे का दिखावा करना ढोंग है। इकलौती सच्चाई काम और सिर्फ़ काम है।'

इस बार मैं भी उनसे सहमत हो गया और मैंने इम्पाला बेच दी। उस पल के बाद मैंने दौलत की शान झाड़ने के इरादे से कभी कार नहीं ख़रीदी। आज अगर कोई मुझसे पूछता है कि आपके पास कौन सी कार है, तो मैं कहता हूँ, 'मैं नहीं जानता। मैं अपने ड्राइवर को जानता हूँ और वह जिस भी कार को चला रहा होता है मैं उसी मैं बैठ जाता हूँ। कार का मेक या मॉडल मेरे लिए महत्त्वपूर्ण नहीं है।'

तब से मेरा दृढ़ विश्वास है कि कार का मूल उद्देश्य मुझे एक जगह से दूसरी जगह तक पहुँचाना है।

किसी व्यवसायी के लिए अपने जीवन को खाँचों में बाँटना असंभव है। व्यवसायी यह नहीं कह सकता, 'मैं सिर्फ़ सुबह 9 से शाम 5 तक काम

करूँगा।' व्यवसायी घर लौटने के बाद नौकरीपेशा लोगों की तरह काम के विचार को अपने दिमाग़ से निकाल नहीं सकता। उसके लिए यह कहना इतना आसान नहीं होता, जितना कि किसी तनख़्वाह वाले व्यक्ति के लिए होता है, 'बहुत हो गया। अब मैं रिटायर होने वाला हूँ।' वह धीमे पड़ना, ठहरना बर्दाश्त नहीं कर सकता। जो व्यवसायी धीमा होता है या ठहरता है, वह दौड़ से बाहर हो जाता है।

ज़ाहिर है, ऐसा समय भी आता है, जब इंसान को महसूस होता है कि अपने दिल की आवाज़ सुनकर कुछ अलग किया जाए। मैं बहुत ख़ुशक़िस्मत व्यवसायी हूँ, जिसे रुकने की विलासिता तब मिली, जब मैं ऐसा करना चाहता था। और इसके लिए मुझे अपने दोनों बेटों को धन्यवाद देना होगा। जब मेरा कारोबार फैल रहा था, तो मेरे दोनों बेटे नयन और कार्तिक मेरे साथ काम करने लगे। एक समय मुझे महसूस हुआ कि मैंने वह सब कर दिया था, जो मैं कर सकता था और वह सब हासिल कर लिया था जो मैं कोलैप्सिबल ट्यूब्स के क्षेत्र में हासिल करना चाहता था। फिर मैंने कारोबार की बागडोर अपने बेटों के हाथ में थमा दी। अब यह उनकी ज़िम्मेदारी थी कि वे अपने सपनों के अनुरूप कारोबार चलाएँ और फैलाएँ। सौभाग्य से, मेरे बेटों ने मुझे अपनी अन्य रुचियों को पूरा करने का यह अवसर दिया।

अपने कारोबार की कमान बेटों को थमाने के बाद मैंने ख़ुद को ऐसे मुद्दों में लगाया, जो मेरे दिल के क़रीब थे – समाज के प्रति सृजनात्मक योगदान देना, ख़ास तौर पर शिक्षा और विज्ञान के क्षेत्र में। लेकिन एक दिन मुझे अहसास हुआ कि एक बार फिर मैं काम के दलदल में फँस गया था। मेरे पास एक भी पल ख़ाली नहीं रहता था। मैंने आत्मा को टटोला और पता लगाया कि मैं सबसे बढ़कर जो चाहता था, वह था साँस लेना, सचमुच। मैं मुंबई की भीड़–भाड़ और व्यस्त ज़िंदगी से दूर जाकर ताज़ा, प्रदूषणरहित हवा में गहरी साँस लेना चाहता था।

मैं मुंबई के शोर–शराबे और भीड़–भाड़ से दूर एक छोटे मकान के सपने देखता था, जहाँ से शहर पहुँचना आसान हो। मैंने इसके जितने ज़्यादा सपने देखे, इसकी कल्पना करना उतना ही ज़्यादा आसान हो गया

: पहाड़ियों की पृष्ठभूमि में एक छोटा, आरामदेह मकान, जो हरे खेतों से घिरा हो, जिसके आस–पास सैकड़ों–हज़ारों पेड़ हों, जिसके पास से कोई छोटी नदी या जलधारा प्रवाहित हो रही हो...

बहुत जल्दी ही इस सपने का जुनून मुझ पर हावी हो गया और मैं अपने आदर्श मकान की तलाश में जुट गया। इस बार मेरा परिवार मुझसे पूरी तरह सहमत था। इसलिए हर व्यक्ति इस लक्ष्य की दिशा में प्रेरित हो गया।

मेरा बेटा कार्तिक जगह की खोज को लेकर बहुत उत्साहित था। इसलिए हर रविवार को वह और मैं सुबह जल्द ही निकल पड़ते थे। फिर हम मुंबई के वसई, विरार तथा दहानू जैसे उपनगरों में कई संभावित जगहों की यात्रा करते थे। वहाँ जाने से पहले हमें उपलब्ध ज़मीनों के बारे में थोड़ी जानकारी रहती थी। वहाँ पहुँचने के बाद हमें कई अन्य ज़मीनों की जानकारी पता चलती थी। दोपहर को हम एक पेड़ के नीचे बैठते थे, साथ लाए हुए 'थेपला' खाते थे और टंडी छाया, शांति व मौन का आनंद लेते थे।

एक बार, हम दहानू में एक प्लॉट पर गए और हमें वह जगह पसंद आई। इकलौती समस्या यह थी कि मेरे दिमाग़ में जो था, उसके लिहाज़ से वह जगह बहुत छोटी थी। रखवाले ने हमें बताया कि वहाँ से बमुश्किल 5 किलोमीटर दूर 250 एकड़ ज़मीन है और हमें उसे भी देख लेना चाहिए। फिर क्या था, हम तहक़ीक़ात करने आगे चल दिए।

हम अम्बोली–करंजगाँव नामक गाँव पहुँचे, जहाँ वह ज़मीन थी। वहाँ हमें बूढ़ा चौकीदार भास्कर मिला, जिसने हमें ख़ुशी–ख़ुशी मनचाही जानकारी दे दी। यह ज़मीन का टुकड़ा बहुत बड़ा था, जो वहाँ तक फैला हुआ था जहाँ तक निगाह जाती थी। उस पर छोटी पहाड़ियाँ थीं और उसमें छोटी–छोटी जलधाराएँ बह रही थीं। एक सिरे पर एक ऊँचा पहाड़ था, जिसके ऊपर, मानें या न मानें, एक ऐतिहासिक किला था।

बूढ़ा आदमी अपनी कहानी सुनाने लगा : 'साहब, यह किला मूलतः शिवाजी महाराज (मशहूर मराठा राजा) के एक सरदार का था और यह ज़मीन भी उसी की थी।

'दुर्भाग्य से, उसके वारिस उतने क़ाबिल नहीं थे और उन्होंने ज़मीन को छोटे–छोटे टुकड़ों में बाँट दिया। जब भी उन्हें अपनी फ़िज़ूलख़र्ची के लिए पैसों की ज़रूरत होती थी, वे ज़मीन का एक टुकड़ा बेच देते थे।' ज़मीन के वर्तमान मालिक श्री पुनमिया नामक मारवाड़ी थे।

हमारा उस जगह को छोड़ने का दिल नहीं हो रहा था, जब तक कि हम एक पहाड़ी के ऊपर न चढ़ लें और हमें अपने इस निश्चय पर अफ़सोस नहीं हुआ। वहाँ से दिखने वाला नज़ारा गज़ब का था। चूँकि मानसून का मौसम था इसलिए पूरा इलाक़ा पन्ना की हरी चमक के साथ चमचमा रहा था। मैं हरे रंग की अद्‌भुत छटा देखकर मंत्रमुग्ध था। कार्तिक ने मेरे विचार को दोहराया, जब उसने धीरे से कहा, 'पापा, यह तो स्विट्ज़रलैंड जैसा है।'

जब मैंने श्री पुनमिया से ज़मीन ख़रीदने के बारे में संपर्क किया, तो वे मुझे इसे बेचने के लिए अस्वाभाविक रूप से उत्सुक थे। मैं इस बात से हैरान था। हमारे बीच भाव और सौदे की शर्तें फटाफट तय हो गईं। मैं हैरान था कि उसने कितनी तेज़ी से औपचारिकताएँ निबटा लीं और यह सुनिश्चित किया कि सौदा जल्द से जल्द अंतिम रूप ले ले। एक बार हम सौदे के संबंध में ज़िले के अधिकारी से मिलने गए। अधिकारी मुझे अकेले में खींचकर ले गए और धीरे से बोले, 'सर। वह ज़मीन पवित्र नहीं है। आप इसे ख़रीदकर ख़ुद के लिए मुश्किलें क्यों मोल ले रहे हैं?'

मैंने उनकी बातों पर ध्यान नहीं दिया और सौदा योजना के हिसाब से पूरा हो गया। एक अच्छे दिन कार्तिक और मैं पुनमिया से मिले। बहुत जल्दी ही सारी औपचारिकताएँ पूरी हो गईं और पटेल परिवार ज़मीन का गर्वीला मालिक बन गया।

मैंने पुनमिया से कहा, 'मैं हमारी ज़मीन पर खड़े होकर ही अधिकृत रूप से आपके हाथों से ज़मीन के क़ागज़ात लेना चाहूँगा।'

पुनमिया को देखकर ऐसा लगा मानो उस पर बिजली गिर गई हो। उसने अपना सिर ज़ोर से हिलाया, 'नहीं, नहीं। इसकी कोई ज़रूरत नहीं है।'

मैं यह नहीं समझ पाया कि उसकी बात का क्या मतलब था और मैंने उसे समझाने की कोशिश की : 'पुनमिया सेठ, ज़मीन ख़रीदना कोई सूखा कारोबारी सौदा नहीं होता। यह हम दोनों के बीच की एक कड़ी बन जाता है और यह तब अधिक सार्थक होता है, जब हम उस ज़मीन पर सचमुच खड़े हों, जिसे एक मालिक से दूसरे मालिक को दिया जा रहा हो।'

पुनमिया ने मेरी तरफ़ ऐसे देखा जैसे मैं पागल हो गया हूँ। अब वह डर के मारे थरथराने लगा था। उसने कहा, 'नहीं, नहीं, मैं वहाँ नहीं जाना चाहता। वहाँ के आदिवासी भयानक हैं और मुझे उनसे डर लगता है।'

मैंने अपनी राज़ी करने की सारी शक्तियों का इस्तेमाल करके आख़िर उसे तैयार कर लिया कि वह दहानू के पास वाली ज़मीन पर मेरे साथ चले। जब हम वैस्टर्न एक्सप्रेस हाइवे को पीछे छोड़कर आगे बढ़े और उस इलाक़े के पास पहुँचे, तो हमने देखा कि सड़क का रास्ता पत्थरों और चट्टानों से रोक दिया गया था। सड़क के दोनों सिरों पर खूँख़ार दिख रहे आदिवासी क़तार में खड़े होकर हमें घूर रहे थे।

हमने तनाव पर ग़ौर न करने का नाटक किया, अपनी कारों से उतरे और सड़क साफ़ करने लगे, ताकि हमारी कारें गुज़र जाएँ। पुनमिया ने इस पल का लाभ उठाकर कहा, 'मोहनभाई, मैं सोचता हूँ कि मैं अब लौट जाऊँ।'

लेकिन मैंने उसे रोक दिया और स्पष्ट, दृढ़ लहज़े में कहा : 'नहीं, हम आगे जाएँगे। हम पुराने मकान की वृक्षहीन जगह पर बैठेंगे, कुछ नाश्ता करेंगे और इसके बाद आप मेरे हाथों में क़ागज़ थमाएँगे। तभी, और सिर्फ़ तभी, हम इस जगह से वापस चलेंगे।'

पुनमिया मेरे पीछे ऐसे आया, जैसे कोई बलि का बकरा आता है।

जब हम लंच कर रहे थे, तो हम आदिवासियों को अपने आस–पास इकट्ठा होते देख सकते थे।

कुछ समय बाद काफ़ी जमावड़ा हो गया। उनका नेता लाल आँखों वाला एक आदमी था। वह आगे आया और आक्रामक अंदाज़ में बोला, 'सुनो। बाहर निकलो।'

मैंने पुनमिया से पूछा कि वह कौन है। उसने जवाब दिया कि उसका नाम लड़क्या है और वह आदिवासियों का सरदार है। वह साम्यवादी दल का स्थानीय प्रतिनिधि भी था। हर कोई उससे दहशत खाता था क्योंकि ऐसा माना जाता था कि वह अतीत में दो हत्याएँ कर चुका है।

लड़क्या एक बार फिर चिल्लाया, 'सेठ, क्या तुम मेरी बात सुन सकते हो? बाहर आओ।'

मैं उसके पास गया, उससे नज़रें मिलाईं और शांति से कहा, 'अगर तुम मुझसे बात करना चाहते हो, तो यहाँ अंदर आ जाओ।'

वह अपने पैर पटकता हुआ साफ़ जगह के भीतर आया। उसके पीछे कई आदिवासी अपने हाथों में भाले और हँसिए लेकर आए। लड़क्या पुनमिया पर सवालों की बौछार करने लगा, 'क्या चल रहा है? तुमने ज़मीन क्यों बेची?' फिर वह मेरी ओर मुड़ा, 'और तुम। नए सेठ। तुमने ज़मीन क्यों ख़रीदी?'

शांतिलाल पुनमिया उसके सामने दुबक गया। लड़क्या बार–बार वही सवाल दोहराता रहा : 'तुमने ज़मीन क्यों बेची? तुमने ज़मीन क्यों ख़रीदी?'

आख़िर मेरा सब्र ख़त्म हो गया और मैंने चिल्लाकर उससे पूछा, 'यह ज़मीन किसने बेची है? और यह ज़मीन किसने ख़रीदी है? इससे तुम्हें कोई मतलब नहीं होना चाहिए। और वैसे तुम हो कौन? हर चीज़ क़ानूनी रूप से की गई है और अब मैं इस ज़मीन का मालिक हूँ। और मैं सिर्फ़ नाम का मालिक नहीं हूँ। मैं यहाँ एक मकान बनाकर अपने परिवार के साथ रहने वाला हूँ।'

लड़क्या मुझे गुस्से से घूर रहा था। उसके पीछे के आदमी एक क़दम आगे आए और हमें धमकाने लगे : 'तुम क्या सोचते हो, तुम कौन हो? हम तुम्हारा सिर फोड़ देंगे, तुम्हारे पैर तोड़ देंगे...'

मुझे महसूस होने लगा था कि स्थिति बिगड़ सकती है।

मैं कार्तिक को एक तरफ़ ले गया और उससे कहा कि वह पिछले दरवाज़े से चुपके से निकलकर सीधे घर चला जाए।

जब उसने प्रतिरोध किया, तो मैंने उसे बाहर धका दिया और

आदिवासियों के पास लौट गया। एक पल के लिए ख़ामोशी छा गई।

दोनों पक्ष स्थिति का जायज़ा ले रहे थे। फिर अचानक लड़क्या मुझसे बोला, 'सेठ, अगर तुममें ज़रा भी अकल है तो कल यहाँ मत आना।'

इसके बाद वह अपने आदमियों की ओर मुड़ा और उनसे लौटने का इशारा किया। एक–एक करके वे सब उसके पीछे चले गए।

शांतिलाल पुनमिया अपनी भौंह पर आया पसीना पोंछ रहा था, 'मैंने आपसे कहा था ना कि वे ख़तरनाक हैं।'

मैंने जवाब नहीं दिया। मैं घटनाओं के इस नए मोड़ के बारे में सोच रहा था और इस उधेड़बुन में था कि इसका कैसे सामना किया जाए। अचानक मुझे कार्तिक नज़र आया। वह गया नहीं था।

उसने कहा, 'पापा, मैं आपको ऐसी स्थिति में छोड़कर घर कैसे जा सकता था?'

मेरा दिल भर आया, लेकिन मैंने जवाब दिया, 'मैं तुम्हारी सुरक्षा के बारे में चिंतित था। अगर हम दोनों को कुछ हो जाता...'

लेकिन उसने मेरी बात बीच में काट दी, 'लेकिन कुछ हुआ तो नहीं, है ना? तो फिर हम इस बारे में बात क्यों करें? चलिए, अब घर चलते हैं।'

अगले दिन मैंने वहाँ लौटकर जाने का फ़ैसला किया। लेकिन इस बार मैं कोई जोखिम नहीं ले रहा था। मैं फ़ैक्ट्री के कई सुरक्षा कर्मियों को अपने साथ ले गया। एहतियात की ख़ातिर मैंने उनसे बंदूक साथ ले चलने को कहा। चंदा अटल थी। वह भी साथ जाएगी और मेरे साथ रहेगी। इसलिए हमने फ़ैसला किया कि हम रात भर नए मकान में रुकेंगे और अगली सुबह लौटेंगे।

जब बंदूकधारी सुरक्षा कर्मियों ने मकान के चारों ओर अपनी–अपनी जगह पर मोर्चा सँभाला, तो हवा में एक अजीब ख़ामोशी थी। शक्ति प्रदर्शन काम कर गया था।

मुझे अहसास हो रहा था कि आदिवासी पेड़ों के बीच से हमारी ओर घूर रहे हैं, लेकिन कोई भी ज़्यादा क़रीब आने की हिम्मत नहीं कर रहा था।

चंदा और मैंने पूरा दिन टहलने, इलाक़े की जाँच–पड़ताल करने, योजना बनाने और आराम से लंच करने में बिताया। 'गृहप्रवेश' शाम को होने वाला था। जब हम लालटेन की टिमटिमाती रोशनी में पहली बार मकान में दाख़िल हुए, तो हमने देखा कि इसकी हालत कितनी ख़स्ता थी। दीवारों का पलस्तर उखड़ रहा था, दरवाज़े चूँ–चूँ कर रहे थे और कुछ कोनों में चूहों ने फ़र्श खोद डाला था।

यह सच था कि मकान 100 साल से भी ज़्यादा पुराना था, लेकिन इसकी हालत ख़स्ता सिर्फ़ इसलिए थी, क्योंकि इतने बरसों में किसी ने भी इसकी ठीक से देखभाल नहीं की थी। लेकिन मकान चाहे जैसी स्थिति में हो, अब वह हमारा था। हमने फ़र्श पर गद्दे बिछाए और लेट गए।

मैं हमेशा की तरह सुबह उठा और मकान से बाहर निकला। मैंने आश्चर्य से देखा कि सैकड़ों आदिवासी मकान को ख़ामोशी से देख रहे थे। मुझे देखकर वे भी उतने ही सदमे में नज़र आ रहे थे। आख़िरकार मैं ख़ुद को नहीं रोक पाया और मैंने उनसे पूछा, 'क्या मामला है? तुम सब यहाँ इंतज़ार क्यों कर रहे हो?'

उनमें से एक ने कहा, 'सेठ। तुम ज़िंदा हो?'

'तुम्हारा क्या मतलब है? क्या तुम मुझे नहीं देख सकते? मैं यहाँ तुम लोगों के सामने खड़ा हूँ, पूरी तरह स्वस्थ।'

'नहीं, सेठ, दरअसल... हमने सोचा...'

'तुमने क्या सोचा था?'

और फिर पूरी कहानी सामने आ गई।

इसी मकान में पुनमिया सेठ के पिता कालूराम की हत्या हुई थी। कालूराम में कई ऐब थे : शराब, औरतख़ोरी आदि। वह इस घर में आकर दारू पीता था और आदिवासियों से उस औरत को भेजने को कहता था जिस पर उसका दिल आ जाता था। एक बार उसने जबरन अपने नौकर की पत्नी की इज्ज़त लूट ली। नौकर गुस्से से पगला गया और उस रात उसने कालूराम की हत्या कर दी। अगली सुबह दूसरे सेवकों को कालूराम की लाश मिली और यह ज़हर के कारण उसके नाम जितनी ही काली

पड़ गई थी। उस पल के बाद से आदिवासियों ने सोचा कि इस मकान में कालूराम का भूत रहता है और इसमें दाख़िल होने वाले किसी भी आदमी की जान ले लेता है।

'इसीलिए जब तुम पूरी रात रुके तो हम हैरान थे और हमने सोचा था...'

चाहे जो हो, इस घटना का अंतिम परिणाम यह था कि इससे आदिवासियों को यह विश्वास हो गया कि नए मालिक पुराने मालिकों से अलग हैं – ईमानदार, हिम्मत वाले, बहादुर और साहसी।

एक पुराना ख़स्ताहाल मकान और 250 एकड़ की ख़ाली ज़मीन जिस पर सिर्फ़ जंगली घास उगी थी : यह मेरे 'एसयूपीए (SUPA) फ़ार्म' की शुरुआत थी।

पिछले मालिक की ज़मीन में ज़रा भी रुचि नहीं थी और वह कभी–कभार ही वहाँ आता था, जैसे तब जब घास काटकर बेची जानी हो। यह आस–पास के इलाक़े में रहने वाले आदिवासियों के लिए वरदान था। उन्होंने मनचाहे ज़मीन के टुकड़ों पर अतिक्रमण कर लिया था और अपने जीवनयापन के लिए थोड़ी खेती भी शुरू कर दी थी। वे निश्चित रूप से हस्तक्षेप करने वाला मालिक नहीं चाहते थे, जो वहाँ स्थायी रूप से रहे।

मैंने इस स्थिति को बदल दिया। मैं वहाँ नियमित रूप से जाने लगा। मैं वहाँ अपने परिवार के लिए रैनबसेरा बनाना चाहता था।

धीरे–धीरे आदिवासी मेरी उपस्थिति के आदी हो गए। वे जमीन को विकसित करने की मेरी योजनाएँ सुनने लगे और उन पर आपस में बातचीत भी करने लगे।

मेरे पास पेड़ लगाने की योजनाएँ थीं, ज़मीन पर खेती करने की योजनाएँ थीं। लेकिन यह सब करने से पहले यह अनिवार्य था कि घास काटी जाए और ज़मीन साफ़ की जाए। मामलेदार (गाँव में सरकारी अधिकारी) ने मुझे बताया कि दिन भर की मेहनत के बदले में पुरुषों को 10 रुपये और महिलाओं को 8 रुपये दिए जाते हैं।

मैंने आदिवासियों से वादा किया कि मैं पुरुषों और महिलाओं दोनों को 10 रुपये रोज़ दूँगा। आदिवासियों ने इस पर आपस में बातचीत की और काम करने के लिए तैयार हो गए क्योंकि उन्हें पैसों की सख़्त ज़रूरत थी। लेकिन इस बार साम्यवादी पार्टी का सदस्य लड़क्या नहीं, बल्कि गाँव का स्व–घोषित 'राजा' धर्मा था, जो बाधाएँ डाल रहा था और यहाँ–वहाँ दिक्क़तें पैदा कर रहा था।

वह अपने साथियों से कहता था, 'तुम पटेल सेठ की ज़मीन पर काम करने की हिम्मत मत करना। अगर तुमने ऐसा किया तो मैं तुम्हारे पैर तोड़ डालूँगा और सिर काट दूँगा।'

आख़िरकार आदिवासी उसकी बात मानने के लिए विवश हो गए और मेरे पास तलसारी गाँव से मज़दूर बुलाने के अलावा कोई विकल्प नहीं था, जो लगभग 14 किलोमीटर दूर था। पहले दिन 70 मज़दूरों ने घास काटने का काम शुरू किया। लेकिन आदिवासियों ने उन्हें धमकाया और ऐसा तमाशा किया कि अगले दिन एक भी मज़दूर नहीं लौटा।

तीसरे दिन मुश्किल से 30 मज़दूर तलसारी से आए, लेकिन एक बार फिर उन्हें धमकाया गया और वे भी ग़ायब हो गए। अगले कुछ दिनों तक यही कहानी चलती रही। जो लोग दूर–दराज़ के गाँवों से आते थे, उन्हें आदिवासियों की खूँख़ार धमकियों के सामने अपनी जान बचाकर भागना पड़ रहा था। एक बार परिस्थितियाँ आमने–सामने के संघर्ष में बदल गईं। उस दिन धर्मा एक पहाड़ी के ऊपर खड़ा होकर मज़दूरों पर पत्थर बरसाने लगा। जब मज़दूर भागते हुए मेरे पास आए और मुझे पूरा वाकया बताया तो मैंने फ़ैसला किया कि बहुत हो गया।

मैंने 5–6 आदमी लिए और धर्मा के खेत पर चला गया, जो क़ानूनन मेरी ही ज़मीन का हिस्सा था। धर्मा के खेत में ताज़ा कटा धान रखा था। मैंने अपने लोगों से कहा कि वे इन बोरों को ले जाकर मेरे मकान में रख दें। जिस पल धर्मा मेरे कर्मचारियों पर पत्थर फेंक रहा था मैं उसका धान अपने मकान में रखवा रहा था। जब उसे यह जानकारी मिली, तो धर्मा पहाड़ी से भागता हुआ नीचे आया और अपने दो आदमियों के साथ सीधे मेरे घर आ धमका।

मैंने सोचा था कि स्थिति हिंसक हो सकती है और मैं इसका सामना करने के लिए तैयार था, लेकिन मुझे बहुत हैरानी हुई जब धर्मा मेरे पास दौड़ता हुआ आया और मेरे पैरों पर गिरकर रहम की भीख माँगने लगा, 'सेठ, मेहरबानी करके ऐसा मत करो। मुझे अफ़सोस है। मैंने ग़लती की, लेकिन मेरा धान मुझसे मत लो।'

मैं सोच रहा था कि उसके नज़रिये में इस परिवर्तन के लिए कौन सी चीज़ ज़िम्मेदार हो सकती है। शायद उसे अहसास हो गया था कि उसके पास असली शक्ति नहीं थी या यह बात भी हो सकती है कि उसने देख लिया था कि मैं उसकी धमकियों के आगे नहीं झुकूँगा।

मैंने उससे कहा, 'देखो धर्मा, तुम अपना धान वापस ले जा सकते हो। मुझे यह नहीं चाहिए। लेकिन तुम्हें एक बात दिमाग़ में रखनी होगी। मेरे काम में रुकावट मत डालना।'

यह 'धर्मा' प्रसंग का अंत था। इसके बाद आदिवासियों ने मुझे कोई दिक्क़त नहीं दी और वे मेरे लिए काम करने लगे।

इस शत्रुता का अंत हम दोनों ही के लिए लाभकारी साबित हुआ, आदिवासियों को नियमित रोज़गार मिला और मैं अब ज़मीन तैयार करने की अपनी महत्त्वाकांक्षी योजनाओं को आगे बढ़ा सकता था।

सबसे पहले तो ज़मीन को साफ़ कराना था; बहुत सारे पेड़ बोने थे। मैं खेती करना चाहता था, फलों के बाग लगाना चाहता था, सब्ज़ियाँ उगाना चाहता था। सिर्फ़ यही नहीं, मैं नदी पर बाँध बनाकर झीलें व नहरें बनाना चाहता था, ताकि साल भर फ़सलों को पर्याप्त पानी मिल सके।

अम्बोली–करंजगाँव नामक गाँव के लगभग सौ आदिवासी स्त्री–पुरुष ज़मीन पर काम करने लगे और मैं नए उत्साह से भर गया। सारे प्रौजेक्ट्स पर काम योजनाबद्ध ढंग से शुरू हुआ और समय के साथ मैंने अपने कई लक्ष्य हासिल कर लिए। मैं अब अपने सपने को धीरे–धीरे हक़ीक़त में बदलते देख सकता था। आदिवासी सहयोग करने के लिए इच्छुक ही नहीं तत्पर भी थे। क्योंकि शायद ज़िंदगी में पहली बार उनके पास एक नियमित रोज़गार और आमदनी थी तथा उन्हें अपने जीवन में

स्थिरता के महत्त्व का अहसास हो गया था।

कुछ दिनों बाद धर्मा ख़ुद मेरे पास आया और मुझसे काम माँगने लगा। चूँकि उसे गाँव का मुखिया समझा जाता था इसलिए मैंने उससे मुकादम या सुपरवाइज़र का काम करने को कहा। अब चूँकि यह शत्रु भी मित्र में बदल गया था इसलिए आदिवासियों की तरफ़ से मेरे और मेरी योजनाओं के ख़िलाफ़ कोई विरोध नहीं था। उन सभी को विश्वास हो गया था कि मेरे ख़िलाफ़ काम करने के बजाय मेरे साथ काम करना उनके लिए ज़्यादा फ़ायदेमंद था।

लेकिन जब सब कुछ सही चल रहा था, तभी कुछ घटित हो गया। एक दिन जैसे ही मैं मुंबई से आया, भास्कर मेरे पास दौड़ता हुआ आया और बोला, 'सेठ, मेहरबानी करके लौट जाओ। कल यहाँ पर "मोर्चा" होने वाला है और यह ख़तरनाक हो सकता है।'

मैंने सोचा कि अब क्या समस्या हो सकती है। ऐसा लग रहा था कि राज्य विधानसभा में उस इलाक़े से चुना हुआ प्रतिनिधि यानी विधायक मेरे ख़िलाफ़ विरोध मोर्चा आयोजित करने वाला था। लेकिन मैं अपनी जगह डटा रहा और मैंने घोषणा की, 'उन्हें यहाँ आने दो। मैं यहाँ से नहीं हिलने वाला।'

वैसे इस बार मैंने विरोध प्रदर्शन के बारे में पुलिस को पहले से जानकारी दे दी। अगली दोपहर आस–पड़ोस के गाँवों के कुछ लोग हाथ में लाठी–हँसिए लेकर आए और मेरे घर के सामने इकट्ठे होकर नारेबाज़ी करने लगे :

'सेठ, लौट जाओ।'

'हम अपने इलाक़े में कोई बाहरी आदमी नहीं चाहते।'

'इस जगह का मालिक कौन है? बाहर निकलो।'

पुलिस तैयार थी और मैं भी विरोध करने वालों का सामना करने को तैयार था।

मैं बाहर जाकर भीड़ के सामने खड़ा हो गया।

एक विशालकाय आदमी उनका नेता नज़र आ रहा था और वह मुझसे भर्राई आवाज़ में पूछने लगा, 'सेठ, यह ज़मीन तुम्हारी है?'

जवाब देने के बजाय मैंने बदले में उससे एक सवाल पूछ लिया, 'तुम मुझसे यह सवाल पूछने वाले कौन होते हो?'

'मेरा नाम लानिया है और मैं इस इलाक़े का विधायक हूँ। तुम्हारा नाम क्या है और तुम कहाँ से आए हो?'

'मेरा नाम मोहन पटेल है। मेरी मुंबई में गोरेगाँव और मलाड में फ़ैक्ट्रियाँ हैं।'

लानिया स्तब्ध नज़र आ रहा था। उसने मुझे ग़ौर से देखा और पूछा, 'सेठ, क्या तुम श्रीमती मृणाल गोरे (एक वरिष्ठ राजनेता) को जानते हो?'

'हाँ, मैं उन्हें बहुत अच्छी तरह जानता हूँ।'

लानिया मेरे पास आया और विनम्रता से हाथ जोड़कर बोला, 'मुझे माफ़ कर दो, सेठ। मैंने आपको पहचाना नहीं था।'

अब मैं स्तब्ध रह गया। *इस हृदय परिवर्तन का क्या कारण हो सकता था? विरोध प्रदर्शन करने वाले और पुलिस वाले भी इस हृदय परिवर्तन से अवाक थे।*

लानिया ने स्पष्ट किया, 'सेठ, शायद आपको इस बात की जानकारी नहीं है, लेकिन आपातकाल के बाद जब मैंने इस इलाक़े से चुनाव लड़ा था, तो मैं आपकी मदद से ही जीता था।'

अब मैं सचमुच *हैरान* था। *मेरी मदद? ऐसा कैसे था कि मुझे इस बारे में कुछ नहीं मालूम।*

जब लानिया ने आगे ख़ुलासा किया, तो पहेली सुलझ गई।

जब आपातकाल उठा और चुनावों की घोषणा हुई तो वरिष्ठ व सम्मानित राजनेता श्रीमती मृणाल ताई गोरे मुझसे मिलीं और पूछने लगीं कि क्या मैं उनकी मदद कर सकता हूँ। उन्हें चुनाव अभियान के लिए थोड़ी आर्थिक सहायता चाहिए थी। जब मैंने उनसे पूछा कि उन्हें कितने पैसों की ज़रूरत है, तो उन्होंने मुझसे चुनाव अभियान में 2 लाख रुपये

दान में देने को कहा। मैंने उन्हें आश्वस्त किया कि मैं पैसों का इंतज़ाम कर दूँगा। मैंने कई व्यवसायियों से बातचीत की और उन्हें चुनाव अभियान में योगदान देने के लिए राज़ी किया। हम 2.5 लाख रुपये इकट्ठे करने में कामयाब रहे जिसे हमने मृणाल ताई को सौंप दिया। कुछ दिनों बाद मैं मृणाल ताई से मिला, जिन्होंने कहा, 'मुझे 2 लाख रुपये से ज़्यादा की ज़रूरत नहीं पड़ेगी, इसलिए कृपया अतिरिक्त 50,000 रुपये वापस ले लें।'

लेकिन मैंने पैसे वापस नहीं लिए और उनसे कहा, 'हम कई लोगों ने मिलकर यह पैसा इकट्ठा किया है। हम इसे वापस नहीं चाहते। कृपया इसे रख लें और किसी अन्य उपयोगी उद्देश्य में इसका उपयोग करें।' मुझे मृणाल ताई पर पूरा भरोसा था और मुझे यक़ीन था कि वे उस पैसे का अच्छा इस्तेमाल करेंगी।

मैं अतिरिक्त 50,000 रुपये के बारे में पूरी तरह भूल गया था। अब मुझे अहसास हुआ कि मृणाल ताई ने वह पैसा लानिया को उसके चुनाव अभियान में मदद के लिए दिया होगा। और आज वह उस इलाक़े का चुना हुआ प्रतिनिधि था।

लानिया ने एक बार फिर माफ़ी माँगी, मेरे पैरों पर गिरा और क्षमा माँगकर अपने आदमियों के साथ लौट गया।

कितनी व्यंगपूर्ण बात थी! जो लोग कुछ मिनट पहले चिल्ला रहे थे, 'पटेल सेठ हाय, हाय' वही अब चिल्ला रहे थे : 'पटेल सेठ की जय।'

इस घटना के बाद आदिवासियों ने मुझे सचमुच स्वीकार कर लिया और मुझे अपना दोस्त मानने लगे। दरअसल, इस घटना ने मुझे आदिवासियों के बीच मशहूर कर दिया, सिर्फ़ उसी इलाक़े में नहीं, बल्कि महाराष्ट्र में बाक़ी जगहों पर भी।

यहाँ मैं एक अवसर का ज़िक्र करना चाहूँगा जो मेरे लिए ख़ास था। महाराष्ट्र के मुख्यमंत्री एक बार मंत्रालय में एक मीटिंग की अध्यक्षता कर रहे थे। 'आदिवासी विकास मंडल' में किन लोगों को सदस्य बनाया जाए, उनके नामों का प्रस्ताव रखा जा रहा था और उन्हें अंतिम रूप दिया जा

रहा था। सभी सदस्य आदिवासी समुदाय के थे। जब मेरा नाम प्रस्तावित किया गया तो मुख्यमंत्री हैरान रह गए, 'क्या तुम्हें पक्का है? श्री मोहन पटेल? वे तो तुम्हारे समुदाय के सदस्य नहीं हैं। दरअसल वे एक ज़मींदार हैं। क्या उन्हें आदिवासियों द्वारा स्वीकार किया जाएगा?'

लेकिन आदिवासी नेता बहुत दृढ़ थे, 'अगर वे ज़मींदार हैं, तो वे दूसरों जैसे नहीं हैं। वे ज़मींदार जैसा व्यवहार नहीं करते। आज उनकी बदौलत दहानू इलाक़े के सैकड़ों आदिवासियों के पास स्थायी रोज़गार और अच्छी आमदनी है। जो आदिवासी पहले साइकल का मालिक बनने के भी सपने नहीं देख सकते थे वे आज स्कूटर या मोटर बाइक पर सवारी करते हैं और यह सब मोहनभाई के कारण हुआ है। उन्होंने हमारे विकास के लिए स्कूल बनाए, दवाखाने खुलवाए और कई दूसरे काम किए हैं। हम उन्हें बाहरी आदमी नहीं मानते। वे हममें से एक हैं।'

यह मेरे लिए गर्व और संतुष्टि का विषय है कि आज तक मैं ही एकमात्र ग़ैर–आदिवासी हूँ जो आदिवासी विकास मंडल का अध्यक्ष बना है।

उपसंहार

किसी इंसान की कहानी उसके जन्म से शुरू होती है और उस दिन महत्त्व खो देती है जब वह रिटायर या सेवानिवृत्त होता है और काम करना छोड़ देता है। यह बहुत दुर्लभ होता है कि किसी इंसान की कहानी का सबसे अहम हिस्सा तब शुरू हो, जब वह सक्रिय 'काम' से रिटायर हो जाए। मोहनभाई पटेल ऐसे ही असाधारण इंसान हैं, जिनका जीवन पूरे दायरे में घूमा और उनकी कहानी 60 साल की उम्र के बाद भी पूरी गति से आगे बढ़ रही है।

पूरा दायरा पूर्ण करने के बाद अब एक नया दौर शुरू हो गया है। मोहनभाई ने कई भूमिकाओं को आदर्श तरीक़े से निभाया है : सफल उद्यमी, सामाजिक कार्यकर्ता, शिक्षा के प्रबल समर्थक, विज्ञान में दृढ़ विश्वासी आदि। और फिर 60 साल की उम्र में, जब अधिकतर लोग रिटायर होना चाहते हैं, वे एक नई भूमिका में आ गए : किसान की भूमिका। और वे इस भूमिका को पिछले 24 सालों से उत्साहपूर्वक निभा रहे हैं। इस अवधि में उन्होंने धरती माँ के साथ अपने बंधन को स्थापित और मज़बूत किया है।

जब लोग उनसे पूछते हैं, 'खेती में अचानक यह रुचि क्यों?' तो वे जवाब देते हैं, 'अचानक नहीं। यह तो मेरे ख़ून में है। मैं किसानों के परिवार से आया हूँ और मेरे बचपन के सालों का सबसे अच्छा हिस्सा हरे खेतों के बीच एक छोटे गाँव में गुज़रा था। मैं हिम्मत करके बाहर निकला और मैंने नए रास्ते खोजे। लेकिन आख़िरकार मैं अपनी जड़ों पर लौट आया हूँ, इस ज़मीन पर लौट आया हूँ। मैं धरती की पुकार को नज़रअंदाज़ नहीं कर सकता और अब मैं सचमुच शांति महसूस करता हूँ।'

उन्होंने अपने 'सुपा फ़ार्म' का नामकरण अपनी दो बहुओं सुनीता और पारुल के नाम पर किया है। यह शुरुआत में 250 एकड़ ज़मीन पर फैला था। बाद में ज़मीन के कई और टुकड़े इसमें मिल गए तथा आज सुपा फ़ार्म का कुल इलाक़ा लगभग 400 एकड़ हो चुका है। सुपा फ़ार्म का वर्णन 'धरती पर स्वर्ग' के रूप में ही किया जा सकता है।

यदि देवताओं के राजा इंद्र देव धरती पर अवतार लें, तो वे भी सुपा

फ़ार्म की सुंदरता से ईर्ष्या करने लगेंगे और ख़ुद से सवाल करेंगे कि स्वर्ग में वे इतनी सुंदर चीज़ का निर्माण कैसे कर सकते हैं।

1984 में यह बंजर ज़मीन थी, जिस पर घास और जंगली झाड़ियों के सिवा कुछ नहीं था। आज आप किसी भी पौधे, फूल, पेड़, फ़सल, सब्ज़ी, फल का नाम ले लें और आपको निश्चित रूप से यह सुपा फ़ार्म पर मिल जाएगा। ऐसा इसलिए है, क्योंकि मोहनभाई ने सुपा फ़ार्म को भी उसी जोश और भविष्यदृष्टि से बनाया है जिससे उन्होंने अपने कारोबारी साम्राज्य को बनाया था। मोहनभाई हर काम आदर्श तरीक़े से करते हैं और बड़े सपने देखने में यक़ीन करते हैं। वे कभी भी 96 या 97 प्रतिशत से संतुष्ट नहीं होते। उनके लिए यह 100 प्रतिशत होना चाहिए।

इन्हीं कारणों की वजह से आज भी उन्हें कोलैप्सिबल ट्यूब्स का शीर्ष पुरुष माना जाता है। आज भारत में मुंबई, सिलवासा, वड़ोदरा, वापी और गोआ में उनकी 11 कंपनियाँ हैं। वे अपनी फ़ैक्ट्रियों के लिए आवश्यक सारी मशीनों के स्वदेशी उत्पादन में यक़ीन करते हैं। उन्होंने तैयारशुदा परियोजनाओं पर रूस, श्रीलंका, बांग्लादेश और अफ़्रीका के कई देशों में कई कॉलैप्सिबल ट्यूब फ़ैक्ट्रियाँ स्थापित करने में भी मदद की है। आज पटेल एक्स्ट्रूज़न ग्रुप द्वारा निर्मित कोलैप्सिबल ट्यूब्स संसार के लगभग 40 देशों को निर्यात की जाती हैं।

यह एक ऐसी उपलब्धि है जिस पर हर भारतीय गर्व कर सकता है।

मोहनभाई का सूत्रवाक्य है : जो भी करो, उसमें उत्कृष्ट बनो और यह उनकी ज़बर्दस्त सफलता की कुंजी है, सिर्फ़ कारोबार में ही नहीं, बल्कि सुपा फ़ार्म में भी।

आज सुपा फ़ार्म में आम के 10,000 पेड़, नारियल के 10,000 पेड़, कस्टर्ड एप्पल के 15,000 पेड़, सागौन के 25,000 पेड़, बाँस के 2 लाख पेड़, पाइनएप्पल के 3 लाख पेड़ और नीलगिरी के 4 लाख पेड़ हैं और यह तो सिर्फ़ झलकी है। इसके अलावा, यहाँ सैकड़ों सब्ज़ियाँ, पत्तेदार सब्ज़ियाँ, फल और फूल भी उगाए जाते हैं।

लगभग 150 कर्मचारी – जिनमें आस–पास के गाँवों के स्त्री–पुरुष शामिल हैं – इस हरियाली की देखभाल करते हैं। इसके अलावा, इलाक़े

के कुछ सुपरवाइज़र्स भी हैं जो काम पर नज़र रखते हैं। निपुण पटेल जैसे योग्य मैनेजर हैं, जो पूरे खेती के काम को देखते हैं। और ज़ाहिर है, मोहनभाई पटेल ख़ुद हैं जो मैनेजिंग डायरेक्टर–चेयरमैन के रूप में अपनी भविष्य–दृष्टि और प्रेरणा शक्ति के साथ सपनों को हक़ीक़त में बदलते हैं। ये सारे लोग सुपा फ़ार्म की सफलता में योगदान देने के लिए टीम की तरह मिलकर काम करते हैं। इससे भी मदद मिलती है कि चेयरमैन अपनी कुर्सी पर ही नहीं बैठे रहते हैं, बल्कि आस्तीन चढ़ाकर काम करते हैं और खेती के विभिन्न पहलुओं पर सबसे ज्ञानी व्यक्तियों में से एक हैं।

एक और पहलू की वजह से भी सुपा फ़ार्म इतनी ऊँचाई तक पहुँच पाया है। यह है शोध, शिक्षा और सतत प्रशिक्षण में मोहनभाई का दृढ़ विश्वास। वे हमेशा नई विधियों तथा तकनीकों की तलाश में रहते हैं और कभी भी अपने फ़ार्म पर उनका इस्तेमाल करने से नहीं हिचकिचाते हैं।

जब उन्हें पता चला कि अशोक के पेड़ हवा को रोकने में मदद करते हैं, तो उन्होंने सावधानीपूर्वक हिसाब–किताब लगाया और सागौन तथा नीलगिरी के पेड़ों के साथ उचित दूरी पर अशोक के बहुत से पेड़ लगा दिए। इससे दूसरी फ़सलों और फलदार पेड़ों को रक्षा मिल जाती है। उनके यहाँ छत पर 22 बॉन्ज़ाइ आम के फलदार पेड़ लगे हैं। उन्होंने बिना बीज के आमों पर भी प्रयोग किया है और सुपा फ़ार्म पर ऐसे 50 पेड़ लगे हुए हैं।

मोहनभाई आज न सिर्फ़ कोलैप्सिबल ट्यूब्स के क्षेत्र में विश्वविख्यात विशेषज्ञ हैं, बल्कि वे पेड़ों, उनके गुणों और अन्य विशेषताओं के भी अच्छे जानकार हैं।

जो कोलैप्सिबल ट्यूब्स के क्षेत्र में उनकी उपलब्धियों को न जानता हो, वह यही सोचेगा कि वे वनस्पति शास्त्र के प्राध्यापक या किसी कृषि महाविद्यालय के प्रमुख होंगे। सुपा फ़ार्म पर चलने वाले नवाचार और शोध को देखकर हर व्यक्ति प्रभावित हो जाता है। उन्होंने उत्कृष्ट गुणवत्ता के चावल की एक नई क़िस्म तैयार की है, जिसका नाम है गुजरात 17। एक नया फल भी है, जो संतरे और टैंजरीन का संकर मिश्रण है। बिना बीजों वाले संतरे। पपीते की सुर्ख़ नारंगी क़िस्म। और संतरे जितने बड़े नींबू।

मोहनभाई के बारे में सचमुच कमाल की बात यह है कि वे अपने ज्ञान और विशेषज्ञता का लाभ सब तक पहुँचाने में यक़ीन रखते हैं। इस वजह से उनके शोध और नवाचार के लाभ सिर्फ़ सुपा फ़ार्म तक ही सीमित नहीं रहते बल्कि आस–पास के इलाक़ों के ग़रीब आदिवासियों तक भी पहुँचते हैं। पहले ये आदिवासी चावल की एक मोटी क़िस्म उगाते थे। मोहनभाई की बदौलत आज यही आदिवासी सुपा फ़ार्न से बीज और ज्ञान लेकर गुजरात 17 उगाते हैं, जो उत्कृष्ट गुणवत्ता का चावल है तथा पहले वाली क़िस्म से दोगुनी फ़सल देता है।

सुपा फ़ार्म के प्रबंधन ने मोहनभाई को भारतीय किसान की समस्याओं और परिश्रम का भी बोध कराया है।

वे एक उदाहरण देते हैं : 'जब हम सुपा फ़ार्म पर फल और सब्ज़ियाँ उगाने लगे तो हमारे यहाँ अच्छी गुणवत्ता के टमाटर की ख़ूब फ़सल हुई। मैंने सोचा कि आस–पास के इलाक़ों के आदिवासी भी टमाटर उगा सकते हैं और हम उन्हें मुंबई के बाज़ारों में बेच सकते हैं। तो मैं भायखला में महात्मा फुले बाज़ार में कुछ व्यापारियों के पास गया और उन्हें बताया कि हम नियमित रूप से उन्हें अच्छी गुणवत्ता का एक ट्रक टमाटर दे सकते हैं, जिसे संकर बीजों द्वारा उगाया गया है। वे टमाटर ख़रीदने को तैयार हो गए लेकिन उनका बताया भाव सुनकर मैं दंग रह गया : सिर्फ़ 80 पैसे प्रति किलो। उस वक़्त फुटकर सब्ज़ी वाले 6 रुपये किलो में टमाटर बेच रहे थे। मैंने आपत्ति करते हुए कहा कि किसान को एक किलो पर कम से कम 3 रुपये तो मिलने ही चाहिए, क्योंकि अधिकतम मेहनत तो वही करता है, इसलिए उसे कम से कम ग्राहक के पैसों का आधा हिस्सा मिलना चाहिए।'

'लेकिन व्यापारियों को इसकी परवाह नहीं थी और उन्होंने घमंड के साथ जवाब दिया कि ख़रीदी का भाव यही रहेगा; या तो उसे मंजूर कर लो वरना अपना रास्ता नापो। इस अन्याय को देखकर मैं बौखला गया और निश्चित रूप से इसे स्वीकार नहीं कर सका।'

'इसके बाद मैंने एक और विकल्प के बारे में सोचा। मैंने सुपा फ़ार्म से लगे वैस्टर्न एक्सप्रेस हाइवे के पास हमारे उत्पादन का एक छोटा बिक्री

केंद्र शुरू किया। यहाँ हम सुपा फ़ार्म में उगाई सारी सब्ज़ियाँ और फल हर दिन बेचते हैं। लोगों में यह जानकारी तेज़ी से फैल गई कि सुपा फ़ार्म में उगाई गई सब्ज़ियाँ और फल अच्छी गुणवत्ता के हैं। इसलिए अब सैकड़ों लोग हमारे प्रॉडक्ट्स ख़रीदने सुपा फ़ार्म आते हैं। साथ ही, हम परिवहन पर भी पैसे बचाते हैं। वैसे मैं यह कहना चाहूँगा कि मैंने कभी सुपा फ़ार्म को वाणिज्यिक दृष्टिकोण से नहीं देखा। खेती के प्रॉडक्ट्स बेचने के पीछे मुख्य उद्देश्य इतने पैसे कमाना है, ताकि सुपा फ़ार्म चलाने के स्थायी ख़र्च निकल आएँ, जैसे किसानों की तनख़्वाह, खाद, बिजली आदि। सुपा फ़ार्म "न नफ़ा न नुक़सान" के आधार पर चलाया जाता है।'

'लेकिन मैं स्वीकार करना चाहूँगा कि सुपा फ़ार्म से मुझे जो सबसे बड़ा लाभ मिला है, वह मेरे दिमाग़ में स्पष्ट है : मानसिक शांति और असीम संतुष्टि। संतुष्टि अमूल्य है क्योंकि इसे पैसों में नहीं नापा जा सकता।'

मोहनभाई पटेल की उम्र आज अस्सी से ज़्यादा हो चुकी है, लेकिन अपने निरंतर उत्साह और नए प्रौजेक्ट्स के प्रति ख़ुद को समर्पित करने के जोश से वे आज के युवाओं को भी शर्मिंदा कर देंगे। सुपा फ़ार्म में नए विचार और नवाचारी तकनीकें आज़माई जा रही हैं, विज्ञान, शिक्षा आदि मुद्दों पर असंख्य भाषण और लेख दिए जा रहे हैं, उनके संपर्क में आने वाले हज़ारों लोगों के साथ विचारों का आदान–प्रदान हो रहा है... मोहनभाई की रुचियों की सूची अंतहीन है। जब मोहनभाई की बात आती है, तो जीवन का चक्र अमर नज़र आता है।

मोहनभाई, तुम्हें मेरा प्रणाम।

मोटैल वाला मेयर बन गया

दलपतभाई पटेल

कुछ साल पहले अगर कोई मुझे बताता कि मैं किसी दिन मोटैल चलाऊँगा, तो मैं इस विचार की मूर्खता पर ज़ोर से हँस देता। लेकिन न सिर्फ़ मैं मोटैल वाला बना, बल्कि मुझे अमेरिका के एक शहर का मेयर भी चुना गया।

बड़ौदा युनिवर्सिटी से सिविल इंजीनियरिंग की डिग्री लेने के बाद मैं उच्च शिक्षा के लिए अमेरिका गया। कॉलेज की पढ़ाई पूरी होने के बाद मुझे जल्दी ही नौकरी मिल गई। मैं एक बड़ी इंजीनियरिंग फ़र्म में बहुत अच्छी तनख़्वाह वाले पद पर पहुँच गया, जो रेलवे पुल बनाने में विशेषज्ञता रखती थी। अब जीवन की इस योजना में मोटैल के लिए जगह कहाँ थी?

मुझे अब भी फ़िलाडैल्फ़िया में मगनभाई के घर पर गुज़ारी वह शाम याद है। यह मई 1970 की बात थी। मैं टर्नपाइक इंजीनियरिंग कंपनी के अपने ऑफ़िस से लौटा ही था।

जैसे ही मैं दाख़िल हुआ, मेरा बेटा चेतन दौड़ता हुआ मेरे पास आया। पूरे दिन वह सिर्फ़ नीता के साथ रहता था। इसलिए शाम को वह जैसे ही मगनभाई या मुझे देखता था, इस बात की ज़िद करने लगता था कि हम उसे कहीं घुमाने ले जाएँ।

मैंने उसे बच्चागाड़ी में बैठाया और घुमाने ले गया। जब तक हम लौटे, मगनभाई ऑफ़िस से लौट चुके थे। हम दोनों ही डिनर लेने बैठ गए, जबकि नीता हम लोगों के लिए गर्मागर्म रोटियाँ बनाने के लिए किचन में चली गई।

मगनभाई ने कहा, 'अरे वाह! आज तुमने करेला बनाया है। यह तुम्हें कहाँ मिला?'

नीता बोली, 'चाइनीज़ स्टोर में।'

मगनभाई हँस दिए : 'दलपत, विडंबना तो देखो। यहाँ अमेरिका में हमें आलू और हरी मटर के अलावा कोई भारतीय सब्ज़ी नहीं मिलती है। अपनी पसंद की भारतीय सब्ज़ी ख़रीदने के लिए हमें चाइनीज़ स्टोर जाना पड़ता है। हमें यहाँ भारतीय स्टोर खोलना चाहिए। न सिर्फ़ इससे हम लोगों का जीवन ज़्यादा आसान हो जाएगा, बल्कि यहाँ भारतीयों की अच्छी संख्या को देखते हुए यह यक़ीनन एक फ़ायदेमंद धंधा भी रहेगा।'

मैं मन ही मन हँस दिया, लेकिन एक अलग कारण से। मगनभाई इलैक्ट्रिकल और मेकैनिकल इंजीनियर थे। उन्होंने अमेरिका में पढ़ाई की थी और वे एक प्रतिष्ठित इंजीनियरिंग फ़र्म में बेहतरीन तथा अच्छी तनख़्वाह वाली नौकरी करते थे, लेकिन उनका जोश 'कारोबार' था और हमेशा रहेगा। उन्हें हर स्थिति में कारोबार का अवसर दिख जाता था।

नीता मुझसे पूछ रही थी, 'क्या आपको थोड़ी और कढ़ी चाहिए?' लेकिन मेरे विचार कहीं और थे। जब मैंने कोई जवाब नहीं दिया, तो मगनभाई ने पूछा, 'तुम क्या सोच रहे हो दलपत?'

'कुछ नहीं।' फिर कुछ मिनट की ख़ामोशी के बाद मैं बोला, 'मैंने आज घर लौटते समय कुछ जगहें देखीं। बहुत छोटे 2 बेडरूम के अपार्टमेंट्स हैं, लेकिन कोई भी 25,000 डॉलर से कम का नहीं है।'

मगनभाई ने आह भरी। 'चाहे जो हो जाए, ज़मीन–जायदाद की क़ीमतें हमेशा आसमान छूती नज़र आती हैं।'

कुछ मिनट की अजीब ख़ामोशी छाई रही। हम दोनों खाना खाते रहे। फिर मगनभाई ने मेरे निराश चेहरे को देखा और तसल्ली भरी आवाज़ में बोले, 'दलपत, जल्दी क्या है। स्थितियाँ जैसी हैं, अच्छी हैं।'

मैंने जवाब दिया, 'नहीं भाई। अब समय आ गया है कि मैं आत्मनिर्भर बन जाऊँ। मैं अमेरिका आकर पढ़ाई कर पाया, तो सिर्फ़ आपके सहारे से। लेकिन अब मुझे अपने परिवार की ज़िम्मेदारी अपने दम पर उठानी

होगी। मुझे यक़ीन है कि आप इस बात से सहमत होंगे।'

'मैं सहमत हूँ। लेकिन हम तुम्हारे रहने की जगह खोजने की समस्या को कैसे सुलझाएँगे?'

फिर मैंने उनकी आँखों में एक चमक देखी। 'क्या हो अगर हम कोई ऐसी जगह ख़रीद लें, जहाँ तुम रह सको और साथ ही उससे थोड़ी कमाई भी कर सको?'

'घर और कारोबार एक ही जगह पर? यह कैसे संभव है?'

'यह संभव है। मैं पिछले कुछ दिनों से इसी के बारे में सोच रहा हूँ। दलपत, हम एक पुराना मोटैल ख़रीद लेते हैं, भले ही वर्तमान में वह ज़्यादा अच्छा न चल रहा हो। हम उसे चलाएँगे। इस तरह, तुम्हें न सिर्फ़ रहने का ठिकाना मिल जाएगा, बल्कि कमाई भी हो जाएगी।'

'लेकिन मगनभाई, उसे चलाएगा कौन? क्या इसकी ख़ातिर हमें अपनी नौकरियाँ छोड़नी पड़ेंगी?'

मगनभाई के पास हर बात का जवाब था। 'नहीं, बिलकुल नहीं। जब तक मोटैल को मुनाफ़ा नहीं होने लगता, हम अपनी नौकरियाँ नहीं छोड़ेंगे। हम मोटैल में ऑफ़िस के बाद काम करेंगे।'

'और जब हम ऑफ़िस में होंगे, तब इसकी देखभाल कौन करेगा?'

'नीता। वह दिन भर घर पर रहती है। चेतन भी अब उतना छोटा नहीं रहा। दिन भर जब हम ऑफ़िस में होंगे, नीता काउंटर सँभाल लेगी और बाक़ी चीज़ों की भी देखभाल करेगी।'

मैंने नीता की ओर देखा। उसके चेहरे पर सदमे और डर का भाव था।

'मैं... मैं?' वह अटकते हुए बोली।

'हाँ, क्यों नहीं?' मगनभाई ने जोशीली आवाज़ नें कहा। 'महिलाएँ यहाँ अमेरिका में सभी तरह के काम करती हैं और चंपक तुम्हारी मदद करेगा।' चंपक हमारा भतीजा था, जो वहाँ युनेवर्सिटी में पढ़ रहा था।

मगनभाई ने हमें सैन फ़्रांसिस्को के एक गुजराती द्वारा चलाए जा रहे मोटैल के बारे में बताया, जिसमें वे रुके थे। उन्होंने हमें विस्तार से

बताया कि किस तरह पूरा परिवार उस मोटैल में काम करता था और कैसे यह बहुत लाभकारी व्यावसायिक उपक्रम हो सकता है। फिर उन्होंने मेरी ओर देखकर पूछा, 'तो तुम क्या सोचते हो?'

यह सब इतना अकस्मात था कि मैं नहीं जानता था कि क्या जवाब दूँ। मैं अब भी सदमे में था, यह अहसास करते हुए मगनभाई ने तीखे स्वर में पूछा, 'मैं अकेले ही बोले जा रहा हूँ। क्या तुम्हें कुछ नहीं कहना?'

पल भर के लिए तो मैंने कोई प्रतिक्रिया नहीं की। और फिर, एक शब्द कहे बिना ही मैं उठा और कमरे से बाहर चला गया।

मगनभाई पटेल

मैंने दलपत को आवाज़ लगाई, जो अभी–अभी तेज़ी से कमरे के बाहर निकला था, 'दलपत, क्या हुआ?'

लेकिन उसने जवाब नहीं दिया। वह हमेशा ऐसा ही करता था। अगर वह किसी चीज़ के बारे में विचलित या नाराज़ होता था, तो कभी एक शब्द भी नहीं बोलता था। वह बस वहाँ से दूर चला जाता था।

मैंने कंधे उचकाए और खाना खाता रहा। इस वक्त उसे घेरने से कोई फ़ायदा नहीं होने वाला था। नीता मुझे भोजन कराती रही, लेकिन मुझे पता था कि उसका दिमाग़ किसी दूसरी जगह है। मैंने खाना ख़त्म किया और सोने चला गया।

नीता पटेल

जो बातचीत करेले जितने मासूम विषय से शुरू हुई थी, वह अचानक इतनी कटु कैसे बन गई? मगनभाई तो हमारा भला चाहते हैं, है ना? तो फिर मेरे पति इतने विचलित क्यों हो गए और अपना भोजन छोड़कर क्यों चले गए?

मगनभाई ने भोजन पूरा खाने का नाटक किया, लेकिन मैं जानती थी कि उन्होंने बाक़ी भोजन आधे–अधूरे मन से किया था।

मैं दुविधा में थी। अब मुझे क्या करना चाहिए? खाने का निवाला

मेरे गले के नीचे नहीं उतर सकता था। मेरी आँखें आँसुओं से डबडबा उठीं। आख़िर मैं अपनी कुर्सी से उठी, मेज़ साफ़ की और बेडरूम में लेटने चली गई। अब मैं अपने आँसुओं को नहीं रोक पाई। मैंने अपना चेहरा तकिए पर दबाया और सुबकने लगी।

मगनभाई पटेल

उस रात मुझे अहसास नहीं हुआ कि कब मुझे बेचैन-सी नींद आ गई। मेरे दिमाग़ में खलबली मची हुई थी।

1960 में बड़ौदा युनिवर्सिटी से इलैक्ट्रिकल मेकैनिकल इंजीनियरिंग की पढ़ाई पूरी करने के बाद मैं आगे के अध्ययन के लिए अमेरिका आया था। मेरे मन में अमेरिका में आदर्श जीवन जीने के बड़े हसीन सपने थे। लेकिन जब मैंने यहाँ विद्यार्थी के रूप में जीवन शुरू किया, तो मुझे सच्चाई पता चली।

अमेरिका पहुँचने का मतलब यह नहीं होता कि आप जीवन में सफल हो गए। यहाँ आने का अवसर सिर्फ़ चुनिंदा लोगों को ही नसीब होता है। इसके बाद यह हर इंसान पर निर्भर करता है कि वह कड़ी मेहनत करके अपने सपने साकार करे।

वैसे तो पहले कुछ महीने विदेश में रहने के बाद हर कोई अकेलापन महसूस करने लगता है, लेकिन 1960 के दशक में पूरे अमेरिका में सिर्फ़ 1,000 भारतीय ही रहते थे। तब अधिकतर भारतीय इंग्लैंड जाना अधिक पसंद करते थे। एक तरह से, यह कहा जा सकता है कि भारतीयों ने तब अमेरिका को 'खोजा' नहीं था।

ज़ाहिर है, ऐसी स्थिति में अमेरिका में भारतीय लोगों को जानने की कोशिश घास के ढेर में सुई खोजने जैसी थी।

गर्मी की छुट्टियों में एक ऐसी ही खोज में मैं सैन फ्रैंसिस्को पहुँच गया। मैंने सुना था कि वहाँ कुछ गुजराती परिवार लाभकारी मोटैल चला रहे थे और मैं उनके किसी मोटैल में काम करना चाहता था।

इन मोटैल्स में कमरे अलग-अलग थे लेकिन बाथरूम साझे थे।

पूरा गुजराती परिवार मोटैल चलाने के लिए डटकर मेहनत करता था। इसके अलावा, हमेशा गुजरात के कुछ रिश्तेदार रहते थे या मेरे जैसे विद्यार्थी रहते थे जो कुछ समय रुककर मदद करते थे। मैंने मोटैल वाले गुजराती लोगों की जीवनशैली को देखा। यह कड़ी मेहनत का जीवन था, लेकिन इस कारोबार में बहुत मुनाफ़ा था। तब जाकर पहली बार मेरे मन में यह विचार कौंधा कि मैं और मेरा परिवार एक दिन किसी बड़े मोटैल के मालिक बनेंगे।

नीता पटेल

अगले दिन सुबह मगनभाई सामान्य से ज़्यादा जल्दी उठ गए और ऑफ़िस चले गए। मेरे पति भी उठकर सामान्य दिनों की तरह तैयार हुए, लेकिन मुझे दिख रहा था कि इनका मूड अच्छा नहीं है।

मैंने इन्हें टिफ़िन थमाया जिसमें पालक के थेपले और चटनी थी। फिर मैंने हिम्मत जुटाकर कहा, 'शाम को मगनभाई से बात कर लेना और जो भी आपके दिल में हो खुलकर बता देना।'

वे बोले, 'मैं निश्चित रूप से उनके प्रस्ताव पर उनसे बात करने वाला हूँ। मैं जब तक ऐसा नहीं कर लेता, चैन से नहीं बैठ सकता।'

इनके शब्द सुनकर मेरा तनाव और बढ़ गया।

हमारा परिवार हमेशा से खुली मानसिकता का, आरामपसंद, अनौपचारिक और आनंदप्रिय रहा है। इसीलिए गुजरात के एक छोटे से गाँव से आई और सिर्फ़ 11वीं तक पढ़ी मुझ जैसी पारंपरिक लड़की के लिए यहाँ के जीवन में ढल जाना इतना आसान था।

मुझे अब भी वह समय याद है जब मैं अमेरिका आई थी। मैं अपनी शादी के तीन साल बाद 1968 में यहाँ आई थी और उस वक़्त बुरी तरह घबरा रही थी। मेरा मन शंकाओं से भरा हुआ था : नया देश कैसा होगा? मैं तो यहाँ की भाषा तक नहीं जानती। मैं यहाँ घर कैसे सँभाल पाऊँगी?

फ़िलाडेल्फ़िया में मगनभाई का 2 बेडरूम का अपार्टमेंट था। मेरे पति उनके साथ वहीं रह रहे थे और वहीं हमें अपनी नई ज़िंदगी शुरू

करनी थी। जब मैं अपने पति के पीछे–पीछे अपार्टमेंट में दाख़िल हुई तो मैंने मगनभाई की आवाज़ सुनी, 'आओ नीता। घर में तुम्हारा स्वागत है। अमेरिका में तुम्हारा स्वागत है।'

मैंने साड़ी खींचकर सिर ढँका और उनके पैर छूने के लिए झुकी। मगनभाई ने हमें आशीर्वाद दिया और फिर मुस्कुराते हुए बोले, 'नीता, तुम्हें यहाँ सिर ढँकने की ज़रूरत नहीं है। भारत में हमारे रीति–रिवाज़ अलग हैं और यहाँ अलग हैं। वैसे भी तुम धीरे–धीरे हर बात सीख जाओगी।'

अंततः मैंने हर बात सीख ली, और उसी दिन से मैं पूरी तरह आश्वस्त हो गई। अपने जेठ मगनभाई के लिए मेरा सम्मान और ज़्यादा बढ़ गया। अब मुझे उनसे डर नहीं लगता था।

वास्तव में यह मगनभाई ही थे, जिन्होंने मुझे अमेरिका में भारतीय भोजन पकाने के लिए प्रेरित किया। तब भारतीय सब्ज़ियाँ, मसाले, अनाज आदि अमेरिका में खोजना बहुत मुश्किल था। मगनभाई ने मुझे सिखाया कि यहाँ उपलब्ध सामान का सर्वश्रेष्ठ उपयोग करके पारंपरिक भारतीय भोजन कैसे पकाया जाए।

जब चेतन का जन्म हुआ तो मेरा काम और बढ़ गया। मेरी और शिशु की देखभाल करने या चिंता करने वाली कोई महिलाएँ नहीं थीं, जैसा भारत में होता था। इसके अलावा, घरेलू कामों में मदद करने के लिए नौकरानियाँ भी नहीं थीं।

मुझे मानना होगा कि परिवार के दोनों पुरुष मेरी बहुत मदद करते थे। ख़ास तौर पर मगनभाई, जो चेतन की बहुत अच्छी देखभाल करते थे। उसे दूध की बोतल देने से लेकर उसकी नैपी बदलने तक, वे हर चीज़ प्रेम से करते थे।

सप्ताहांत्स के दौरान वे हमसे कहा करते थे, 'दलपत, नीता, जहाँ भी तुम्हारा दिल करे, बाहर घूम आओ। पार्टी में जाना हो या सैर–सपाटा करना हो, शौक से करो। चेतन की देखभाल मैं कर लूँगा।'

उनका वैवाहिक जीवन टूट गया था। उनकी पत्नी कभी अमेरिका

नहीं आई थीं और अब उनका तलाक हो गया था। लेकिन वे हमसे ईर्ष्या नहीं करते थे। दरअसल वे तो हमेशा हमारी भलाई ही सोचा करते थे। इसीलिए मुझे अच्छा नहीं लगा, जब ये डिनर के दौरान खाने की थाली से उठ गए और इन्होंने मगनभाई के दिल को ठेस पहुँचाई।

दलपतभाई पटेल

दिन हमेशा की तरह बिना ख़ास घटना के गुज़र रहा था, लेकिन दिमाग़ के पीछे मोटैल का विचार निरंतर मँडरा रहा था।

द्वितीय विश्व युद्ध के दौरान सड़क का जाल पूरे अमेरिका में बिछ चुका था और अमेरिकी सड़क से ज़्यादा यात्राएँ करने लगे थे। लंबी दूरी की यात्राओं के दौरान यात्रियों को बीच में रुकने की ज़रूरत होती थी, इसलिए मोटैल्स एक आरामदेह और सस्ता विकल्प बन गए। होटैल्स की तुलना में मोटैल्स अधिक छोटे और संक्षिप्त संस्करण होते थे। आम तौर पर उनमें ग्राउंड फ्लोर पर 15–20 कमरे एक क़तार में बने होते हैं। मोटैल्स रहने की जगह देते हैं लेकिन आम तौर पर कोई रूम सर्विस या रेस्तराँ नहीं होता। कुछ मोटैल्स ग्राहकों की ज़रूरतें पूरी करने और थोड़े ज़्यादा पैसे बनाने की ख़ातिर वहाँ एक छोटा कैफ़े या रेस्तराँ भी खोल लेते हैं।

यहाँ मोटैल्स को 'मम्मी–डैडी' का कारोबार माना जाता है। यानी एक दंपति मोटैल चलाने में सक्षम होता है। मालिक का परिवार आम तौर पर मोटैल में ही रहता है। सैन फ़्रैंसिस्को के कुछ मोटैल्स को छोड़ दिया जाए तो मोटैल उद्योग पर अब भी सफ़ेद चमड़ी वाले अमेरिकियों का ही आधिपत्य था, जो यहाँ के लगभग सारे मोटैल्स चलाते थे। इसलिए मैं इस अनजान इलाक़े में क़दम रखने से स्वाभाविक तौर पर घबरा रहा था।

मेरे मन में हज़ारों शंकाएँ थीं – कोई इस कारोबार को कैसे चलाता है? यह कितना लाभकारी है? हमें कितना निवेश करना होगा? और इसी तरह के सवाल। जब तक मुझे अपने सारे सवालों के जवाब नहीं मिल जाते तब तक मैं इस कारोबार में क़दम रखने के बारे में सोच भी नहीं सकता।

एक बार फिर डिनर के दौरान मगनभाई और मैं मेज़ पर बैठकर चुपचाप भोजन कर रहे थे। नीता ने आँखों से मुझे इशारा किया कि मैं

मगनभाई से बात करूँ।

'अह... अह... मगनभाई, मुझे अफ़सोस है कि मैं कल आपसे एक शब्द बोले बिना ही चला गया।'

'कोई बात नहीं। वह कल की बात थी। क्या तुम अब मुझसे बात करने को तैयार हो?'

मैंने सिर हिलाया।

'अच्छी बात है। तो आगे बढ़ो।'

उनके शब्दों ने वातावरण के तनाव को दूर कर दिया।

'भाई, मेरी मंशा यह नहीं थी कि मैं आपको ठेस पहुँचाऊँ या आपके प्रति कोई असम्मान दिखाऊँ। लेकिन मोटैल ख़रीदने का आपका इरादा इतना अप्रत्याशित था कि मैं यह नहीं समझ पाया के कैसे प्रतिक्रिया करूँ।'

मगनभाई मुस्कुराए, 'मैं तुम्हें बहुत अच्छी तरह जानता हूँ दलपत। तुम्हें सोचने के लिए समय की ज़रूरत थी। लेकिन तुम यह बात खुलकर नहीं कह सकते थे, है ना?'

एक बार फिर मैंने सिर हिलाया।

'अच्छा, अब जब तुम्हें सोचने का समय मिल गया है, तो तुमने क्या सोचा?'

मैंने उन्हें वे सारे सवाल बता दिए जो कल से मुझे परेशान कर रहे थे और फिर मैंने कहा, 'भाई, हम इस कारोबार में क़दम रखने वाले पहले गुजराती परिवारों में से एक हैं। तो हमारा मार्गदर्शन कौन करेगा? मेरे मन में एक और महत्त्वपूर्ण सवाल यह है कि अगर हम कोई पुराना, खटारा मोटैल ख़रीदते हैं, तो इस बात की क्या गारंटी है कि हम इसका कायाकल्प कर सकते हैं और इसे सफल बना सकते हैं?'

मगनभाई गहरे विचार में डूबे थे।

लंबे अंतराल के बाद वे बोले, 'दलपत, इस पल मेरे पास तुम्हारे किसी सवाल का जवाब नहीं है। मेरे मन में तो बस यह "दिली भावना" है कि यह हमारे लिए सही निर्णय है। अगर तुम चुनौतियाँ लेने की हमारी

गुजराती क्षमता, हमारी कड़ी मेहनत, हमारी ईमानदारी और संकल्प में यक़ीन करते हो, तो हाँ बोल दो। वरना मैं वादा करता हूँ कि इसके बाद हम इस विषय पर बात नहीं करेंगे।'

इस बार मगनभाई कमरे से पहले गए। मैं कल से भी ज़्यादा दुविधाग्रस्त और परेशान था।

अगली सुबह मैंने मगनभाई को बताया, 'मैं आपका विचार मानने को तैयार हूँ। चलिए किसी मोटैल को खोजना शुरू करते हैं।'

दो दिन में मैंने एक अच्छे रियल एस्टेट एजेंट से संपर्क किया। जब मैंने उसे बताया कि हम किसी पुराने मोटैल की तलाश कर रहे थे, जो अच्छा न चल रहा हो, तो उसने मेरी तरफ़ ऐसे देखा जैसे मेरा दिमाग़ चल गया हो। किसी ने भी उससे ऐसी किसी जायदाद के बारे में बात नहीं की थी। बहरहाल, वह अमेरिकी था इसलिए उसका इस सिद्धांत पर दृढ़ विश्वास था कि 'ग्राहक हमेशा सही होता है।' इसलिए उसने तुरंत कहा, 'हाँ, बिलकुल सर।'

उसने दो दिन बाद फ़ोन किया। 'न्यू जर्सी में बॉर्डेनटाउन में एक मोटैल बिकाऊ है। यह वैसा ही है, जिसकी आपको तलाश है। हम इसे जाकर कब देखें?'

अगले सप्ताहांत पर मगनभाई, नीता और मैं बॉर्डेनटाउन में मोटैल देखने गए।

मुख्य इंटरस्टेट 95 से रूट 206 जहाँ जुड़ता है, वहाँ हमें एक बड़ा बोर्ड दिखा, जिस पर लिखा था 'इम्पीरियल इन।' हमें इसी की तलाश थी। हम कार से उतर गए।

मोटैल के मालिक रॉजर ब्रैडली हमारा स्वागत करने के लिए आगे आए। जब शुरुआती परिचय का दौर पूरा हो गया तो हमने मोटैल के आस-पास का इलाक़ा देखा। मुझे महसूस हुआ कि कारोबार के दृष्टिकोण से मोटैल की जगह बहुत बढ़िया थी। इंटरस्टेट 95, जो उत्तर में कैनेडा से दक्षिण में मायामी तक 1,300 मील की अविश्वसनीय दूरी तक फैला हुआ था, मोटैल से सिर्फ़ चंद मिनट की दूरी पर था। इसलिए

यहाँ ग्राहकों की कोई कमी नहीं रहेगी।

मोटैल का अहाता बहुत बड़ा था और सबसे खुशनुमा पहलू पृष्ठभूमि का नज़ारा था, जहाँ हरी मक्का के विशाल खेत थे। यह कस्बा मैन्सफ़ील्ड टाउनशिप का हिस्सा है और यहाँ के बाशिंदे मुख्यतः किसान हैं। इसलिए जहाँ तक आँखें देख सकती थीं, सुंदर हरे खेत नज़र आते थे। बीच–बीच में छोटे मकान, चर्च और एक लंबी घुमावदार सड़क थी।

नीता ने कहा, 'इससे मुझे गुजरात का हमारा गाँव याद आ रहा है, है ना?'

मैं उसकी ओर देखकर मुस्कुराया, 'मैं भी यही सोच रहा था।'

हम मोटैल के भीतर गए। यह पुराना, लेकिन अच्छी हालत में था।

मैं ख़ुद को नहीं रोक पाया और मैंने रॉजर से पूछ ही लिया, 'आप इस जगह को क्यों बेच रहे हैं? इसकी दशा काफ़ी अच्छी है और यह इतनी अच्छी जगह पर है।'

रॉजर ने जवाब दिया, 'मैं अब थक चुका हूँ। जब से मैंने यह मोटैल खोला है तब से बहुत लंबा समय हो गया है। मेरी पत्नी और मैं दरअसल इस कारोबार में पिछले 25 साल से कोल्हू के बैल की तरह जुते हुए हैं। अब हम आरामदेह जीवन बिताना चाहते हैं।'

क्या विडंबना थी? रॉजर इम्पीरियल इन से मिलने वाले पैसों से शांत और आरामदेह जीवन जीना चाहता था, जबकि हम उस कारोबार को सफल बनाने के लिए अगले कुछ साल रात–दिन मेहनत करने की योजना बना रहे थे।

सौदे की राशि और तारीख़ तय करने के बाद हमने रॉजर से विदा ली।

मगनभाई पटेल

जब मैं सोने गया तो मैं मन ही मन सोचता रहा, *कल 1 जुलाई, 1970 को सौदा पक्का हो जाएगा। दलपत और मैं क़ानूनी रूप से 'इम्पीरियल*

इन' के मालिक बन जाएँगे। हमारे जीवन का एक नया अध्याय शुरू होने वाला था।

तब तक हम तनख़्वाह वाली नौकरी के ढाँचे में रहते थे। हम सफल तो थे लेकिन सिर्फ़ नियमित नौकरी के सँकरे और सीमित दायरे के भीतर। मुझे यक़ीन था कि यदि हम मेहनत करें और सही निर्णय लें तो आसमान छू सकते हैं। मैं भविष्य के प्रति उत्साह से भरा हुआ था।

पिछले कुछ दिन इतने भागमभाग भरे थे कि सोचने का समय ही नहीं मिला था। पहला महत्त्वपूर्ण मसला राशि जमा करने का था। हालाँकि मोटैल पुराना और ख़स्ताहाल था लेकिन फिर भी इसका मूल्य 1,85,000 डॉलर था। हमने शुरुआत में 55,000 डॉलर का डाउन पेमेंट देने की बात कही थी। बाक़ी पैसा मॉर्टगेज पर हर महीने 2,000 डॉलर की क़िस्त में चुकाना था।

जब दलपत और मैंने अपनी बचत जोड़ी तो कुल 35,000 डॉलर हुए। हमने डाउन पेमेंट के लिए बाक़ी पैसे अपने रिश्तेदारों और मित्रों से 1–2 हज़ार डॉलर की छोटी–छोटी राशियों में उधार लिए।

डॉलर की संख्याएँ उस वक़्त बहुत बड़ी लग रही थीं और उन्हें देखकर जोखिम का अहसास हो रहा था। धन के मामले में दलपत मुझसे ज़्यादा सावधान था। एक बार उसने मुझसे कहा, 'भाई, हमने अपनी ज़िंदगी भर की बचत लगा दी है और अपने मित्रों तथा बैंक से उधार भी लिया है। अगर हम इतना सारा पैसा नहीं चुका पाए तो क्या होगा?'

मेरे मन में भी यही शंकाएँ घुमड़ रही थीं। लेकिन अगर मैंने उस वक़्त दलपत को यह बताया होता तो हमारे सपने शुरू होने से पहले ही ख़त्म हो जाते।

इसलिए मैंने आत्मविश्वास का नाटक किया और उसे आश्वस्त किया, 'दलपत, अगर मोटैल नहीं चला तो हम सोच लेंगे कि हमने अपने लिए 29 कमरों का बड़ा मकान ख़रीद लिया है।'

एक बार जब हमने राशि का इंतज़ाम कर लिया तो हमने रियल एस्टेट एजेंट को बता दिया और उसे आवश्यक दस्तावेज तैयार करने को कहा।

एजेंट इस बात पर ख़ुश था कि हम सौदा करने के लिए तैयार थे। लेकिन उससे रहा नहीं गया और वह हमसे बोला, 'मिस्टर पटेल, मैं अपने कारोबार के सिद्धांतों के ख़िलाफ़ जा रहा हूँ, लेकिन मैं ईमानदारी से महसूस करता हूँ कि आपको एक बार फिर, बहुत सावधानी से इस बारे में सोच लेना चाहिए।'

मैं हतप्रभ था। 'आप ऐसा क्यों कह रहे हैं?'

उसने जवाब दिया, 'मुझे जातीय भेदभाव का डर है।'

'वह कैसे?'

'अगर भारतीय मालिक को देखकर ग्राहक उल्टे पाँव लौट गए, तो क्या होगा? जातीय भेदभाव क़ानून के ख़िलाफ़ है लेकिन लोगों की मानसिकता बदलना हमेशा आसान नहीं होता। अगर लोग इस वजह से मोटैल से दूर रहे, तो आप बर्बाद हो जाएँगे।'

यह विडंबना थी कि उस सौदे से जिस आदमी को अच्छा पैसा मिलने वाला था वही हमें इसके विरोध में सलाह दे रहा था। लेकिन उसे सचमुच हमारी चिंता थी।

मैंने उसे आश्वस्त किया, 'मिस्टर केनवुड, मैं आपकी चिंता की क़द्र करता हूँ और इसके लिए आपको धन्यवाद देता हूँ। लेकिन मैंने व मेरे भाई ने इस बारे में अच्छी तरह सोच लिया है और हम यह सौदा करना चाहते हैं। तय तारीख़ और समय पर।'

दलपतभाई पटेल

हमारे जीवन में एक नया अध्याय शुरू होने वाला था।

मैंने पाँच साल पहले मगनभाई की उस फ़ोन कॉल के बारे में सोचा जिसने उस वक़्त मेरी ज़िंदगी बदल दी थी।

उन दिनों अमेरिका से फ़ोन आना एक बड़ी घटना थी। यह बहुत कम होता था, साल में लगभग एक बार। मगनभाई हमें पंद्रह दिन पहले ही पत्र भेजकर इत्तला कर देते थे कि वे हमें किस तारीख़ को किस

समय फ़ोन करेंगे। हमें सबसे नज़दीकी पोस्ट ऑफ़िस जाना होता था। दिक्क़त बस इतनी थी कि यह हमारे गाँव में नहीं बल्कि सबसे क़रीबी तालुका या ज़िले के कस्बे में था। उन दिनों हमारे गाँव में किसी के घर भी फ़ोन नहीं था।

नियत दिनांक को बा, बापू, बच्चे और बाक़ी रिश्तेदार तालुका तक की यात्रा करते थे। यात्रा के दौरान हम गाना गाते थे, हँसी–मज़ाक़ करते थे और हमारा समय बहुत अच्छा बीतता था। पूरा माहौल उत्सव का, किसी पिकनिक जैसा रहता था।

हम दस–पंद्रह लोग पोस्ट मास्टर के ऑफ़िस के बाहर इंतज़ार करते थे। जब भी फ़ोन की घंटी बजती थी, हम अंदर झाँकने लगते थे। पोस्ट मास्टर फ़ोन उठाता था और फिर सिर हिलाकर हमें बताता था कि यह हमारा फ़ोन नहीं है।

हम सभी लाइन से बाहर निकल जाते थे और आगे इंतज़ार करते रहते थे। आख़िरकार, पोस्ट मास्टर हमें आवाज़ लगाता था, 'आओ। तुम्हारा फ़ोन।'

हम दौड़ लगाकर अंदर घुस जाते थे। लेकिन फ़ोन हमें थमाने के बजाय पोस्ट मास्टर मगनभाई से ख़ुद बात करता रहता था।

'मगनभाई, केम छो? अहिं वरसाद बहू छे। त्यां केवू छे? बाकी मजा मा?' हम अपनी अधीरता को नहीं छुपा पाते थे, लेकिन पोस्ट मास्टर विदेश में रहने वाले किसी व्यक्ति से बातचीत करने को लेकर इतना रोमांचित होता था कि वह ढेर सारे सवाल पूछ लेता था और उसे इस बात का अहसास भी नहीं होता था कि दूसरे लोग भी क़तार में खड़े हैं।

आख़िर मगनभाई धैर्य खो देते थे और पोस्ट मास्टर से कहते थे, 'मास्टरजी, मैं अपनी माँ की आवाज़ सुनने के लिए सब्र नहीं कर सकता। क्या आप उन्हें फ़ोन दे सकते हैं?'

तब कहीं जाकर हम मगनभाई से बात कर पाते थे।

1966 में एक ऐसे ही फ़ोन कॉल के दौरान मगनभाई ने एक अच्छी ख़बर सुनाई।

'दलपत, तुम्हें फ़िलाडैल्फ़िया में विलेनोवा युनिवर्सिटी में दाख़िला मिल गया है। तुम्हें जल्दी ही उनका पत्र मिलेगा। जैसे ही तुम्हें उनका पत्र मिले, वीज़ा के लिए आवेदन दे देना और यहाँ चले आना।'

रिसीवर नीचे रखने पर मुझे अहसास हुआ कि मेरे जीवन में एक नया अध्याय शुरू होने वाला था।

बाद में पत्रों का सिलसिला शुरू हो गया। अमेरिकी वीज़ा लेने के लिए मैं मुंबई गया और फिर अंततः 9 सितंबर 1966 को अमेरिका के लिए रवाना हो गया।

उस दिन ज़िले के अख़बार में मेरे फ़ोटो के साथ यह ख़बर छपी थी : 'मालेकपुर गाँव के युवा इंजीनियर दलपत पटेल आगे की पढ़ाई के लिए विदेश जा रहे हैं।'

उससे पहले वाली शाम को मैंने गाँव के कई बुजुर्गों के घर जाकर उनका आशीर्वाद लिया और पैर छुए। लेकिन ऐसा लगता था जैसे यह काफ़ी नहीं था। अगले दिन मेरे परिवार के सदस्यों के अलावा हमारे गाँव के लगभग सौ लोग अपने हाथ में फूलमाला और गुलदस्ते लेकर सूरत रेलवे स्टेशन पर खड़े थे। वे सब मुझे विदा करने आए थे। मेरा चेहरा उन फूलमालाओं के नीचे छुप सा गया था। डिब्बा फूलों से भर गया था। उस डिब्बे में यात्रा करने वाले दूसरे लोगों ने मुझे सम्मान भरी नज़रों से देखा।

दरअसल, मैं काफ़ी घबरा रहा था। यह सच था कि अमेरिका में मगनभाई थे, लेकिन मैं अपने माता–पिता, भाई–बहनों और अपनी पत्नी नीता को पीछे छोड़कर जा रहा था, जिससे मेरी शादी को अभी एक साल भी नहीं हुआ था। मैं नहीं जानता था कि अब उससे कब मिल पाऊँगा।

उन दिनों अमेरिका के लिए कोई सीधी हवाई उड़ान नहीं थी। अमेरिका पहुँचने से पहले मुझे एक रात लंदन में रुकना था।

सौभाग्य से, लंदन में मेरी कज़िन रहती थी और वह उस रात मुझे अपने घर ले जाने के लिए आ गई। अमेरिका की उड़ान पकड़ने के लिए मैं अगली सुबह हीथ्रो हवाई अड्डे पहुँचा। जैसे ही मैं हवाई अड्डे में घुसा, तो मैंने सुना कि मेरा नाम लाउडस्पीकर पर पुकारा जा रहा था

'मिस्टर पटेल...'

मेरी कज़िन ने मुझे धक्का देकर कहा, 'जल्दी करो, वरना तुम्हारी फ्लाइट चूक जाएगी।'

मैं पागलों की तरह भागा और आख़िर मैंने जहाज़ पकड़ लिया। अगर एक सेकंड की भी देर हो जाती, तो मैं विमान चूक जाता।

यह पहली बार था, जब मैंने किसी विमान में इतनी दूर तक और इतने लंबे समय तक सफ़र किया था। जब तक मैं न्यू यॉर्क में उतरा, मेरा सिर घूमने लगा था। मुझे चक्कर आ रहे थे। थकान इतनी थी कि मुझे तो डर लग रहा था कि कहीं मैं हवाई अड्डे पर ही लुढ़ककर ढेर न हो जाऊँ। मैंने मगनभाई को फ़ोन किया।

उन्होंने कहा, 'अच्छी बात है, तो पहुँच गए? अब बाल्टिमोर की फ़्लाइट पकड़ लो। मैं तुम्हें बाल्टिमोरहवाई अड्डे पर लेने आ जाऊँगा।'

मैं एक और हवाई यात्रा के बारे में सोचना भी बर्दाश्त नहीं कर पाया। मैंने अटकते हुए कहा, 'नहीं, नहीं, दोबारा हवाई जहाज़ नहीं।'

मगनभाई हँसने लगे, 'ठीक है। तो फिर बस से आ जाओ। लेकिन इसमें चार घंटे ज़्यादा लगेंगे।'

जब मैं बस से नीचे उतरा और मगनभाई को बस डिपो पर इंतज़ार में खड़ा देखा, तो मेरी जान में जान आई और मैंने राहत की साँस ली।

मगनभाई मुझे घर ले गए। उन्होंने मेरा परिचय कराने के लिए अपने कुछ मित्रों को ख़ास तौर पर आमंत्रित किया था। उनके मित्रों ने मेरा स्वागत करते हुए कहा, 'अमेरिका में स्वागत है।'

उनमें से एक ने मेरे हाथ में एक गिलास पकड़ा दिया जिसमें कोई नारंगी द्रव भरा था। हर एक ने अपना गिलास उठाकर कहा, 'चियर्स।'

मेरे हाथ का गिलास जमकर थरथराने लगा। मैंने उसे नीचे रखकर धीरे से कहा, 'माफ़ करें, मैं शराब नहीं पीता।'

हर कोई ठहाके लगाने लगा। उनमें से एक ने कहा, 'चिंता मत करो, दलपत। यह शराब नहीं है। यह तो बस संतरे का रस है।'

'संतरे का रस?' मैंने किसी मूर्ख की तरह दोहराया।

'हाँ, संतरे का रस, जो संतरों से बनता है। तुम संतरे के उन गोल–गोल फलों को तो जानते हो? इसे पी लो। तुम्हें ताज़गी महसूस होगी।' और वे सब हँस पड़े।

ताज़गी महसूस करने की बात भूल जाएँ, मैं तो अब पहले से भी ज़्यादा संकोची और हैरान हो गया था। मुझे आभास हुआ कि मालेकपुर से बाल्टिमोरकी दूरी सिर्फ़ मीलों में नहीं है। यह तो एक संस्कृति से दूसरी संस्कृति तक की यात्रा थी। मुझे अहसास हुआ कि नई जीवनशैली में ढलते समय मुझसे ऐसी ही कई ग़लतियाँ होंगी। मैंने अपना गिलास उठाया और संतरे के रस की चुस्कियाँ लेने लगा।

कुछ समय बाद जब मैं तरोताज़ा हुआ और मैंने कपड़े बदल लिए तो मैंने किचन में झाँका। मगनभाई कमर पर एप्रन लपेटकर पूड़ियाँ तल रहे थे।

मैं टेबल पर लगा बाक़ी भोजन देख सकता था : श्रीखंड, आलू की सब्ज़ी और सलाद।

मेरे चेहरे पर हैरानी के भाव देखकर मगनभाई बोले, 'हमें यहाँ सारे काम ख़ुद करने होते हैं। खाना पकाने से कपड़े धोने और कार चलाने तक के सारे काम। तुम धीरे–धीरे हर चीज़ सीख जाओगे।'

जब मगनभाई ने अगले दिन मुझे विलेनोवा युनिवर्सिटी में उतारा तो जीवन में पहली बार मैं निपट अकेला महसूस करने लगा। मगनभाई को छोड़कर हर क़रीबी व्यक्ति हज़ारों मील दूर था। उनके साथ संवाद करने का एकमात्र साधन पत्रों द्वारा था। लेकिन उन दिनों पत्र पहुँचने में कम से कम पंद्रह दिन का समय लग जाता था। इंतज़ार बड़ा दुखदायी था।

तब तक मैंने सिर्फ़ सामान्य गुजराती शाकाहारी भोजन खाया था। यहाँ युनिवर्सिटी में कोई भी शाकाहारी भोजन के बारे में नहीं जानता था। इसलिए ख़ुद खाना पकाने के अलावा दूसरा कोई विकल्प नहीं था। खाना पकाने की मेरी कोशिशें बहुत दुखद रहती थीं और अक्सर सब्ज़ी में या तो बहुत ज़्यादा या बहुत कम नमक और मसाले हो जाते थे। जब मैं ऐसे

घटिया खाने को अकेला खाने बैठता था तो विदेशी भूमि पर तन्हाई में मेरी आँखों में आँसू आ जाते थे।

मेरे दुख इस बात से भी बढ़ जाते थे कि कक्षा में भी मैं बेहद घबराया हुआ महसूस करता था। मुझे प्रोफ़ेसर की बातों का एक शब्द भी समझ में नहीं आता था। कई बार तो मैं इतना निराश महसूस करता था कि इस बात पर हैरान होता था कि आख़िर मैं क्या कर रहा था। लेकिन जैसी कि कहावत है, हर काले बादल में एक सुनहरी लकीर होती है।

मेरे लिए तसल्ली का सबसे महत्त्वपूर्ण स्त्रोत थे मगनभाई। वे पिता की तरह मेरी देखभाल करते थे और हमेशा नए जीवन का सामना करने का साहस देते थे। वे मुझे अमेरिकी जीवनशैली समझाते थे और ज़रूरत के वक़्त हमेशा मेरी मदद करने को तैयार रहते थे।

कुछ दिनों बाद मैं काफ़ी राहत महसूस करने लगा। हालाँकि शुरुआत में प्रोफ़ेसरों के शब्द मुझे यूनानी भाषा जैसे लगते थे, लेकिन धीरे–धीरे मुझे अहसास हो गया कि चाहे भाषा कोई भी हो, विज्ञान के बुनियादी सिद्धांत और अवधारणाएँ पूरे संसार में हमेशा समान रहते हैं। तो यहाँ भी सारे ज्ञान की बुनियाद वही थी जो मैं भारत में सीख चुका था।

तसल्ली का एक और कारण यह था कि कैंपस में बहुत से भारतीय विद्यार्थी थे। विलेनोवा युनिवर्सिटी में आधे से ज़्यादा विद्यार्थी भारतीय थे। मिसाल के तौर पर, मेरी क्लास में 14 में से 9 विद्यार्थी भारतीय थे, जिनमें से 7 पटेल थे। वास्तव में कई बार मगनभाई मुझे चिढ़ाते थे : 'मैं यह नहीं समझ पाता कि तुम इतना अकेलापन क्यों महसूस करते हो। जब मैं यहाँ आया था तो मुझे किसी भारतीय चेहरे की तलाश में भटकना पड़ता था। अब परिस्थितियाँ बहुत भिन्न हैं।'

युनिवर्सिटी में अधिकतर प्रोफ़ेसर भारत के बारे में काफ़ी जानकारी रखते थे। दरअसल उनमें से कुछ तो हिंदी या गुजराती के चंद शब्द भी जानते थे। वे गुजराती के छोटे–छोटे वाक्यों में हमारा अभिवादन करते थे, 'केम छो?' और 'सारू छे' कहकर हमें आरामदेह बनाने की कोशिश करते थे।

'आव जो।' ये छोटी–छोटी बातें मुझे घरेलू अहसास देती थीं।

ख़ास तौर पर एक प्रोफ़ेसरग्रेड की घोषणा बड़े दिलचस्प अंदाज़ में करते थे। वे कहते थे : 'नवीन पटेल, तुम्हें अहमदाबाद का ए मिला है।'

'दलपत पटेल, तुम्हें बॉम्बे का बी मिला है।'

'ऐंड्रू विलियम्स, तुम्हें कैलकटा का सी मिला है।'

'और देवांग, तुम्हें डैली का डी मिला है।'

मेरे आस–पास का हर व्यक्ति कहता था कि कॉलेज की ज़िंदगी इंसान के जीवन का सबसे बेफ़िक्र दौर होता है क्योंकि तब सिर पर कोई ज़िम्मेदारियाँ नहीं होती हैं। इसीलिए कहा जाता था कि इसका पूरा आनंद लिया जाना चाहिए।

लेकिन मेरे लिए नहीं। मैंने अपने आस–पास चारों तरफ़ हो रहे आनंद और मौज–मस्ती को देखा। लेकिन मुझे अहसास हुआ कि इस तरह का बेफ़िक्र जीवन मैं नहीं जी सकता था। मुझे जल्दी से जल्दी अपनी शिक्षा पूरी करनी थी, आत्मनिर्भर बनना था और अपने परिवार को सहारा देना था। इसलिए जब भी मैं फालतू चीज़ें ख़रीदने में पैसे ख़र्च करता था तो हर बार ख़ुद से पूछता था, 'क्या यह सचमुच ज़रूरी है?' मैं युनिवर्सिटी से दो मील दूर रहता था। मेरे अपार्टमेंट में तीन और लड़के भी रहते थे। एक बस वहाँ से युनिवर्सिटी जाती थी। किराया सिर्फ़ चौथाई डॉलर यानी दो रुपये था।

कुछ दिन तक मैं बस से युनिवर्सिटी गया। लेकिन फिर एक दिन मैंने मन ही मन सोचा, *गाँव में मेरे बड़े भाई दैनिक मज़दूरों को पूरे दिन के काम के बदले दो रुपये देते हैं। अगर ये लोग दो रुपये के लिए दिन भर मेहनत कर सकते हैं तो क्या मैं युनिवर्सिटी तक दो मील पैदल नहीं चल सकता? इससे मेरे परिवार का पैसा बचेगा।*

उस दिन के बाद मैं कभी बस से युनिवर्सिटी नहीं गया। मैं हमेशा पैदल ही जाता था।

युनिवर्सिटी में आख़िरी साल के दौरान मैंने गर्मी की छुट्टियों में काम करने का निर्णय लिया और एक कंपनी में ख़ास तौर पर आवेदन

दिया। मेरे फ़्लैट में रहने वाले तीन साथियों ने भी उसी कंपनी में आवेदन भेजे थे। हम सभी को न सिर्फ़ इंटरव्यू के लिए बुलाया गया, बल्कि काम के लिए भी चुन लिया गया।

उन दिनों अमेरिका में कॉलेज की शिक्षा पूरी करने वाले हर व्यक्ति को तुरंत नौकरी मिल सकती थी। अमेरिकी डिग्री की ज़रूरत नहीं थी और भारतीय डिग्री के साथ भी नौकरी मिलना संभव था।

जब गर्मी की छुट्टियाँ ख़त्म हुईं तो मैंने अपनी नौकरी नहीं छोड़ी। हर घंटे 3.75 डॉलर देने वाली नौकरी भला कौन छोड़ता? यह उस वक़्त काफ़ी बड़ी राशि थी और मैं उसे नहीं छोड़ना चाहता था। मैंने अपने दम पर पढ़ने और आख़िरी परीक्षा देने का निर्णय लिया। विलेनोवा युनिवर्सिटी में हमारे पास यह विकल्प था।

मैं अपनी नौकरी और पढ़ाई दोनों को काफ़ी अच्छी तरह सँभाल रहा था, लेकिन तभी एक अप्रत्याशित समस्या आ गई।

मैं जिस निजी परामर्शदात्री कंपनी के लिए काम कर रहा था उसे एक रेलवे पुल डिज़ाइन करने का अनुबंध मिला था और उसे डिज़ाइन करने का काम मुझे सौंपा गया था।

मैंने प्रस्तावित कार्यस्थल का विस्तृत भौगौलिक अध्ययन किया और फिर डिज़ाइन तैयार किया। लेकिन राज्य सरकार ने कुछ तकनीकी कारण बताते हुए इस योजना को ठुकरा दिया। हमारी कंपनी उन तकनीकी कारणों से सहमत नहीं थी। चूँकि मुझे इस प्रौजेक्ट के सारे विवरणों की जानकारी थी इसलिए मुझे कंपनी की तरफ़ से कोर्ट में गवाही देने के लिए तामील किया गया। हालाँकि इस मुकदमे में मैं आरोपी नहीं था लेकिन निर्धारित तिथि को अदालत की सीढ़ियाँ चढ़ते वक़्त मैं बुरी तरह घबरा रहा था और मेरा दिल ज़ोर–ज़ोर से धड़क रहा था। मैं विचलित इसलिए था क्योंकि अगर निर्णय राज्य सरकार के पक्ष में होता तो यह मेरी व्यक्तिगत पराजय होती।

हमारी कंपनी का वकील मुझे आश्वस्त करने की पूरी कोशिश कर रहा था। 'मिस्टर पटेल, चिंता न करें। आपको तो बस डिज़ाइन के

तकनीकी पहलू पर बात करनी है। बाक़ी मुझ पर छोड़ दें।'

मैं अदालत के अंदर जाकर बैठ गया। हमारे मुकदमे से पहले एक और मुकदमे की सुनवाई चल रही थी। जब मैंने कार्यवाही देखी तो मुझे यह पाकर राहत मिली कि यह हिंदी फ़िल्मों में देखे गए अदालती दृश्यों जैसा नहीं था, जहाँ वकील गवाहों को कच्चा चबा जाते थे और अक्सर रोने पर मजबूर कर देते थे। यहाँ का माहौल दोस्ताना और हार्दिक था। मैं अब थोड़ा ज़्यादा आरामदेह महसूस करने लगा।

हमारा मुकदमा शुरू हुआ और गवाहों के कटघरे में मेरे खड़े होने की बारी आई। राज्य सरकार के वकील मिस्टर रेडफ़ोर्ड ने पुल के डिज़ाइन के तकनीकी पहलुओं पर मुझसे बहुत से प्रश्न विस्तार से पूछे, लेकिन सौभाग्य से मेरे पास हर सवाल का जवाब था। आख़िरकार उसने मुझसे पूछा, 'मिस्टर पटेल, अगर यह पुल आपके डिज़ाइन के अनुरूप बनता है तो क्या आप बिना किसी संदेह के यह साबित कर सकते हैं कि यह ख़तरनाक नहीं होगा और किसी तरह से किसी को नुक़सान नहीं पहुँचाएगा?'

एक पल के लिए मैं अवाक रह गया लेकिन फिर मैंने अपने दिमाग़ को सक्रिय किया और पलटकर सवाल पूछ लिया : 'क्या आप बिना किसी संदेह के साबित कर सकते हैं कि यह पुल मानव जीवन के लिए ख़तरा होगा?'

अदालत में एक स्तब्ध ख़ामोशी छा गई और फिर हर कोई हँस पड़ा। अब अवाक रहने की बारी सरकारी वकील की थी। वह नहीं जानता था कि मेरे सवाल का कैसे जवाब दे, इसलिए समय काटने के लिए वह कुछ दस्तावेज़ उलटने–पुलटने का नाटक करने लगा।

आख़िरकार न्यायाधीश ने उससे पूछा, 'मिस्टर रेडफ़ोर्ड, क्या इस गवाह से आपको कोई और सवाल पूछना है?'

'नहीं, सर।'

'तो यह पहले क्यों नहीं कहा? ख़ामख़्वाह अदालत का समय बर्बाद न करें।'

मुकदमा जल्दी ही ख़त्म हो गया और जैसा आप अंदाज़ा लगा सकते हैं, फ़ैसला हमारी कंपनी के पक्ष में हुआ।

यह बात आज बहुत छोटी लगती है, लेकिन उस वक़्त यह बहुत बड़ी बाधा जैसी थी, जिसे मुझे पार करना था। यह मेरे जीवन का पहला संकट था। लेकिन इस छोटी सी विजय ने भी मेरा आत्मविश्वास बढ़ा दिया।

अपने विश्वास पर डटे रहकर मैंने इस विदेशी धरती पर जीत हासिल की थी। अब मैंने फ़ैसला किया कि मैं ख़ुद को साबित करूँगा, चाहे इसके लिए किसी भी चीज़ की ज़रूरत हो।

अंततः मैंने विलेनोवा युनिवर्सिटी से मास्टर्स डिग्री पूरी कर ली और मुझे एक स्थायी नौकरी मिल गई। मैंने नीता को भारत से यहाँ बुला लिया और हम एक आरामदेह दिनचर्या में ढल गए।

अब जब हर चीज़ सुचारु रूप से चल रही थी तो हम भाइयों ने एक नई चुनौती स्वीकार कर ली : हम मोटैल वाले बनना चाहते थे। सिर्फ़ समय ही बताएगा कि यह धंधा हमें बनाएगा या मिटाएगा।

1 जुलाई, 1970 को हमने अपने रियल एस्टेट एजेंट और वकील की उपस्थिति में क़ानूनी व आर्थिक दस्तावेज़ों पर हस्ताक्षर किए। मगनभाई और मैं अब इम्पीरियल इन के असल मालिक थे।

पुराने मालिक रॉजर ब्रैडली ने वादा किया था कि वे 15 दिन तक ठहरकर हमें काम की प्रक्रिया सिखाएँगे। क़ानूनी औपचारिकताएँ पूरी होने के बाद रॉजर और उनकी पत्नी लिज़ मोटैल के एक कमरे में रहने चले गए, जबकि नीता, चेतन और मैं 3 बेडरूम वाले बड़े अपार्टमेंट में रहने लगे, जो मालिकों के रहने की जगह थी।

अगली सुबह मैं मोटैल में काम करने के लिए ऑफ़िस की औपचारिक पोशाक पहनकर सामने वाले स्वागत काउंटर तक गया।

मुझ पर नज़र डालते ही रॉजर हँसने लगे। 'अरे दलपत, तुम्हें टाई पहनने की ज़रूरत नहीं है। तुम अपने ऑफ़िस में नहीं, एक मोटैल में हो। तुम्हारे ग्राहक मूलतः ट्रक ड्राइवर या मध्यवर्गीय यात्री होंगे। इसलिए ज़्यादा अच्छा यही रहेगा कि तुम उनके सामने अनौपचारिक कपड़े पहनो।'

उन्होंने हमें मोटैल चलाने के बारे में बहुत उपयोगी सलाहें दीं, जिनमें यह शामिल था कि स्वागत काउंटर को कैसे सँभाला जाए, बही–खाते कैसे बनाए जाएँ, रजिस्टर में क्या–क्या लिखना चाहिए, कमरे कैसे साफ़ करने हैं और बिस्तर कैसे लगाना है और कंबल व कुशन्स सही तरीक़े से कैसे ज़माना है।

रॉजर की सलाह बहुत मददगार थी लेकिन मेरे मन में कई सवाल लगातार घुमड़ रहे थे – *हाइवे के इतने क़रीब होने के बावजूद यह मोटैल सफल क्यों नहीं था? इसे सफल बनाने के लिए क्या करना चाहिए?*

मुझे अहसास हुआ कि इन सवालों के जवाब खोजना मुझ पर है।

नीता पटेल

मैंने अभी–अभी चेतन को उसके बेडरूम में सुलाया था और फल काटना शुरू करने वाली थी, तभी मुझे इनकी आवाज़ सुनाई दी, 'नीता, क्या काम ख़त्म हो गया? हम तुम्हारे बिना मीटिंग शुरू नहीं कर सकते।'

मगनभाई सप्ताहांत पर यहाँ आए हुए थे। हमने दिन भर के सारे काम निबटाने के बाद शाम को मीटिंग करने का फ़ैसला किया था, ताकि मोटैल संबंधी कुछ मुद्दों पर बातचीत कर लें।

मैं अचानक ख़ुद को बहुत महत्त्वपूर्ण समझने लगी। अब तक 'मीटिंग' और 'कारोबार' जैसे शब्द मेरी शब्दावली का हिस्सा नहीं थे। मैं एक आम गृहिणी थी। लेकिन इस कारोबार में मुझे भी एक अहम भूमिका निभानी थी। सोमवार से मैं अकेले दिन भर मोटैल सँभालने वाली हूँ। यह सोच–सोचकर ही मैं काँपने लगती थी।

जब घर पर या खाना पकाते समय कुछ गड़बड़ हो जाती थी, तो मैं तनाव में आ जाती थी और घबरा जाती थी। अब मुझ पर पूरा कारोबार चलाने की ज़िम्मेदारी थी। मुझे सबसे ज़्यादा डर इस बात का था कि मैं ग्राहकों की भाषा नहीं बोल पाती थी। लेकिन फिर भी मुझे उनके साथ बातचीत करनी थी, हर दिन उनका सामना करना था, उनकी आवश्यकताओं व माँगों को समझना था और इसके अलावा पैसों के मामले भी देखने थे।

और यह सब करने के साथ–साथ मुझे चेतन की देखभाल भी करनी थी। कहीं से किसी मदद के आसार नहीं थे। मैं सचमुच नहीं जानती थी कि यह सब कैसे सँभालूँगी।

मैंने फलों का टोकरा रख दिया और मीटिंग के लिए चली गई। मैं अपने दिल को धड़कते हुए महसूस कर सकती थी। अंदर आते ही मैंने इनकी ओर देखा। इन्होंने मुझे आश्वस्त करने वाली निगाह से देखा और कहा, 'चिंता मत करो नीता। तुम सब अच्छी तरह सँभाल लोगी। हाल–फ़िलहाल दो लड़के कमरों की सफ़ाई में मदद कर देंगे, क्योंकि उनकी गर्मियों की छुट्टियाँ चल रही हैं और मगनभाई रखरखाव के काम में मदद कर देंगे।'

मगनभाई ने सिर हिलाया, 'मैं हर सप्ताह यहाँ आकर सारे कमरों की जाँच–पड़ताल कर लूँगा। मैं बत्तियाँ, पंखे, बॉइलर, एसी, हीटर आदि की जाँच करके सब कुछ सही कर दूँगा। ठीक है? नीता, तुम्हें तो बस सप्ताह के दौरान स्वागत काउंटर सँभालना है। तो, तुम क्या सोचती हो? क्या तुम सँभाल लोगी?'

मैंने 'हाँ' कह दिया लेकिन मेरी आवाज़ में आत्मविश्वास नहीं रहा होगा, क्योंकि मगनभाई मुस्कुराकर बोले, 'नीता, सिर्फ़ भाषा न बोलने की वजह से मत घबराना। अपनी बात समझाने की कोशिश करना। मुझे यक़ीन है कि तुम धीरे–धीरे कामचलाऊ अँग्रेज़ी बोलना सीख लोगी। तब तक अगर तुम रजिस्टर और हिसाब–किताब सही तरीक़े से लिख लो, तो बड़ी मदद मिलेगी।'

मगनभाई के शब्दों से मेरा आत्मविश्वास बढ़ गया और मैं बेहतर महसूस करने लगी।

अब इन्होंने मगनभाई से कहा, 'भाई, मैंने इस बारे में बहुत सोचा है कि हम इस कारोबार को लाभकारी कैसे बना सकते हैं। पहली बात तो यह है कि हम इस पर एक साल में पहले ही 36,000 डॉलर बना चुके हैं।'

यह सुनकर मैं इतनी हैरान थी कि यह पूछे बिना नहीं रह सकी, 'वह कैसे?'

दोनों भाई हँसने लगे। मगनभाई बोले, 'रॉजर ने एक आदमी को स्वागत काउंटर पर बैठने के लिए नियुक्त किया था। उसकी तनख़्वाह हर साल 36,000 डॉलर थी। अब हम खुद स्वागत काउंटर सँभालेंगे और नीता, तुम उसमें एक महत्त्वपूर्ण भूमिका निभाने वाली हो, क्योंकि अधिकतर समय तुम ही मोटैल की प्रभारी रहोगी। दलपत और मुझे अपनी–अपनी नौकरियाँ करनी हैं और हम कारोबार में सिर्फ़ अपना ख़ाली समय ही दे पाएँगे। तो नीता, दरअसल हमारे कारोबार में सबसे बड़ा योगदान तुम्हारा है।'

इन्होंने कहा, 'भाई, हमारे पक्ष में एक और बात यह है कि हम स्वागत काउंटर को दिन–रात सँभालेंगे। भले ही कोई ग्राहक रात को दो बजे आए, लेकिन उसे रुकने के लिए कमरा मिलेगा।'

मगनभाई सहमत थे। 'ज़ाहिर है। यह हमें करना ही होगा। रॉजर और लिज़ रात को मोटैल के बाहर "जगह ख़ाली नहीं" की तख़्ती लगा देते थे। हम ऐसा करना गवारा नहीं कर सकते। सौभाग्य से हमारे पास काम करने वालों की कमी नहीं है। तुम, नीता, चंपक और मैं ग्राहकों का रात–दिन ध्यान रखने की पूरी कोशिश करेंगे। यह ट्रक ड्राइवरों या रात को यात्रा करने वाले दूसरे लोगों के लिए वरदान होगा, जो थोड़ी देर आराम करना चाहते होंगे और यह हमारे कारोबार के लिए भी बेहतरीन रहेगा।'

दोनों भाई कारोबार संबंधी दूसरे मामलों पर बातचीत करते रहे, नई योजनाएँ और विचार पेश करते रहे। जब मैंने उनकी बातें सुनीं तो मैं अपने सामने एक नया संसार खुलते देख सकती थी। मैं रोमांचित थी क्योंकि अब मैं भी इसका हिस्सा थी।

जब बातचीत में थोड़ा विराम हुआ तो मैंने कातरता से कहा, 'क्या मैं कुछ सुझाव दे सकती हूँ? हमें न सिर्फ़ कमरों की सफ़ाई पर ध्यान देना चाहिए बल्कि ख़ास तौर पर बाथरूम की सफ़ाई पर ध्यान देना चाहिए। जब से हम यहाँ आए हैं मैंने एक बात पर ग़ौर किया है। जब भी कोई ग्राहक कमरा देखने आता है तो वह सबसे पहले यह जाँच करता है कि बाथरूम साफ़ है या नहीं।'

दोनों भाइयों को मेरा सुझाव बहुत पसंद आया। मगनभाई ने कहा,

'दलपत। कोई औरत टीम में रहे तो यही फ़ायदा होता है। उनके पास चीज़ों को देखने का एक अलग नज़रिया होता है।'

हमें यह अहसास नहीं हुआ कि समय कैसे पंख लगाकर उड़ गया और आधी रात बीत गई, जब हम आख़िरकार अपने–अपने कमरे में सोने पहुँचे। समय बहुत हो गया था लेकिन मुझे नींद नहीं आई। मैं तो बस कारोबार, हमारे मोटैल और मेरे काम के बारे में ही सोचती रही। आख़िर मैंने सोने की कोशिश छोड़ दी और अपने विचारों को पूरी ढील दे दी। घंटों बाद मेरा दिमाग़ शांत हुआ और मैं गहरी नींद में सो गई।

दलपतभाई पटेल

मोटैल ख़रीदे हुए अब 15 दिन हो चुके हैं। रॉजर और लिज़ चले गए हैं। सप्ताहांत पर मदद करने आए मगनभाई भी चले गए हैं। मैंने ऑफ़िस से दो सप्ताह की छुट्टी ली थी, इसलिए अब मुझे भी ऑफ़िस जाना था। उस दिन मैं ऑफ़िस के काम पर ज़रा भी ध्यान केंद्रित नहीं कर पाया। मैं तो बस मोटैल के बारे में ही सोचता रहा। सुबह पंद्रह कमरे भरे हुए थे। मैंने सोचा कि कुछ ग्राहक मोटैल से चले गए होंगे या नए ग्राहक आ रहे होंगे। *नीता हमारे छोटे से बेटे चेतन के साथ यह सब कैसे सँभाल पाएगी?*

मैं अपने लौटने पर मोटैल में होने वाले दृश्य की तस्वीर देख सकता था : नीता रुआँसी होगी, क्योंकि उसे दिन भर हर चीज़ ख़ुद सँभालनी पड़ी थी। वह शायद चीख़ने लगेगी, 'बहुत हो गया। अपने कारोबार की परवाह ख़ुद करो। यह सब मुझसे नहीं होता।'

जब मैं मोटैल में दाख़िल हुआ तो एक बिलकुल ही अलग दृश्य ने मेरा स्वागत किया। नीता स्वागत काउंटर पर खड़ी थी और उसके चेहरे पर प्यारी मुस्कान थी। चेतन पास ही ख़ुशी से खेल रहा था। नीता शरारत से मुस्कुराते हुए बोली, 'हलो मिस्टर पटेल, क्या आपको एक कमरा चाहिए?'

चाय पीते वक़्त हमने इस बारे में बात की कि उसका दिन कैसा गुज़रा। तब मुझे समझ आया कि नीता इतनी ख़ुश क्यों थी। कुछ ग्राहक सुबह मोटैल छोड़कर चले गए थे, लेकिन कई नए अतिथि आ गए थे

और उस वक़्त 25 कमरे भरे हुए थे।

मैं बहुत ख़ुश था। 'यह तो बेहतरीन शुरुआत है। काश कारोबार इसी तरह चलता रहे!'

नीता ने कहा, 'दरअसल, मोटैल तो पूरा भर सकता था, लेकिन कुछ आने वाले मुझे देखकर हैरान हो गए थे। उन्होंने मुझसे कुछ सवाल पूछे। मैं समझ गई कि वे क्या कह रहे थे और मैंने उनकी बात का जवाब देने की कोशिश की लेकिन इसके बावजूद वे चले गए। मुझे यक़ीन है, उन्हें यह बात पसंद नहीं आई होगी कि साड़ी में लिपटी एक भारतीय महिला मोटैल की प्रभारी थी। क्या तुम्हें याद नहीं है कि रियल एस्टेट एजेंट ने भी यही बात कही थी? लोग हमारी त्वचा का रंग देखकर दूर चले जाएँगे।'

मैंने उसे तसल्ली देने की कोशिश की, 'चिंता मत करो। जब भी कोई नया विचार अमल में आता है तो उसे विरोध का सामना करना पड़ता है। यह बुनियादी मानव स्वभाव है। समय के साथ वह विचार जड़ पकड़ लेता है और बाद में सभी लोग उसे स्वीकार कर लेते हैं। यही हमारे कारोबार के मामले में भी होगा। धीरे-धीरे अमेरिकी इस बात को स्वीकार कर लेंगे कि भारतीय मोटैल चला रहे हैं।'

उस वक़्त मुझे पता नहीं था कि मेरे शब्द कितनी सटीक भविष्यवाण ी होने वाले हैं। आज अगर कोई अमेरिकी किसी मोटैल में सिर्फ़ इसलिए नहीं रुकता है क्योंकि उसे स्वागत काउंटर पर एक भारतीय चेहरा दिखता है, तो अगले मोटैल में पहुँचने पर उसे अपने निर्णय पर अफ़सोस होगा, क्योंकि संभवतः वहाँ भी उसे भारतीय चेहरा ही दिखेगा। अगर उस मोटैल को दलपतभाई नहीं चला रहे होंगे तो शायद छगनभाई या नरेशभाई या सुरेशभाई या राजेशभाई चला रहे होंगे और अगर सरनेम पटेल नहीं होगा, तो शाह होगा।

ख़ैर, 1970 की ओर वापस लौटते हैं। मोटैल में रहने और इसका प्रबंधन करने की वजह से हमारी पूरी जीवनशैली बदल गई। इससे तालमेल बैठाने में हमें थोड़ा समय लग गया।

नीता लगभग 12 घंटों तक – सुबह 8 से रात 8 बजे तक – स्वागत काउंटर सँभालती थी। जब मैं शाम को ऑफ़िस से लौटता था तो वह खाना पकाती थी और चेतन को सुलाती थी। मैं डिनर लेता था, तरोताज़ा होता था, शर्ट–पैंट की दूसरी जोड़ी पहनता था और स्वागत काउंटर पर पहुँच जाता था। मैं पैंट–शर्ट में ही पूरी रात वहाँ रहता था। रात के कपड़े मैं इसलिए नहीं पहनता था क्योंकि अगर आधी रात को कोई अतिथि आ जाए, तो मुझे तुरंत उठकर जाना होता था। जब मैं उन शुरुआती सालों के बारे में सोचता हूँ तो मुझे अहसास होता है कि एक रात भी न तो नीता को और न ही मुझे सही तरह से नींद आई होगी।

आम तौर पर हम बिस्तर जमाने या कमरों की सफ़ाई के लिए स्कूल–कॉलेज के विद्यार्थियों या नियमित कर्मचारियों को नियुक्त कर लेते थे लेकिन कई मौक़ों पर ये सारे काम हमें ख़ुद करने पड़ते थे।

यह बहुत मेहनत का काम था लेकिन चूँकि हमें अच्छा मुनाफ़ा हो रहा था इसलिए हममें अथक मेहनत करने का उत्साह भी था।

हमारा मोटैल शुरुआत से ही सफल था और इसका एक कारण था सही समय : गर्मी की छुट्टियाँ चल रही थीं। सप्ताहांत और छुट्टियाँ अमेरिकियों के लिए मूल्यवान होती हैं। ऑफ़िस में भी मैं ग़ौर करता था कि अमेरिकी स्टाफ़ जब शुक्रवार की सुबह ऑफ़िस आता था तो सप्ताहांत की योजनाएँ उसके दिमाग़ में पहले ही बन चुकी होती थीं। शुक्रवार को बातचीत का मुख्य विषय आगामी सप्ताहांत ही रहता था। लोग अपना काम निर्धारित समय से काफ़ी पहले ही समेटने लगते थे।

सोमवार की सुबह बीते हुए सप्ताहांत के वर्णनों में बीत जाती थी।

गर्मी की छुट्टियों के साथ भी ऐसा ही था। अमेरिका में यह परंपरा है कि गर्मी की छुट्टियों में परिवार के साथ दो सप्ताह की यात्रा की जाए। योजनाएँ कई दिन पहले से बन जाती हैं। जैसे ही गर्मी का समय आता है, पूरा परिवार कार में बैठकर छुट्टी मनाने चल देता है। इसलिए गर्मी का समय मोटैल्स के लिए वरदान होता है। हालाँकि हम भारतीय थे लेकिन हमारे मोटैल में कारोबार की कमी नहीं थी।

कुछ अमेरिकी हमारी त्वचा का रंग देखकर लौट गए, लेकिन हमारा सौभाग्य था कि ऐसे लोग बहुत कम थे।

मैं शुरू में इस कारोबार में उतरने से बहुत घबरा रहा था, लेकिन जल्दी ही मुझे इसके लाभ समझ में आ गए। पहली चीज़ : नक़द पैसा। भले ही मोटैल पूरा भरा न हो या सिर्फ़ आधा भरा हो, हम समय पर लोन की क़िस्त चुका सकते थे और उसके बाद भी अच्छा मुनाफ़ा कमा सकते थे। दूसरी बात यह थी कि हमें बहुत सारे अलग–अलग प्रकार के लोगों से मिलने–जुलने का मौक़ा मिलता था। हम सभी श्रेणियों के लोगों से मिलते थे, हमें बहुत रोचक अनुभव होते थे और मैं सोचता हूँ कि इससे मानव स्वभाव को समझने में इतनी मदद मिली कि शब्दों में बताना संभव नहीं है।

नीता पटेल

जब मैंने मोटैल में काम शुरू किया तो मैं बहुत ख़ुश थी। बेशक व्यस्तता बहुत थी और बहुत कड़ी मेहनत की ज़रूरत भी थी। लेकिन यह मेरे लिए ज़्यादा मायने नहीं रखता था। शायद इसलिए क्योंकि मैं शारीरिक मुश्किलों की आदी थी। मैं एक छोटे गाँव से आई थी, जहाँ हम खेतों में अपने पिता के साथ काम किया करते थे। फिर मैं घर लौटकर किचन में अपनी माँ की मदद करती थी। इसके अलावा, स्कूल जाने के लिए हमें मीलों पैदल जाना होता था। इसलिए मुझे कड़ी मेहनत का डर नहीं था और मैं आसानी से मोटैल, घरेलू कामकाज तथा चेतन की देखभाल एक साथ कर सकती थी।

मुझे शुरुआत में जो सबसे बड़ा डर था वह था अमेरिकियों से अँग्रेज़ी में बात करने का विचार।

लेकिन फिर मैंने अपना आत्मविश्वास बढ़ाने की कोशिश की और ख़ुद से कहा, 'तुम किसी कॉलेज में लेक्चर देने नहीं जा रही हो। तुम्हें तो बस कुछ बुनियादी सवाल पूछने हैं।' अब जब मैं कुछ मज़ेदार ग़लतियों को याद करती हूँ जो मैंने अँग्रेज़ी बोलने की कोशिश में की थीं, तो मैं ख़ुद पर हँसे बिना नहीं रह पाती।

मोटैल ख़रीदे हुए हमें तब सिर्फ़ दो महीने ही हुए थे। एक ट्रक ड्राइवर वहाँ आया और मुझसे बात करने लगा। मुझे उसका कहा एक शब्द भी समझ नहीं आया। आख़िरकार उसकी मुद्राओं से मैं समझ गई कि वह यह पूछ रहा था, 'कितना? कमरे का कितना?'

मैंने जवाब दिया, 'नौ डॉलर।'

उसे शायद यह ज़्यादा लगा होगा। इसलिए वह तेज़ आवाज़ में शिकायत करने लगा। मैंने कुछ देर तक उसकी बात सुनी, लेकिन आख़िरकार मैंने धीरज खो दिया। इसलिए मैंने उससे गुजराती मिश्रित अँग्रेज़ी में कह दिया, 'टेकवा होय तो टेक, नईं तो गो।'

जैसे ही मैं यह बात बोली, मुझे अपनी मज़ेदार अँग्रेज़ी पर शर्म आई, लेकिन मैं सोचती हूँ कि मैंने अपनी बात उसके सामने बहुत स्पष्ट कर दी होगी, क्योंकि उसने आगे एक शब्द भी नहीं कहा और मुझे चुपचाप नौ डॉलर दे दिए।

इस कमर तोड़ने वाली दिनचर्या से इकलौती राहत सिर्फ़ तभी मिलती थी जब मगनभाई और हमारा भतीजा चंपक सप्ताहांत पर हमारी मदद करने आते थे।

18 महीने बाद जाकर मगनभाई ने निर्णय लिया कि अब नौकरी छोड़ने और कारोबार पर पूरा ध्यान देने का समय आ गया था। लेकिन उन्होंने मेरे पति को सलाह दी, 'दलपत, तुम अभी अपनी नौकरी मत छोड़ना। हममें से कम से कम एक के पास कुछ समय के लिए स्थायी नौकरी रहेगी तो ज़्यादा अच्छा है।'

मगनभाई ने कुछ महीने पहले दोबारा शादी कर ली थी। उन्होंने अपनी नौकरी से इस्तीफ़ा दे दिया और मंजू भाभी के साथ मोटैल आकर हमारे साथ रहने लगे। अब घर पर हम ज़्यादा लोग थे, लेकिन काम बाँटने वाले हाथ भी ज़्यादा हो गए थे और दरअसल उनके आने के बाद मेरी ज़िम्मेदारी कम हो गई।

मंजू भाभी के साथ मेरी पटरी बहुत अच्छी बैठी। हम दोनों घर पर और मोटैल में एक दूसरे की मदद करती थीं। एक बार मंजू भाभी ने

मुझसे कहा, 'नीता, कुछ लोग हम दोनों को साड़ी पहने देखकर चले जाते हैं। यह अच्छी बात नहीं है। हमें इस बारे में कुछ करना चाहिए।'

'लेकिन हम क्या कर सकती हैं?'

'एक समाधान है। हम अमेरिकी औरतों की तरह पाश्चात्य पोशाक पहन सकती हैं।'

मैं सदमे में आ गई और घबरा गई। यह मेरे लिए सचमुच बड़ा क़दम था। लेकिन फिर हमने इसे तर्कसंगत साबित किया।

हम परदेस में रह रहे थे। अगर वहाँ की संस्कृति में घुलने–मिलने के लिए हमें अपनी कुछ आदतें बदलनी पड़ें, तो उसमें कोई हर्ज़ नहीं था। हम अब भी उन चीज़ों में भारतीय परंपराएँ निभा रहे थे जो सबसे ज़्यादा मायने रखती थीं। हम अब भी घर पर अपनी मातृभाषा बोलते थे, अपनी क़िस्म का भोजन करते थे और सबसे महत्त्वपूर्ण, हमारे जीवनमूल्य अब भी भारतीय थे। इसलिए इससे दरअसल कोई फ़र्क़ नहीं पड़ता था कि हम कैसे कपड़े पहनते थे।

जब हम दोनों ने पहली बार पाश्चात्य परिधान पहने तो मुझे यह पता नहीं था कि मगनभाई की प्रतिक्रिया क्या थी, लेकिन मेरे पति निश्चित रूप से सदमे में थे। मैं सोचती हूँ कि इन्हें यह विचार बहुत ज़्यादा पसंद नहीं आया, लेकिन मैंने ज़्यादा ध्यान नहीं दिया और आगे भी ऐसा ही करती रही।

धीरे–धीरे हमें अहसास हुआ कि मंजू भाभी का सुझाव बहुत अच्छा था। उन दिनों जब कोई अमेरिकी मोटैल में आता था और एक पारंपरिक भारतीय महिला को स्वागत काउंटर पर देखता था, तो वह हैरान रह जाता था। कुछ लोग इस विचार के साथ तालमेल नहीं बैठा पाते थे और तुरंत उल्टे पाँव लौट जाते थे।

लेकिन परिधान बदलने से फ़र्क़ पड़ा था। वे अंदर आते थे, हमसे बात करते थे और कमरे को देखने के बाद ही निर्णय लेते थे। इससे हमारा भी आत्मविश्वास बढ़ गया था।

मंजू भाभी और मैं दोनों ही युवा महिलाएँ थीं, लेकिन हम मोटैल को

आत्मविश्वास से सँभाल रही थीं। हमें कभी कोई बुरा अनुभव नहीं हुआ, सिवाय एक मौक़े के।

एक रात मैं स्वागत काउंटर पर बैठी थी। चंपक भी मेरे साथ वहीं पर था। एक गुंडा दिखने वाला अश्वेत आदमी अंदर आया और कमरों के बारे में पूछताछ करने लगा। जब मैं उसके सवालों के जवाब दे रही थी, तभी उसने अचानक रिवॉल्वर निकालकर मेरी तरफ़ तान दी। मैं स्तब्ध रह गई।

वह चिल्लाया, 'मुझे सारे पैसे दे दो।' दहशत में आकर मैंने उसे कैश बॉक्स थमा दिया।

चंपक मेरी ओर देख रहा था। वह डरा हुआ था और एक पल के लिए उसे कुछ नहीं सूझा कि वह क्या करे। लेकिन जब उसने उस आदमी को कैश बॉक्स लेकर जाते देखा, तो वह चिल्लाया और उसके पीछे दौड़ा। मैं काँप रही थी। *अगर उस आदमी ने चंपक पर गोली चला दी, तो क्या होगा?* मैं चीख़ने लगी। बवाल मच गया। वह आदमी भागा। चंपक उसके पीछे भागा। हमारे चीख़ने के कारण बाक़ी लोग उठ गए और देखने आए कि क्या हो रहा था। लेकिन तब तक बहुत देर हो चुकी थी। उस समय तक वह आदमी अपनी कार में बैठकर भाग चुका था।

इस घटना के बाद हमें अहसास हुआ कि हम इस कारोबार में किस ख़तरे का सामना कर रहे थे। मामले पर बातचीत करने के बाद निर्णय लिया गया कि स्वागत काउंटर पर बैठने वाले व्यक्ति की रक्षा करने के लिए एक बुलेट प्रूफ़ ग्लास पार्टिशन लगाया जाए।

दलपतभाई पटेल

कुछ ग्राहक कमरे के किराए पर मोल-भाव करते थे, जबकि कुछ लोग विनम्रता से डिस्काउंट का आग्रह करते थे। मैंने धीरे-धीरे यह ताड़ना सीख लिया कि कौन सा व्यक्ति सच बोल रहा था और सचमुच ज़्यादा किराया नहीं चुका सकता था। ऐसे मामलों में मैं उसे डिस्काउंट दे देता था।

इसके दो कारण थे – एक, कमरा ख़ाली रहने के बजाय इसे

कम किराए पर उठाना बेहतर था, और दूसरा, इस तरह मैं कारोबार को ज़्यादा नुक़सान पहुँचाए बिना एक ज़रूरतमंद इंसान की मदद कर सकता था।

हममें से प्रत्येक ने कारोबार में अपने विचारों का योगदान दिया। सभी विचारों से हमें फ़ायदा हुआ और धीरे-धीरे हमारा व्यवसाय सफल हो गया।

जल्द ही हमारी 'इम्पीरियल इन' की भारी सफलता की ख़बर पूरे देश के गुजराती समुदाय में फैल गई। कई पटेल और शाह परिवार हमारा मोटैल देखने आए। इनमें न सिर्फ़ हमारे मित्र और रिश्तेदार थे, बल्कि अनजान गुजराती भी थे जो हमारे कारोबार चलाने के तरीक़े को देखने और हमसे सलाह लेने आए थे।

हमने हर एक का स्वागत किया। वे हमारे साथ रहते थे, खाते-पीते थे और मोटैल देखते थे। लेकिन इसके अलावा, हमने यह सोच रखा था कि हम विस्तार से इस बारे में बताएँगे कि हम इस कारोबार में क्यों और कैसे आए, इसके अच्छे और बुरे बिंदु क्या हैं आदि। हम मोटैल को सफलतापूर्वक चलाने के रहस्य दूसरों को बताने में कभी नहीं हिचकिचाए।

पहले एक गुजराती, फिर दूसरा, फिर तीसरा, धीरे-धीरे कई गुजराती पुराने, ख़स्ताहाल मोटैल्स ख़रीदने लगे और उन्हें चलाने लगे।

इस दौरान मगनभाई ने रियल एस्टेट एजेंट का काम भी शुरू कर दिया था, इसलिए उन्होंने गुजरातियों को कुछ बहुत अच्छे सौदे दिला दिए। अगर किसी के पास पर्याप्त पूँजी नहीं होतो थी तो हम उसकी आर्थिक मदद भी करते थे। हम उस मदद को नहीं भूले थे जो हमारे मित्रों ने हमें शुरुआत में दी थी। अब उसी तरह दूसरों की मदद करने की हमारी बारी थी।

लोग अक्सर ताज्जुब करते हैं : गुजराती कारोबार में इतने सफल क्यों होते हैं?

उनकी सफलता की कुंजी आसान शब्दों में ये है : संकल्प, कड़ी मेहनत, सीखने की इच्छा और उनकी व्यावहारिक नीति। लेकिन सबसे बढ़कर, सबसे महत्त्वपूर्ण है कारोबार को सफल बनाने में एक-दूसरे की

मदद करने की उनकी इच्छा।

कारोबार शुरू करने का निर्णय लेते समय मगनभाई ने मुझसे कहा था, 'दलपत, हम दोनों ही उच्च शिक्षित हैं और निश्चित रूप से हमें अच्छी नौकरियाँ मिल जाएँगी। लेकिन हमारे दो अन्य भाई भी हैं, जो इतने शिक्षित नहीं हैं। अगर हम उनकी और उनके परिवारों की मदद करना चाहते हैं तो हमें किसी कारोबार में उतरना होगा और उसे फैलाना होगा।'

उनकी बात सोलह आने सच थी। जैसे ही हमारा 'इम्पीरियल इन' अच्छी तरह चलने लगा, हमने सबसे पहले अपने भाइयों को, फिर अपने भतीजों को अमेरिका बुलवा लिया। उन्होंने बदले में यहाँ आने और बसने में दूसरों की मदद की। धीरे-धीरे उन सभी ने अपने ख़ुद के मोटैल ख़रीद लिए। उन्हें तो बस शुरुआती मददगार हाथ की ज़रूरत थी। एक बार जब यहाँ उनके क़दम जम गए तो उन सभी ने अपने ख़ास विचार आज़माए, पहल की और अपने दम पर सफल हुए। हम आज गर्व से दावा कर सकते हैं कि हमने अपनी सफलता सिर्फ़ ख़ुद तक सीमित नहीं रखी। हमारा पूरा परिवार आज कुल मिलाकर 65 मोटैल्स का मालिक है।

एक मशहूर भारतीय संत ने कहा था, 'अगर हम हाथ पकड़ते हैं और मिलकर काम करते हैं तो सफलता की राह आसान हो जाती है।'

हम गुजरातियों ने इस कहावत पर अमल किया है और उनकी बात को सही साबित किया है।

इतने वर्षों में हमने मानव व्यवहार के असंख्य पहलू देखे और मानवता के अमूल्य सबक़ सीखे।

एक बहुत महत्त्वपूर्ण चीज़ जो मैंने सीखी थी, वह यह थी कि संवाद करना और लोगों तक पहुँचना उतना ही आवश्यक था जितना कि व्यावहारिक बनना और अच्छा कारोबारी बोध रखना।

एक ट्रक ड्राइवर थका-हारा मोटैल में आता था और तुरंत बेहतर महसूस करने लगता था, जब उसका स्वागत गर्मजोशी भरी मुस्कान और

कुछ दोस्ताना शब्दों जैसे 'हाय। आप कैसे हैं?' से किया जाता था।

बुजुर्ग अतिथि भी अच्छा महसूस करते थे, जब हम उनसे बात करते थे और उनके हाल–चाल पूछते थे।

एक बार अतिथियों को यह अहसास हो गया कि मोटैल के कमरे साफ़, वाजिब दाम पर और अच्छी हालत में रहते हैं, और स्टाफ़ परवाह करने वाला, दोस्ताना तथा खुली मानसिकता वाला है, तो वे हमारे वफ़ादार ग्राहक बन गए और हमेशा हमारे ही मोटैल में आकर ठहरते थे। इससे भी कहीं अधिक महत्त्वपूर्ण बात यह थी कि वे अपने मित्रों और परिजनों के सामने हमारी तारीफ़ करते थे। इस मौखिक प्रचार से हमारे ग्राहकों की संख्या बढ़ने लगी।

ज़ाहिर है, इस सबके अलावा हमने उस इलाक़े की कई फ़ैक्ट्रियों, कंपनियों, बिज़नेस हाउज़ेस आदि से संपर्क किया और उनके सामने इम्पीरियल इन के बारे में प्रेज़ेन्टेशन दिए। हमने उनके सामने लुभावने डिस्काउंट और अन्य सुविधाओं का प्रस्ताव रखा।

इस सबसे मोटैल के स्थायी विकास में योगदान निला और हमें अतिथियों की कभी कमी नहीं पड़ी।

मुझे इतने बरसों में हज़ारों लोग मिले हैं। हर एक को याद रखना संभव नहीं है, लेकिन कुछ हैं जिन्हें मैं कभी नहीं भूल सकता।

मुझे एक युवा दंपति ख़ास तौर पर याद है जो अपने छोटे बेटे के साथ मोटैल में रहने आए थे। युवक इंजीनियर था। वे दोनों ही भारत में लखनऊ के कुलीन 'नवाब' परिवार के थे। वे कई महीनों तक हमारे मोटैल में रहे, क्योंकि उस वक़्त अपना मकान ख़रीदने की उनकी हैसियत नहीं थी।

पति सुबह जल्दी काम पर चला जाता था। पत्नी को छोटा बच्चा सँभालने में मुश्किल आती थी। जब पति के ऑफ़िस से लौटने का समय होता था तो वह घबरा उठती थी। वह नीता से कहती थी, 'मुझे समझ ही नहीं आ रहा है कि क्या करूँ। नवाब साहब 6 बजे आ जाएँगे और मुझसे पूछेंगे कि मैंने डिनर में क्या पकाया है। लेकिन मैं नहीं जानती कि उनसे क्या कहूँ। मैं उनके लिए कुछ भी नहीं बना पाई।

नीता ने उससे पूछा, 'तुमने कुछ क्यों नहीं बनाया?'

बेचारी लड़की रुआँसी हो गई। 'मैं अपने बेटे की देखभाल करते–करते ही बुरी तरह थक जाती हूँ। वैसे सच बात तो यह है कि मुझे खाना पकाना आता ही नहीं है। मैं एक सामंती परिवार की हूँ जहाँ परिवार के जितने सदस्य थे, उससे ज़्यादा नौकर थे। एक कप चाय बनाने की बात तो छोड़ दें, मैंने कभी अपनी चाय का कप उठाकर सिंक में नहीं रखा है। पिताजी ने सोचा था कि अमेरिका में रहने वाला इंजीनियर मेरे लिए बहुत अच्छा रिश्ता रहेगा। उन्हें यह कहाँ पता था कि हमें यहाँ नौकरों की तरह काम करना पड़ेगा और हर चीज़ ख़ुद करनी पड़ेगी? खाना पकाना, सफ़ाई करना, बर्तन धोना और किराना ख़रीदना।' वह अपने आँसुओं को नहीं रोक पाई। वह सुबकने लगी, 'मेरी ज़िंदगी बर्बाद हो गई।'

मैंने ये शब्द उसके मुँह से कम से कम पचास बार सुने होंगे और उनका मुझ पर अमिट प्रभाव पड़ा। यह सच है कि अमेरिका आने वाले कई लोग इसे स्वर्ग मानते हैं और यहाँ पहुँचने के बाद उनका मोहभंग हो जाता है।

उन्हें यह अहसास ही नहीं होता कि अमेरिका अवसरों का देश है। लेकिन उन अवसरों का अधिकतम लाभ उठाना, कड़ी मेहनत करना और यहाँ अपना ख़ुद का स्वर्ग बनाना हमारे हाथ में है। जो लोग यह समझते हैं, वे यहाँ ख़ुशी–ख़ुशी रहने में समर्थ होते हैं।

चूँकि इंटरस्टेट 95 हाइवे इम्पीरियल इन के क़रीब था इसलिए उत्तर और दक्षिण अमेरिका के बहुत से लोग हमारे मोटैल में आते थे। उत्तर के न्यू इंग्लैंड राज्यों से आने वाले अधिकतर लोग समृद्ध, अमीर, श्वेत अमेरिकी होते थे। वे आम तौर पर कमरे के किराए के बारे में मोल–भाव नहीं करते थे। दूसरी ओर, टैम्पा, फ्लॉरिडा, न्यू ऑरलीन्स जैसे दक्षिणी हिस्सों से आने वाले लोग उतने अमीर नहीं होते थे। वे कमरे के किराए के बारे में बहुत मोल–भाव करते थे।

वे पूछते थे, 'किराया इतना ज़्यादा क्यों है? थोड़ा तो कम करो।' उनकी माँगों को मानना हमेशा संभव नहीं होता था। ऐसे मौक़ों पर वे ग़ुस्से में आ जाते थे या चुभने वाली बातें कहने लगते थे। 'मैं आपसे पूरे मोटैल का किराया नहीं पूछ रहा हूँ। मैं तो सिर्फ़ एक कमरे का किराया

जानना चाहता हूँ।'

आख़िरकार मैं भी उन्हीं की भाषा में बोलने लगा, 'अगर आप एक कमरे का किराया नहीं दे सकते, तो पूरे मोटैल के बारे में बात क्यों करते हैं?' अगर कोई मूर्ख नहीं दिखना चाहता, तो कई बार इंसान को उसी की भाषा में समझाना पड़ता है।

कई बार कुछ अतिथि सचमुच गुस्सा हो जाते थे। 'यह तो खुले आम डकैती है।'

कई बार दृश्य ख़तरनाक हो जाता था। 'तुम इस देश में रहना चाहते हो, है ना?' मैं आम तौर पर ऐसी उत्तेजक बातों पर प्रतिक्रिया नहीं करता था।

लेकिन एक बार यह बर्दाश्त से बाहर हो गया।

दक्षिण का एक अश्वेत व्यक्ति आया और उसने कमरे के बारे में पूछा। मैंने कहा 'माफ़ करें। सारे कमरे भरे हैं।'

वह गुस्सा हो गया और चिल्लाने लगा, 'तुम मुझे कमरा देने से इसलिए इंकार कर रहे हो क्योंकि मैं अश्वेत हूँ। यह भेदभाव है और क़ानून के ख़िलाफ़ है। मैं इसके बारे में पुलिस से शिकायत करूँगा।'

मैंने अपना हाथ उसके हाथ के बग़ल में रखा और उसे शांत करने की कोशिश की, 'मेरी त्वचा का रंग देखो। यह तुम्हारे जितनी ही काली है। मैं तुम्हारे रंग के कारण तुम्हारे प्रति भेदभाव क्यों करूँगा? अगर तुम्हें मेरी बात पर यक़ीन नहीं है तो रजिस्टर उठाकर ख़ुद देख लो। वाक़ई कोई कमरा ख़ाली नहीं है।' लेकिन वह सुनने के मूड में ही नहीं था। वह ज़ोर–ज़ोर से चिल्लाने लगा और मुझे कोसने लगा। आख़िर मैंने आपा खो दिया और मैं भी उसके जितनी ही तेज़ आवाज़ में चिल्लाया, 'यहाँ से दफ़ा हो जाओ। अगर तुमने एक शब्द और कहा तो मैं पुलिस बुला लूँगा।' मेरे तमतमाते हुए चेहरे को देखकर वह चला गया। बाद में नीता ने मुझसे कहा, 'तुम उस पर इस तरह क्यों चिल्लाए? अगर वह पगला जाता और तुम पर हमला कर देता, तो क्या होता?'

उसकी बात सही थी। अमेरिका में ऐसी घटनाएँ अक्सर सुनने

में आती हैं, जहाँ बहस का अंत गोलियों से होता है। ऐसा भी हुआ है, जब मोटैल मालिकों पर हमला किया गया है या उन्हें गोली मारी गई है। सौभाग्य से मैं सुरक्षित बच गया।

सारे अतिथियों को मोटैल के रजिस्टर में अपना नाम, पता, संपर्क विवरण, पेशा आदि लिखना होता है। लेकिन इसकी पुष्टि किसी तरह नहीं की जा सकती। इसलिए, हम अक्सर अख़बार में पढ़ते हैं या टीवी पर देखते हैं कि मोटैल में हत्या या कोई दूसरा अपराध हो गया है। मोटैल्स अवैध संबंधों में गोपनीय मिलन के लिए भी काफ़ी सुविधाजनक रहते हैं।

कोई भी मोटैल मालिक इस बात पर पूरा नियंत्रण नहीं रख सकता कि उसके मोटैल के कमरों में क्या होता है। वह तो बस यह प्रार्थना कर सकता है कि कोई बुरी घटना न हो। मैं भी इसका अपवाद नहीं था। लेकिन मेरी सारी प्रार्थनाओं के बावजूद ऐसी एक घटना हो गई।

एक बार जर्मन मूल के एक श्वेत अमेरिकी परिवार ने मोटैल में एक कमरा लिया। वह सेना में अफ़सर था। परिवार उत्तर में अच्छी छुट्टियाँ मनाने के बाद वॉशिंगटन लौट रहा था। सुबह पति बच्चों के साथ बाहर गया। जब वह लौटा तो पत्नी कमरे में नहीं थी। बाथरूम बंद था और अंदर शॉवर चलने की आवाज़ सुनाई दे रही थी। उसने आवाज़ लगाई, 'रूथ, हम लोग लौट आए हैं।' उसने कुछ समय तक इंतज़ार किया, लेकिन इसके बाद भी जब पत्नी बाहर नहीं आई तो पति दरवाज़ा ठोंकने लगा। लेकिन कोई जवाब नहीं मिला।

आख़िरकार वह मदद माँगने के लिए स्वागत काउंटर पर आया। नीता दौड़कर गई और उसने मास्टर चाबी से दरवाज़ा खोल दिया। टब में महिला की लाश पड़ी थी।

कितना बुरा झमेला था! डॉक्टर, पुलिस, कठोर सवाल–जवाब।

आख़िर लाश को पोस्टमॉर्टम के लिए भेज दिया गया। पुलिस ने मोटैल के स्टाफ़ से ढेर सारे सवाल पूछे और हमें भी अच्छी तरह रगड़ा। सेना का अफ़सर अपने बच्चों के साथ चला गया। उस महिला की मृत्यु दुर्घटना थी या फिर आत्महत्या? हमें इसका कभी पता नहीं चल पाया। और हमने पता लगाने की कोशिश भी नहीं की। दुखद सत्य यह था कि

हमारे मोटैल में एक महिला की जान चली गई थी।

हमने सोचा, सबसे अच्छा यह रहेगा कि हम इस सच्चाई को स्वीकार कर लें और बात वहीं पर ख़त्म कर दें। घटना धीरे–धीरे मेरी स्मृति से धुँधली होती गई, लेकिन मैं बच्चों के चेहरों पर सदमे के भाव को नहीं भूल सकता और मुझे अब भी 'माँ' की उनकी करुण आवाज़ें याद हैं। इस तरह की यादें मुझे हमेशा विचलित कर देती हैं।

एक व्यक्ति था, जो आया तो अतिथि के रूप में, लेकिन धीरे–धीरे परिवार का सदस्य बन गया। उस व्यक्ति का नाम था पीटर दादा। हमने 1 जुलाई 1970 को इम्पीरियल इन ख़रीदी थी हमें 15 दिन का प्रशिक्षण देने के बाद पुराने मालिक चले गए। लेकिन पीटर रुके रहे। पीटर हमारे आने के 6 महीने पहले से मोटैल में रह रहे थे। वे सेना के रिटायर्ड अफ़सर थे और वियतनाम युद्ध से लौटे थे। उस वक्त एक कमरे का किराया प्रति दिन 9 डॉलर था। लेकिन चूँकि पीटर स्थायी अतिथि थे इसलिए वे अपने कमरे के लिए हर सप्ताह 35 डॉलर का ख़ास किराया देते थे।

जब नीता, चेतन और मैं मोटैल में रहने लगे तो सबसे पहले चेतन की पीटर के साथ दोस्ती हुई। धीरे–धीरे हम सभी उन्हें अच्छी तरह जानने–पहचानने लगे और वे हमारे पीटर दादा बन गए। पीटर अमेरिकन यहूदी थे मगर हमारे साथ बरसों की मित्रता के चलते वे गुजराती सीख गए।

वे गुजराती खाने से प्रेम करने लगे और हमारे रीति–रिवाज़ों तथा परंपराओं को समझने लगे। जब भी वे मुझे देखते थे तो अपने अमेरिकी लहज़े में बोलते थे 'जय श्रीराम, दलपत।' कई बार मैं उन्हें छेड़ देता था, 'आप कितने समय तक अकेले रहेंगे, पीटर? शादी कर लें।'

वे जवाब देते थे, 'क्यों? मुझसे छुटकारा पाना चाहते हो? लेकिन मैं ज़िंदगी भर यहीं रहूँगा, जब तक कि मर न जाऊँ।' और उनके शब्द सच हो गए। मेरे बाक़ी तीन भाई और मैं अपने परिवारों के साथ 24 साल तक मोटैल में रहे। फिर 1994 में हम सभी ने पास में ही मकान बना लिए और धीरे–धीरे उनमें रहने चले गए, लेकिन पीटर मोटैल में ही रुके रहे। उनकी उम्र अब 85 साल थी और वे शायद ही कभी बाहर जाते थे।

हम उनकी ज़रूरत की हर चीज़ उन्हें लाकर दे देते थे। जब उन्हें

अपनी तबियत ठीक नहीं लगती थी तो कई बार वे ख़ुद मिलिट्री अस्पताल चले जाते थे। हम हर दिन अस्पताल में उनसे मिलने जाते थे। जब उनकी सेहत ख़राब होने लगी तो डॉक्टरों ने उनसे पूछा, 'क्या आप चाहते हैं कि हम आपके परिवार को ख़बर कर दें?'

उन्होंने जवाब दिया, 'दलपत पटेल और उसका परिवार ही मेरा इकलौता परिवार है। उन्हें बुला दें।'

नीता और मैं तब चेतन से मिलने वॉशिंगटन गए हुए थे। जैसे ही हमें फ़ोन पर ख़बर मिली हम तुरंत अस्पताल पहुँच गए। पीटर ने मेरा हाथ अपने हाथ में लिया और अपनी आख़िरी साँस ली।

हम शोक में डूब गए और उसी तरह सुबकने लगे मानो हमने अपने परिवार का कोई क़रीबी सदस्य खो दिया हो।

मैं ही था, जिसने उनके शव पर दावा किया। उन्होंने दाहसंस्कार की इच्छा व्यक्त की थी इसलिए हमने यही करने का निर्णय लिया। उन्हें पारंपरिक सैन्य सलामी दी गई। मैं ही था, जिसने विद्युत शवदाहगृह के बटन को दबाया और अपने प्रिय मित्र को अलविदा किया।

मैं अब इस विचार का आदी होता जा रहा था कि पीटर दादा अब हमारे साथ नहीं हैं, तभी एक दिन मुझे उनके वकील का फ़ोन आया। पीटर ने एक वसीयत लिखी थी जिसमें उन्होंने लिखा था, 'मेरे बैंक ख़ाते का सारा पैसा दलपत पटेल को दे देना। दलपत उस पैसे से जो चाहे करने के लिए स्वतंत्र है। मुझे यक़ीन है कि उसका निर्णय हमेशा सही होगा।'

मैं सहज बोध से जान गया कि पीटर उस पैसे से क्या करना चाहते होंगे। इसलिए मैंने उनके नाम से विभिन्न समाजसेवा संगठनों को वह पैसा दान दे दिया। आज पीटर इस संसार में हमारे बीच नहीं हैं। लेकिन वे हमारे दिल के क़रीब हैं और उनके दान की बदौलत वे मृत्यु के बाद भी ज़रूरतमंद लोगों की मदद कर रहे हैं।

मोटैल ख़रीदने के बाद कई बरसों तक मैं दिन भर नौकरी करता रहा और रात को कारोबार भी सँभालता रहा। हर सुबह मैं अपनी

औपचारिक पोशाक पहनता था और ऑफ़िस जाने के लिए ट्रेन पकड़ता था। ट्रेन में मैं लगातार उन सारी चीज़ों के बारे में सोचता रहता था, जो मुझे ऑफ़िस में करनी थीं, जैसे मीटिंग्स में जाना, पुल संबंधी विवरण, ग्राहकों के साथ इसकी समीक्षा करना, ख़ास प्रौजेक्ट्स की डेडलाइन पूरी करना आदि।

ट्रेन से लौटते समय भी मैं लगातार सोचता रहता था, लेकिन इस बार यह उन चीज़ों के बारे में होता था जो मुझे मोटैल में करनी होती थीं, जैसे लॉन काटना, कमरा नंबर 5 का टीवी ठीक करना और कमरा नंबर 25 में हीटर सही करना आदि।

यह दोहरी ज़िम्मेदारी मैंने ख़ुद ओढ़ी थी इसलिए मैं किसी से शिकायत नहीं कर सकता था। चाहे यह कितना ही थकाने वाला हो, लेकिन इसे करना लाज़िमी था।

1974 में पैट्रोल के दाम बढ़ गए और अमेरिका मंदी की चपेट में आ गया। कारोबार मंदा हो गया। लोगों की नौकरियाँ चली गईं। एक दिन मुझे भी भयावह पिंक स्लिप यानी बर्ख़ास्तगी की पर्ची मिल गई। आम तौर पर जिस व्यक्ति को पिंक स्लिप मिलती है, वह टूट जाता है, लेकिन सच कहूँ तो मैंने राहत महसूस की। अब तक हम दो मोटैल्स के मालिक बन चुके थे और अपना कारोबार फैलाने के बारे में सोच रहे थे। इसलिए दरअसल नौकरी छोड़ने और पारिवारिक कारोबार पर पूरा ध्यान केंद्रित करने के लिए यह अच्छा समय था।

तीन महीने बाद मुझे कंपनी ने दोबारा बुलाया। मैं गया तो सही, लेकिन इस बार नियमित कर्मचारी के रूप में नहीं, बल्कि अनुबंध के आधार पर। क्योंकि इस बार मेरी प्राथमिकता स्पष्ट थी। मेरा चुना हुआ करियर मोटैल मालिक का था और मुझे इसमें सफल होना था। मैंने समय-समय पर इंजीनियरिंग के काम इसलिए करने का फ़ैसला किया, ताकि उस क्षेत्र से संपर्क बना रहे और मेरा ज्ञान बर्बाद न हो। लेकिन मुझे अब ख़ुद को मूलतः मोटैल मालिक के रूप में साबित करना था।

1970 में हमारे पहले मोटैल इम्पीरियल इन को ख़रीदने के बाद हमने कई दूसरे मोटैल्स ख़रीदे। इनमें से कुछ हमने बेच दिए और कुछ ख़ुद सँभालते रहे। चूँकि मगनभाई ने रियल एस्टेट एजेंट का काम शुरू कर दिया था इसलिए हमने कई प्लॉट्स वाजिब दामों पर ख़रीदे और बाद में उन्हें अच्छे मुनाफ़े पर बेचा।

हमारे पूरे परिवार – भाई, भतीजे, साले और चचेरे भाई – को मिला लें, तो अब हम 60 से अधिक मोटैल्स के मालिक हैं। हमारा धंधा चमक रहा है। हम सभी आरामदेह जीवन जी रहे हैं। लेकिन आरामदेह जीवन से संतुष्ट रहना मेरी फ़ितरत में नहीं है। इसलिए मैं किसी नई चुनौती के लिए कुलबुला रहा था।

क़िस्मत की बात, इसी समय के आस–पास मैंने स्थानीय सांसद द्वारा आयोजित एक राजनीतिक सभा में हिस्सा लिया। वहाँ न्यू जर्सी स्टेट के मैन्सफ़ील्ड टाउनशिप के संदर्भ में बहुत से मुद्दों, समस्याओं, नीतियों पर चर्चा हुई।

मीटिंग के बाद चाय पर अनौपचारिक बातचीत होने लगी। सांसद ने मुझसे कहा, 'मिस्टर पटेल, आप पिछले 30 साल से अमेरिका में रह रहे हैं। आप इस देश के सम्मानित और ज़िम्मेदार नागरिक हैं। मैं सोचता हूँ कि अब आपको सामाजिक और राजनीतिक परिदृश्य में सक्रियता से भागीदारी करनी चाहिए।'

मैं हैरान था। मुझे कुछ नहीं सूझा कि इस बात का क्या जवाब दूँ। 'देखिए, आप जो कह रहे हैं वह सही है, लेकिन...'

उसने अंदाज़ा लगा लिया कि मैं क्या कहने वाला था, 'मिस्टर पटेल, आपको इस बात पर ज़्यादा ध्यान नहीं देना चाहिए कि आप अमेरिकी मूल के नहीं हैं या आप यहाँ अल्पसंख्यक समुदाय के हैं। देखिए, आज अमेरिका जो भी है उन सभी परदेसियों की बदौलत है, जो अलग–अलग देशों से यहाँ आए और जिन्होंने इसे अपना घर बनाया। और जहाँ तक इस बात का प्रश्न है कि आप अल्पसंख्यक समुदाय के हैं, तो ज़रा बताएँ कि अगर आपके समुदाय का कोई व्यक्ति स्थानीय राजनीति में शामिल नहीं होता है, तो आप अपने समुदाय के विचारों,

समस्याओं तथा मुद्दों को सरकार तक और लोगों तक कैसे पहुँचाएँगे?'

मैं उनके शब्दों से प्रभावित हुआ। 'अगर यह बात है तो मैं स्थानीय राजनीति और सामाजिक संगठनों से जुड़ना पसंद करूँगा। लेकिन क्या आप बता सकते हैं कि मुझे यह काम कैसे करना चाहिए?'

उन्होंने मुझे सलाह दी, 'आपके कस्बे में स्कूल बोर्ड के चुनाव होने वाले हैं। आप स्कूल बोर्ड में चुने जाने की कोशिश क्यों नहीं करते? इससे आपको काफ़ी अच्छा अनुभव हो जाएगा कि स्थानीय संस्थाएँ कैसे काम करती हैं।'

मैं इस नए विचार को अपने दिमाग़ से नहीं निकाल पाया। सांसद की बात सही थी। लेकिन क्या मेरे लिए चुनाव जीतना संभव होगा?

मैन्सफ़ील्ड टाउनशिप में बॉर्डेनटाउन और कोलंबस को मिलाकर 5 छोटे कस्बे हैं। जनसंख्या मूलतः किसानों की है, जिनमें से 99 प्रतिशत श्वेत एंग्लो–सैक्सन हैं। अश्वेत व्यक्ति या भारतीय या अन्य एशियाई लोग न के बराबर हैं। ऐसे में मैं यहाँ से जीतने की उम्मीद कैसे कर सकता था?

मैंने घर पर नीता और बच्चों से इस बारे में बातचीत की। चेतन और अंजू मेरे पास आकर बोले, 'पापा, आपको चुनाव लड़ना चाहिए। हम आपके चुनाव अभियान में मदद करेंगे।' जब मैंने अपनी शंकाएँ ज़ाहिर कीं तो चेतन ने कहा, 'मैं समझता हूँ पापा, आप क्या कहना चाहते हैं। आप भारत से यहाँ आने वाली पहली पीढ़ी के हैं। यहाँ लगभग 30 साल रहने के बाद भी आप कई बार ख़ुद को बाहरी समझते हैं। लेकिन हमारा मामला अलग है। हम यहीं पैदा हुए हैं और यहीं पले–बढ़े हैं। क्या आपको यहाँ स्कूल में मेरा पहला दिन याद है? मैं सभी श्वेत बच्चों में साँवली चमड़ी का इकलौता बच्चा था। शुरुआत में उनमें से कुछ मुझे ताना मारते हुए कहते थे, "अरे ओ भारतीय बच्चे।" लेकिन बहुत जल्द ही उन्होंने मुझे अपने जैसा मान लिया। अंजू और मैं दोनों ही महसूस करते हैं कि हम शत–प्रतिशत इस कस्बे, स्कूल और देश के हैं।'

मैंने जवाब दिया, 'तुम सही कह रहे हो। लेकिन चुनाव तुम नहीं लड़ रहे हो। चुनाव तो मैं लड़ रहा हूँ।'

चेतन और अंजू दोनों अपनी बात पर अड़े रहे। 'पापा, आपको चुनाव लड़ना चाहिए। हम ख़ुद अपने स्कूल के सभी साथियों से मिलेंगे और आपका प्रचार करेंगे। हमें विश्वास है कि आप ज़रूर जीतेंगे।'

नीता भी यही चाहती थी। बच्चों का उत्साह संक्रामक था। मैंने यह करने का फ़ैसला किया और चुनाव का फ़ॉर्म भर दिया। यह कस्बे में चर्चा का सनसनीख़ेज़ विषय बन गया। 'दलपत पटेल। भारतीय मूल का आदमी स्थानीय स्कूल बोर्ड की सीट का चुनाव लड़ रहा है।'

चुनाव में सिर्फ़ 15 दिन बचे थे। चेतन और अंजू मेरे चुनाव अभियान के मैनेजर बन गए। वे दोनों ही चुनाव प्रचार को लेकर बहुत उत्साहित थे और अपने मित्रों के साथ उन्होंने इसमें ख़ुद को पूरी तरह झोंक दिया। हमने लोगों में बाँटने के लिए क़ागज़ पर विज्ञापन छपवाए। हमने सड़कों पर लगाने के लिए साइन बोर्ड बनाए। चेतन और उसके मित्रों ने ये बोर्ड पूरे कस्बे में लगा दिए। मैं लोगों से जाकर मिलने लगा और उनका वोट माँगने लगा।

हमें बहुत से उपहास का भी सामना करना पड़ा। कुछ लोग हमारे हाथ से बनाए साइन बोर्ड का मखौल उड़ाते थे, जबकि बाक़ी मज़ाक़ में कहते थे, 'तो मिस्टर पटेल। हमने सुना है कि आप प्राइमरी और हाई स्कूल दोनों ही बोर्ड्स की सीटों के लिए चुनाव लड़ रहे हैं। ऐसा लगता है कि आपके पास काफ़ी ख़ाली समय है।'

लेकिन मैंने हर एक को धैर्य और ईमानदारी से जवाब दिया, 'मुझे पता नहीं था कि दोनों सीटों पर चुनाव लड़ना सामान्य बात नहीं है। यह पहला मौक़ा है जब मैं कोई चुनाव लड़ रहा हूँ। इसलिए मेरे प्रचार अभियान में ग़लतियाँ होना तय है, लेकिन हमने इन्हें जान–बूझकर नहीं किया है। और मैं आपको एक चीज़ का विश्वास दिलाता हूँ : अगर मुझे इस पद के लिए चुना जाता है तो मुझे जो भी ज़िम्मेदारियाँ सौंपी जाएँगी, मैं उन सभी में उम्मीदों पर खरा उतरने की पूरी कोशिश करूँगा।'

प्राइमरी स्कूल बोर्ड के लिए 5 प्रतिस्पर्धी थे जिनमें से 3 चुने जाने थे, जबकि हाई स्कूल बोर्ड के लिए 3 प्रतिस्पर्धी थे जिनमें से एक चुना जाना था।

आख़िर चुनाव का दिन 15 अप्रैल 1997 आ ही गया। जब मैं अपना वोट डालने के बाद घर लौटा तो मैंने अपने सभी मित्रों और परिचितों को फ़ोन करके उन्हें वोट डालने की याद दिलाई। वोटिंग के लिए सिर्फ़ 30 मिनट का समय बचा था, जब मैंने अपने पड़ोसी को फ़ोन किया। 'जॉर्ज! क्या तुम्हें याद है आज स्कूल बोर्ड का चुनाव है? क्या तुम वोट डाल आए?'

वह चिल्लाया, 'अरे नहीं। मैं बिलकुल भूल गया था। लेकिन मरियम और मैं तुरंत जा रहे हैं। फ़ोन करने के लिए धन्यवाद।'

वोटिंग ख़त्म हो गई और जब आख़िरकार चुनाव परिणामों की घोषणा हुई तो पता चला कि मुझे प्राइमरी स्कूल बोर्ड में सिर्फ़ 2 वोट के अंतर से चुन लिया गया था।

उस रात पटेल परिवार में ज़बर्दस्त जश्न मनाया गया। बच्चों के मित्र, मगनभाई और परिवार के दूसरे सदस्य तथा कुछ क़रीबी मित्र मुझे बधाई देने आए। सभी लोगों के विदा होते–होते बहुत देर हो गई। मैं बिस्तर पर लेटकर सोने की कोशिश कर रहा था, तभी मेरे दिमाग़ में आया कि मैं जिन वोटों की वजह से जीता था वे दो निर्णायक वोट जॉर्ज और मरियम के होंगे। अगर यह मामला है तो मैं इसलिए जीता क्योंकि मैंने वह आख़िरी फ़ोन किया था।

मुझे स्कूल बोर्ड की पहली मीटिंग वाले दिन अहसास हुआ कि मेरी यह छोटी विजय हमारे कस्बे के बाशिंदों के लिए कितनी महत्त्वपूर्ण थी। जब मैं मंच पर अपनी कुर्सी पर बैठा तो मैंने देखा कि सभागृह खचाखच भरा था।

वास्तव में, बैठने के लिए पर्याप्त जगह न होने के कारण कई लोग पीछे खड़े हुए थे।

मेरे बग़ल में बैठा बोर्ड का सदस्य मेरे कान में फुसफुसाया, 'यह पहली बार हुआ है कि यहाँ मंच पर कोई ग़ैर–श्वेत 'विदेशी' बैठा है। हर कोई आज यहाँ आपको देखने और आपकी बात सुनने आया है।'

इससे मैं काफ़ी तनाव में आ गया। लेकिन मैंने एक गहरी साँस ली और अपना भाषण शुरू कर दिया।

मैंने हर एक को समर्थन के लिए धन्यवाद देकर बात शुरू की और इसके बाद कहा, 'मेरे पिताजी भारत में एक छोटे से गाँव के शिक्षक थे। बड़ा परिवार होने और ज़्यादा तनख़्वाह न होने के बावजूद उन्होंने हममें शिक्षा का महत्त्व कूट-कूट कर भरा था। यह उनके साधनों से परे था लेकिन उन्होंने मुझे और मेरे भाई को इंजीनियरिंग कॉलेज भेजा। वे हमेशा कहते थे, "शिक्षा एक ऐसा ख़ज़ाना है जो किसी को बाँटने से नहीं घटता है और इसे कोई आपसे छीन नहीं सकता।" शिक्षा के महत्त्व के साथ ही मैं गाँधीजी के सत्य और अहिंसा के सिद्धांतों में भी दृढ़ता से विश्वास करता हूँ। मेरे पिताजी ने गाँधीजी के सत्याग्रह आंदोलन में हिस्सा लिया था और उनकी संतान होने के कारण हम भी गाँधीजी के सिद्धांतों के अनुयायी हैं।'

'तीसरी और सबसे महत्त्वपूर्ण बात मैं यह कहना चाहूँगा कि मैं इस कस्बे के प्रति ऋणी हूँ, जिसने मुझे और मेरे परिवार को स्वीकार किया। मैं इस ऋण से मुक्त होने के लिए अपनी सामर्थ्य की हर चीज़ करूँगा। मैं यहाँ पिछले 25 साल से रह रहा हूँ और इस कस्बे ने मेरे परिवार तथा मुझे बहुत कुछ दिया है। मैं अब अपने इस कस्बे को कुछ लौटाने के लिए अपनी पूरी क्षमता से काम करना चाहता हूँ।'

इसके बाद जो करतल ध्वनि हुई वह लोगों के अनुमोदन का प्रतीक थी।

मीटिंग आधी रात तक चली और मुझे अहसास हुआ कि भविष्य में मुझे स्कूल में काफ़ी समय देना होगा।

मुझे प्राइमरी स्कूल बोर्ड द्वारा तीन ज़िम्मेदारियाँ सौंपी गई थीं : पाठ्यक्रम, बजट और स्कूल की नई इमारत। तीनों ही मुद्दे मेरे दिल के बहुत क़रीब थे इसलिए मैंने ख़ुद को उत्साह के साथ काम में झोंक दिया।

स्कूल की नई इमारत के मामले में सिविल इंजीनियर की मेरी शिक्षा और अनुभव से बहुत मदद मिली। मैंने सुनिश्चित किया कि हमें सबसे वाजिब दामों पर सबसे अच्छा कच्चा माल मिले। मैं व्यक्तिगत रूप से निर्माण कार्य में गुणवत्ता नियंत्रण की निगरानी करता था।

धीरे-धीरे मैंने बोर्ड के दूसरे सदस्यों का विश्वास जीत लिया। अगले वर्ष न सिर्फ़ मुझे हाई स्कूल बोर्ड के लिए चुना गया बल्कि वाइस

प्रेसिडेन्ट भी बना दिया गया।

स्कूल के एक समारोह में स्कूल की प्रिंसिपल ने मेरे योगदान की भारी प्रशंसा करते हुए कहा, 'दलपत पटेल बहुत मेहनती और ईमानदार इंसान हैं। उन्होंने स्कूल बोर्ड के सदस्य की अपनी ज़िम्मेदारी उत्कृष्ट अंदाज़ में निभाई हैं। वास्तव में, मैं यह कहने में नहीं हिचकूँगी कि वे हमारी टाउनशिप के मेयर बनने के सच्चे हक़दार हैं और अगर वे मेयर बनते हैं तो इससे हमारे समुदाय को बहुत फ़ायदा होगा।'

इस अवसर के कुछ समय बाद एक शाम को मैं घर पर अकेला था, तभी एक अप्रत्याशित आगंतुक मुझसे मिलने आया। उसे हमारी काउंटी की डैमोक्रैटिक पार्टी की चेयरपर्सन ने भेजा था।

उसने मुझसे पूछा, 'मिस्टर पटेल, आप डेमोक्रैटिक पार्टी के समर्थक हैं, है ना?'

मैंने जवाब दिया, 'हाँ, यह सही है।'

'पार्टी की तरफ़ से हम आपसे एक प्रस्ताव पर विचार करने का आग्रह करते हैं : हम चाहते हैं कि इस साल टाउनशिप चुनाव में आप डैमोक्रैटिक पार्टी के अधिकृत उम्मीदवार बनकर चुनाव लड़ें।'

मैं हैरान था। स्कूल बोर्ड का सदस्य बनना एक बात थी लेकिन टाउनशिप का चुनाव लड़ना बिलकुल ही दूसरी बात थी। यह समाज सेवा से सीधे राजनीति में कूदना था।

'कृपया इस बारे में मुझे सोचने का समय दें। मैं आपको दो–तीन दिन में अपना निर्णय बता दूँगा।'

वह उत्साह बढ़ाने वाली मुस्कान देते हुए बोला, 'अपना समय लें। लेकिन मैं आपको सच–सच बता दूँ कि हम हाँ की उम्मीद कर रहे हैं।'

उसके जाने के बाद भी मुझे इस पर यक़ीन नहीं हो रहा था। थोड़ी देर बाद मगनभाई घर आए, इसलिए मैंने उन्हें सारी घटना बता दी।

उन्होंने कहा, 'दलपत, क्या कोई डैमोक्रैटिक उम्मीदवार कभी मैन्सफ़ील्ड टाउनशिप चुनाव में जीता है? यह सच है कि हम हमेशा

डैमोक्रैटिक उम्मीदवार को वोट देते हैं, लेकिन हमारे वोट बेकार जाते हैं। यह तो रिपब्लिकन पार्टी है जिसका सिक्का इस इलाक़े में चलता है और टाउनशिप कमिटी के लिए हमेशा श्वेत रिपब्लिकन्स ही चुने जाते हैं।'

मैं जानता था कि उनकी बात सही है। मैं बोला, 'मैं यह बात जानता हूँ। लेकिन दो कारण हैं जिनकी वजह से मैं इस प्रस्ताव पर ध्यान देना चाहूँगा – एक, स्कूल बोर्ड के मामले में मैं श्वेत रिपब्लिकन्स के वर्चस्व को तोड़ने में सफल रहा था, है ना?'

'और दूसरा कारण यह है कि डैमोक्रैटिक पार्टी के सदस्यों ने ख़ुद मुझे चुनाव लड़ने का न्योता दिया है। इससे पता चलता है कि उन्हें कम से कम मुझ पर थोड़ा भरोसा तो है।'

मगनभाई ने अपना सिर हिलाया। 'नहीं, नहीं। मैं तो सोचता हूँ कि इस साल उन्हें चुनाव लड़ने के लिए कोई दूसरा नहीं मिला, इसीलिए उन्होंने तुम्हें बलि के बकरे के रूप में चुना है। कोई भी फ़ैसला करने से पहले बहुत सावधानी से सोच लेना।'

बच्चे हमारी बातें सुन रहे थे। अब चेतन ने अपनी बात शुरू कर दी, 'मगन काका, आपकी बात में दम है। लेकिन पापा भी तो ग़लत नहीं हैं।'

मगनभाई हँसने लगे। 'सच्चे नेता की तरह बोल रहे हो। ठीक है, चेतन अब तुम अपने दिल की बात बोलो। तुम इस बारे में क्या सोचते हो?'

चेतन बहुत दृढ़ था, 'मैं ज़ोर देकर कहता हूँ कि पापा को डैमोक्रैटिक पार्टी के उम्मीदवार के रूप में यह चुनाव निश्चित रूप से लड़ना चाहिए। यह महत्त्वपूर्ण नहीं है कि वे जीतते हैं या हारते हैं। लेकिन यह चुनाव लड़ना पापा के लिए ख़ुद को साबित करने का एक और अवसर होगा।'

अंजू और माया उसकी कही बात से सहमत थे। उन्होंने मुझे आश्वस्त किया, 'आपका प्रचार अभियान हमारी ज़िम्मेदारी है।'

अंत में मगनभाई ने कहा, 'मैंने तुम्हें अपनी राय दे दी है। ज़ाहिर है, यह कहने की ज़रूरत नहीं है कि अगर तुम इस पद के लिए चुनाव लड़ने का फ़ैसला करते हो तो मैं तुम्हें पूरा समर्थन दूँगा। मैं तुम्हारी जीत

सुनिश्चित करने के लिए हर संभव प्रयास करूँगा और मेरा वोट निश्चित रूप से तुम्हें ही मिलेगा।'

हमारी अनौपचारिक मुलाक़ात इस सकारात्मक और गर्मजोशी के अंदाज़ पर ख़त्म हुई और अगले दिन ही मैंने चुनाव का फ़ॉर्म भर दिया।

डैमोक्रैटिक पार्टी के कार्यकर्ताओं ने मुझे पूरे समर्थन और सहयोग का आश्वासन दिया।

चेतन और उसके मित्रों के समूह ने उत्साह के साथ चुनाव प्रचार शुरू कर दिया। इस बार मेरे मित्र शिवराज गोहिल को मेरे प्रचार अभियान का मैनेजर बनाया गया। डॉ. प्रभाकर पटेल तथा एक और पुराने मित्र आर्थर पूलियो उनके सहायक थे।

आर्थर के पुरज़ोर समर्थन के पीछे एक ख़ास कारण था। वह इतालवी मूल का था। वह श्वेत चमड़ी वाले यूरोपीय की तरह दिखता था। वह इस इलाक़े में पिछले 37 साल से रह रहा था और किसान था। लेकिन इसके बाद भी स्थानीय श्वेत एंग्लो-सैक्सन बाशिंदे उसे 'अल्पसंख्यक विदेशी' समझते थे। एक बार वह भी टाउनशिप का चुनाव लड़ चुका था। लेकिन हर किसी ने मिलकर यह सुनिश्चित किया था कि वह न जीत पाए। इसलिए इस बार मुझे चुनाव जिताने में उसकी ख़ास रुचि थी।

टाउनशिप चुनावों में दो दौर होते हैं : शुरुआती और अंतिम।

सौभाग्य से, शुरुआती दौर में मेरे विरोध में कोई नहीं था इसलिए मुझे निर्विरोध चुन लिया गया।

सच्चा इम्तहान तो अंतिम दौर का चुनाव था। टाउनशिप चुनावों के अंतिम दौर पूरे अमेरिका में नवंबर के दूसरे मंगलवार को होते हैं। चुनावों से पहले प्रचार अभियान की झड़ी लग जाती है।

चेतन और उसके मित्रों ने क़ागज़ के विज्ञापन और पोस्टर छपा लिए। वे स्थानीय बाशिंदों को विज्ञापन ख़ुद जाकर बाँटने लगे और कस्बे के प्रमुख स्थानों पर पोस्टर लगाने लगे।

मुझे इस बात का आश्चर्य था कि डैमोक्रैटिक पार्टी के कार्यालय

से मुझे कोई मदद नहीं मिली। आख़िर मैं अपनी काउंटी की डैमोक्रैटिक पार्टी की चेयरपर्सन से मिलने गया। यह एक महिला थी। उसने मुझे बहुत स्पष्टता से बता दिया, 'मुझसे किसी मदद की उम्मीद मत करना। दरअसल मैं तो आपको वोट भी नहीं दूँगी।'

मेरे पास कहने के लिए कुछ बाक़ी नहीं था। 'ठीक है, अगर यही आपकी मर्ज़ी है।'

लेकिन उसकी बात अभी ख़त्म नहीं हुई थी। जब मैं निकल रहा था तो उसने चिल्लाकर कहा, 'मिस्टर पटेल, आपके जीतने की रत्ती भर भी संभावना नहीं है।' इसके बाद भी वह बुदबुदाती रही, 'इसमें हैरानी की कोई बात नहीं है। मैं यहाँ पिछले 27 साल से रह रही हूँ, मैं श्वेत हूँ, लेकिन फिर भी मुझे स्थानीय लोगों द्वारा अब तक स्वीकार नहीं किया गया है। तो आपके पास जीतने का कोई मौक़ा ही नहीं है।'

उस पल मुझे मगनभाई के शब्द याद आए। उनकी बात सही थी। मुझे बलि का बकरा बनाया गया था। लेकिन नाराज़ होने के बजाय मैं मन ही मन हँस दिया। और मैंने निर्णय लिया कि चाहे चुनाव का परिणाम जो भी हो, मैं अपना सर्वश्रेष्ठ प्रयास करूँगा।

मेरे विरोधी ग्लैडॉक थे, जो हमारे समुदाय के समृद्ध विद्युत कॉन्ट्रैक्टर थे। वे अपनी जीत और मेरी हार सुनिश्चित करने के लिए जमकर तैयारी कर रहे थे। न सिर्फ़ वे अमीर और शक्तिशाली थे बल्कि उनके पास अनुभवी चुनाव प्रचार प्रबंधकों की टीम के समर्थन व सलाह का लाभ मौजूद था।

अगर हम किसी सड़क पर एक पोस्टर लगाते थे तो उनके दस पोस्टर तुरंत मेरे पोस्टर को ढँक लेते थे। यहाँ तक कि हमारे मोटैल के चारों ओर का इलाक़ा भी उनके विशाल पोस्टरों से ढँका हुआ था।

जब वे स्थानीय बाशिंदों से मिलने जाते थे तो वे ज़ोर देकर कहते थे, 'मिस्टर पटेल एक विदेशी हैं। मैं इसी टाउनशिप का निवासी हूँ। मैं अपने समुदाय की समस्याओं को समझता हूँ और उन्हें ज़्यादा अच्छी तरह सुलझाने में कामयाब रहूँगा।'

इस सबके बावजूद मैंने अपना मानसिक संतुलन बनाए रखा और अपने तरीक़े से चुनाव प्रचार करता रहा। मैंने लोगों से वोट माँगा और उन्हें आश्वस्त किया कि अगर मुझे चुना जाता है तो मैं ईमानदारी से काम करूँगा और अपनी सबसे अच्छी कोशिश करूँगा। लेकिन मैंने कभी ग्लैडॉक को नीचा दिखाने या उनकी कमियों के बारे में बात करने की कोशिश नहीं की।

अमेरिका में किसी चुनाव का मुख्य हिस्सा हमेशा सार्वजनिक बहस होती है।

यह एक खुली बैठक होती है जिसमें उम्मीदवारों को अपना दृष्टिकोण व्यक्त करने का अवसर दिया जाता है। ग्लैडॉक और मैं प्रचार अभियान के दौरान तीन बार आमने–सामने आए।

इन बहसों की बहुत ज़्यादा तैयारी की जाती है।

बहुत सारा शोध किया जाता है : आँकड़े और संख्याएँ, बड़े मुद्दों पर लोकप्रिय राय, मतदाताओं की समस्याएँ और आवश्यकताएँ आदि। एक बार जब सारे आँकड़े सामने आ जाते हैं तो इसके बाद संभावित प्रश्नों के संभावित जवाब और प्रतिक्रियाएँ अच्छी तरह तैयार करनी होतो हैं।

गोहिल इस सारी तैयारी के प्रभारी थे। बहस के दौरान वे मेरे बग़ल में बैठते थे ताकि मुझे संकेत दें या ज़रूरत पड़ने पर मेरी मदद करें।

मुझे लोगों के ऐसे सवालों की बमबारी का सामना करना पड़ा था :

'मिस्टर पटेल, हम जो टैक्स चुकाते हैं उसे कम करने के लिए आप क्या करेंगे?'

मेरा जवाब था, 'टाउनशिप कमिटी का बजट और ख़र्च निश्चित होता है। बहरहाल, मैं ख़र्च कम करने की कोशिश करूँगा और इस तरह लोगों पर बोझ कम कर दूँगा क्योंकि तब उन्हें कम टैक्स देने पड़ेंगे। यदि मुझे चुना गया तो मैं इस पर अमल करने का अपना सर्वश्रेष्ठ प्रयास करूँगा।'

'मिस्टर पटेल, इलाक़े की सुरक्षा को बेहतर बनाने के लिए आपके दिमाग़ में कौन से क़दम हैं?'

मेरा जवाब था, 'हमारा शहर दरअसल काफ़ी सुरक्षित और शांत है। जो थोड़े–बहुत अपराध इस इलाक़े में होते हैं वे देश के दूसरे हिस्सों से आने वाले बाहरी लोगों द्वारा किए जाते हैं। मैं इस समस्या का प्रतिकार करने के लिए पुलिस से बाहरी लोगों पर ज़्यादा क़रीबी निगाह रखने और हमारे इलाक़े में अपराधों की संख्या कम करने का आग्रह करूँगा।'

एक बार मुझसे 'ग्रीन एकर' के बारे में सवाल पूछा गया। चूँकि मैं उसके बारे में ज़्यादा नहीं जानता था इसलिए मैंने यह बात स्वीकार कर ली और ईमानदारी से कहा, 'माफ़ करें, लेकिन मैं इस मुद्दे के विवरण नहीं जानता।'

ग्लैडॉक और मेरे बीच की बहस के विस्तृत विवरण ट्रेन्टन टाइम्स में प्रकाशित होते थे, जो उस इलाक़े का प्रतिष्ठित अख़बार था। एक बार अख़बार में मुझ पर एक लेख छपा जिसमें कहा गया था, 'श्री दलपत पटेल भारतीय लहज़े में अँग्रेज़ी बोलते हैं लेकिन उनके शब्द हमेशा प्रासंगिक और विचारोत्तेजक होते हैं। श्री पटेल बहुत योग्य और बुद्धिमान हैं। और सबसे अहम बात, वे ईमानदार व संजीदा हैं। हमारे लोकप्रियता सर्वे के परिणाम बताते हैं कि श्री पटेल के जीतने की अच्छी संभावना है, भले ही यह जीत कम अंतर से हो।'

इस उत्साहवर्धक लेख ने हमारे दल के हौसले बुलंद कर दिए और हमने अतिरिक्त उत्साह के साथ ख़ुद को प्रचार अभियान में झोंक दिया। भले ही जीत की गारंटी नहीं थी लेकिन कम से कम अब आशा की किरण तो दिख रही थी।

ट्रेन्टन टाइम्स में यह लेख जिस दिन प्रकाशित हुआ, उसके अगले ही दिन मुझसे एक व्यक्ति मिलने आया। वे डैमोक्रैटिक पार्टी के मिस्टर रॉकवेल थे। वे सीधे मुद्दे पर आए। 'मिस्टर पटेल, मुझे आपको डैमोक्रैटिक पार्टी की तरफ़ से एक संदेश देना है। आपसे आग्रह किया जाता है कि आप अपना नाम वापस ले लें।'

एक पल के लिए मैं स्तब्ध रह गया। लेकिन फिर मैंने अपनी बुद्धि का इस्तेमाल किया और पूछा, 'क्यों? क्या कारण है?'

'हमारे दिमाग़ में एक बेहतर उम्मीदवार है।'

मैं नहीं जानता था कि इस बारे में हँस दूँ या नाराज़ होऊँ। पार्टी ने मेरे नाम का सुझाव तब दिया था जब उन्हें विश्वास था कि मैं हार जाऊँगा। लेकिन जब मेरे जीतने की संभावना बन गई थी तो उन्हें एक 'बेहतर' उम्मीदवार मिल गया था! मैं राजनेताओं की अस्थिर मानसिकता के बारे में जानता तो था लेकिन इतनी खुली चालबाज़ी देखकर मुझे सदमा लगा।

मैं एक पल के लिए ख़ामोश रहा और फिर मैंने शांति से पूछा, 'मिस्टर रॉकवेल, आपका यह "बेहतर" उम्मीदवार इतने समय से कहाँ था?'

वे आश्चर्य में पड़ गए और उन्हें समझ नहीं आया कि क्या कहें।

मैंने आगे कहा, 'मुझे अफ़सोस है। लेकिन अब मैं नहीं हटने वाला। मैं पार्टी का अधिकृत उम्मीदवार हूँ और शुरुआती दौर में जीत चुका हूँ। अब मैं निश्चित रूप से अंतिम दौर में चुनाव लड़ूँगा।'

रॉकवेल बिना कोई शब्द कहे वहाँ से चले गए।

मैंने हाथ के काम पर ध्यान केंद्रित किया। जब चुनाव क़रीब आया तो मैंने लोगों से सीधा संपर्क शुरू कर दिया। मैं अपने समर्थकों के साथ उनके घर गया। हमारा स्वागत विभिन्न प्रतिक्रियाओं से हुआ।

कुछ लोग हमारी बात सुनने का समय निकालते थे।

बाक़ी दरवाज़ा भी नहीं खोलते थे।

चुनाव के कुछ दिन पहले हमारे घर धमकियों वाले फ़ोन भी आने लगे लेकिन हमने उन्हें नज़रअंदाज़ करने का फ़ैसला किया।

वोटिंग के पहले वाली शाम को डैमोक्रैटिक पार्टी की चेयरपर्सन ने मुझे अपने निवास पर बुलवाया। मैंने सोचा, अब क्या हो गया। जब मैं पहुँचा, तो वे बोलीं, 'मिस्टर पटेल, मैंने प्रचार अभियान में आपकी मदद करने के लिए कुछ नहीं किया। लेकिन मैं आपको यह जानकारी भी देना चाहती हूँ कि मैंने आपके प्रचार अभियान को नुक़सान पहुँचाने के लिए भी कुछ नहीं किया। मैंने आज आपको यहाँ यह बताने के लिए बुलाया है कि पार्टी के दूसरे लोग चाहे जो सोचें, मेरा परिवार और मैं कल आपको ही वोट देंगे।'

'धन्यवाद मैडम,' मैंने कहा और चला आया।

जब मैंने आर्थर को यह घटना बताई तो उसने मुझे सावधान किया, 'उसके शब्दों पर बहुत ज़्यादा विश्वास मत करना। उसके पास तुम्हें वोट देने के अलावा कोई चारा ही नहीं है। अगर पार्टी को पता चल गया कि उसने रिपब्लिकन उम्मीदवार को वोट दिया है, तो उसे पार्टी से निकाल दिया जाएगा।'

लेकिन मैं मुस्कुरा दिया। 'वह किसी भी कारण ऐसा कर रही हो, मुझे तो इस बात की ख़ुशी है कि कल मुझे उसके परिवार के 6 वोट मिल जाएँगे।'

यह चुनाव का दिन था। मैं जल्दी उठ गया, तैयार हुआ, प्रार्थना की और नीता के साथ वोट देने चल दिया।

पूरा दिन बहुत रोमांचक था। मेरे समर्थक मतदान की प्रक्रिया पर क़रीबी निगाह रख रहे थे, मतदाताओं को आख़िरी मिनट तक फ़ोन करके उन्हें याद दिला रहे थे और वोट देने का आग्रह कर रहे थे।

मतदान 8 बजे समाप्त होना था और इसके बाद मतगणना शुरू होनी थी।

मैंने नीता से कहा, 'जो लोग आज रात यहाँ आएँगे, उनमें से हर एक के लिए बटाटा वड़ा और कोई मिठाई बना देना।'

ग्लैडॉक भी अपनी तैयारी कर रहे थे। उन्हें अपनी जीत का पूरा विश्वास था। चूँकि वे इलैक्ट्रिकल कॉन्ट्रैक्टर थे, इसलिए उन्होंने अपने पूरे घर को रोशन कर दिया था और चुनाव के बाद की पार्टी की सारी तैयारियाँ कर ली थीं। शराब, भोजन, संगीत, हर चीज़ तैयार थी।

रात को चेतन ने फ़ोन करके बताया, 'पापा, आप दो वार्ड में आगे चल रहे हैं।'

तनाव अब चरम पर पहुँच गया था।

आख़िर चेतन ने आधी रात के बाद फ़ोन करके ऐलान किया, 'पापा, बधाई। आप जीत गए।'

फ़ोन की घंटी रात भर बजती रही और लोग मुझे बधाई देने आते रहे। नीता और मंजू भाभी ने सैकड़ों बटाटा वड़े बनाए। इस दौरान स्टीव ग्लैडॉक का घर अँधेरे में डूबा रहा।

अगली सुबह जल्दी ही आर्थर पूलियो नाचता हुआ और ट्रेन्टन टाइम्स की प्रति लहराता हुआ हमारे घर आया। अगर वह ख़ुद जीतता तो भी इससे ज़्यादा ख़ुश नहीं हो सकता था। उसकी ख़ुशी संक्रामक थी और मैं भी खुलकर मुस्कुरा दिया। मैंने उसके हाथ से अख़बार लिया और पहले पन्ने की मुख्य ख़बर पढ़ने लगा : डैमोक्रैटिक पार्टी के उम्मीदवार मिस्टर दलपत पटेल, जो भारतीय मूल के हैं, कल टाउनशिप का चुनाव जीत गए और उन्हें डाले गए मतों में 61 प्रतिशत प्राप्त हुए। जब हमारे रिपोर्टर ने उनका साक्षात्कार लिया तो मिस्टर पटेल ने कहा, "मैं चुनाव जीतने पर बहुत ख़ुश हूँ। साथ ही, मैं उस ज़िम्मेदारी के बारे में जागरूक भी हूँ जो अब मुझे उठानी है। मैन्सफ़ील्ड टाउनशिप के लोगों ने मुझ पर भरोसा दिखाया है। मैं अब उनके सामने यह साबित करने का सर्वश्रेष्ठ प्रयास करूँगा कि उन्होंने सही फ़ैसला किया है।"

मैंने आर्थर को यह ख़बर दिखाई और कहा, 'अब असल इम्तहान शुरू होता है।' आर्थर ने मुझसे हाथ मिलाया और मुझे आश्वस्त किया, 'मुझे ज़रा भी शंका नहीं है कि आप जल्द ही उन्हें सही साबित कर देंगे।'

सौभाग्य से, आर्थर के शब्द सच निकले।

इस तीन साल की अवधि में मैंने बहुत कड़ी मेहनत की। ज़ाहिर है, इन तीन सालों में हर चीज़ सुचारु ढंग से नहीं हुई। कमिटी के दो सदस्य खुलकर मेरे ख़िलाफ़ थे और वे मेरे हर सुझाव का डटकर विरोध करते थे। एक बार तो नौबत यहाँ तक आ गई कि उनमें से एक ने अख़बार में लेख छपवा दिया कि मिस्टर पटेल विश्वसनीय नहीं हैं।

लेकिन मैंने अपने दिमाग़ को ठंडा रखा और प्रतिशोध में कुछ नहीं किया। मैंने मीटिंग में अपने तर्क शांति से रखे।

यह आर्थर था, जो आगबबूला था। 'आपको उस पर भेदभाव के लिए दावा ठोंक देना चाहिए।' भेदभाव अमेरिका में एक गंभीर अपराध है।

लेकिन मैं मामले को आगे नहीं खींचना चाहता था। 'उसे एक दिन अपनी ग़लती का अहसास हो जाएगा। और अगर न भी हो, तब भी मैं चाहूँगा कि मेरे काम ख़ुद बोलें और साबित कर दें कि मैंने सही निर्णय लिया था।'

इस घटना की ख़बर ट्रेन्टन टाइम्स में छपी। दूसरा गाल सामने करने की मेरी नीति के कारण मुझे 'टाउनशिप गाँधी' का ख़िताब दे दिया गया। मैं गाँधीजी की जन्मस्थली में पैदा हुआ था। मैं गाँधीजी के उपदेशों पर हज़ारों मील दूर परदेस में अमल कर सकता था और दूसरों को उन पर विश्वास करने के लिए राज़ी कर सकता था, यह तथ्य गाँधीजी के सिद्धांतों की महानता का प्रमाण है।

अपने काम की विश्वास जगाने वाली शक्ति में मेरी आस्था सही साबित हुई, क्योंकि जनवरी 2001 में मुझे टाउनशिप मेयर चुन लिया गया।

इस बार मैं सचमुच ख़ुश और संतुष्ट महसूस कर रहा था। अमेरिकी अख़बारों की सुर्ख़ियों ने टाउनशिप के पहले गुजराती मेयर के चुनाव का स्वागत किया, जबकि भारत के गुजराती अख़बारों ने गर्व से इसी ख़बर की घोषणा की : 'मालेकपुर ना दलपतभाई अमेरिका न्यू जर्सी मा मेयर बन्या हता।'

जिस दिन मुझे मेयर पद की शपथ लेनी थी उस दिन टाउनशिप हॉल खचाखच भरा था। हमारे समुदाय के बहुत ज्ञानी और सम्मानित व्यक्ति श्री हरेन भाई पटेल मुझे शपथ दिलाने के लिए ख़ास तौर पर आए थे।

गणेश जी की पूजा करने के बाद हरेन भाई ने मुझे आशीर्वाद दिया और कुछ मूल्यवान सलाह दी, 'हमेशा गणेश भगवान के आदर्श को अपने दिमाग़ में रखना। उनकी तरह अपने कान बड़े रखना। इसका मतलब है हर व्यक्ति की बात सावधानी से और धैर्य से सुनना तथा ज़्यादा से ज़्यादा जानकारी हासिल करना। लेकिन इस ज्ञान का उपयोग द्वेष, दुर्भावना या चुगली के लिए मत करना। हमेशा इसे गोपनीय रखना। गणेशजी का पेट बड़ा इसलिए है क्योंकि वे सारा ज्ञान संग्रह करके वहीं रखते हैं ताकि उससे किसी को नुक़सान न पहुँचे। याद रहे, ज्ञान का

उपयोग सही समय पर और सही कारण से होना चाहिए। हाथी अपना मुँह तभी खोलता है जब उसे खाने की ज़रूरत होती है। उसी की तरह, तुम्हें भी अनावश्यक रूप से अपना मुँह बहुत ज़्यादा नहीं खोलना चाहिए। मुँह से कम बोलो। अपने कामों को ज़्यादा बोलने दो।'

न सिर्फ़ मैं, बल्कि हरेन भाई की बात सुनने वाला हॉल का हर व्यक्ति उनके शब्दों से प्रभावित हुआ और उनके कहे शब्द सबके दिल को छू गए।

फिर मैंने अपना हाथ भगवद्गीता पर रखकर मेयर पद की शपथ ली। अब मैं मैन्सफ़ील्ड टाउनशिप का मेयर बन गया था।

ज़ोरदार करतल ध्वनि सुनकर मैंने खुद से कहा, 'चलो दलपतभाई। अब तुम्हें काम में जुट जाना चाहिए। कल से तुम्हे एक नई भूमिका निभानी है। तुम्हारे जीवन में एक नया अध्याय शुरू होता है।'

उपसंहार

दलपतभाई मैन्सफ़ील्ड टाउनशिप के लोगों के प्रति अपनी ज़िम्मेदारी को लेकर जागरूक थे, जिन्होंने उन पर, एक विदेशी पर, विश्वास किया था। उन्होंने दलपतभाई पर विश्वास किया था, इसलिए वे उन सबको नीचा नहीं दिखा सकते थे। अब तक, चाहे यह समाज सेवा हो या राजनीति, वे उसमें नौसिखिया नहीं थे। वे तीन साल से टाउनशिप काउंसिल के सदस्य के रूप में काम कर रहे थे और वर्तमान पद के लिए यह अनुभव अमूल्य था।

सबसे पहले तो उन्होंने बजट पर ध्यान केंद्रित किया। उन्होंने अनावश्यक ख़र्च कम कर दिए और कमिटी के दूसरे सदस्यों की सहमति से कई नई योजनाएँ शुरू कीं।

कस्बे की कुछ पुरानी सड़कों का आधुनिकीकरण किया गया। उन्होंने व्यक्तिगत रूप से प्रोजेक्ट का निरीक्षण किया और यह सुनिश्चित किया कि कच्चा माल बेहतरीन गुणवत्ता का हो तथा कई साल चले। कस्बे में नए पार्किंग लॉट्स बनाए गए। बजट का एक प्रमुख हिस्सा अब शिक्षा और खेल को आवंटित किया गया। उन्होंने सुनिश्चित किया कि स्कूलों को सर्वश्रेष्ठ खेल सामग्री, नए खेल मैदान, अच्छी तरह सुसज्जित लाइब्रेरी आदि मिलें।

मैन्सफ़ील्ड टाउनशिप की कुछ समस्याएँ काफ़ी पुरानी थीं : सार्वजनिक जल तंत्र नहीं था, सार्वजनिक निकास तंत्र नहीं था, बहुत कम उद्योग थे आदि।

इन्हें पहले सुलझाने की ज़रूरत थी, क्योंकि तभी इलाक़े में प्रगति हो सकती थी। इलाक़े के पारंपरिक किसान किसी भी नए क़दम का तुरंत विरोध करने लगते थे। आख़िर दलपतभाई को झुकना पड़ा और अपनी पसंद की कुछ आधुनिकीकरण योजनाओं को छोड़ना पड़ा।

कुछ विचारों का किसी ने विरोध नहीं किया। कुछ उतने आदर्श ढंग से नहीं हुए, जितना दलपतभाई चाहते थे। लेकिन उन्होंने निश्चित रूप से एक चीज़ कर दी – उन्होंने लोगों की इस धारणा को ग़लत साबित कर

दिया कि चुना हुआ प्रतिनिधि चुनाव जीतने के बाद अपने सारे आश्वासन भूल जाता है। वे लोगों के सतत संपर्क में बने रहे। वे कहते थे, 'मैं चुनाव जीत गया हूँ, इसका यह मतलब नहीं है कि मैं बॉस हूँ। मैं यहाँ लोगों की सेवा करने के लिए हूँ।' काम के प्रति उनकी विनम्र और ईमानदार नीति हर व्यक्ति को पसंद आई। दलपतभाई ने लोगों के सामने एक नई मिसाल, एक नया आदर्श पेश किया।

मेयर के पास पुलिस कमिश्नर का ओहदा भी होता है, इसलिए इलाक़े में क़ानून–व्यवस्था सुनिश्चित करने की ज़िम्मेदारी उसी की होती है। यह पद सिर्फ़ नाम के लिए नहीं होता।

दलपतभाई का सौभाग्य था कि मैन्सफ़ील्ड काउंटी एक शांत क्षेत्र था, जहाँ अपराध दर तुलनात्मक रूप से कम थी। इसलिए यहाँ का पुलिस बल देश के दूसरे हिस्सों जितना व्यस्त नहीं रहता था। फिर भी, दलपतभाई के कार्यकाल में एक भयंकर घटना हुई, जो इसका अपवाद थी।

साप्ताहिक बाज़ार का दिन था। बहुत सारे किसान और अन्य स्थानीय नागरिक थोक भाव में चीज़ें ख़रीद रहे थे। अचानक पार्किंग लॉट में खड़ी कार से कोई गोली चलाने लगा।

सब लोग दहशत में आ गए और अंधाधुंध भागने लगे। एक आदमी को गोली लग भी गई।

पुलिस को सूचना दी गई और कुछ ही मिनटों में पुलिस के जवान घटनास्थल पर पहुँच गए। दलपतभाई भी जल्दी ही वहाँ पहुँच गए। पुलिस ने इलाक़े को ख़ाली कराया और चारों तरफ़ से कार की घेराबंदी कर ली। पुलिस प्रमुख ने मेगाफ़ोन पर कार में बैठे व्यक्ति से कहा।

'तुम्हें पुलिस ने घेर लिया है। अगर तुम कोई हिंसक काम करते हो, तो हमें गोली चलाने के लिए विवश होना पड़ेगा। अपना हथियार कार के बाहर फेंक दो, दरवाज़ा धीरे–धीरे खोलो, अपने हाथ सिर के ऊपर उठाओ और कार से बाहर निकल आओ। अगर तुम ऐसा करते हो, तो मैं तुम्हें आश्वस्त करता हूँ कि तुम्हें शारीरिक रूप से किसी तरह का नुक़सान नहीं होगा।'

वातावरण में तनाव स्पष्ट था। लेकिन कार में कोई हलचल या ध्वनि नहीं हुई।

कुछ समय बाद पुलिस प्रमुख ने अपने निर्देश दोहराए और इस बार उन्होंने आगे जोड़ दिया, 'यह आख़िरी चेतावनी है।'

आख़िरकार एक हथियार कार से बाहर फेंका गया। सेना की युनिफ़ॉर्म में एक आदमी कार से बाहर उतरा और उसके हाथ सिर के ऊपर थे। हर एक ने राहत की साँस ली। पुलिस वाले उसे गिरफ्तार करने के लिए लपके, तभी अचानक उसने अपनी जेब से एक रिवॉल्वर बाहर निकाला और सिपाहियों पर अंधाधुंध गोली चलाने लगा। पुलिस वालों के साथ धोखा हुआ था। तब तक एक पुलिस वाले को गोली लग चुकी थी। अगले ही पल, पुलिस प्रमुख ने अपना रिवॉल्वर निकाला और उस आदमी पर गोली चला दी, जो तुरंत मर गया।

यह किसी हॉलीवुड फ़िल्म जैसा दृश्य था। सैकड़ों लोग इस घटना के चश्मदीद गवाह थे। लेकिन कहानी यहीं ख़त्म नहीं होती।

मुकदमा टाउनशिप अदालत के सामने गया। अदालत खचाखच भरी थी।

दलपतभाई को मेयर की हैसियत से गवाही देने के लिए बुलाया गया। 'उस आदमी ने बेगुनाह लोगों पर गोली चलाई और उन पर अंधाधुंध गोलीबारी की। पुलिस प्रमुख ने उसे पर्याप्त चेतावनी दी और समर्पण करने का समय भी दिया। लेकिन, उसने समर्पण का बस नाटक किया और फिर पुलिस वालों पर गोली चलाने लगा। एक पुलिस वाला गंभीर रूप से ज़ख़्मी हो गया। त्वरित कार्यवाही की ज़रूरत थी वरना अधिक लोग घायल हो सकते थे या मर भी सकते थे। पुलिस प्रमुख ने मौके की ज़रूरत देखते हुए उस आदमी को गोली मार दी। उन्होंने अपना कर्तव्य प्रशंसनीय ढंग से निभाया। मैं यह सोचकर काँप उठता हूँ कि अगर उस आदमी को समय पर नहीं रोका जाता तो न जाने क्या होता।'

दलपतभाई की गवाही की बदौलत पुलिस विभाग पूरे मामले में किसी भी तरह के दोष से बच गया।

जब दलपतभाई मेयर थे तो एक और आपातकालीन स्थिति सामने आई। यह एक भयंकर बर्फ़ीला तूफ़ान था। मौसम विभाग ने बहुत तेज़ हवाओं के साथ भारी बर्फ़ीले तूफ़ान की भविष्यवाणी की थी। अनुमान था कि कस्बा दो फुट बर्फ़ से ढँक जाएगा।

दलपतभाई टीवी पर मौसम की भविष्यवाणी सुन रहे थे, तभी उनके फ़ोन की घंटी बजी। फ़ोन टाउनशिप मैनेजर का था, 'मिस्टर मेयर, हमें क्या करना चाहिए? क्या हम पूरा कस्बा बंद करा दें? आप क्या सोचते हैं?'

खोने के लिए ज़रा भी वक़्त नहीं था। दलपतभाई ने एक पल में निर्णय ले लिया। उन्होंने कहा, 'पूरे कस्बे को बंद कर दो।'

स्कूल, कॉलेज, दुकानें, कारोबारी संस्थाएँ और ऑफ़िस सभी जगहों को तुरंत बंद करने के आदेश प्रसारित कर दिए गए। हर व्यक्ति से घर लौटने के लिए कहा गया। नतीजा यह हुआ कि जब तूफ़ान आया तो हर व्यक्ति घर पर सुरक्षित था। जब तूफ़ान थम गया तो बर्फ़ को जल्द से जल्द हटाने के लिए युद्ध स्तर पर प्रयास किए गए, उसके बाद ही लोगों को अपने घर की सुरक्षा छोड़ने की अनुमति दी गई।

मैन्सफ़ील्ड काउंटी के मेयर के रूप में अपने तीन साल के अंत में सभी ने दलपतभाई की प्रशंसा करते हुए कहा, 'हमारे मेयर ने अच्छा काम किया है।' मेयर के रूप में उनका कार्यकाल टाउनशिप के लोगों को आज भी याद है।

कोई भी सफलता कुछ स्याह बादलों के बिना पूरी नहीं हो सकती। किसी का भी जीवन पूरी तरह कष्टरहित नहीं हो सकता।

सफलता की राह में कठिनाइयाँ, अप्रत्याशित समस्याएँ, कई बार बाधाओं के अजेय पहाड़ या फिसलन भरे उतार हमेशा होते हैं।

इम्पीरियल इन को ख़रीदे हुए 15 साल हो गए थे। दलपतभाई और मगनभाई ने अपने भाइयों, चचेरे भाइयों और परिवार के कई सदस्यों की अमेरिका में बसने में मदद की थी। दोनों ही संतुष्ट और आर्थिक दृष्टि से अच्छी हालत में थे। लेकिन यह पूर्णतः समर्पित व्यवसायी के लिए ख़तरे का समय होता है। आराम उसे रास नहीं आता। वह हमेशा

नई चुनौतियों की ताक में रहता है। 'आगे क्या?' यह सवाल उसके जेहन में सबसे आगे रहता है।

इसलिए दलपतभाई और मगनभाई नए विकल्प टटोलने लगे। इलाक़े में कई फ़ार्मास्यूटिकल कंपनियाँ थीं। वास्तव में, न्यू जर्सी इस उद्योग के लिए मशहूर है और अमेरिका की 60 प्रतिशत दवाओं का उत्पादन यहीं होता है।

अपने नए कारोबारी अभियान की खोज के दौरान दलपतभाई धीरूभाई सोलंकी से मिले। वह एक फ़ार्मा कंपनी में बहुत ऊँचे पद पर काम कर रहा था। धीरूभाई के साथ कई मुलाक़ातों के बाद मगनभाई और दलपतभाई ने एक निर्णय लिया : वे धीरूभाई की मदद से एक नई कंपनी शुरू करेंगे।

प्रॉडक्ट भी तय हो गया : विटामिन की गोलियाँ। अनुमानित उत्पादन लागत लगभग 40 लाख डॉलर थी। आधी पूँजी पटेल बंधु लगाएँगे और बाक़ी आधी के लिए बैंक से लोन लिया जाएगा। यह एक बिलकुल नए क्षेत्र में एक नया साहसिक उद्यम था।

ज़मीन ख़रीदनी थी, फ़ैक्ट्री बनानी थी। चीज़ें सुचारु रूप से हुईं, जब तक कि वे सबसे महत्त्वपूर्ण अवस्था में नहीं पहुँच गईं : उत्पादन। लेकिन क़िस्मत से यह भी बिना किसी अड़चन के हो गया। कंपनी ने जल्द ही उत्पादन शुरू कर दिया, क्योंकि प्रॉडक्ट की काफ़ी माँग थी।

लेकिन जल्द ही एक बड़ी खेप अस्वीकृत हो गई और कंपनी को लौटा दी गई। सदमे की शुरुआती प्रतिक्रिया के बाद टीम समस्या का समाधान खोजने में जुट गई। मगनभाई ने हर एक को प्रोत्साहित करने की कोशिश में कहा, 'कोई बात नहीं। यह एक नया क्षेत्र है। हम इस तरह की दाँत निकलने वाली समस्याओं का सामना करेंगे।'

किसी को भी यह अहसास नहीं हुआ कि यह तो बस अंत की शुरुआत थी।

पहली समस्या बस हिमखंड का ऊपरी हिस्सा थी। अधिक समस्याएँ सामने आईं, अधिक ग़लतियाँ हुईं। अनुमानित लागत आसमान छूने लगी

और हर चीज़ बेक़ाबू हो गई। पटेल बंधुओं ने अगले तीन साल तक कारोबार को पटरी पर लाने की कोशिश की. लेकिन अंततः इस नतीजे पर पहुँचे कि कंपनी को आगे चलाने के बजाय 40 लाख डॉलर का नुक़सान झेलना बेहतर होगा।

उन्होंने कंपनी धीरूभाई सोलंकी को बेच दी। विडंबना देखें, क़िस्मत धीरूभाई पर मेहरबान हो गई। वे कंपनी का कायाकल्प करने में कामयाब हो गए और आज उनकी कंपनी के प्रॉडक्ट्स पूरी दुनिया में विख्यात हैं। क़िस्मत इसी का नाम है। लेकिन यह कहानी गुजराती समुदाय के कारोबारी बोध को रेखांकित करती है। जहाँ दो गुजराती असफल हो गए, वहीं तीसरे गुजराती ने असफलता को सफलता में बदलने का साहस दिखांया।

जब मैं दलपतभाई के साथ आमने–सामने मुलाक़ात करने बैठी, तो वे मेरी ओर देखकर मुस्कुराए और बोले, 'शोभा बेन, कारोबार में हमेशा उतार–चढ़ाव आते रहते हैं। इस असफलता ने हमें सिखाया कि हमें अपने कारोबार में कौन सी चीज़ दोबारा कभी नहीं करनी चाहिए।'

दलपतभाई और मगनभाई इम्पीरियल इन में 24 साल तक रहे। वे कारोबार और घर दोनों सँभालते रहे। भारत की तरह ही अमेरिका में भी उनका काफ़ी बड़ा संयुक्त परिवार तंत्र है। अमेरिका जैसी भिन्न संस्कृति वाले देश में भी ये सभी लोग 3 बेडरूम के अपार्टमेंट में एक साथ ख़ुशी–ख़ुशी रह रहे थे। मोटैल में एक छत ढँक दी गई थी, ताकि हर कोई लंच के लिए फ़र्श पर एक क़तार में बैठ सके, जैसा कि भारत में होता है। अजीब लगता है, है ना?

धीरे–धीरे जब संयुक्त परिवार का हर व्यक्ति बस गया और उसने अपना ख़ुद का मोटैल तथा मकान ख़रीद लिया, तो लोग अलग होते गए हर एक का धंधा चलने लगा है, यह देखने के बाद आख़िरकार दलपतभाई और मगनभाई ने ख़ुद के लिए विलासिता का सामान ख़रीदा। उन्होंने 4 भाइयों के लिए 4 बड़े बँगले ख़रीदे।

आज दलपतभाई की अगली पीढ़ी मोटैल्स से होटैल्स की ओर चली गई है। उनके बड़े बेटे चेतन वॉशिंगटन में होटैल मालिक के रूप में स्थापित हो चुके हैं।

अगली पीढ़ी का क्या कहना है?

चेतन कहते हैं, 'मैं एक मोटैल में बड़ा हुआ था। वह हमारा घर था। वह हमारा कारोबार भी था। इसलिए मोटैल में किया जाने वाला काम स्वाभाविक रूप से घरेलू कामों की श्रेणी में आता था। बड़े होते समय मैं बस मोटैल और स्कूल को ही जानता था। मैं अपने स्कूल में साँवली चमड़ी वाला पहला भारतीय लड़का था। बाक़ी सभी श्वेत अमेरिकी थे। शुरुआत में मुझे डर लगता था। लेकिन धीरे–धीरे उन्होंने मुझे स्वीकार कर लिया।

फिर मेरी दोहरी ज़िंदगी शुरू हुई।

एक तरफ़ घर पर मेरी भाषा और भोजन 100 प्रतिशत गुजराती थे। मूल्य और रीति–रिवाज़ 100 प्रतिशत गुजराती थे। चूँकि हमारा परिवार संयुक्त था इसलिए मैं बड़ों का सम्मान करता था, दूसरों के साथ तालमेल बैठाता था, कुछ चीज़ों में समझौते करता था। दरअसल नवरात्रि, दीवाली या शादियों में ऐसा महसूस होता था, जैसे हम गुजरात में, भारत में पहुँच गए हों।

दूसरी तरफ़, बाहर स्कूल का संसार पूरी तरह अमेरिकी था। हम ख़ुद को इस संसार का भी हिस्सा महसूस करते थे और इससे समान प्रेम करते थे। लेकिन कई बार इन दोनों संसारों के बीच की खाई को पाटते वक़्त हम दुविधाग्रस्त हो जाते थे। कई चीज़ें थीं, जो हमें अपने अमेरिकी मित्रों की तरह नहीं करने दी जाती थीं। ऐसे मौक़ों पर हमारी पहली प्रतिक्रिया होती थी, "क्यों नहीं?" कई बार हमें जवाब दिया जाता था और कई बार जवाब सिर्फ़ यही होता था, "कोई सवाल नहीं।"

मुझे स्वीकार करना होगा कि ऐसे मौक़ों पर मुझे बड़ों पर बहुत ग़ुस्सा आता था। लेकिन अब जब मुझे अपने परिवार की ज़िम्मेदारी सँभालनी पड़ रही है तो मैं उनके दृष्टिकोण को ज़्यादा अच्छी तरह समझ सकता हूँ। हमारे परिवार के बड़ों ने – मेरे माता–पिता, काका, काकियों आदि ने – हममें अच्छे जीवनमूल्य भरे हैं।

आज मैं गर्व से कह सकता हूँ कि यहाँ पैदा और बड़ा होने वाला

मेरी पीढ़ी का हर व्यक्ति शाकाहारी है। हममें से कोई भी शराब नहीं पीता, सिगरेट नहीं पीता या किसी अन्य दुर्गुण का शिकार नहीं है। हमें कभी उसकी ज़रूरत ही महसूस नहीं हुई। हम अपने धर्म, अपनी संस्कृति का सम्मान करते हैं। हमारे बड़ों ने हमें सिर्फ़ एक ही चीज़ की लत लगाई है। काम।'

चेतन बायोलॉजी में स्नातक हुआ। शुरू मे वह डॉक्टर बनना चाहता था। लेकिन बाद में उसे अहसास हुआ कि उसकी सच्ची दिलचस्पी उसके पिता की तरह ही अतिथि–आधारित उद्योग में थी। चेतन और उसका मित्र अमित दोनों पिछले 14 साल से साझेदार बनकर सफल कारोबार चला रहे हैं। अपने पेशे के बारे में इन दोनों युवाओं के दृष्टिकोण अलग हैं। पहले दलेर उद्देश्य कोई छोटा मोटैल या होटैल ख़रीदना, उसे अच्छी तरह चलाना और अच्छा मुनाफ़ा कमाना था। लेकिन यह सपना इस महत्त्वाकांक्षी युवा पीढ़ी के लिए पर्याप्त नहीं है।

उनका सपना कारोबार को विभिन्न स्तरों पर फैलाने का है : पुराने मोटैल्स या होटैल ख़रीदो, उनका जीर्णोद्धार करो, उन्हें सफलतापूर्वक चलाओ और फिर अच्छे मुनाफ़े पर उन्हें बेच दो। नए होटैल ख़रीदो, उनकी प्रतिष्ठा बनाओ और फिर भारी मुनाफ़े में उन्हें बेच दो। या किसी मशहूर होटैल चेन की फ़्रैंचाइज़ी ले लो और उत्कृष्ट कारोबार करो।

सबसे महत्त्वपूर्ण चीज़ है काम करने के लिए बेहद योग्य पेशेवर लोगों को नियुक्त करना और ख़ुद को सिर्फ़ एक ही कारोबार तक सीमित न रखना। इस तरह, कारोबार बहुत तेज़ी से फैलता है और चीज़ों का सँभालना ज़्यादा आसान होता है।

कोई हैरानी नहीं कि आज पटेल और शाह परिवार अमेरिका में अतिथि कारोबार में से से 55 प्रतिशत के मालिक हैं।

पटेल परिवार की दूसरी पीढ़ी की महत्त्वाकांक्षाएँ बहुत बड़ी हैं। वे संसार को फ़तह करना चाहते हैं। वे अपने सपने साकार करने के लिए किसी भी चुनौती का सामना करने को तैयार हैं।

एक सेल्समैन का जीवन

जयदेव पटेल

पूर्णिमा पटेल

एक दोपहर जब मैं चाय की चुस्कियाँ ले रही थी और आगामी अमेरिकी चुनाव संबंधी ताज़ा ख़बरें पढ़ रही थी, तो मेरे फ़ोन की घंटी बजी।

'हलो, पूर्णि?'

'जय?'

'क्या तुम शाम को घर पर रहोगी?'

'हाँ, मैं रहूँगी। क्यों?'

'एक रिपोर्टर मेरा इंटरव्यू लेने आ रही है और वह तुमसे भी बात करना चाहती है।'

'ठीक है। लेकिन आप भी समय पर घर आ जाना।'

'मैं आ जाऊँगा, लेकिन उससे पहले क्या तुम एक काम कर सकती हो?'

'क्या?'

'क्या तुम मुझ पर प्रकाशित लेखों को निकालकर उसके लिए एक फ़ाइल तैयार कर दोगी?'

'कोई दिक्क़त नहीं! मैं फ़ाइल तैयार कर दूँगी।'

जैसे ही मैंने फ़ोन रखा, मैं काम में जुट गई।

जब से जयदेव को न्यू यॉर्क लाइफ़ इंश्योरैंस कंपनी के सबसे

सफल एजेंट के रूप में चुना गया था, वे लगातार अपने ही रिकॉर्ड तोड़ते जा रहे थे। उनकी अविश्वसनीय उपलब्धियों की वजह से उन पर बहुत कुछ प्रकाशित हुआ था। कई अग्रणी अख़बारों, पत्रिकाओं और जर्नल्स में उन पर लेख छपे थे। मैं गर्वीली पत्नी के रूप में उनमें से प्रत्येक को सँभालकर रखती थी।

मेरे सामने द *वॉल स्ट्रीट जर्नल*, द *टाइम्स ऑफ़ इंडिया* आदि के लेख रखे थे। जब मैंने उन पर निगाह डाली तो मैं उन्हें दोबारा पढ़े बिना नहीं रह पाई।

पहला था द *टाइम्स ऑफ़ इंडिया* में 11 दिसंबर 2006 को छपा लेख। जय का फ़ोटो सामने वाले पेज पर था और उनके बारे में लेख प्रमुखता से प्रकाशित हुआ था।

आज पूरा अमेरिका पटेल समुदाय की बात करता है, जो पूरे देश में मोटैल और होटैल उद्योग का पर्याय बन चुका है। लेकिन पटेल समुदाय की सफलता की कहानी यहीं ख़त्म नहीं होती। श्री जयदेव पटेल ने बीमा के क्षेत्र में ख़ुद के लिए नाम कमाया है। न्यू यॉर्क लाइफ़ इंश्योरेंस कंपनी का यह शीर्ष एजेंट पिछले 30 वर्षों से मिलियन डॉलर राउंड टेबल क्लब का सदस्य है। कंपनी ने उन्हें सर्वोच्च सम्मान देकर सम्मानित किया है और संचालकों के परामर्शदाता मंडल का चेयरमैन नियुक्त किया है। ऐसा इसलिए है क्योंकि पिछले 30 वर्ष में जयदेव पटेल 2.5 अरब डॉलर की पॉलिसियाँ बेच चुके हैं।

फिर 31 अक्टूबर, 2003 के *न्यूज़ इंडिया टाइम्स* के 'बिज़नेस पीपल' कॉलम में जय का फ़ोटो तथा उन पर लेख था।

श्री जयदेव पटेल पिछले 30 वर्षों से न्यू यॉर्क लाइफ़ इंश्योरैंस कंपनी के साथ क़रीबी तौर पर जुड़े रहे हैं और उन्होंने इसकी प्रगति में महान योगदान दिया है। इसलिए उनके सम्मान में एक समारोह ख़ास तौर पर आयोजित किया गया।

न्यूज़ इंडिया टाइम्स के रिपोर्टर ने लिखा था :

न्यू यॉर्क में मैडिसन ऐवेन्यू पर यह न्यू यॉर्क इंश्योरैंस कंपनी का

प्रधान कार्यालय है। आज इस इमारत की लॉबी को सुंदरता से सजाया गया है, जिससे यह किसी भव्य 5 सितारा होटेल के समारोह कक्ष जितनी ही प्रभावशाली दिख रही है : गोल मेज़ें, जिन पर चमचमाते सफ़ेद टेबल क्लॉथ हैं, सुंदर कुर्सियाँ, प्यारे रिबन, सुंदर फूलों की सजावट, चमकते फ़ानूस... एक कोने में बैंड बज रहा है, जबकि स्वरुचिभोज की मेज़ें आमंत्रित करती हैं, जिन पर भारतीय, जापानी और अमेरिकी व्यंजन सजे हुए हैं। माहौल जादुई है।

इस अवसर पर कंपनी के चेयरमैन और सीईओ मिस्टर सीमौर स्टर्नबर्ग ने सम्मानित लोगों को संबोधित किया। मैं 1983 में इस कंपनी में आया था मगर जयदेव उससे भी पहले से इस कंपनी के नंबर वन बीमा एजेंट हैं और आज भी यह ख़िताब उन्हीं के पास है। मुझे यक़ीन है कि जयदेव का नाम सबसे सफल एजेंट के रूप में कंपनी के इतिहास में स्वर्ण अक्षरों में लिखा जाएगा। दरअसल मैं तो गर्व के साथ यहाँ तक कहूँगा, "जय पटेल ही न्यू यॉर्क लाइफ़ हैं।"

तालियों की ज़ोरदार गड़गड़ाहट ने उनके शब्दों का स्वागत किया।

इसके बाद जयदेव पटेल ने न्यू यॉर्क लाइफ़ में अपने 30 वर्ष के सफ़र के बारे में बात की। 'मैं एक केमिस्ट था। जब मैं उस क्षेत्र में स्थायी काम नहीं कर पाया, तो मेरे पास कुछ अतिरिक्त पार्ट–टाइम काम खोजने के अलावा दूसरा विकल्प नहीं था। तब मैंने न्यू यॉर्क लाइफ़ द्वारा दिए गए अवसर को लिया और बीमा एजेंट के रूप में काम करने लगा। 30 साल बाद मैं यही कहना चाहूँगा कि वह निर्णय मेरे जीवन का सबसे अच्छा और सबसे सही निर्णय था।'

न्यू यॉर्क लाइफ़ के प्रेसिडेन्ट फ्रैडरिक सीवर्ट ने समापन भाषण दिया। उन्होंने कहा, 'लोग अक्सर ताज्जुब करते हैं, "जयदेव पटेल की सफलता की कुंजी क्या है"?'

तो जवाब यह है : पूरे दिल से काम करने की योग्यता, कारोबार और ग्राहकों के प्रति ईमानदारी, ज़िम्मेदारियाँ पूरी करने का समर्पण, उनका आत्मविश्वास और ज़ाहिर है, लोगों के साथ संबंध बनाने की कला। वे लगभग 5,000 ग्राहकों में से प्रत्येक के परिवार का हिस्सा

हैं। मुझे यह कहते हुए बहुत ख़ुशी हो रही है, "अपने जीवन और सचमुच असाधारण करियर में मील के इस अविश्वसनीय पत्थर पर पहुँचने के लिए जय को बधाई।"

एक बार फिर पूरा हॉल करतल ध्वनि से गूँजने लगा।

जय पर इंडिया अब्रॉड में भी कई लेख छपे थे, जो न्यू यॉर्क से प्रकाशित होने वाली पत्रिका है। एक लेख में लिखा था :

जयदेव पटेल का नाम अमेरिका के सभी भारतीय परिवारों के लिए नहीं, तो कम से कम सभी गुजराती परिवारों के लिए जाना–पहचाना है। दरअसल, एक मज़ाक़ भी किया जाता है कि जब यहाँ के किसी गुजराती परिवार में कोई बच्चा पैदा होता है तो सबसे पहले उसका परिचय जयदेव पटेल से कराया जाता है। परिचय कराते समय उससे कहा जाता है, 'हलो, नन्ही संतान। यह जयदेव हैं, जो भविष्य में तुम्हारी सारी चिंताओं और तनावों की परवाह करेंगे। इन्हें हमेशा याद रखना।'

इंडिया अब्रॉड के पत्रकार से बातचीत करते समय जयदेव ने कहा, 'बीमा एजेंट का काम पॉलिसी बेचने के साथ ही ख़त्म नहीं होता है। बल्कि मैं तो कहूँगा कि उसका असल काम तभी शुरू होता है। यह उसकी ज़िम्मेदारी है कि जब भी ग्राहक को कोई समस्या आए, तो वह उसे आर्थिक सलाह और मार्गदर्शन दे। जब परिवार में किसी की मौत होती है तो लोग अपने हाथ में फूल लेकर श्रद्धांजलि देने जाते हैं। मैं जब शोकसंतप्त परिवार से बीमा एजेंट के रूप में मिलने जाता हूँ तो मेरे हाथ में बीमा कंपनी का चेक होता है। परिवार के लिए यह बहुत तसल्ली की बात होती है। कम से कम उसे आर्थिक मामलों की चिंता नहीं करनी होती और उसे विश्वास होता है कि रोज़मर्रा की ज़िंदगी, बच्चों की शिक्षा और भविष्य के लिए उन्हें जिस पैसे की ज़रूरत होगी वह उन्हें मिल गया है। साथ ही, मैं विवाह या परिवार में अन्य सुखद अवसरों पर भी अपने ग्राहकों से मिलने की पूरी कोशिश करता हूँ। मैं उनके साथ दोस्ती का संबंध बनाता हूँ और उनके जीवन के किसी भी संकट में नैतिक समर्थन और हर अन्य प्रकार की सहायता देता हूँ। मुझे लगता है कि बीमा एक पेशा नहीं, सेवा का ईश्वरीय आह्वान है, जिसमें मानवता की सेवा करने

के गहरे समर्पण की आवश्यकता होती है। आज कंप्यूटरों का युग है। कंप्यूटर कई ऐसे काम करने लगे हैं जो पहले इंसान किया करता था। कई बीमा कंपनियाँ इंटरनेट के ज़रिये पॉलिसियाँ बेचती हैं। लेकिन मैं दृढ़ता से यक़ीन करता हूँ कि बीमे का संबंध किसी इंसान की सुरक्षा की आवश्यकता, उसके आर्थिक स्थायित्व और उसकी भावनाओं से है। इसीलिए मैं यह काम किसी मशीन के भरोसे नहीं छोड़ सकता। आज भी मैं लंबी दूरियाँ तय करता हूँ, लोगों से मिलता हूँ, उनसे बातचीत करता हूँ, उनका विश्वास जीतता हूँ और इसके बाद ही उन्हें कोई पॉलिसी बेचता हूँ। दरअसल मुझे स्वीकार करना होगा कि मैं कंप्यूटर चालू करना भी नहीं जानता हूँ।'

मैंने लेख को एक तरफ़ रख दिया। मैं मुस्कुराए बिना नहीं रह पाई। कुछ साल पहले तक जय को कंप्यूटर के बारे में कुछ भी मालूम नहीं था। उन्हें तो आज तक यक़ीन है कि उनके काम करने का तरीक़ा ही सर्वश्रेष्ठ है। लेकिन इंसान को समय के साथ विकास करना होता है, बदलना होता है। और वे यह मानने के लिए तैयार रहते हैं।

जब हमारे बड़े बेटे सचिन ने जय के साथ काम करना शुरू किया, तो वह ऑफ़िस में फ़ाइलों और क़ागज़ों के ढेर को देखकर सदमे में आ गया। उसने धीरे–धीरे जय को राज़ी किया और उन्हें कंप्यूटर्स की उपयोगिता का विश्वास दिलाया। जय ने आख़िरकार स्वीकार किया कि कंप्यूटर पर रिकॉर्ड रखना अधिक सुविधाजनक और आसान था।

एक बात तो यह थी कि इससे ऑफ़िस ज़्यादा साफ़–सुथरा और खुला–खुला दिखने लगा था। इसके अलावा, किसी फ़ाइल या अन्य जानकारी को खोजने में काफ़ी कम समय लगता था।

आज जय काम संबंधी जानकारी और दस्तावेज़ रखने के लिए कंप्यूटर की मदद लेते हैं। वे ईमेल भेजते और खोलते भी हैं। फिर भी आज तक उन्हें अपने ग्राहकों के साथ सीधा, आमने–सामने का संपर्क ज़्यादा पसंद है। आज भी वे इसी की ख़ातिर साल में 250 दिन हज़ारों मील की यात्राएँ करते हैं।

इंडिया अब्रॉड और *गरवी गुजरात* ने न्यू यॉर्क लाइफ़ में उनके 20

साल पूरे होने का जश्न मनाने वाले एक और समारोह के बारे में लिखा था।

काफ़ी सोच–विचार के बाद और कंपनी की मदद से मैंने सुझाव दिया कि यह सम्मान एलिस आइलैंड के म्यूज़ियम हॉल में होना चाहिए। न्यू यॉर्क लाइफ़ के हर व्यक्ति को यह विचार पसंद आया।

यह एक बहुत पुरानी परंपरा है कि आँखों में सितारे और दिल में सपने लेकर अमेरिका आने वाले सभी परदेसी सबसे पहले एलिस आइलैंड पर उतरते हैं। चाहे वे एशिया से आए हों या अफ़्रीका या यूरोप से, एलिस आइलैंड उनके प्रवेश का पहला बिंदु होता है। सिर्फ़ तभी वे न्यू यॉर्क में कदम रख सकते हैं और नए देश में अपना जीवन शुरू कर सकते हैं। इसीलिए मुझे यह उचित लगा कि उनकी उपलब्धियों का जश्न एलिस आइलैंड पर आयोजित हो।

कार्यक्रम 4 दिसंबर 1993 को आयोजित हुआ। फ़ोटो सहित एक विस्तृत रिपोर्ट इंडिया अब्रॉड में प्रकाशित हुई। इस रिपोर्ट में कहा गया था :

यदि महान नाटककार आर्थर मिलर आज जीवित होते तो वे अपने मशहूर नाटक 'डेथ ऑफ़ अ सेल्समैन' का नाम बदलकर 'लाइफ़ ऑफ़ अ सेल्समैन' कर देते और ज़ाहिर है, इसके हीरो जयदेव पटेल होते।

न्यू यॉर्क लाइफ़ के तत्कालीन चेयरमैन और सीईओ मिस्टर हैरी हॉन ने जय की भूरि–भूरि प्रशंसा की। अपने भाषण में उन्होंने कहा, 'मुझे अफ़सोस है कि हमारी कंपनी में हमारे पास सिर्फ़ एक ही जयदेव पटेल हैं। अगर हमारे पास 1,000 जयदेव पटेल होते तो हमारी कंपनी आसमान छू लेती। मैं हमेशा जयदेव के बिक्री के आँकड़े देखकर दंग रह जाता हूँ। वे लाखों डॉलर की पॉलिसियाँ बेचते हैं और उन्हें उतना ही मोटा कमिशन मिलता है। लेकिन जो चीज़ देखनी चाहिए और जिसकी सराहना की जानी चाहिए, वह है उनकी इस सफलता के पीछे छुपी ज़बर्दस्त मेहनत और लगन।'

गरवी गुजरात लंदन और अटलांटा, जॉर्जिया से प्रकाशित होता था। उसमें एलिस आइलैंड में हुए जय के सम्मान समारोह पर एक बड़ा लेख छपा था।

उस लेख में विस्तार से बताया गया था कि जयदेव किस तरह भारत से अमेरिका आए और यहाँ उनकी सफलता की यात्रा कैसे शुरू हुई; शुरुआती संघर्ष से लेकर उस ख्याति तक, जो उन्होंने आज हासिल की है।

बीमा पॉलिसियाँ बेचने का जयदेव का गुण अविश्वसनीय है और क़ाबिलेतारीफ़ है। उनकी अविश्वसनीय मार्केटिंग योग्यताएँ स्पष्ट हैं, जिसका उदाहरण यह है कि उन्होंने एक पॉलिसी उस व्यक्ति को भी बेच दी जो सर्विस स्टेशन में उनकी कार में गैस भरता था। जयदेव ने उसे वाजिब प्रीमियम पर एक बीमा पॉलिसी ख़रीदने के लिए राज़ी कर लिया और वह व्यक्ति आज भी उनका ग्राहक है।

यह हमेशा नहीं होता कि वे तुरंत कोई पॉलिसी बेचने में सफल हो जाएँ। कई बार उन्हें इसके लिए महीनों या बरसों तक कोशिश करनी पड़ती है। लेकिन वे हार नहीं मानते। वे संभावित ग्राहकों के साथ दोस्ताना संबंध बनाए रखते हैं। प्रायः उन्हें अपने धैर्य का पुरस्कार भी मिलता है। एक आदमी था जिसके साथ जय 10 साल से संपर्क में थे। जय ने उसे बीमा पॉलिसी ख़रीदने का महत्त्व बार-बार समझाया। वह आदमी उनकी बात सुनता तो था लेकिन उस बारे में कुछ करता नहीं था। आख़िर 10 लंबे सालों के बाद उसने जय से एक पॉलिसी ख़रीद ली और उनका ग्राहक बन गया।

जय को दिमाग़ में रखकर हम पुरानी कहावत को बदलकर इस तरह लिख सकते हैं, 'धैर्य, तुम्हारा नाम जयदेव पटेल है।'

जय की उपलब्धियों की प्रशंसा संसार भर के बहुत से अख़बारों और पत्रिकाओं में की गई है। किसी बीमा एजेंट को इतनी प्रशंसा मिलना दुर्लभ है। ऐसे पलों में मुझे इस बात पर बहुत गर्व होता है कि जय मेरे पति हैं। और इन सबमें सबसे अद्‌भुत पल वह था जब प्रतिष्ठित *वॉल स्ट्रीट जर्नल* ने 27 जनवरी, 1987 को प्रकाशित अंक में जय की उपलब्धियों की प्रशंसा एक प्रमुख लेख में की, जिसका शीर्षक था, 'अप्रवासी कथा।' उस लेख में भारतीय मूल के कई लोगों के बारे में बताया गया जिन्होंने अमेरिका में कई पेशों में नाम कमाया, जैसे

जैनेटिक कोड पर डॉ. हरगोविंद खुराना का नोबेल पुरस्कार और मोहन मुरजानी, जिनमें ग्लोरिया वैंडरबिल्ट जैसे मशहूर अंतरराष्ट्रीय डिज़ाइनर लाइफ़स्टाइल ब्रान्ड की भविष्यदृष्टि थी। उन्होंने मशहूर वैंडरबिल्ट नाम को जीन्स के साथ जोड़ दिया और आज पूरी दुनिया की हज़ारों आकर्षक लड़कियाँ गर्व से मुरजानी वैंडरबिल्ट जीन्स पहन रही हैं।

लेख में जय के बारे में लिखा था कि उन्होंने बीमा उद्योग के एजेंट के रूप में सारे पुराने रिकॉर्ड तोड़ दिए हैं और वे पिछले कई वर्षों से न्यू यॉर्क लाइफ़ के 9,000 एजेंटों के बीच लगातार 'शीर्ष एजेंट' चुने गए हैं।

खगोल भौतिशास्त्री चंद्रशेखर सुब्रमण्यम, गणितज्ञ नरेंद्र करमाकर, संगीत सम्राट ज़ुबिन मेहता आदि हस्तियों के नाम भी थे।

शिक्षा, विज्ञान, कला, उद्योग आदि क्षेत्रों के दिग्गजों के बीच एक बीमा एजेंट भी था। क्या कोई इससे अधिक की कामना कर सकता है?

1992 में *वॉल स्ट्रीट जर्नल* ने अमेरिका में बीमा उद्योग पर एक विस्तृत अध्ययन आयोजित किया और जयदेव पटेल पर एक शीर्षस्थ लेख छपा, जो अमेरिका के नंबर वन बीमा एजेंट हैं।

जय पर प्रकाशित लेखों को पढ़कर मैं अतीत की यादों में खो गई।

यह 1983 की बात है। जय दस साल से न्यू यॉर्क लाइफ़ में काम कर रहे थे और कंपनी में अपनी धाक जमा चुके थे। उस वर्ष जय को टॉप क्लब का प्रेसिडेन्ट नामित किया गया था। उत्पादन में कंपनी का नेतृत्व करने का यह सम्मान पूरे करियर में सिर्फ़ एक बार ही मिलता है। यह सम्मान मिलने पर उन्होंने न सिर्फ़ कंपनी का नेतृत्व किया, बल्कि उत्पादन का सार्वकालिक रिकॉर्ड भी तोड़ दिया।

भले ही कोई कितने ही वर्षों तक लगातार शीर्ष एजेंट रहे, टॉप क्लब का प्रेसिडेन्ट सिर्फ़ एक ही बार बन सकता है। इसलिए यह उनके लिए सचमुच बड़ा सम्मान था।

कंपनी का शीर्ष प्रबंधन उस कार्यक्रम में भाग लेने जा रहा था, जो पाम बीच फ्लॉरिडा में ब्रेकर्स होटैल में आयोजित होने वाला था। वहाँ 700 शीर्षस्थ एजेंट और उनके परिवार आने वाले थे।

हमने अमेरिका में रहने वाले अपने परिवार के सदस्यों को तो आमंत्रित किया ही, भारत से जय की माँ को भी ख़ास तौर पर आमंत्रित किया। यह हमारे लिए बहुत मायने रखता था क्योंकि तब तक उन्होंने अपने सोजित्रा गाँव के बाहर कभी क़दम नहीं रखा था।

उनके बेटे, जो अब अमेरिका में बस चुके थे, अक्सर उन्हें बुलाते रहते थे लेकिन वे हमेशा इस प्रस्ताव को ठुकराते हुए कहती थीं, 'इसके बजाय तुम यहीं आकर मुझसे मिल लो।'

लेकिन इस बार उन्होंने फ़ैसला किया कि उन्हें अपने बेटे के सम्मान के इस बड़े मौक़े पर मौजूद रहना चाहिए।

यहाँ आने के बाद वे लिविंगस्टोन के हमारे घर से प्रेम करने लगीं। वे घर की सारी चीज़ें देखकर मंत्रमुग्ध थीं, ख़ास तौर पर बगीचे के छिड़काव यंत्र। जब वे वापस सोजित्रा गईं तो वे कहा करती थीं, 'जय का मकान बहुत सुंदर है। और बगीचे में बहुत सारे फव्वारे हैं।'

मैंने उन्हें बताने की कोशिश की, 'दरअसल वे फव्वारे नहीं हैं, वे तो सिर्फ़ छिड़काव यंत्र हैं।'

लेकिन वे अपनी बात पर अड़ी रहीं, 'तुम यह कैसे कह सकती हो कि वे फव्वारे नहीं हैं? मैंने उन्हें ख़ुद अपनी आँखों से देखा था।'

उनसे बहस करने का मेरा दिल नहीं हुआ और मैंने बात को वहीं पर छोड़ दिया।

हम उन्हें कार्यक्रम में ले गए जो औपचारिक काली टाई वाला डिनर था। लेकिन वे पाँच सितारा माहौल में काफ़ी आरामदेह थीं, जबकि पुरुष औपचारिक सूट में थे, महिलाएँ सुंदर पोशाक पहने थीं, डिज़ाइनर परफ़्यूम की ख़ुशबू थी और अँग्रेज़ी में जोशीली बातचीत थी। दरअसल जैसा आजकल कहा जाता है, 'वे काफ़ी कूल थीं' और इस नए अनुभव का आनंद लेने के लिए उत्सुक थीं।

कार्यक्रम शुरू हुआ। सभी ने जय के दशक भर के प्रदर्शन की सराहना की। और फिर चेयरममैन ने जय को सबसे बड़ा सम्मान दिया— टॉप क्लब का प्रेसिडेन्ट।

तालियाँ काफ़ी देर तक बजती रहीं और फिर जय के परिवार का परिचय देने की बारी आई। ज़ाहिर है, परिवार में सबसे पहले और सबसे महत्त्वपूर्ण सदस्य, जिनका परिचय दिया जाना था, जय की माँ थीं। संचालक ने घोषणा की, 'ये हैं चंचल बेन, जयदेव पटेल की माँ।' जय ने पहले ही इस बारे में अपनी माँ को बता दिया था इसलिए वे उठकर खड़ी हुईं, लोगों की ओर मुड़ीं और मुस्कुरा दीं।

अगले ही पल हर कोई खड़ा हो गया। सामान्य, पारंपरिक सूती साड़ी पहने छोटी सी बुजुर्ग भारतीय महिला, यह काफ़ी हैरानी की बात थी। जब मैंने उनकी तरफ देखा, तो मुझे उनके चेहरे पर ख़ुशी और गर्व की चमक दिखी। उनके लिए और वहाँ मौजूद हम सभी लोगों के लिए यह बहुत असाधारण पल था!

समारोह के बाद सभी ने जय को घेर लिया और उन्हें बधाई देने लगा। माहौल उत्साह और उल्लास की भावनाओं से सराबोर था।

एक तरफ़ तो मैं ख़ुशी और गर्व से फूली थी लेकिन दूसरी तरफ मेरे दिमाग़ के कोने में ग्लानि का भाव भी था। मैं अब भी 10 साल पहले की अपनी शुरुआती प्रतिक्रिया नहीं भूल पाई थी जब जय ने मुझे बताया था कि वे एक बीमा एजेंट का काम करने वाले हैं। तब मुझे लगा था कि जिस आदमी ने विज्ञान में मास्टर्स डिग्री हासिल की थी उसके लिए बीमा एजेंट बनना नीचे गिरने जैसा था।

अपने पारंपरिक तर्क के अनुसार मैं सोचती थी कि जो इंसान कोई दूसरा काम करने में सफल नहीं होता, वह बीमा एजेंट बन जाता है।

मैंने जय को अपनी ईमानदारी भरी राय दी, 'यदि कोई दूसरा आदमी बीमा एजेंट बनना चाहता है, तो यह उस पर निर्भर करता है। लेकिन जय, मैं गंभीरता से महसूस करती हूँ कि आपको यह काम नहीं करना चाहिए। आप बहुत मृदुभाषी और अंतर्मुखी हैं। आपको तो दोस्तों के साथ खुलने में भी काफ़ी समय लग जाता है। आप अजनबियों से बात कैसे करेंगे और उन्हें अपनी बीमा पॉलिसियाँ ख़रीदने के लिए राज़ी कैसे करेंगे? कृपया हताशा में आकर कोई निर्णय न लें। आप इस वक्त केमिस्ट की नौकरी में समस्याओं का सामना कर रहे हैं, इसका यह मतलब नहीं

है कि आप सामने आने वाला कोई भी काम करने लगें। अगर आप इसमें सफल नहीं हुए तो आपका मनोबल टूट जाएगा।'

जय ने मेरी बात सुनी लेकिन उन्होंने आख़िरकार वही किया जो उन्हें सही लगा। वे बीमा एजेंट के रूप में काम करने लगे। आज उन्होंने पूरे संसार के सामने ख़ुद को सही साबित कर दिया है और मुझे यह स्वीकार करने में कोई हिचक नहीं है कि मैं सरासर ग़लत थी।

फ़्रेंच विंडोज़ से मैं दूर के पहाड़ों को देख सकती थी। मैं उन्हें एकटक घूरने लगी। जय ने पूछा, 'अरे पूर्णि। तुम कहाँ खो गईं?'

मैंने अपना सिर हिलाया और कहा, 'कहीं भी तो नहीं! इन पुराने लेखों को देखकर मैं अतीत में पहुँच गई थी। मैं कभी नही भूल पाऊँगी कि मैंने बीमा एजेंट बनने के आपके फ़ैसले का समर्थन नहीं किया था और उसका कितना प्रबल विरोध किया था।'

जय ने शांति से जवाब दिया, 'हर चीज़ अच्छे के लिए होती है। तुम्हारे विरोध के कारण सफल होने का मेरा संकल्प और बढ़ गया था। तभी मैंने ठान लिया था कि मैं इसे कारगर बनाऊँगा, चाहे मुझे इसके लिए कुछ भी करना पड़े।'

जब वे घर के अंदर गए, तो मैं वहाँ खड़े–खड़े सोचती रही, 'क्या सफल होना इतना आसान होता है कि संकल्प लेने भर से कोई सफल हो जाए? या फिर पीछे पलटकर देखने पर चीज़ें ज़्यादा आसान नज़र आती हैं?'

जयदेव पटेल

जब मैंने बड़ौदा युनिवर्सिटी से केमिस्ट्री में मास्टर्स डिग्री ली तो मैंने दरअसल बहुत गंभीरता से अपने भविष्य के बारे में सोच–विचार नहीं किया। इसलिए मैं सामने आने वाली पहली नौकरी करने लगा। यह वलसाड़ शहर में केमिस्ट का काम था। मासिक तनख़्वाह थी 235 रुपये।

कुछ महीनों बाद जब नैरोबी में रहने वाले मेरे अंकल ने मुझसे पूछा, 'क्या तुम यहाँ आना पसंद करोगे?' तो मैं इंकार करने के बारे में सपने में भी नहीं सोच पाया।

मेरे अंकल कई साल से नैरोबी में रह रहे थे। वे एक टीचर थे और बिना किसी शक के मेरे हीरो थे। उन्होंने हमारे परिवार को बहुत सहारा दिया था। उन्हीं की बदौलत मैं अपनी मास्टर्स डिग्री पूरी कर पाया था।

इसलिए मैं नैरोबी चला गया और टीचर बनकर काम करने लगा, ठीक उन्हीं की तरह। जीवन अच्छी तरह चल रहा था। मुझे अपना काम पसंद था। लेकिन मेरे दिल में संसार को देखने की इच्छा थी।

मैंने अपने अंकल से इस बारे में बातचीत की। वे बात को समझ गए और उन्होंने मुझसे कहा कि मैं अपने सपनों की दिशा में जाऊँ। आख़िरकार मैंने कैनेडा जाने का निर्णय लिया। कैनेडा जाकर बसना तुलनात्मक रूप से आसान था। एक बार फिर अंकल ने मदद का हाथ बढ़ाया, मेरा टिकट ख़रीदा और मैं कैनेडा के टॉरंटो शहर में आ गया।

तब जाकर मुझे अहसास हुआ कि परदेस जाने का सपना देखना आसान होता है लेकिन सबसे मुश्किल हिस्सा वहाँ बसना और आत्मनिर्भर बनना होता है।

मेरी मास्टर्स डिग्री यहाँ बेकार थी। शायद ऐसा उस समय देश में फैली मंदी के कारण था या फिर शायद यह मेरी बदक़िस्मती थी।

कारण चाहे जो भी हो, मुझे काफ़ी समय तक कोई अच्छी नौकरी मिलने में बहुत मुश्किल आई। इसलिए मुझे जो भी काम मिला, मैं उसे करने लगा। कई मौक़ों पर तो मैंने बारटेन्डर या फ़र्नीचर शॉप के सेल्समैन का काम भी किया।

किसी तरह मैंने दस महीने गुज़ारे। फिर जैसे ही मुझे अमेरिका का वीज़ा मिला, मैं न्यू यॉर्क जाने वाली अगली बस पर सवार हो गया।

यह दिसंबर, 1968 का बहुत सर्द दिन था। मैं पोर्ट अथॉरिटी बस टर्मिनल पर बस से उतरा। वहाँ से मुझे वायएमसीए (यंग मेन्स क्रिस्चियन असोसिएशन) जाना था, क्योंकि मुझे बताया गया था कि वहाँ मुझे वाजिब दाम पर रहने का कमरा मिल जाएगा। पोर्ट अथॉरिटी बस टर्मिनल पर मुझे पता चला कि अगर मैं टैक्सी से वायएमसीए जाऊँगा तो किराया 2 डॉलर का है, लेकिन सबवे से जाने पर यह सिर्फ़ 25 सेंट का है। मैंने

सबवे से जाने का फ़ैसला किया।

जब मैं वायएमसीए पहुँचा तो मुझे सदमा लगा। मेरी ही तरह दर्जनों लोग थे जिन्होंने वायएमसीए के सस्ते दामों के बारे में सुन रखा था, इसलिए इमारत के कोने से ही लोगों की अंतहीन सी क़तार लगी हुई थी। मैं भी ठंड में ठिठुरता हुआ क़तार में खड़ा हो गया।

कुछ समय बाद मैंने इमारत की ओर देखा और मुझे एक भारतीय व्यक्ति बाहर आता दिखा। मैं अपनी आँखों पर यक़ीन नही कर पाया। यह तो रमेश शाह था जो मेरे साथ बड़ौदा युनिवर्सिटी में पढ़ता था।

मैंने आवाज़ लगाई, 'रमेश?'

वह मेरे पास आया, उसने मुझे पहचान लिया और जब उसे पता चला कि मैं एक कमरा लेने के लिए क़तार में खड़ा हूँ, तो उसने अपना सिर हिलाते हुए कहा, 'मैं नहीं सोचता कि आज रात तुम्हें यहाँ कमरा मिलेगा। भीड़ को तो देखो। लेकिन हम एक कान कर सकते हैं।'

उसने अपनी जेब से एक चाबी निकालकर मुझे दी। 'जयदेव, यह चाबी लो और मेरे कमरे में चले जाओ। मैं तीसरी मंज़िल पर रहता हूँ। तुम यात्रा से थक गए होगे। नहा लो, तरोताज़ा हो लो और फिर नीचे आ जाओ।'

मैंने उससे पूछा, 'और इस दौरान तुम क्या करोगे?'

'चिंता मत करो। मैं यहाँ तुम्हारा इंतज़ार करूँगा। वायएमसीए के नियमों के मुताबिक़ एक कमरे में सिर्फ़ एक ही व्यक्ति जा सकता है। तुम आराम से काम निबटाना। मैं इंतज़ार करूँगा।'

मैं अजीब महसूस कर रहा था लेकिन उसने ज़ोर देकर कहा कि वह इंतज़ार करेगा।

मैं तरोताज़ा हुआ और नीचे आया। रमेश धैर्यपूर्वक मेरी राह देख रहा था। मैंने तहेदिल से उसे धन्यवाद दिया और चल पड़ा।

जब कोई किसी ज़रूरतमंद आदमी की मदद करने के लिए क़ुर्बानी देता है तो ऐसे समय मानवता पर मेरा विश्वास बढ़ जाता है।

अब मेरा सबसे बड़ा लक्ष्य रात में रुकने के लिए कोई ऐसी जगह खोजना था जो महँगी न हो।

मैं बहुत समय तक पैदल चलता रहा लेकिन क़िस्मत नहीं खुली। कमरे के भाव आसमान छू रहे थे।

शाम को मैंने अपने एक मित्र से मिलने की योजना बनाई थी जो न्यू यॉर्क में काम करता था।

जब मैंने कमरे की अपनी हताश तलाश के बारे में बताया तो वह हँसने लगा।

'तुम न्यू यॉर्क में रुकने की जगह तलाश रहे हो? मैनहटन में? क्या तुम लखपति हो? तुम्हारे पास कितना पैसा है?'

जब मैंने उसे अपनी छोटी सी राशि बताई, तो वह बोला, 'मेरे साथ होबोकेन चलो। यह न्यू यॉर्क से बहुत ज़्यादा दूर नहीं है। वहाँ कई भारतीय रहते हैं। मुझे लगता है कि तुम्हें वहाँ अपने बजट के अंदर कुछ मिल जाएगा।'

मैं उसके साथ होबोकेन गया, जो न्यू यॉर्क के क़रीब था।

मैंने सोचा कि मैं वाक़ई ख़ुशक़िस्मत हूँ। एक ही दिन में मेरे दो मित्र मेरे बचाव के लिए आ गए थे।

स्थितियाँ जल्द ही ठीक हो गईं। मुझे एक केमिस्ट की नौकरी मिल गई, जिसमें मैं केमिस्ट्री के अपने ज्ञान का उपयोग कर सकता था। तनख़्वाह 120 डॉलर प्रति सप्ताह थी। मैं रोमांचित था। मैं तुरंत रहने की किसी जगह की तलाश करने लगा और मुझे पास ही में एक बेडरूम का एक छोटा अपार्टमेंट मिल गया। अपार्टमेंट में बिजली के दो बल्ब लगे थे। इसे छोड़कर बाक़ी पूरा अपार्टमेंट ख़ाली था। मैं फ़र्नीचर ख़रीदने की विलासिता का ख़र्च उस वक़्त नहीं उठा सकता था इसलिए मैं फ़र्श पर अख़बार फैलाकर सो जाता था और एक पतली सी चादर ओढ़ लेता था।

पलटकर देखा जाए, तो मैं नहीं जानता कि अमेरिका की कड़ाके की सर्दी के उन दो–तीन महीनों में मैं कैसे ज़िंदा रहा।

1971 तक मैं अमेरिका में काफ़ी अच्छी तरह जम चुका था। मेरे पास एक सुसज्जित फ़्लैट था, एक कार थी और एक नौकरी थी। संक्षेप में, मेरे परिवार की नज़रों में मैं अब शादी के लायक़ हो चुका था। उस साल मेरी माँ के ज़ोर देने पर मैंने भारत जाकर एक उपयुक्त जीवनसाथी खोजने का निर्णय लिया।

मैंने अपने अंकल से मिलने के लिए नैरोबी में रुकने की योजना बनाई थी। उन्होंने अपनी जान–पहचान के परिवारों की कई लड़कियों से मेरा परिचय कराया और सारे समय यह नाटक किया कि यह तो सिर्फ़ सामान्य अप्रत्याशित मुलाक़ात थी।

उन्होंने मेरा परिचय पूर्णिमा से कराया। उस पर एक नज़र डालते ही मुझे समझ में आ गया कि वह मेरे लिए बनी थी। मैंने तुरंत फ़ैसला कर लिया कि वही मेरी पत्नी बनेगी।

पूर्णिमा पटेल

मुझे भी जय पसंद आए थे। उनके प्रस्ताव पर नहीं कहने का कोई कारण नहीं था। हमारे परिवार एक दूसरे को अच्छी तरह जानते थे। लेकिन मैं अब भी हैरान होती हूँ कि इस व्यक्ति ने मुझसे मिलने के पाँच मिनट के भीतर ही मुझसे शादी करने का निर्णय कैसे ले लिया।

बाद में जब मेरी जय से शादी हो गई और मैं उन्हें अच्छी तरह जानने लगी, तब मुझे अहसास हुआ कि वे हमेशा तुरंत निर्णय लेते थे और फिर उस पर अडिग रहते थे। और ज़्यादातर मौक़ों पर उनके निर्णय सही होते थे।

अपने निर्णय के बारे में हमें जानकारी देने के बाद जय भारत चले गए। लौटने पर बीच में वे नैरोबी में रुके, हमारी शादी हुई और मैं उनके साथ अमेरिका चली आई। हर चीज़ सपनों जैसे अंदाज़ में हुई।

जय के जीवन में दाख़िल होने से पहले मैंने कोई सवाल नहीं पूछे थे लेकिन जब मैं उनके छोटे से एक बेडरूम के अपार्टमेंट में दाख़िल हुई तो सन्न रह गई। मैंने अमेरिका में उनके साथ रूमानी जीवन के सपने

देख रखे थे। लेकिन वहाँ पहुँचकर मैंने देखा कि वहाँ तो आठ–दस दूसरे लोग पहले से रह रहे थे। कुछ तो दो दिन पहले ही आए थे जबकि कुछ वहाँ पर महीनों से थे और महीनों तक रहने वाले थे।

जय हर मिलने वाले गुजराती व्यक्ति को अपने घर बुला लेते थे, भले ही वे उन्हें न जानते हों। वे कहा करते थे, 'आप मेरे अपार्टमेंट में रह सकते हैं। कृपया इस बारे में संकोच महसूस न करें। इसे अपना ही घर समझें।'

दो सप्ताह में ही जय और मेरी सगाई व शादी हो गई थी। फिर उसके बाद मैं अमेरिका आ गई थी। मुझे बहुत हैरानी हुई कि मैं कितनी जल्दी इस जीवनशैली में ढल गई और मैंने भी हर एक का स्वागत करने के जय के जीवनदर्शन को अपना लिया।

एक अच्छी बात यह थी कि मुझे एक कंपनी में तुरंत ही सैक्रेटरी की नौकरी मिल गई। तनख़्वाह थी 100 डॉलर प्रति सप्ताह।

जय और मेरी तरह हमारे अपार्टमेंट में रहने वाला हर व्यक्ति, चाहे वह पुरुष हो या महिला, कोई न कोई काम करता था। कुछ रेस्तराँ में काम करते थे, तो बाक़ी रसोइए, पैट्रोल पंप अटेन्डेन्ट्स, नाइट वॉचमैन आदि का काम करते थे।

कोई भी किसी भी तरह के काम को अपनी गरिमा के नीचे नहीं समझता था।

हर कोई यह सच्चाई जानता था कि इस देश में स्थायित्व और विकास हासिल करने का एकमात्र तरीक़ा था कड़ी मेहनत।

हम अपना भोजन एक साथ करते थे। क्या आप सब्ज़ियों की ढेर सारी मात्रा और रोटियों के पहाड़ की कल्पना कर सकते हैं, जो इतने सारे लोगों के लिए हर दिन बनानी होती थीं? हममें से कोई भी हर दिन बाहर जाकर खाने का ख़र्च नहीं उठा सकता था। लेकिन चूँकि हर कोई मदद करता था, इसलिए यह मेहनत जैसा नहीं लगता था और सभी को साथ खाने में आनंद आता था।

रात में कुछ लोग ड्रॉइंग रूम में सोफ़े पर सो जाते थे, बाक़ी फ़र्श पर या कई बार तो गलियारे में भी सोते थे।

मुझे अब भी याद है कि किचन तक जाने के लिए मुझे फ़र्श पर शांति से सो रहे कम से कम पाँच–छह लोगों को लाँघकर जाना होता था।

वे जादुई दिन थे। ख़ुशी, आशा और कड़ी मेहनत से भरे दिन। हम भव्य भविष्य के सपने देखते थे और हमें कभी अहसास ही नहीं हुआ कि दिन कैसे पंख लगाकर उड़ गए।

बस एक ही चीज़ से मुझे समस्या होती थी : जय को समय–समय पर पिंक स्लिप्स यानी बर्ख़ास्त करने वाली पर्चियाँ मिलती रहती थीं।

यह अमेरिकी जीवनशैली थी। शुक्रवार की शाम को, जब कोई कर्मचारी ऑफ़िस से जाने की तैयारी करता था, जब सप्ताहांत की योजनाएँ पहले ही बन चुकी होती थीं, तब कर्मचारी को पिंक स्लिप थमा दी जाती थी, जिसमें विनम्रता से बताया जाता था कि अब आपकी सेवाओं की ज़रूरत नहीं है। नौकरी से निकालना बहुत कठोर लगता है, इसलिए जब किसी को यह 'पिंक स्लिप' मिलती है, तो स्थिति की सच्चाई को स्वीकार करना अधिक आसान होता है।

लेकिन चाहे आप इसे कुछ भी कहें, इस कटु सच्चाई से पलायन करने का कोई तरीक़ा नहीं है कि इसका सिर्फ़ एक ही अर्थ होता है – अब आपके पास नौकरी नहीं है।

मुझे समझ नहीं आता था कि जय को इतनी ज़्यादा बार पिंक स्लिप क्यों मिलती थी। वे चतुर और ईमानदार थे। यह सच है कि वे अपने ऊपर हुक्म चलाने वाले लोगों को पसंद नहीं करते थे। कारण चाहे जो हो, सच्चाई यही थी कि वे एक नौकरी में लंबे समय तक नहीं टिक पाते थे।

जल्द ही 1972 में नववर्ष की संध्या आ गई। वातावरण में रोमांच था। ख़रीदारी, उपहार, स्वादिष्ट डिनर की भारी तैयारियाँ। हमने भी अपने फ़्लैट को इस जश्न के लिए सजाया था। भोजन तैयार था। मित्र आने लगे थे।

तभी जय फ़्लैट में दाख़िल हुए और उन्होंने कहा, 'मेरी नौकरी चली गई।'

मैं उनके हताश चेहरे को देखना गवारा नहीं कर पाई। मैंने विश्वास

का झूठा नाटक करके उन्हें तसल्ली देने की कोशिश की, 'चिंता की कोई बात नहीं है। आपको दूसरी मिल जाएगी। आज शाम इस बारे में मत सोचो। अभी हम आनंद लेते हैं। कल एक नई शुरुआत करेंगे।'

पार्टी पूरे शबाब पर थी। जब मैंने जय का चेहरा देखा तो मैं उनके चेहरे की मुस्कान के पीछे छुपे तनाव को देख सकती थी।

चूँकि जय आम तौर पर शांत रहते हैं और ज़्यादा नहीं बोलते हैं, इसलिए मेरे सिवा किसी को भी अहसास नहीं हुआ कि वे तनाव में थे। आधी रात को हमने एक दूसरे को नव वर्ष की बधाई दी। जब सुबह के आस–पास हर कोई वापस लौटा, तब कहीं जाकर हम सोने जा पाए।

अगली सुबह मैं देर से जागी। करवट बदलकर मैंने देखा कि जय बिस्तर पर नहीं थे। वे पहले ही उठ चुके थे। या फिर वे सोए ही नहीं थे? वे खिड़की के पास खड़े थे और अपने विचारों में खोए थे। उनके चेहरे पर दुख का भाव था।

मैंने उनके लिए एक कप चाय बनाई और उसे उनके सामने रखकर बोली, 'गुड मॉर्निंग।'

वे मन ही मन बुदबुदा रहे थे, 'नए साल का मुझे क्या तोहफ़ा मिला? बेरोज़गारी।'

मैंने जय से कहा, 'अब भी इस साल में 364 दिन बचे हैं। इस दौरान बहुत कुछ हो सकता है।'

लेकिन उन्हें अब भी यक़ीन नहीं था, 'मुझे तो नहीं लगता। दो साल में यह मेरी आठवीं नौकरी थी और मैंने उसे भी खो दिया।'

'आप इसे इस तरह क्यों नहीं देखते? आप आठ नौकरियाँ पाने में कामयाब रहे थे। तो अब आपको नवीं नौकरी क्यों नहीं मिलेगी? हो सकता है कि इस बार यह स्थायी हो।'

जय ने मेरी ओर देखा और कहा, 'तुम यह सब मुझे तसल्ली देने के लिए कह रही हो, है ना?'

मैंने अपना सिर हिलाया, लेकिन मेरे गाल पर बहते आँसू एक अलग ही कहानी बता रहे थे।

जय ने मेरा हाथ अपने हाथ में लिया और कहा, 'मुझे अफ़सोस है, पूर्णि। हमारे मन में नए साल के कितने प्यारे सपने थे – बड़ा मकान, बच्चे का भव्य स्वागत...'

मुझे वे सारी योजनाएँ याद थीं जो हमने मिलकर बनाई थीं, जब हमें कुछ महीनों पहले हमारे बच्चे के आगमन की ख़बर मिली थी। अब क्या होगा? हमने हवा में जो महल बनाए थे वे सब अब ग़ायब हो रहे थे। हमें बस वर्तमान की दुखद सच्चाई से डर लग रहा था।

नए साल की कितनी भयानक शुरुआत थी!

लेकिन कुछ समय बाद मैंने अपनी भावनाओं पर क़ाबू किया और ख़ुद से कहा, 'संसार ख़त्म नहीं हुआ है, है ना? मेरे पास अब भी नौकरी है। और मुझे यक़ीन है कि जय को जल्दी ही एक और अवसर मिल जाएगा। वे ज़िम्मेदार आदमी हैं। उनका आत्मसम्मान उन्हें ख़ाली नहीं बैठने देगा। कौन जानता है? हो सकता है कि यह सब हमारे ही भले के लिए हो रहा हो।'

मैं अपनी सामान्य दिनचर्या में ढल गई। घर का काम, नौकरी, बच्चे के आगमन की तैयारी... मेरे पास करने के लिए बहुत कुछ था।

जय भी नौकरियों की तलाश करने लगे। जो लोग हमारे साथ रह रहे थे, उन्हें अहसास हो गया कि हमारा परिवार ज़्यादा बड़ा होने वाला था और अब हमें थोड़ी ज़्यादा जगह की ज़रूरत पड़ेगी। इसलिए वे एक–एक करके जाने लगे।

एक शाम जब मैं ऑफ़िस से लौटी तो जय बेचैनी से ड्रॉइंग रूम में चहलक़दमी कर रहे थे। उन्होंने मेरे बैठने का भी इंतज़ार नहीं किया और बोलने लगे, 'पूर्णि, तुम जानती हो कि इन पिछले कुछ दिनों से मैं नौकरी की तलाश में कितनी बुरी तरह भटक रहा हूँ। लेकिन मुझे अब तक कोई अच्छी नौकरी नहीं मिली है। इसलिए मैंने फ़ैसला किया है कि मैं नौकरी पाने के लिए अनिश्चित काल तक इंतज़ार नहीं करूँगा। मैं एक पार्ट–टाइम काम शुरू करने वाला हूँ। और अगर मुझे काम पसंद आया तो मैं उसे पूरे समय कर सकता हूँ।'

'यह तो बहुत अच्छा विचार है जय। वैसे आप कौन सा काम करने के बारे में सोच रहे हैं? क्या आपके दिमाग़ में कुछ है?'

वे झिझके और अटकती हुई आवाज़ में बोले, 'हाँ... मेरा मतलब है. .. मैंने अख़बार में यह विज्ञापन देखा था... मैंने कुछ लोगों से इस बारे में बातचीत की थी... और... मैं बीमा एजेंट के रूप में काम करने वाला हूँ।'

'क्या?' मैं चिल्लाना तो नहीं चाहती थी, लेकिन मेरे मुँह से ऐसी ही आवाज़ निकली। 'बीमा एजेंट? आप ठीक तो हैं?'

'तुम्हारा क्या मतलब है?' जय ने पूछा। 'क्या तुम सोचती हो कि मैं मज़ाक़ कर रहा हूँ।'

मुझे अहसास हुआ कि वे यह काम करने के बारे में गंभीरता से सोच रहे थे। मुझे यह विचार ज़रा भी पसंद नहीं आया था और मैंने उन्हें बहुत स्पष्टता से यह बात बता भी दी थी। बातचीत जल्द ही गर्मागर्म बहस में बदल गई।

जय का मानना था कि बीमा एजेंट बनने के लिए किसी पूँजी या किसी अन्य प्रकार के निवेश की ज़रूरत नहीं होती, इसलिए नुक़सान का कोई सवाल ही नहीं उठता। एजेंट को तो बस पॉलिसी बेचना और मुनाफ़ा कमाना होता है।

मुझे विश्वास नहीं हुआ। 'ठीक है। लेकिन पॉलिसी बेचने के लिए बीमा एजेंट को लोगों से बात करनी होती है। क्या आप सोचते हैं कि यह आपके बूते का है? आप तो अपने मित्रों से भी ज़्यादा बातें नहीं करते हैं। फिर आप नितांत अजनबी लोगों से बात कैसे करेंगे?'

हम दोनों ही अपनी–अपनी बात पर अडिग थे और सामने वाले के दृष्टिकोण को सुनने को भी तैयार नहीं थे।

आख़िर मैंने कहा, 'अगर आपने यह किया तो आप बुरी तरह नाकाम रहेंगे। इसके बजाय तो मैं यह पसंद करूँगी कि आप कोई नौकरी न करें और ख़ाली हाथ घर बैठें।'

जय आगबबूला हो गए। एक शब्द कहे बिना वे उठे और घर के बाहर चले गए।

मैं स्थिर बैठी रही। मुझे ऐसा महसूस हो रहा था जैसे दीवारें सिकुड़ने से मेरा दम घुटने लगा था।

जयदेव पटेल

पूर्णि के साथ उस तीखी बहस के बाद जब मैं फ़्लैट से निकला तो मुझे इतना क्रोध आ रहा था कि मैं सोच भी नहीं पा रहा था। मैं चलता रहा और चलता रहा। मुझे पता नहीं था कि मैं कहाँ जा रहा हूँ। मेरे दिमाग़ में सैकड़ों शंकाएँ और सवाल घुमड़ रहे थे।

मैं क्या करूँ? क्या सही था? और क्या ग़लत था?

लेकिन मैं कोई जवाब नहीं खोज पाया। पूर्णि ने मुझे अपनी ईमानदार राय दी थी। वह मेरी पत्नी थी और उसे मुझे अपने विचार बताने का पूरा अधिकार था। और वह पूरी तरह ग़लत भी नहीं थी। तो फिर मैं इतना नाराज़ क्यों था और मुझे इतनी चोट क्यों पहुँची थी? एक और सवाल, जिसका जवाब मेरे पास नहीं था।

लंबे समय के बाद कुहासा छँटा और मैंने अपने सामने यह तर्क रखा– पूर्णि मुझे अच्छी तरह जानती है लेकिन मैं ख़ुद को उससे भी अच्छी तरह जानता हूँ। क्या मुझे आठ विनाशकारी अनुभवों के बाद नवीं नौकरी करनी चाहिए? इस नए विकल्प को टटोलने में हर्ज़ ही क्या है?

मैंने अपना मन बना लिया। अगले ही दिन मैं न्यू जर्सी में न्यू यॉर्क लाइफ़ इंश्योरेंस कंपनी के ऑफ़िस में गया और वहाँ के मैनेजर से मिला। मैंने उन्हें अपनी डिग्रियाँ और प्रमाणपत्र दिखाए।

वे मुस्कुराकर बोले, 'मिस्टर पटेल, बीमा क्षेत्र में ये किसी काम के नहीं हैं। हमारा एक ही स्वर्णिम नियम है। ज़्यादा बेचो, ज़्यादा कमाओ। आप जितनी अधिक पॉलिसियाँ बेचते हैं, आप उतने ही ज़्यादा पैसे कमाएँगे। आपको बीमा एजेंट का लाइसेंस हासिल करने के लिए एक परीक्षा देनी होगा। जैसे ही आप परीक्षा में पास हो जाते हैं, यहाँ काम शुरू कर सकते हैं।'

मैंने उनसे जिज्ञासावश एक सवाल पूछा, 'यदि मैं साल भर में

10,000 डॉलर कमाना चाहता हूँ तो मुझे लगभग कितनी पॉलिसियाँ बेचनी होंगी?'

वैसे करीब 100 पॉलिसियाँ बेचनी होंगी। मैं आश्चर्य के साथ सोच रहा था, "मैं 100 पालिसी कैसे बेच पाऊँगा?"

उन्होंने जवाब दिया, 'वह पॉलिसी में बीमे की राशि पर निर्भर करेगा।'

इसके बाद जल्द ही मैंने परीक्षा दी, उसमें उत्तीर्ण हुआ और न्यू यॉर्क लाइफ़ इंश्योरैंस कंपनी का एजेंट बन गया।

1973 का साल एक स्याह अंदाज़ में शुरू हुआ था लेकिन अंत में यह कई कारणों से हमारे जीवन के सबसे यादगार वर्षों में से एक साबित हुआ।

सबसे पहली बात, हमारा बेटा सचिन उसी साल पैदा हुआ था। मैं शब्दों में बयां नहीं कर सकता कि उस दिन मुझे कैसा महसूस हुआ था जब मैंने उसे अपनी बाँहों में पहली बार थामा था और उसके माथे को हल्के से चूमा था। मुझे उसके प्रति बड़ी भारी ज़िम्मेदारी महसूस हुई थी। जब मैंने उसकी चमकती आँखों में देखा तो मैंने ख़ुद से वादा किया, 'मैं सफल होऊँगा। सचिन, मैं तुम्हारी परवाह करने और तुम्हें सर्वश्रेष्ठ देने के लिए अपनी शक्ति की हर चीज़ करूँगा। मुझे अब सफल होना ही है। कोई दूसरा विकल्प नहीं है।'

पूर्णि मेरी ओर अजीब नज़रों से देख रही थी, 'तुम उससे क्या बोल रहे हो जय?'

मैं मुस्कुराया, 'कुछ नहीं।'

अगले दिन मैं काम पर गया और अपने करियर की पहली पॉलिसी बनाई। सचिन की। फिर मैं अपने मित्रों और रिश्तेदारों से मिलने लगा। पहले सप्ताह में ही मैंने 16 पॉलिसियाँ बेच दीं।

न्यू यॉर्क लाइफ़ के मैनेजर ख़ुश थे और उन्होंने यह कहते हुए मुझे बधाई दी, 'बधाई हो जय। आपने निश्चित रूप से बेहतरीन शुरुआत की है। आपकी पहले सप्ताह की कमाई 10,000 डॉलर है।'

मुझे अपने कानों पर यक़ीन नहीं हुआ। मन ही मन मैंने अपनी पीठ थपथपाई और एक बार फिर काम में जुट गया।

पूर्णिमा पटेल

हमारी ज़िंदगी में कई अच्छी चीज़ें हो रही थीं।

सचिन हमारे जीवन में आ गया था और जय काम करने लगे थे। जय ने मुझे बताया था कि उनका पहले ही सप्ताह की कमाई 10,000 डॉलर थी। लेकिन इसके बाद भी मैं बेचैन क्यों थी? ख़ास तौर पर दो चीज़ें मुझे परेशान कर रही थीं – जय को अपना चेक अभी तक नहीं मिला था और जिन लोगों ने जय से पॉलिसियाँ ख़रीदी थीं वे सब हमारे रिश्तेदार या मित्र थे।

अब असल इम्तहान था। क्या जय बीमा पॉलिसी ख़रीदने के लिए अजनबियों को राज़ी कर पाएँगे?

मेरा दिमाग़ इन्हीं शंकाओं और डरों से भरा था। मेरे पास इन सवालों के जवाब नहीं थे लेकिन मैंने एक चीज़ तय की। मैं अपनी नौकरी करती रहूँगी, चाहे जो हो जाए।

मुझे सिर्फ़ आठ दिन की मैटर्निटी लीव मिली थी। इसलिए मैंने एक गुजराती आया का इंतज़ाम किया और बच्चे को जन्म देने के बाद नवें दिन ही काम पर लौट गई।

मेरी साप्ताहिक तनख़्वाह 150 डॉलर थी जिसमें से 25 डॉलर मुझे आया को देने होते थे।

मेरी दिनचर्या बहुत भागमभाग भरी थी। मैं सुबह 5 बजे उठ जाती थी, अपनी और सचिन की सारी तैयारियाँ करती थी तथा 6 बजे तक फ़्लैट से निकल जाती थी। मैं सुबह 6.30 पर सचिन को आया के यहाँ छोड़ती थी, जहाँ से मैं जर्सी सिटी तक की बस पकड़ती थी और फिर अपने ऑफ़िस तक का रास्ता पैदल तय करती थी। यही सारी कसरत शाम को लौटते समय भी करनी पड़ती थी।

जब मैं घर लौटती थी तो आम तौर पर जय के बाहर जाने का समय हो जाता था, क्योंकि वे अधिकतर लोगों से शाम को ही मिलते थे, जब लोग नौकरी के बाद घर लौटते थे।

जब जय देर रात को घर आते थे, तो सचिन और मैं गहरी नींद में सोए होते थे। उधर जब हम सुबह घर से निकलते थे तब जय गहरी नींद में सोए होते थे।

हम दोनों के पास एक दूसरे के लिए ज़रा भी समय नहीं था। अपने छोटे बच्चे को देने के लिए ज़रा भी समय नहीं था।

मेरे कष्ट इस बात से भी बढ़ रहे थे कि आया लगातार अपनी फ़ीस बढ़ाती जा रही थी। 25 डॉलर से यह 30 डॉलर हुई, फिर 35 डॉलर और आख़िरकार 40 डॉलर प्रति सप्ताह। मैं निराश, असहाय महसूस कर रही थी और मेरा दम घुट रहा था।

एक रात मुझे नींद नहीं आई। मैं कसमसाती रही, पहलू बदलती रही। मैं इतनी दुखी थी कि मुझे अहसास ही नहीं हुआ कि आँसू गालों पर कब बहने लगे। मुझे डर था कि मेरे रोने की आवाज़ से सचिन जाग जाएगा, इसलिए मैं बाहर ड्रॉइंग रूम में चली गई। वहाँ मैं अपने आँसुओं को नहीं रोक पाई और बेक़ाबू होकर सुबकने लगी। मैं नहीं जानती कि कितनी देर तक मैं दिल का गुबार आँसुओं के ज़रिये निकालती रही। अचानक जय अंदर आए और मुझे उस हालत में देखकर सदमे में आ गए। पल भर के लिए वे स्थिर खड़े रहे और फिर उन्होंने जल्दी से दरवाज़ा बंद किया, मेरे पास आए, मुझे अपने से सटाया और पूछा, 'क्या बात है पूर्णि?'

मैं एक शब्द नहीं बोल पाई और रोना बंद भी नहीं कर पाई। पिछले कुछ दिनों की सारी चिंता, थकान, विषाद और अकेलापन आँसुओं के ज़रिये बाहर बह रहा था। जय ने मेरा हाथ अपने हाथ में लिया और कहा, 'मुझे बस थोड़ा सा समय दो पूर्णि। मैं दोबारा कभी तुम्हें रोने की वजह नहीं दूँगा, मैं वादा करता हूँ।'

जब मैंने उनके शब्द सुने, तो मुझे ख़ुद पर शर्म आई। हम दोनों ही मुश्किल दौर से गुज़र रहे थे। जय ने अपना संतुलन नहीं खोया था तो फिर मुझे अपना संतुलन क्यों खोना चाहिए? मैंने अपने हाथ के पिछले हिस्से से आँखें पोंछीं और एक रुआँसी मुस्कान दी, 'माफ़ करना जय। मैं भी अब किसी बच्चे की तरह नहीं रोऊँगी, मैं वादा करती हूँ।'

लेकिन जैसा लोग कहते हैं, वादे तोड़ने के लिए किए जाते हैं।

इस घटना के कुछ दिनों बाद मैं ऑफ़िस में थी, तभी टेलीफ़ोन की घंटी बजी। यह जय का फ़ोन था। वे मुझे ऑफ़िस में बहुत कम फ़ोन करते थे। जय ने कहा, 'पूर्णि, आज काम के बाद आया के घर मत जाना। सीधे घर लौट आना।'

'क्यों?'

'मैं उस इलाके में जाने वाला हूँ। सचिन को घर मैं ले आऊँगा। तुम्हें घर लौटते समय आया के यहाँ रुकने की ज़रूरत नहीं है। ठीक है? ओह, और अगर तुम घर लौट आओ, तो डिनर मत बनाना।'

मैं नहीं जानती थी कि इस पूरी बातचीत का क्या मतलब निकालूँ। लेकिन मैं कुछ और कह सकूँ इससे पहले ही उन्होंने जल्दी से कहा, 'मुझे अब जाना होगा। शाम को मिलते हैं।'

फ़ोन रखने के बाद भी मैं बेचैनी की भावना से नहीं उबर पाई। मुझे लग रहा था कि जय मुझसे कुछ छुपा रहे हैं लेकिन मैं यह नहीं समझ पाई कि क्या।

जब मैं शाम को घर लौटी, तो जय मेरा इंतज़ार कर रहे थे। उन्होंने मुझसे पूछा, 'पूर्णि, चाय चाहिए?'

मैंने उनके सवाल का जवाब नहीं दिया और इसके बजाय पलटकर सवाल पूछा, 'सचिन कहाँ है? आप तो उसे आया के यहाँ से लाने वाले थे?'

जय ने मेरे कंधों पर हाथ रखकर मुझे सोफ़े पर बैठा दिया। 'पूर्णि, मेहरबानी करके पूरी बात सुनो। सचिन अस्पताल में है, उसकी बाँह में फ़्रैक्चर हो गया है।'

'क्या? बाँह? फ़्रैक्चर? कैसे? कब?'

'मैं तुम्हारे सारे सवालों का जवाब दूँगा। मेहरबानी करके पहले शांत हो जाओ। चिंता मत करो। वह ठीक है।'

मैं उन पर चिल्ला पड़ी, 'जय, मुझे हर चीज़ इसी समय बताओ। मेरे सब्र का इम्तहान मत लो। वह सिर्फ़ डेढ़ महीने का बच्चा है... और...'

मैं रोने लगी। जय ने मुझे गले लगाकर शांत करने का सर्वश्रेष्ठ प्रयास किया और मुझे पूरी कहानी बताई।

लीला बेन (सचिन की गुजराती आया) ने उसे बिस्तर पर लिटा दिया था। उन्होंने उसके चारों तरफ़ तकिए जमा दिए थे और किचन में काम करने चली गई थीं। अचानक उन्हें धम्म की आवाज़ सुनाई दी और सचिन के ज़ोर–ज़ोर से रोने की आवाज़ भी आई। जब वे भागकर बेडरूम में पहुँचीं तो उन्होंने देखा कि सचिन बिस्तर से गिर गया है और फ़र्श पर पड़ा हुआ दर्द से चीख़ रहा है। उन्होंने घर पर फ़ोन किया। ख़ुशक़िस्मती से जय उसी समय लौटे थे। वे तुरंत आया के घर पहुँचे और सचिन को अस्पताल ले गए। डॉक्टरों ने शिशु की जाँच करके घोषण ाा की कि उसकी बाँह में फ़्रैक्चर हो गया। उन्होंने फ़ौरन उसकी बाँह पर प्लास्टर बाँध दिया।

मैं जो सुन रही थी उस पर यक़ीन नहीं कर पा रही थी। मेरा पूरा शरीर काँप रहा था। मैं तुरंत अपने बच्चे के पास पहुँचना चाहती थी।

जब हम अस्पताल पहुँचे तो सचिन शांति से सो रहा था। मैं उसके बग़ल में बैठी और उसके नर्म गालों को हल्के से छूने लगी। मेरे मन में जज़्बातों का सैलाब था। । मैंने सोचा, 'यह क्या हो रहा है? हर चीज़ गड़बड़ क्यों हो रही है? क्या मैं अपने बच्चे की देखभाल करने में सक्षम नहीं हूँ? क्या हम माता–पिता के रूप में असफल हैं?'

जब मैं रो रही थी तो जय के पास कहने को कुछ नहीं था। उन्होंने मुझे दिल खोलकर रो लेने दिया।

जयदेव पटेल

मैं अस्पताल का वह दृश्य कभी नहीं भूल सकता : सचिन की बाँह पर प्लास्टर बँधा था। पूर्णिमा हताशा में रो रही थी। और मैं ख़ामोशी से एक कोने में खड़ा था। मैं शांत था, लेकिन मेरे दिमाग़ में विचारों का झंझावात चल रहा था। 'क्या यही मेरा संसार, मेरा परिवार है? क्या मैं अपने वतन और परिवार से इसी की ख़ातिर इतनी दूर आया हूँ?'

मानसिक रूप से मैंने ख़ुद को एक झटका दिया। 'हर किसी के जीवन में उतार–चढ़ाव आते हैं। लेकिन समस्याओं से उबरना हमारी ज़िम्मेदारी होती है।' मैंने ख़ुद से वादा किया, 'वर्तमान परिदृश्य को बदलने के लिए मैं हर वह चीज़ करूँगा, जो मैं कर सकता हूँ। आज से मेरे लिए इकलौता रास्ता ऊपर की ओर जाता है। मेरे परिवार की सुरक्षा तथा ख़ुशी मेरी ज़िम्मेदारी है और मैं इसे निभाने जा रहा हूँ।'

मैंने अपने वादे को बहुत गंभीरता से लिया। सचिन छह महीने का हुआ, उससे पहले ही मैंने ख़ुद को बीमे के क्षेत्र में इतनी अच्छी तरह स्थापित कर लिया कि पूर्णिमा अपनी नौकरी छोड़ सके। अब वह सचिन की देखभाल करती थी और कारोबार में मेरी मदद करती थी।

मेरी पहली पॉलिसी सचिन की थी। फिर मैंने अपने लिए एक पॉलिसी ख़रीदी और एक पूर्णिमा के लिए। यानी मेरे सबसे पहले ग्राहक मेरे ही परिवार के सदस्य थे। इसके बाद मैंने अपने रिश्तेदारों और मित्रों को कई पॉलिसियाँ बेचीं। भारतीयों का बहुत से लोगों से क़रीबी जुड़ाव होता है, इस तथ्य का मुझे फ़ायदा मिला।

लेकिन अब अजनबियों से मिलने और उन्हें राज़ी करने का सनय था। पूर्णिमा को लगता था कि मेरा अंतमुर्खी स्वभाव इस कारोबार में नेरी कमज़ोरी थी। मैं भी ऐसा ही सोचता था। लेकिन मैंने इस चुनौती से उबरने और इसके बावजूद आगे बढ़ने का निर्णय लिया।

नए ग्राहक खोजना बहुत मुश्किल था। इसके लिए मैंने दो तरीको क इस्तेमाल किया :

एक तो अपने ग्राहकों से रेफ़रेंस माँगना था। इसका यह फ़ायदा था कि लोग आपसे मिलने को तैयार हो जाते थे और आपको कम से कम उनसे बात करने का मौक़ा तो मिल ही जाता था।

दूसरा तरीक़ा यह था कि मैं विभिन्न शहरों और कस्बों की टेलीफ़ोन डायरेक्ट्रि का अध्ययन करके उनमें से भारतीय और गुजराती नाम खोजता था। यह बहुत मेहनत भरा और समय लेने वाला काम था। लेकिन कोई दूसरा विकल्प नहीं था। शुरुआत में मैं न्यू जर्सी स्टेट में

रहने वाले भारतीयों के नाम तलाशता था तथा उन्हें बीमा पॉलिसियों और मुफ्म शेड ऐटलस मैप की जानकारी देने वाले सैकड़ों पत्र भेजता था। कुछ दिनों बाद मुफ्त रोड ऐटलस मैप के बारे में जवाब आने लगे।

कुछ दिनों बाद मैं सैकड़ों फ़ोन कॉल करता था। 'मिस्टर एक्स, क्या आपको मेरा पत्र मिला? मैं आपसे मिलना चाहूँगा। आपके लिए कौन सा समय सुविधाजनक रहेगा?'

सारे अपॉइंटमेंट्स सफ़ाई से लिखे जाते थे, जिसमें सारे महत्त्वपूर्ण विवरण रहते थे, जैसे नाम, पता, फ़ोन नंबर, तारीख़, समय आदि। यहाँ पर पूर्णिमा बहुत मदद करती थी। वह सारे प्रशासकीय कामों की ज़िम्मेदारी सँभाल लेती थी। सैक्रेटरी के रूप में उसका अनुभव हमारे कारोबार के लिए बहुत फ़ायदेमंद साबित हुआ।

उसने न सिर्फ़ संभावित ग्राहकों की सूचियाँ बनाने में मेरी मदद की बल्कि अधिक महत्त्वपूर्ण बात यह थी कि उसने सारे पॉलिसी होल्डर्स की एक फ़ाइल इन्डेक्स बना दी। इन काड्‌र्स पर पॉलिसी धारक संबंधी सारे विवरण लिखे थे। उसका नाम, पता और फ़ोन नंबर। इसके अलावा आस–पास के कुछ होटैल्स के नाम, पते और फ़ोन नंबर थे। ये ख़ास तौर पर दूसरे शहर की यात्रा करते समय उपयोगी रहते थे।

किसी अपॉइंटमेंट को तय करने के बाद मुझे संभावित ग्राहकों से मिलने जाना पड़ता था। यह पहली मुलाक़ात मेरे कारोबार का सबसे महत्त्वपूर्ण हिस्सा है। जैसा कहा जाता है, पहला प्रभाव ही अक्सर आख़िरी प्रभाव होता है।

शुरुआती दिनों में ऐसे भी अनुभव हुए, जब मैं मिलता तो सौ लोगों से था लेकिन एक भी पॉलिसी नहीं बेच पाता था। ऐसे समय मैं निराश और असहाय महसूस करता हुआ घर लौटता था।

ऐसे कई दिल तोड़ने वाले अनुभवों के बाद मैंने कारण का पता लगाने का निश्चय किया। एक दिन मैंने आईने के सामने खड़े होकर ग्राहक की भूमिका में अपने होने की कल्पना की तथा उस दृश्य का अभिनय किया :

'हलो, मैं जयदेव पटेल हूँ। मैं न्यू यॉर्क लाइफ़ इंश्योरेंस कंपनी से आया हूँ। क्या आप मुझसे एक बीमा पॉलिसी ख़रीदना चाहते हैं?'

'नहीं, धन्यवाद।'

बातचीत वहीं ख़त्म हो जाती थी और इसे किसी तरह आगे नहीं बढ़ाया जा सकता था। एक बार जब कोई इंसान नहीं कह देता है, तो इसके बाद उसे समझा-बुझाकर उससे हाँ कराना लगभग असंभव होता है।

मुझे अहसास हुआ कि किसी इंसान को शुरुआत में नहीं कहने का अवसर नहीं दिया जाना चाहिए।

मैंने आईने के सामने बातचीत को दोहराया :

'हलो, मैं जयदेव पटेल हूँ। क्या आप मिस्टर एक्स को जानते हैं? वे मेरे मित्र या रिश्तेदार या पड़ोसी हैं।' अगर इसमें से कुछ भी किसी साझी कड़ी को स्थापित करने के लिए काफ़ी नहीं होता था, तो मैं अमेरिका या भारत के शहरों या कस्बों, किसी मशहूर संस्था, युनिवर्सिटी या कंपनी आदि के अन्य पहलुओं का इस्तेमाल करता था। अगर यह भी काम नहीं करता था तो मैं गुजराती भाषा के तुरुप का इस्तेमाल करता था और अगर इसके बावजूद प्रतिक्रिया नहीं मिलती थी, तो मैं एनआरआई के मामले में भारतीय होने के तुरुप का इस्तेमाल करता था।

बातचीत को भावनात्मक और व्यक्तिगत बनाना अनिवार्य था इसलिए मैं दूसरे विषयों के संदर्भ में मिलने लगा। मैं बीमे का ज़िक्र तभी छेड़ता था जब हमारे बीच की बर्फ़ पिघल जाती थी। 'मैं न्यू यॉर्क लाइफ़ इंश्योरेंस कंपनी से आया हूँ। मैं आपसे जीवन बीमा संबंधी कुछ विकल्पों पर बात करना चाहूँगा जो आपके तथा आपके परिवार के लिए लाभकारी होंगे।'

सामान्यत: ऐसी स्थिति में कोई भी आपको बोलने से रोकता नहीं है और कम से कम आपकी बात सुनने के लिए तैयार हो जाता है।

बीमा एजेंट को संभावित ग्राहक के पेशे, आमदनी, पारिवारिक ज़िम्मेदारियों पर विचार करना होता है और इसके बाद ही यह निर्णय लेना होता है कि कौन सी पॉलिसी उसके लिए सबसे वाजिब, आकर्षक

तथा लाभकारी होगी। इस तरह हम ग्राहक को 'ख़ास तौर पर उसके लिए बनाया गया वाला विकल्प देते हैं, जो उसके लिए हर तरह से सही हो। इससे वह ख़ास महसूस करता है।

बीमा एजेंट को सबसे पहले तो सेल्समैन की अपनी भूमिका को भूलना होता है और वित्तीय परामर्शदाता की भूमिका में आना होता है। उसे ग्राहक के सामने ऐसे तथ्य और आँकड़े रखने होते हैं जो स्पष्ट रूप से दिखा दें कि बीमा पॉलिसी उसे सुरक्षा और स्थायित्व प्रदान करते हुए भविष्य की योजनाएँ बनाने में सहयोग देगी।

किसी अच्छे बीमा एजेंट को ग्राहक के साथ अपनी पहली मुलाक़ात इस तरह ख़त्म करनी चाहिए, 'मुझे लगता है कि आपको इस पर सोच–विचार करना चाहिए और विकल्प पर सावधानी से ग़ौर करना चाहिए।'

आम तौर पर कोई भी इसका यह जवाब नहीं देगा, 'नहीं, मैं इसके बारे में नहीं सोचूँगा।'

मुझे विश्वास है कि किसी ग्राहक को जीतने की दिशा में यही पहला बड़ा क़दम है। ऐसा शायद ही कभी होता है कि कोई ग्राहक पहली मुलाक़ात में ही पॉलिसी ख़रीद ले।

उससे बार–बार मिलना पड़ता है और उसका विश्वास जीतना होता है।

जब ग्राहक का आप पर विश्वास जम जाता है और आप उसके मित्र तथा विश्वासपात्र बन जाते हैं, तभी शायद वह बीमा पॉलिसी ख़रीदने के लाभ के बारे में राज़ी होगा।

पूर्णिमा पटेल

1973 हमारे लिए घटनापूर्ण वर्ष था। यही वह साल था जब जय ने बीमा एजेंट के रूप में नया करियर शुरू किया। उस साल कई और महत्त्वपूर्ण घटनाएँ भी हुईं। पहली तो यह थी कि भारतीयों के संबंध में अमेरिकी अप्रवासी नीति में ढील दी गई, इसलिए बहुत से भारतीय अमेरिका आ गए जिनमें बहुत से गुजराती शामिल थे। दूसरी बात यह

थी कि ईदी अमीन प्रशासन के उत्पीड़न के बाद कई भारतीय युगैंडा से कूच कर गए और इनमें भी गुजरातियों की संख्या काफ़ी थी। इनमें से अधिकतर भारतीय इंग्लैंड और अमेरिका आकर बस गए।

युगैंडा से आए गुजराती पैसे वाले थे। उनमें से कई को अहसास हो गया कि गुजराती अमेरिका में मोटैल कारोबार में बहुत सफल हो रहे हैं, इसलिए उन्होंने भी मोटैल में निवेश किया और अमेरिका के होटैल उद्योग में गुजरातियों का वर्चस्व बढ़ा।

जयदेव इन सारी घटनाओं को सावधानीपूर्वक देखते रहे और उन्होंने इस अवसर का अधिकतम लाभ उठाने का निर्णय लिया।

उन्होंने अपने ग्राहकों को दो व्यापक श्रेणियों में विभाजित किया।

एक : वे जो अपने परिवार की सुरक्षा के लिए बीमा पॉलिसी ख़रीदने में रुचि रखते थे और दूसरे : वे व्यवसायी, जिनकी मूल रुचि एस्टेट प्लानिंग करने और समय-समय पर नक़द में होती थी। जीवन बीमा पॉलिसियाँ इन दोनों समूहों की माँगें पूरी करती थीं।

जय ने तुरंत प्रमुख गुजराती मोटैल मालिकों से संपर्क शुरू कर दिया। यह दोनों के लिए ही बहुत अच्छा अवसर था और जल्द ही जय का कारोबार दिन दूनी रात चौगुनी गति से बढ़ने लगा। इतना कि पहले साल में ही जय ने 4.25 मिलियन डॉलर की पॉलिसियाँ बेच दीं। कंपनी के इतिहास में यह किसी नए एजेंट का पहले साल का रिकॉर्ड था। इस तरह जय पहले ही वर्ष में 'मिलियन डॉलर्स राउंड टेबल' के सदस्य बन गए। उस पल के बाद पीछे मुड़कर देखने का सवाल ही नहीं था। जाने का इकलौता रास्ता ऊपर की तरफ़ था।

जय की बिक्री के आँकड़े न्यू यॉर्क लाइफ़ में हर साल नई ऊँचाइयाँ छू रहे थे। उन्हें नंबर वन एजेंट का ख़िताब मिल गया। उनकी प्रतिष्ठा और आभामंडल हर पल बढ़ता जा रहा था। लेकिन मैं गर्व से कह सकती हूँ कि इस सबका जय पर कोई असर नहीं हुआ। उनके पैर ज़मीन पर टिके रहे और उनका दिमाग़ सही जगह पर रहा।

सिर्फ़ एक चीज़ पर असर हुआ। अब उनका कारोबार न्यू जर्सी

राज्य तक ही सीमित नहीं रहा। उन्होंने दूसरे राज्यों में भी पैठ शुरू की चाहे वे कितनी ही दूर क्यों न हों। उन्हें अपना नेटवर्क फैलाने के महत्त्व का अहसास हुआ, न सिर्फ़ अमेरिका में, बल्कि दूसरे देशों में भी।

उनकी पहली मंज़िल थी टॉरंटो। चूँकि वे अमेरिका आने से पहले वहाँ रह चुके थे इसलिए वहाँ उनके कई मित्र थे। उनकी दिली भावना सही थी और वहाँ उन्होंने कई पॉलिसियाँ बेच दीं। टॉरंटो में उनके व्यवसाय की सफलता उनके लिए बहुत मधुर विजय थी क्योंकि बरसों पहले इसी शहर में वे एक अच्छी नौकरी पाने में नाकाम रहे थे।

जय के पैरों में सचमुच पंख लग गए थे। वे हवाई जहाज़ और सड़क से हज़ारों मील की यात्राएँ करते थे। वे शायद ही कभी घर पर रहते थे। इस दौरान बच्चों और मुझे उनके साथ समय बिताने का बहुत कम मौक़ा मिलता था। लेकिन मैं पहले जितना अकेलापन या निराशा इसलिए महसूस नहीं करती थी क्योंकि एक बार फिर हमारा घर लोगों से भरा हुआ था। जय के भाई, मेरा भाई और बाक़ी लोग। मेरी ख़ुशी का सबसे महत्त्वपूर्ण कारण यह तथ्य था कि जय को उनका मक़सद मिल गया था और वे जो काम कर रहे थे उसमें उन्हें मज़ा आ रहा था। मैंने अपने सामने स्वीकार किया कि उनके करियर के चयन को लेकर मेरी राय ग़लत थी और मुझे उनकी सच्ची क्षमता का अहसास नहीं हुआ था।

यह 1975 की बात थी। जय का एक ग्राहक कैलिफ़ोर्निया आकर रहने लगा। जय ने वहाँ जाकर उससे मिलने का अवसर ताड़ लिया। उनका इरादा यह था कि वे अपने ग्राहक आधार को देश के पश्चिमी हिस्से तक फैला लें। लेकिन यह उतना आसान नहीं था। वे वहाँ की पहली यात्रा में एक भी पॉलिसी नहीं बेच पाए। मैं निराश थी, लेकिन जय काफ़ी शांत थे और उन्होंने मुझे धीरज का पाठ पढ़ाया, 'पूर्णि, इस व्यवसाय ने मुझे जो पहली चीज़ सिखाई है वह है लगन। अगर आप सफल नहीं होते हैं, तो आपको निराश नहीं होना चाहिए। इंसान को इस सच्चाई को स्वीकार करना चाहिए कि बीमा पॉलिसी ख़रीदना कभी भी लोगों की पहली प्राथमिकता नहीं होती। इस दृष्टिकोण को बदलने में समय लगेगा, है ना? इसलिए इंसान को बस चुनौती स्वीकार करनी होती है और

कोशिश जारी रखनी होती है, भले ही वह पहली बार में सफल न हो पाए।'

उनके शब्द सटीक भविष्यवाणी साबित हुए, क्योंकि आज वे कैलिफ़ोर्निया में 2,000 से ज़्यादा पॉलिसियाँ बेच चुके हैं।

धैर्य जय का एक बहुत बड़ा गुण है – न सिर्फ़ कारोबार में, बल्कि निजी जीवन में भी।

सचिन के जन्म के एक साल के भीतर ही हमारा जीवन बदल गया। जय की कमाई अच्छी थी और साफ़ दिख रहा था कि इस उपक्रम में वे स्थायित्व तथा कामयाबी हासिल करेंगे। लेकिन अमेरिकी प्रवृत्ति के विपरीत हमने सफल होते ही कोई सुंदर मकान या कार तुरंत नहीं ख़रीदी। अगले 10 वर्ष तक हम अपने परिवार और रिश्तेदारों के साथ उसी जगह पर रहे। बहुत बाद में जाकर हनने लिविंगस्टन में ज़मीन ख़रीदी और वहाँ मकान बनाने का निर्णय लिया।

अमेरिका में रंग, जाति या किसी भी आधार पर भेदभाव के ख़िलाफ़ क़ानून है। लेकिन असहिष्णुता की सूक्ष्म भावना हमेशा मौजूद रहती है और कई बार तो खुलकर सामने आ जाती है। जब फ़ॉन ड्राइव में हमारा मकान बन रहा था तो दो–तीन मौक़ों पर हमारे मकान पर पत्थर फेंके गए। हमें धमकी भरे फ़ोन कॉल और गुमनाम पत्र भी मिले।

लेकिन हमने धमकियों पर ज़्यादा ध्यान नहीं दिया। यह मकान हमारा सपना था और हम इसे साकार होते देखना चाहते थे। जब नया मकान बनकर तैयार हो गया तो हम उसमें रहने आ गए। चूँकि तब तक हम अपने विस्तृत परिवार के साथ रह रहे थे, जिसमें देवर, जेट, ननदें, उनके बच्चे आदि थे, इसलिए हमें थोड़ा अजीब लगा क्योंकि इस बड़े मकान में सिर्फ़ हम चार प्राणी रहने वाले थे। बच्चे इस अनेरिकी परंपरा के आदी नहीं थे कि उनका अपना अलग बेडरूम हो, क्योंकि इस समय तक सारे बच्चे एक ही बेडरूम या ड्रॉइंग रूम में इकट्ठे सोते थे।

अब सचिन ग्रेड 1 में पढ़ रहा था और सीमा 2 साल की थी। वे दोनों ही रोमांचित होकर घर की छानबीन करने लगे। सचिन ने पूछा, 'इतना बड़ा मकान?'

'हाँ। और यह तुम्हारा बेडरूम है।' मैंने उसे उसका कमरा दिखाते हुए कहा। वह रोमांचित था। 'वाह। यह मुझे पसंद आया। पप्पू और मैं यहाँ सोएँगे।' (पप्पू मेरी ननद का लड़का और उसका चचेरा भाई था)।

मैंने समझाने की कोशिश की, 'पप्पू यहाँ हमारे साथ नहीं रहेगा।'

'क्यों?'

'क्योंकि यह हमारा मकान है।'

सचिन को यह नया विचार ज़्यादा पसंद नहीं आया लेकिन वह इस बारे में ज़्यादा कुछ नहीं कर सकता था। और हम भी नहीं। हमने डिनर लिया और सोने चले गए। सीमा बहुत छोटी थी इसलिए हमारे ही कमरे में सोने वाली थी, लेकिन सचिन को उसके ख़ुद के कमरे में सोना था। मैं उसे सुलाने गई और उसे चूमकर गुड नाइट कहा।

5 मिनट के भीतर हमारे कमरे के दरवाज़े पर दस्तक हुई। यह सचिन था। वह बोला, 'मम्मी, डैडी, मैं आप लोगों के साथ यहीं सोऊँगा।' अगले कुछ सप्ताह तक यही कहानी चलती रही। आख़िर मेरा धैर्य जवाब दे गया और मैंने उससे सख़्ती से कहा, 'सचिन, अब तुम अपने कमरे में सोओगे और इस बारे में कोई बहाना नहीं चलेगा।'

उसके पास अपने बेडरूम में अकेले सोने के अलावा कोई दूसरा चारा नहीं था। इसके बाद भी उसे बड़े नए मकान से तालमेल बैठाने में बहुत समय लगा, जिसमें हम चार लोग ही रह रहे थे।

वास्तव में, जब मैं पीछे पलटकर देखती हूँ तो मुझे अहसास होता है कि सचिन को बहुत सी मुश्किल स्थितियों का सामना इसलिए करना पड़ा था क्योंकि वह सबसे बड़ा बच्चा था। मिसाल के तौर पर, उसे अपने पिता के साथ समय बिताने का मौक़ा बहुत कम मिलता था क्योंकि जय तब अपने करियर में आगे बढ़ रहे थे। अमेरिका में एकल परिवार प्रणाली होती है। यहाँ माता–पिता दोनों ही बच्चे पालने की ज़िम्मेदारी मिलकर निभाते हैं, जैसे बच्चों को स्कूल छोड़ना या वहाँ से लाना, स्कूल के कार्यक्रमों में हिस्सा लेना, मैच या दूसरी प्रतिस्पर्धाओं में उनके साथ जाना और उनका उत्साह बढ़ाना आदि। लेकिन जब सचिन बड़ा हो रहा था, तब जय के

पास यह सब करने का समय ही नहीं था। वे या तो पूरे देश का भ्रमण करने में व्यस्त रहते थे या फिर अंतहीन काग़ज़ी काम निबटाने में जुटे रहते थे। बच्चों को देने के लिए समय ही नही था। एक अच्छी बात यह थी कि हालाँकि जय बहुत व्यस्त थे लेकिन मैं घर पर रहती थी, इसलिए बच्चों को पूरा समय दे सकती थी। मैं बच्चों से जय की व्यस्त दिनचर्या के बारे में खुलकर बात करती थी। मैं उन्हें बताती थी कि जय चाहते हुए भी उनके पास क्यों नहीं रह सकते थे। इसीलिए सचिन भी पिता के न रहने के कारण को समझ गया और उसने उन्हें इस बारे में कभी ग्लानि का अहसास नहीं कराया।

हमारे जीवन और परिवार की कहानी हमारी कार की कहानी के बिना कभी पूरी नहीं होगी। सच तो यह है कि जय भौतिकवादी नहीं हैं और किसी भी तरह की शान झाड़ने से चिढ़ते हैं। वे तो अपने ग्राहकों से मिलते समय औपचारिक पोशाक पहनना भी पसंद नहीं करते।

लेकिन जिस तरह उनकी एक इच्छा सपनों का मकान बनाने की थी, उसी तरह उनका एक अरमान रोल्स रॉइस का मालिक बनना था।

जब उन्हें लगा कि वे इसका ख़र्च उठा सकते हैं तो उन्होंने एक सिल्वर स्पिरिट ख़रीद ली। ज़ाहिर है, इसे लेकर हम सभी रोमांचित थे। जब हम अपनी चमचमाती काली कार में गुज़रते थे और हर कोई हमें पलटकर घूरता था तो हमें बहुत अच्छा महसूस होता था।

लेकिन शुरुआती रोमांच कम होने पर जय को अहसास हुआ कि यह कार बहुत व्यावहारिक नहीं थी क्योंकि उन्हें अपने ग्राहकों से मिलने के लिए दूर–दराज़ के इलाकों में जाना होता था। जय हर दिन सैकड़ों मील कार चलाते थे इसलिए यह कार उनके लिए एक सफ़ेद हाथी जैसी थी। इसलिए स्वाभाविक रूप से मुझे ही यह कार चलाने का सम्मान मिला। मुझे कार की ज़रूरत मूलतः बच्चों को स्कूल से लाने–ले जाने, किराना ख़रीदने या दूसरी ख़रीदारी करने और ऑफ़िस जाने के लिए पड़ती थी। इन जगहों पर रोल्ज़ को ले जाना बहुत भारी काम लगता था इसलिए मैं अपनी पुरानी कार चलाना पसंद करती थी।

धीरे–धीरे रोल्स ज़्यादातर समय गैराज में खड़ी रहने लगी। एक

बार किसी रिश्तेदार ने हमसे रोल्स उधार माँगी क्योंकि उसके परिवार में शादी थी। लेकिन गैराज में बहुत लंबे समय तक खड़ी रहने के कारण वह चालू नहीं हो रही थी। हमें एक मैकेनिक बुलाना पड़ा और उसे चालू कराने के लिए भारी पैसे ख़र्च करने पड़े। एक बार जब शादी निबट गई तो बेचारी रोल्स एक बार फिर गैराज में आ गई। इसके बाद तो यह दस्तूर हो गया कि हमारे सारे मित्र और रिश्तेदार शादियों के दौरान हमसे रोल्स उधार माँगते थे।

एक बार मैंने हिसाब लगाया कि हमने उसके के रखरखाव पर कितना ख़र्च किया था। मैं यह जानकर दंग रह गई कि हमने रखरखाव और मरम्मत में जितने पैसे ख़र्च किए थे, उतने में तो हम एक और रोल्स ख़रीद सकते थे।

आख़िरकार मैंने जय से कहा, 'यह सफ़ेद हाथी देवताओं के लिए तो अच्छा है लेकिन हम जैसे इंसानों के लिए उतना अच्छा नहीं है। इसलिए मेहरबानी करके हम यह कार बेच देते हैं और कोई ऐसी कार ख़रीद लेते हैं जो हमारे लिए ज़्यादा सही हो।'

जय को मेरे व्यावहारिक तर्क से सहमत होना पड़ा और हमने अपनी सिल्वर स्पिरिट बेच दी (जो विडंबनापूर्ण तरीक़े से काले रंग की थी और आलंकारिक भाषा में सफ़ेद हाथी थी)।

मैंने राहत की साँस ली और मुझे लगता है कि जय ने अफ़सोस में आह भरी होगी।

सचिन पटेल

जब मैं बच्चा था तो मुझे डैडी के आस–पास रहने की बहुत कम यादें हैं। जब मैं मम्मी से इस बारे में पूछता था, तो वे कहती थीं, 'तुम्हारे पापा को काम के सिलसिले में बहुत यात्राएँ करनी होती हैं। लेकिन चिंता मत करो, मैं यहाँ पर तुम्हारे साथ हूँ।' मैं बस सिर हिला देता था।

जिस दुर्लभ सप्ताहांत पर डैडी घर पर होते भी थे, तब भी वे हमेशा क़ागज़ी काम के ढेर में दबे रहते थे।

कई बार मम्मी मुझे भी ऑफ़िस ले जाती थीं और वहाँ जाकर वे भी काम में मसरूफ़ हो जाती थीं। मुझे बहुत ज़्यादा दिक्क़त नहीं होती थी क्योंकि ऑफ़िस का स्टाफ़ हमेशा मुझे लाड़ करता था। मैं सोचता हूँ कि मेरे और स्टाफ़ दोनों के लिए ही यह नीरस दिनचर्या से अच्छा छुटकारा रहता था।

ख़ैर, मुझे कभी अकेलापन महसूस नहीं हुआ क्योंकि हमारे आस–पास बहुत सारे लोग रहते थे – हमारे रिश्तेदार और उनके बच्चे। हम बच्चों का सारा दिन खेलने में बहुत अच्छी तरह गुज़रता था। रात को भी हम सब ड्रॉइंग रूम में एक साथ सोते थे। हमारे हँसी–मज़ाक़ तब तक चलते रहते थे जब तक कि कोई बड़ा अंदर आकर हमें डाँटता नहीं था और बत्ती बंद नहीं कर देता था।

जब मैं पहली ग्रेड में पढ़ रहा था, तो हम अचानक एक उच्चवर्गीय मोहल्ले में एक बड़े मकान में रहने चले गए। मुझे मकान तो पसंद था लेकिन यह बात पसंद नहीं थी कि उसमें सिर्फ़ चार लोग ही रहें। इस भावना से मुझे छुटकारा दिलाने में मम्मी को बहुत समय लग गया। यहाँ एक और बड़ा परिवर्तन हुआ था। जब मम्मी ऑफ़िस जाती थीं तो अब हमारे पास एक हाउसकीपर थी, जो दिन भर घर पर रहकर हमारी देखभाल करती थी। हमारी हाउसकीपर इतनी अच्छी थी कि मैं ख़ुद को ख़ुशक़िस्मत समझता था कि मेरी दो माताएँ थीं।

हम हमेशा न्यू यॉर्क लाइफ़ इंश्योरेंस कंपनी के सालाना सम्मेलन की राह देखते रहते थे। उसमें शीर्ष प्रबंधक और शीर्ष एजेंट अपने परिवार के साथ संसार के किसी पर्यटन स्थल पर जाते थे। चूँकि इसे सम्मेलन कहा जाता था इसलिए कुछ कारोबारी सत्र भी होते थे, लेकिन बाक़ी समय शुद्ध मनोरंजन होता था। सबसे बड़ी बात, मैं रोमांचित महसूस करता था, क्योंकि मुझे लंबे समय तक डैडी के साथ रहने का मौक़ा मिलता था।

स्कूल या कॉलेज में पढ़ते वक़्त मैंने कभी सोचा भी नहीं था कि आगे चलकर मैं डैडी के साथ काम करूँगा। लेकिन जब मैंने युनिवर्सिटी से अंडरग्रैजुएट डिग्री पूरी की तो डैडी ने कहा, 'सचिन, अगर तुम मेरे

साथ काम करोगे तो मुझे बहुत ख़ुशी होगी। मैं जो कर सकता हूँ या कारोबार को बढ़ाने के लिए भी जो कुछ कर सकता हूँ, उसकी सीमाएँ हैं। अगर हम दोनों मिलकर काम करें तो हम आसमान की बुलंदियों को छू लेंगे।'

मैंने डैडी की बात मान ली और उनके साथ काम करने लगा। डैडी ने अपने बेहतरीन कारोबारी बोध और मानव व्यवहार के अनुभव से कारोबार को चमका दिया था। आज उनका ज्ञान और उनकी सद्भावना मेरे लिए बहुत उपयोगी हैं। मैं उनका बेटा होने पर ख़ुशक़िस्मत महसूस करता हूँ और मुझे उनके साथ काम करने का अवसर मिलने पर नाज़ है।

पूर्णिमा पटेल

लोग अक्सर जय से पूछते हैं, 'संसार में हज़ारों बीमा एजेंट हैं लेकिन कोई भी वैसी सफलता हासिल नहीं कर पाता जैसी आपको मिली है। आपकी ज़बर्दस्त सफलता का राज़ क्या है?'

हमेशा की तरह जय छोटा लेकिन सटीक उत्तर देते हैं, 'लोग मुझ पर भरोसा करते हैं।'

इसके बाद मन में अगला सवाल यह आता है कि लोग जय पर भरोसा क्यों करते हैं? अगर कोई मुझसे यह सवाल पूछे तो मेरा जवाब होगा, 'इस सवाल का कोई छोटा, संक्षिप्त और सटीक जवाब देना संभव नहीं है। इसके लिए मुझे सबसे पहले तो आपको कुछ घटनाएँ विस्तार से बतानी होंगी।'

एक बार जय अमेरिका में एक छोटे दूरस्थ कस्बे में एक ग्राहक से मिलने गए। वह ग्राहक एक मोटैल का मालिक था। जय काफ़ी लंबी यात्रा करके उसके मोटैल तक गए थे, पहले हवाई जहाज़ से और फिर किराए की कार से। मोटैल वाले ने जय का स्वागत किया और चाय–नाश्ता कराया। उन्होंने थोड़ी देर छुटपुट बातचीत की और फिर कारोबार पर आ गए। जय ने उन्हें कुछ बीमा पॉलिसियों के बारे में विस्तार से बताया और फिर उनके सवालों तथा शंकाओं का जवाब दिया।

जब तक बातचीत पूरी हुई, अँधेरा हो चुका था। मोटैल मालिक ने जय से कहा, 'अब काफ़ी देर हो चुकी है। आप लंबी यात्रा के बाद थक

गए होंगे। आज रात यहीं रुक जाएँ। सुबह जाना ही मुनासिब रहेगा।'

जय को दिख रहा था कि मोटैल बहुत अच्छी हालत में नहीं था। यह पुराना, घिसा–पिटा और थोड़ा गंदा दिख रहा था। मोटैल के मालिक ने दोबारा ज़ोर देते हुए कहा, 'तो क्या आप रुक रहे हैं? हमारे साथ नाश्ता करने के बाद कल सुबह चले जाना।'

जय ने उसके आतिथ्य भाव के लिए धन्यवाद दिया। 'आपने सही कहा। मैं थक गया हूँ और मुझे रात को यात्रा करना अच्छा नहीं लगेगा। मैं आज रात यहीं सो जाता हूँ और कल सुबह चला जाऊँगा।'

मोटैल मालिक ने कहा, 'मोटैल में एक कमरा ख़ाली है। मैं उसे आपके लिए तैयार कर देता हूँ।'

लेकिन जय ने इस बात से इंकार कर दिया, 'नहीं, मुझे एक कंबल भर दे दें। मैं लिविंग रूम में सोफ़े पर काफ़ी आराम से सो जाऊँगा।'

मोटैल मालिक को अजीब महसूस हुआ, 'नहीं, नहीं, आप हमारे अतिथि हैं।'

जय ने इस पर जवाब दिया, 'हाँ, लेकिन मुझे अपने परिवार का हिस्सा समझें। मुझे यहाँ सोफ़े पर सोने में कोई दिक्क़त नहीं है। और दूसरी बात, अगर रात को कोई ग्राहक आता है, तो आप उसे वह कमरा दे सकते हैं। ग्राहक को लौटाना नहीं पड़ेगा और उस कमरे के किराए का नुक़सान भी नहीं होगा।'

मोटैल मालिक ने जय की सादगी और दूसरों की मदद करने की इच्छा की सराहना की।

अगली सुबह कॉफ़ी पीते हुए मालिक ने कहा, 'मिस्टर पटेल, मैं आपसे एक बीमा पॉलिसी ख़रीदना चाहता हूँ। आइए तुरंत औपचारिकताएँ पूरी कर लें ताकि फिर आप जा सकें।'

जब जय लौट रहे थे तो मोटैल मालिक ने जय से कहा, 'क्या आप जानना चाहते हैं कि मैंने पॉलिसी तुरंत ख़रीदने का निर्णय क्यों लिया? क्योंकि आप मुझे इंसान के तौर पर पसंद आए। मैं आपको खुलकर बताता हूँ। आपके आने से पहले एक और बीमा एजेंट मुझसे मिलने आया

था। वह भी काफ़ी लंबी यात्रा करके आया था। मुलाक़ात के बाद उसने मुझसे पूछा कि क्या वह अपनी पत्नी को फ़ोन कर सकता है। बातचीत के दौरान पत्नी ने उससे पूछा होगा कि क्या वह रात यहाँ बिताएगा। इस पर उसने जवाब दिया, "हर्गिज़ नहीं। क्या तुम पागल हो गई हो? मेरे लिए यहाँ रुकना असंभव है। भले ही कितनी ही रात हो जाए लेकिन मैं घर लौट आऊँगा।"

'उसे इस बात की परवाह नहीं थी कि मैंने उसकी बात सुन ली थी और उसके शब्दों से अपमानित या आहत महसूस किया था। आप बिलकुल उल्टे थे। न सिर्फ़ आप यहाँ रुके, बल्कि आपको यह चिंता भी थी कि मेरे कमरे के किराए का नुक़सान न हो। मैं आप पर भरोसा करता हूँ। मुझे आप पर विश्वास है और मुझे यक़ीन है कि आप मेरे निवेशों की अच्छी देखभाल करेंगे।'

जब जय उस आदमी के मोटैल से निकले तो उन्होंने सिर्फ़ एक पॉलिसी ही नहीं बेची थी, बल्कि अधिक महत्त्वपूर्ण बात, उन्होंने अपने परिवार में एक नया व्यक्ति जोड़ लिया था। और यह उनके लिए पॉलिसी से कहीं अधिक महत्त्वपूर्ण था।

जय हमेशा कहते हैं कि 'मैं कोई सेल्समैन नहीं हूँ; मेरी भूमिका तो परिवार के रखवाले की है।' मैं यह भी जोड़ना चाहूँगी कि जय इस भूमिका को सिर्फ़ निभाते ही नहीं हैं, वे दरअसल इसे जीते हैं।

एक और ख़ास घटना हितेश शाह की है। वे एक व्यवसायी थे। जय 10 साल से कोशिश कर रहे थे कि वे उनसे बीमा पॉलिसी ख़रीद लें। इस दौरान वे अच्छे मित्र बन गए। लेकिन इन 10 सालों में हितेश ने एक भी पॉलिसी नहीं ख़रीदी। वे जय को आश्वस्त किया करते थे, 'मैं जब भी कोई बीमा पॉलिसी ख़रीदूँगा तो तुमसे ही ख़रीदूँगा।'

10 साल बाद एक दिन हितेश ने जय को बुलाया। जब जय उनसे मिले, तो हितेश ने कहा, 'मैं तैयार हूँ। मैं जीवन बीमा पॉलिसी ख़रीदना चाहता हूँ।'

जय ने उनसे पूछा, 'क्या आपकी सेहत ठीक है? क्या पिछले साल अस्पताल में भर्ती रहने के कारण आपने ऐसा करने का निर्णय लिया है?'

हितेश ने जवाब दिया, 'मैं सामान्य चेकअप के लिए अस्पताल गया था लेकिन मेरी सारी रिपोर्ट्स अच्छी हैं।'

जय ने उनसे कहा, 'तो ठीक है। लेकिन पॉलिसी ख़रीदने से पहले आपको मेडिकल परीक्षण कराना होगा और रिपोर्ट जमा करनी होगी।'

हितेश ने सारी औपचारिकताएँ पूरी करके पॉलिसी ख़रीद ली।

उनका प्रीमियम 600 डॉलर आया। एक बार उन्होंने जय को फ़ोन करके कहा, 'जय, प्रीमियम बहुत ज़्यादा है और इसे सँभालना मेरे लिए मुश्किल है।'

जय ने जवाब दिया, 'अगर आपने पॉलिसी दस साल पहले ख़रीदी होती तो प्रीमियम काफ़ी कम होता। अब आपकी उम्र ज़्यादा हो चुकी है और आपकी रिपोर्ट बता रही है कि आपको स्वास्थ्य संबंधी कुछ समस्याएँ भी हैं। इसीलिए प्रीमियम ज़्यादा है।'

हितेश ने उनसे पूछा, 'क्या मुझे पॉलिसी रद्द करा लेनी चाहिए?'

जय ने उन्हें सलाह दी, 'मैं यह बात एक मित्र की हैसियत से कह रहा हूँ। कृपया अभी पॉलिसी रद्द न कराएँ। न सिर्फ़ इससे आपका पैसा डूबेगा बल्कि अधिक महत्त्वपूर्ण बात, आप और आपका परिवार इस पॉलिसी से मिलने वाली सुरक्षा से भी वंचित रह जाएँगे।'

हितेश ने उनकी सलाह मानकर पॉलिसी रद्द नहीं की।

छह महीने बाद हितेश अपने परिवार के साथ भारत गए। वहाँ वे ख़रीदारी करने बाज़ार गए थे। तभी उन्हें पेट में तेज़ दर्द महसूस हुआ। वे एक डॉक्टर के पास गए जिसने उनकी जाँच करके कुछ दवाएँ लिखीं और उनसे आराम करने को कहा। जब वे डॉक्टर के क्लीनिक से निकल रहे थे, तो वे गिर गए और उनकी वहीं पर मृत्यु हो गई।

जय को यह सदमे भरी ख़बर कुछ दिनों बाद एक परिचित ने दी। जय जो कर रहे थे वह सब छोड़-छाड़कर वे तेज़ी से हितेश के घर पहुँचे।

जब अंत्येष्टि के बाद बाक़ी लोग चले गए तो जय ने हितेश के ससुर से बात की, 'हितेश ने हाल ही में दस लाख डॉलर की जीवन बीमा

पॉलिसी ख़रीदी थी। मैं ध्यान रखूँगा कि उनकी पत्नी को चेक जल्दी से जल्दी मिल जाए।'

बुजुर्ग कृतज्ञता से भर उठे। 'मेरी बेटी को उस पॉलिसी के बारे में कुछ पता नहीं है। वह बहुत चिंतित थी कि अब उसका क्या होगा। अब वह बच्चों के भविष्य की देखभाल कैसे करेगी? मुझे अब बहुत राहत महसूस हो रही है। हमें एक प्रियजन की मृत्यु के दुख से तो उबरना ही था, उसके साथ ही भविष्य का तनाव भी झेलना था। आपने हमारे जीवन के सबसे निराशाजनक पल में आकर हमारे परिवार को बचा लिया है। हमारे लिए तो आप किसी फ़रिश्ते से कम नहीं हैं।'

जय ने जवाब दिया, 'मैंने तो बस अपना फ़र्ज़ निभाया है।'

जैसे ही जय को दस लाख डॉलर की कर मुक्त जीवन बीमा राशि का चेक मिला, उन्होंने उसे हितेश की पत्नी को सौंप दिया। यह परिवार के लिए बहुत बड़ा सहारा था और इससे उन्हें भविष्य का सामना करने में मदद मिली। इसने बच्चों के भविष्य और उनकी शिक्षा का ख़र्च सँभाल लिया। आज हितेश का बेटा डॉक्टर है।

इसके अलावा एक और व्यवसायी अशोक पंड्या की कहानी है। एक बार उसे शेयर बाज़ार में भारी नुक़सान हो गया था और रातोरात लगभग दस लाख डॉलर की चपत लग गई थी। उसने जय को फ़ोन करके कहा, 'मैं अपनी पॉलिसी रद्द करना चाहता हूँ। मुझे पैसों की बहुत सख़्त ज़रूरत है।'

जय ने उसे बताया कि यह एक ग़लत क़दम है और उसे रोकने की कोशिश की। 'अगर तुम अपनी पॉलिसी रद्द करते हो तो इस वक़्त तो तुम्हें थोड़ा पैसा मिल सकता है, लेकिन आगे चलकर तुम्हारा कहीं अधिक नुक़सान होगा।'

अशोक ने अपना निर्णय बदलने से इंकार कर दिया। वह अपनी पॉलिसी तुरंत रद्द करना चाहता था। आख़िरकार जय ने उसे एक विकल्प सुझाया, 'ठीक है, इस पॉलिसी को रद्द कर दो लेकिन कम प्रीमियम वाली एक और पॉलिसी ले लो। एक टर्म पॉलिसी के रूप में, तुम्हारे और तुम्हारे परिवार के पास कम से कम इतना सहारा तो होना

ही चाहिए।'

अशोक इसके लिए तैयार हो गया। उसने अपनी पुरानी टर्म पॉलिसी रद्द कर दी और कम प्रीमियम वाली एक नई पॉलिसी ले ली। बमुश्किल एक साल बाद ही अशोक के सीने में दर्द हुआ और उसे अस्पताल में दाख़िल किया गया। पूरे चेकअप और गहन परीक्षण के बाद उसे बाइपास सर्जरी कराने की सलाह दी गई। लेकिन दुर्भाग्य से सिर्फ़ कुछ दिनों बाद ही उसे एक और ज़ोरदार हार्ट अटैक आया, जिससे उसकी मृत्यु हो गई।

अगर ग्राहक कोई नई पॉलिसी ख़रीदने के एक साल के भीतर मर जाता था तो न्यू यॉर्क लाइफ़ इंश्योरैंस कंपनी मामले की पूरी जाँच करती थी। लेकिन जय यह साबित करने में सफल रहे कि जब अशोक ने पॉलिसी ली थी, तब उसे उस बीमारी का पता नहीं था और अशोक द्वारा तब दी गई जानकारी पूरी तरह सच थी। न्यू यॉर्क लाइफ़ ने अशोक के परिवार को दस लाख डॉलर का चेक दे दिया, जो उस स्थिति में उनके लिए जीवनदायी साबित हुआ।

अशोक के परिवार वाले जय को दुआएँ दे रहे थे। उन्होंने जय को बार-बार बताया कि सिर्फ़ उनकी बदौलत ही उस समय अशोक ने एक और पॉलिसी ख़रीदी थी। उन्होंने इस बात के लिए भी धन्यवाद दिया कि जय ने उनकी ख़ातिर कंपनी के साथ लड़ाई की। जय महसूस करते हैं कि उनके प्रति इस परिवार का सम्मान और प्रशंसा भाव ही उनका सच्चा पुरस्कार है।

ऐसे पलों में जय हमेशा अपने ग्राहक का साथ देते हैं और उसकी तरफ़ से बीमा कंपनी से उचित मुआवज़ा लेने का प्रयास करते हैं।

मयूर देसाई जय का एक और ग्राहक था। वह एक युवा व्यवसायी था जिसकी उम्र तीस से चालीस के बीच थी। उसे कारोबार में ज़ोर का झटका लगा और भारी नुक़सान हुआ। उसने अपनी बीमा पॉलिसी पर कर्ज़ ले लिया। दुर्भाग्य से उसका व्यवसाय उबर नहीं पाया। वह पॉलिसी पर लिया कर्ज़ नहीं चुका पाया, न ही वह बकाया प्रीमियम राशि अदा कर पाया। कुछ समय बाद कंपनी ने उसकी पॉलिसी रद्द कर दी।

जैसे यही काफ़ी न हो, उसे लक़वे का दौरा पड़ा और चार साल बाद उसकी मृत्यु हो गई। जय उसके अंतिम संस्कार में गए थे। वे मयूर की पत्नी और बच्चों की दुर्दशा देखकर विचलित हो गए। घर लौटने पर उन्होंने मयूर की पुरानी फ़ाइल निकाली और उसे ग़ौर से पढ़ने लगे।

उन्हें अहसास हुआ कि जब मयूर को लक़वे का दौरा पड़ा था, तब उसकी पॉलिसी सक्रिय थी। कंपनी की नीति के अनुसार अपंग हो गए लोगों को प्रीमियम का भुगतान करने की ज़रूरत नहीं होती। इसलिए जय ने तर्क दिया कि यह पॉलिसी रद्द नहीं हो सकती थी और मयूर के मामले में यह पॉलिसी दरअसल अब भी चालू थी। कंपनी ने दावे को मंजूर कर लिया और मयूर की पत्नी को पॉलिसी की पूरी राशि मिल गई।

मैंने जय के कामकाजी सिद्धांतों को दर्शाने के लिए सिर्फ़ कुछ घटनाएँ बताई हैं, लेकिन ऐसे बहुत सारे उदाहरण हैं जिनमें जय ने अपने ग्राहकों का जमकर साथ दिया और उनके दावे स्वीकृत कराने के लिए कंपनी से सहयोग माँगा। जय की सफलता की कुंजी का विश्लेषण करते समय इस पहलू का ज़िक्र करना अनिवार्य है।

उनके ग्राहकों को उनका वाजिब हक़ मिले, यह सुनिश्चित करने के लिए जय एड़ी चोटी का ज़ोर लगा देते हैं। वे अपने ग्राहकों को सर्वश्रेष्ठ सेवा देने के अथक प्रयास करते हैं। ऐसे असंख्य मामले हैं, जहाँ वे कंपनी से अपने ग्राहकों के दावे स्वीकृत कराने में सफल रहे हैं। लेकिन इसके बावजूद वे अब भी कंपनी के नंबर वन एजेंट हैं और ऐसा इसलिए है क्योंकि उनके ग्राहकों के मृत्यु दावों की संख्या तुलनात्मक रूप से काफ़ी कम है। ज़ाहिर है, इसके लिए उन्हें भारतीय समुदाय को धन्यवाद देना होगा। जय के अधिकतर ग्राहक गुजराती हैं। अमेरिका में रहने के बावजूद अधिकतर गुजराती शाकाहारी हैं और उनकी जीवनशैली सादगीपूर्ण है। वे शराब या सिगरेट शायद ही कभी पीते हैं। इसलिए उनमें से अधिकतर को लंबे जीवन का वरदान मिलता है। ऐसे ग्राहक किसी भी बीमा कंपनी के लिए वरदान होते हैं और ऐसे ग्राहकों को लाने वाला एजेंट कंपनी के लिए अलादीन का चिराग होता है।

जयदेव पटेल

मैंने अपना करियर पहले एक शिक्षक और फिर एक केमिस्ट के रूप में शुरू किया। मेरा तीसरा और अंतिम पेशा बीमा एजेंट का था। कुछ लोगों को यह हैरानी हो सकती है कि इन अलग–अलग पेशों के बीच क्या संबंध हो सकता है।

मेरा पूरा विश्वास है कि कोई भी अनुभव बेकार नहीं जाता है और इंसान हर चीज़ से कुछ न कुछ सीखता है। मिसाल के तौर पर, मेरा शिक्षण अनुभव बीमा एजेंट के रूप में ग्राहकों के साथ बातचीत के दौरान काम आता है। मैं मानता हूँ कि बीमा पॉलिसी बेचना एक तरह से लोगों को शिक्षित करने जैसा है।

अपने ग्राहकों के साथ मेरा संबंध कभी भी पेशेवर स्तर तक ही सीमित नहीं रहता। हमेशा जज़्बात जुड़े रहते हैं और मेरा हर ग्राहक मेरे दिल के क़रीब रहता है।

इसीलिए मेरे ग्राहक के जीवन के हर महत्त्वपूर्ण अवसर पर मेरे परिवार और मुझे आमंत्रित किया जाता है, चाहे यह सगाई हो, शादी हो या नामकरण संस्कार हो। और मैं हमेशा परिवार में किसी की मृत्यु की दुखद घटना के अवसर पर मौजूद रहता ही रहता हूँ। ऐसे अवसरों पर मेरी उपस्थिति से परिवार को नैतिक समर्थन मिलता है। उन्हें विश्वास होता है कि ज़रूरत की इस घड़ी में मैं उन्हें दग़ा नहीं दूँगा।

चूँकि मैं अपने सभी ग्राहकों को अपने परिवार का हिस्सा मानता हूँ, इसलिए यह ज़ाहिर सी बात है कि मुझे उनके सतत संपर्क में रहना पड़ता है और इस बारे में जागरूक रहना पड़ता है कि उनके जीवन में क्या हो रहा है। ऐसा करने के लिए मुझे पूरे देश की यात्रा करने में साल भर में 250 दिन लगाने होते हैं।

जिस तरह मैं अपने ग्राहकों को अपने परिवार का हिस्सा मानता हूँ, उसी तरह मेरे ग्राहक भी मुझे अपने परिवार का हिस्सा मानते हैं। वरना कोई आदमी सैकड़ों मील कार चलाकर किसी बीमा एजेंट को हवाई अड्डे से लेने के लिए थोड़े ही आएगा!

अपने ग्राहकों और उनके परिवारों के साथ मेरा जो बंधन है वह मेरे लिए किसी भी दूसरी उपलब्धि से ज़्यादा क़ीमती है।

मुझसे अक्सर पूछा जाता है, 'इस क्षेत्र में आपका गुरु कौन है?'

मैं नहीं जानता कि इस सवाल का जवाब कैसे दूँ क्योंकि मैंने कभी किसी से उत्कृष्ट सेल्समैन बनने की कला नहीं सीखी। मैंने अपनी अंतरात्मा, अपने सहज बोध का अनुसरण किया, कॉमन सेंस का इस्तेमाल किया और अपने ख़ुद के नियम बनाए जिन पर मैं अब भी कठोरता से चलता हूँ।

'गुरु' के विषय पर लौटते हुए बताना चाहूँगा कि मेरा कोई 'गुरु' नहीं था, लेकिन मेरे अनुसरण के लिए एक आदर्श व्यक्ति ज़रूर थे। यह बेन फ़ेल्डमैन थे, जो मुझसे पहले न्यू यॉर्क लाइफ़ के शीर्षस्थ एजेंट थे। वे बेहद लोकप्रिय थे और मुझसे पहले कोई भी उनके सेल्स रिकॉर्ड से आगे नहीं निकल पाया था। जब उन्होंने अपने अनुभवों पर आधारित एक पुस्तक लिखी तो उन्होंने मुझे उसकी एक प्रति भेजी। उसके पहले पन्ने पर उन्होंने यह छोटी इबारत लिखी थी : 'जय। यह पुस्तक पहले प्रकाशित हो गई थी, लेकिन अब मैं जानता हूँ कि तुम्हारे बिक्री के आँकड़े मुझसे कहीं ज़्यादा हैं। बधाई।'

उपसंहार

बीमे के क्षेत्र में जयदेव पटेल की उपलब्धियाँ प्रशंसनीय हैं, लेकिन उनकी कहानी और दरअसल उनका वर्णन तब तक पूरा नहीं होगा,जब तक कि उनके एक और महत्त्वपूर्ण योगदान का ज़िक्र न किया जाए।

यह फरवरी 2002 की बात थी। न्यू यॉर्क लाइफ़ कंपनी उस वक्त मैक्स न्यू यॉर्क लाइफ़ नाम से भारतीय बाज़ार में आ रही थी। कंपनी के प्रमुख अधिकारी भारत में थे, ताकि मुंबई और देश के अन्य बड़े शहरों में कंपनी के प्रचार अभियान तथा शुभारंभ की निगरानी कर सकें।

ऐसे ही एक मौक़े पर न्यू यॉर्क लाइफ़ के सीईओ टॉम फ़्लूनॉय और जयदेव पटेल मुंबई में थे। जब जयदेव मैक्स न्यू यॉर्क लाइफ़ के तत्वावधान में वडोडरा में अपना ख़ुद का ऑफ़िस खोलने जा रहे थे, तो दोनों वडोडरा गए और वहाँ से वे जयदेव के गाँव सोजित्रा निकल गए।

वहाँ पहुँचने के बाद जयदेव ने कहा, 'टॉम, मैं तुम्हें अपना पुराना स्कूल दिखाता हूँ।'

जयदेव का स्कूल एम.एम. हाई स्कूल 125 साल पुराना था। जयदेव ने उसी स्कूल से 1959 में अपनी मैट्रिक की पढ़ाई पूरी की थी। इस स्कूल के कई छात्र आज अपने करियर में बहुत सफल हैं और देश के अलग–अलग हिस्सों में बस गए हैं। स्कूल का इतिहास प्रभावशाली था मगर इसकी वर्तमान दशा करुण थी। जय ने टॉम से कहा, 'यह मेरा क्लासरूम था।' जब उन्होंने क्लासरूम में झाँका तो उसकी स्थिति देखकर वे दंग रह गए। सीलन भरी गंदी दीवारें, उखड़ता पलस्तर, दीवारों में गहरे गड्ढे, फ़र्श के उखड़े हुए टाइल्स और टपकती हुई छत। जय क्लासरूम के सूखे इलाक़े में सिमटकर बैठे बच्चों के समूह को देखकर सदमे में आ गए। टॉम और जय ने स्कूल का पूरा मुआयना किया। हर जगह वही दुखद स्थिति नज़र आ रही थी। स्कूल में पीने के पानी की कोई व्यवस्था नहीं थी, जबकि वहाँ 1,100 विद्यार्थी अपने दिन का एक बड़ा हिस्सा गुज़ारते थे।

टॉम ने कई विद्यार्थियों से बातचीत की और वे उनकी बुद्धि, उत्साह

तथा जीवन के प्रति उनके नज़रिये से प्रभावित हुए।

उन्होंने जयदेव से कहा, 'आपको इन बच्चों और स्कूल की ख़ातिर कुछ करना चाहिए।'

जयदेव भी इसी तर्ज़ पर सोच रहे थे। उन्होंने जवाब दिया, 'मैं निश्चित रूप से करूँगा। मैं इस स्कूल की स्थिति को बेहतर बनाने के लिए जो कर सकता हूँ, वह करूँगा। चलिए, प्रिंसिपल से मिलते हैं।'

प्रिंसिपल ने उनका गर्मजोशी से स्वागत किया।

जयदेव सीधे मुद्दे की बात पर आ गए। 'सर, स्कूल में मरम्मत की सख़्त ज़रूरत है। मैं मदद करने को तैयार हूँ। क्या आप बता सकते हैं कि इसमें कितना ख़र्च आएगा?'

प्रिंसिपल ने जयदेव को धन्यवाद दिया और कहा, 'मैं कल ही एक अच्छे कॉन्ट्रैक्टर को बुलाता हूँ और आपको जल्दी से जल्दी बता देता हूँ।'

जब टॉम और जयदेव प्रिंसिपल के ऑफ़िस से बाहर निकले, तो टॉम ने कहा, 'जय, क्या आपको अहसास है कि आपने कितनी बड़ी ज़िम्मेदारी ले ली है?'

जयदेव ने अपना सिर हिला दिया लेकिन उन्हें ज़रा भी अंदाज़ा नहीं था कि उन्होंने दरअसल कितने बड़े काम का बीड़ा उठाया था।

उन्होंने फ़ैसला किया था कि अगर 15 लाख रुपये का ख़र्च भी आएगा, तब भी वे व्यक्तिगत योगदान देंगे और मरम्मत कराएँगे।

कुछ दिनों बाद प्रिंसिपल ने जयदेव को ऑफ़िस में बुलाया। स्कूल द्वारा नियुक्त बिल्डिंग कॉन्ट्रैक्टर भी वहाँ पर मौजूद था। उसने अपनी रिपोर्ट के विवरण पेश किए : 'इमारत की हालत बाहर से जितनी ख़तरनाक दिखती है, उससे काफ़ी ज़्यादा ख़तरनाक है। पिछले साल के भयंकर भूकंप ने इसे बहुत नुक़सान पहुँचाया है और अगर हल्का सा भी झटका आता है, तो पूरी इमारत के गिरने का ख़तरा है। वर्तमान में 1,100 विद्यार्थी, शिक्षक और बाक़ी कर्मचारी हर दिन इस इमारत में रहते हैं। ईश्वर न करे, अगर कुछ हो गया तो परिणामों की कल्पना भी नहीं की जा सकती।'

इस भयावह कथन के बाद ख़ामोशी छा गई। जय ने कॉन्ट्रैक्टर से पूछा, 'आपके हिसाब से इसका क्या समाधान है?'

'पूरे स्कूल को दोबारा बनाना होगा।'

जय एक पल के लिए भी नहीं झिझके। 'ठीक है। जब तक मैं यहाँ हूँ, कृपया मुझे अनुमान बता दें। पैसों की व्यवस्था करना मेरी ज़िम्मेदारी है।'

जब जयदेव ने इस मुलाक़ात और अपने निर्णय के बारे में टॉम को बताया तो टॉम भौंचक्के रह गए, 'जय, क्या तुम्हें अहसास है कि तुम अपने लिए कितना असंभव काम तय कर रहे हो?'

जय ने जवाब दिया, 'दरअसल यह असंभव नहीं है। मैंने इस बारे में सोचा है और मैं यह करने का प्रस्ताव रखता हूँ: मैं जितने पैसे ख़ुद लगा सकता हूँ, लगा दूँगा। और मैं दूसरे स्त्रोतों से भी पैसे इकट्ठे करूँगा। मैं स्कूल के पुराने विद्यार्थियों से संपर्क करने वाला हूँ, जो अब विदेशों में बस गए हैं या भारत में संपन्न हो गए हैं। मैं उनसे चंदा माँगकर हमारे स्कूल को बचाने का आग्रह करूँगा।'

टॉम ने जय को इस प्रयास के लिए शुभकामना दी।

जयदेव स्कूल को दोबारा बनाने का भगीरथ प्रयास करने लगे और उन्होंने कई स्तरों पर एक साथ काम शुरू कर दिया।

एक तरफ़ तो वे स्कूल जाते रहे और दूसरी तरफ़ उन्होंने चंदा इकट्ठा करने पर ध्यान दिया।

अपने सपनों के प्रौजेक्ट को साकार करने के लिए जयदेव ने जो बन पड़ा, सब कुछ किया। उन्होंने स्कूल प्रबंधन, ठेकेदारों, आर्किटैक्ट्स और इंजीनियरों के साथ बैठकें कीं। वे इस बारे में बहुत स्पष्ट थे कि उनके दिमाग़ में क्या था।

उन्होंने स्कूल प्रबंधन को अपनी योजनाओं के बारे में बताया और एक कच्चा अनुमान माँगा। 'नई इमारत उत्कृष्ट होनी चाहिए। निर्माण की गुणवत्ता अच्छी होनी चाहिए और इमारत सुंदर दिखनी चाहिए। पर्याप्त टॉयलेट होने चाहिए और पानी लगातार सातों दिन चौबीसों घंटे उपलब्ध रहना चाहिए। क्लासरूम्स में बच्चों के बैठने के लिए नई बैंचें होनी चाहिए।

प्रयोगशालाएँ आधुनिक होनी चाहिए। लाइब्रेरी में अच्छी किताबें होनी चाहिए। खेल के मैदान में सर्वश्रेष्ठ खेल सामग्री होनी चाहिए। इन सब बातों पर विचार करें और फिर अंतिम आकलन बताएँ।'

ऊपर बताए सारे निर्देशों को ध्यान में रखते हुए स्कूल प्रबंधन ने 1 करोड़ रुपये का बजट पेश किया। 'ठीक है। पूरी राशि का इंतज़ाम करने की ज़िम्मेदारी मेरी है। लेकिन मैं एक शर्त पर ज़ोर देता हूँ। मैं ही यह निर्णय लूँगा कि इस प्रौजेक्ट में कौन से लोग शामिल होंगे। मैं ख़ुद व्यक्तिगत रूप से निर्माण की निगरानी करूँगा। स्कूल प्रबंधन को इसमें किसी तरह का हस्तक्षेप नहीं करना चाहिए।'

जब सभी लोगों ने जयदेव की शर्त मान ली तो जयदेव ने तत्काल पहला चेक थमा दिया।

अमेरिका लौटने के बाद भी जयदेव हर दिन निर्माण कार्य की प्रगति की निगरानी करते रहे। वे सोजित्रा के सतत संपर्क में बने रहने के लिए संचार के सभी संभव समाधानों का इस्तेमाल करते थे: सैकड़ों फ़ोन कॉल्स, ईमेल्स, पत्र, फ़ैक्स और संभव होने पर हज़ारों मील की हवाई उड़ान, ताकि वे व्यक्तिगत रूप से निर्माण कार्य की निगरानी कर सकें।

एम. एम. हाई स्कूल के पूर्व विद्यार्थियों ने भी उदारता से मदद की। आश्चर्यजनक और उत्साहवर्धक बात यह थी कि जयदेव को न्यू यॉर्क लाइफ़ के कर्मचारियों (जिनमें कुछ शीर्ष इग्ज़ेक्यूटिव्ज़ शामिल थे) और कुछ ग्राहकों से भी आर्थिक समर्थन मिला। जयदेव का ख़ुद का योगदान सिर्फ़ आर्थिक स्तर तक ही सीमित नहीं था। उन्होंने अपना बहुत सा मूल्यवान समय ख़र्च किया और विकास की स्थिति देखने के लिए अक्सर सोजित्रा गए।

एक ऐसी ही यात्रा पर पड़ोसी स्कूल की कुछ लड़कियाँ उनसे मिलने आईं। बाक़ी लड़कियों से बहादुर दिखने वाली एक लड़की उनसे बोली, 'अंकल, आप लड़कों के प्रति पक्षपाती हैं।'

यह सुनकर जयदेव हैरान रह गए, 'तुम ऐसा क्यों कहती हो?'

दूसरी लड़की ने थोड़ा शर्माते हुए कहा, 'अंकल, हम लड़कियों का

स्कूल भी बहुत पुराना है और अच्छी हालत में नहीं है।'

साहसी लड़की ने आगे कहा, 'आप लड़कों के लिए नया स्कूल बना रहे हैं। तो आप हमारे लिए भी अच्छा नया स्कूल क्यों नहीं बनवाते? अगर आपको हमारी बात पर विश्वास नहीं है तो चलकर हमारा स्कूल देख लें।'

जयदेव ने लड़कियों का आमंत्रण स्वीकार कर लिया और उनका स्कूल देखने गए। वे जो कह रही थीं वह सच था। यह स्कूल भी बहुत ख़स्ता हालत में था। जयदेव ने अपने आस-पास बैठी स्कूली लड़कियों के उत्सुक चेहरे देखे और बोले, 'ठीक है। मैं वादा करता हूँ कि तुम्हारा स्कूल भी दोबारा बनेगा।'

घर लौटते समय जयदेव गाँव के प्राइमरी स्कूल में भी गए। उस शाम उन्होंने पूर्णिमा को फ़ोन करके बताया, 'पूर्णि, मैंने गाँव में दो और स्कूल बनाने में मदद करने का फ़ैसला किया है।'

पूर्णिमा को अपने कानों पर यक़ीन नहीं हुआ। 'क्या?'

'हाँ, एक नया प्राइमरी स्कूल और लड़कियों का एक नया स्कूल।'

'मैंने लड़कियों से वादा किया है...'

'देखो, अगर आपने उनसे वादा किया है तो मैं जानती हूँ कि आप उसे निभाएँगे। मुझे तो बस इतना बता दें कि हम इसके लिए चंदा इकट्ठा करना कब से शुरू करें?'

'इसी समय। मैं तुम्हें ईमेल में कुछ नाम भेज रहा हूँ। तुम एक सूची बना लो और लोगों को फ़ोन करना शुरू कर दो। जब मैं लौटूँगा, तो हम काम आगे बढ़ाएँगे।'

पूर्णिमा जानती थी कि 'कल' शब्द जयदेव के शब्दकोश में नहीं है। उसने आधा घंटे बाद ईमेल खोला और जैसी उम्मीद थी, उसे इनबॉक्स में जयदेव का मेल मिल गया। पूर्णिमा तुरंत लोगों को फ़ोन करने लगी।

लड़कों के स्कूल में निर्माण कार्य जुलाई 2002 में शुरू हुआ और सिर्फ़ 7 महीनों में ही एम.एम. हाई स्कूल की बिलकुल नई इमारत तैयार हो गई।

इसका शुभारंभ जनवरी 2003 में हुआ।

लेकिन जयदेव का काम अभी पूरा नहीं हुआ था। उन्हें अब भी दो नए स्कूलों की इमारतों की निगरानी करनी थी। इमारतें उत्कृष्ट होनी चाहिए थीं और अनुमानित समयसीमा में बननी चाहिए थीं। इसलिए एक बार फिर, जयदेव आँकड़ों और गणनाओं, सीमेंट, पत्थर आदि के विवरणों में डूबे हुए थे।

सोजित्रा गाँव को मात्र दो साल में ही तीन नए स्कूल मिल गए।

आज अगर कोई इस प्रौजेक्ट में जयदेव के योगदान की प्रशंसा करता है, तो जयदेव सकुचा जाते हैं और सामने वाले व्यक्ति को बीच में ही रोकते हुए कहते हैं, 'सोजित्रा मेरा गाँव है। मैंने इसके कर्ज़ का सिर्फ़ कुछ हिस्सा ही अदा किया है।'

मैं इन दो वाक्यों को अपनी योग्यता का सर्वश्रेष्ठ प्रमाण मानता हूँ।

सिर्फ़ पोटैल्स ही नहीं

हसु व हर्षा शाह

अमेरिकी पत्रिका लॉजिंग के सितंबर 2001 अंक में एक लेख छपा था, जिसका शीर्षक था, 'सफल उत्तराधिकार, सफलता की परंपरा।' इसके साथ चार लोगों का मुस्कुराता हुआ फ़ोटो था : हसु, हर्षा, जय और नील शाह।

हर्षा समूह के अन्य कारोबारी साझेदारों के फ़ोटो भी थे। लेख में लिखा था :

हर्षा और हसु शाह हैरिसबर्ग से आए दंपति हैं। 1984 में उनके दोनों बेटे जय और नील स्कूल में पढ़ रहे थे। हसु राज्य पर्यावरण संरक्षण विभाग में केमिकल इंजीनियर की नौकरी कर रहे थे। तभी हर्षा ने अपना पहला होटैल ख़रीदा। एक साल के भीतर ही यह होटैल इतना अच्छा चलने लगा कि हसु ने नौकरी छोड़ दी और पत्नी के होटैल कारोबार में उनका साथ देने लगे।

1999 तक हसु ने अपने कारोबार में 5 अन्य साझेदारों को शामिल कर लिया। कंपनी के पास 10 होटैल हो गए। यह तब हुआ, जब उन्होंने एक साहसिक निर्णय लिया और हर्षा हॉस्पिटैलिटी ट्रस्ट बनाया, एक संपत्ति प्रबंधन ट्रस्ट बनाया और अपनी कंपनी को शेयर बाज़ार में सूचीबद्ध कराया। इसके बाद सफलता की यात्रा और तेज़ हो गई। हर्षा समूह की छतरी तले कई नई कंपनियाँ बनीं और विकसित हुईं : हर्षा डिवेलपमेंट कॉर्पोरेशन, हर्षा कंस्ट्रक्शन सर्विसेस, हर्षा हॉस्पिटैलिटी मैनेजमेंट, हर्षा इन्टीरियर्स ऐंड सप्लाइज़ आदि।

हर्षा समूह कमाल की गति से विकसित हो रहा है...

लेख में आगे हर्षा ग्रुप की वर्तमान स्थिति का संक्षिप्त विवरण था, इसके स्वामित्व के होटैल, इसके फ़ाइनैंशियल स्टेटमेंट्स, इसके भावी प्रौजेक्ट्स आदि के बारे में बताया गया था। यह जय और नील के विशेष ज़िक्र पर ख़त्म हुआ, जिन्हें अगली पीढ़ी कहा गया। उनकी प्रभावशाली शैक्षणिक योग्यताओं और अब तक उनके द्वारा हर्षा समूह में किए गए उत्कृष्ट कार्य की भारी प्रशंसा की गई थी।

लॉजिंग का अगला अंक अक्टूबर 2001 में निकला। इसमें पत्रिका के संपादक ने 'संपादक के विचार' कॉलम में एक बहुत खुला और बेलाग पत्र लिखा।

इसका शीर्षक था 'अमेरिकी में मालिक होने की अवधारणा को दोबारा परिभाषित करना।'

पत्र इस तरह था :

यह पत्र तुम्हारे लिए है।

तुम्हारे लिए।

वह जिसका कोई नाम या चेहरा या व्यक्तिगत पहचान नहीं है।

वह जो डरपोक है और हर चीज़ से दूर भाग जाता है।

हाँ, मैं तुम्हारे बारे में बोल रहा हूँ।

11 सितंबर 2001।

हम सभी सदमे में, चकराए हुए और अपने देश पर हुए भयंकर, अमानवीय आक्रमण से दुखी थे।

और फिर तुम फ़ोन करते हो :

'हलो, फ़िलिप हेवर्ड? लॉजिंग के संपादक?'

तुम्हारी आवाज़ कटुता से भरी थी। मैंने उन चंद शब्दों में भी तुम्हारे क्रोध को महसूस कर लिया था।

मैंने अभी बस इतना ही बोला था, 'हाँ,' तभी तुमने ज़हर उगलते

हुए कहा था, 'मुझे लॉजिंग की 15 प्रतियाँ मिली हैं और मैं उन्हें जलाने जा रहा हूँ।' इसके बाद तुमने फ़ोन रखा दिया था।

मुझे तुम्हारे आवेश के कारण का अंदाज़ा लगाने में कोई मुश्किल नहीं हुई। कारण शाह परिवार पर छपी वह कवर स्टोरी थी, जिसमें हमने उनकी तारीफ़ की थी। कारण यह था कि तुम्हें वह कवर स्टोरी ज़रा भी रास नहीं आई थी।

क्यों? क्या तुम यह यक़ीन करते हो कि जिसके भी पुरखे यूरोप के बाहर के हैं, वह हर आदमी आतंकवादी है? क्या कोई तुमसे पूछता है कि तुम्हारे पुरखे कहाँ से आए हैं? तो फिर शाह परिवार के बारे में यह सवाल क्यों पूछना? लेकिन मैं तुम्हें जवाब बताने जा रहा हूँ, चाहे सवाल पूछा गया हो या न पूछा गया हो।

हसु और हर्षा शाह भारतीय मूल के हैं। भारत विश्व का सबसे बड़ा प्रजातंत्र है और इसकी 80 प्रतिशत जनसंख्या हिंदू है। मुझे यह बात तुम्हारे अज्ञान की वजह से तुम्हें विशेष रूप से बताने की ज़रूरत पड़ रही है। और तुम्हारा अज्ञान ही तुम्हारे बहुत संकीर्ण मानसिकता वाले अनुदार विचारों का कारण है।

चूँकि तुम हर महीने हमारी पत्रिका की 15 प्रतियाँ ख़रीदते हो, इसलिए तुम एक बड़े होटैल के मालिक कहलाओगे । तुम्हारा होटैल कितना बड़ा है? 100 कमरे? 150? ज़ाहिर है, अगर होटैल इतना बड़ा है, तो तुम्हारे कर्मचारियों की संख्या भी काफ़ी होगी। ये कर्मचारी शायद अलग–अलग देशों, अलग–अलग धर्मों के होंगे, और अलग–अलग भाषाएँ बोलते होंगे। अगर तुम हमारी पत्रिका की प्रतियाँ जलाना चाहते हो तो जला दो।

लेकिन क्या यही तुम्हारे लिए काफ़ी होगा? या फिर इसके बाद भी नफ़रत तुम्हें कुतरती रहेगी? तब तुम क्या करोगे? क्या तुम अपने कर्मचारियों का मूल्यांकन और निंदा उनके रंग, मूल या धर्म के आधार पर करोगे? क्या तुम उन्हें परेशान करोगे, दुर्व्यवहार करोगे? या फिर तुम उन्हें आर्थिक रूप से निचोड़ोगे? या फिर तुम उन्हें बस नौकरी से निकाल दोगे?

इंटरस्टेट 95 पर कार चलाते समय कई बार लोग किसी मोटैल या होटैल का साइन बोर्ड देखते हैं, जिस पर लिखा होता है 'अमेरिकी मालिक।' क्या तुम अपने होटैल पर ऐसा साइन बोर्ड लगाने जा रहे हो? या फिर तुम यह काम पहले ही कर चुके हो?

वास्तव में मेरी शुरुआती प्रतिक्रिया तो यह थी कि हमारी पत्रिका तुम जैसे लोगों को बेचना ही रोक दूँ। लेकिन यह तुम्हारे कर्मचारियों के साथ अन्याय होगा। उन्हें यह अहसास होना चाहिए कि अमेरिका के अधिकतर होटैल मालिक तुम्हारे जितनी ओछी और घटिया मानसिकता के नहीं हैं। और इसके लिए यह अनिवार्य है कि हमारी पत्रिका उन तक पहुँचे।

बात ख़त्म करने से पहले एक आख़िरी और महत्त्वपूर्ण विचारः हमारा होटैल उद्योग और हमारा देश इसलिए महान है, क्योंकि तुम जैसे लोग यहाँ अपवाद हैं।

फ़िलिप हेवर्ड

संपादक को उसी महीने इस पत्र का एक जवाब मिला। इसे हर्षा समूह में काम करने वाली ट्रेसी कुंडे ने लिखा था। अपने पत्र में ट्रेसी ने लिखा था :

प्रिय मिस्टर हेवर्ड,

मैं ईमानदारी से आपकी पत्रिका के अक्टूबर अंक में आपके संपादकीय में प्रकाशित पत्र की प्रशंसा करती हूँ, जो आपने एक बिना चेहरे और बिना नाम वाले व्यक्ति को लिखा है।

11 सितंबर 2001 अमेरिकी इतिहास के सबसे स्याह दिनों में से एक है। यह हम सभी के लिए भारी सदमा था और हम सभी इससे तबाह हो गए थे।

न्यू यॉर्क के मेयर रूडी जूलियानी, न्यू यॉर्क नगर निगम के कर्मचारी, न्यू यॉर्क पुलिस विभाग, फायर ब्रिगेड और हज़ारों स्वयंसेवियों ने तबाही के शिकारों की मदद के लिए अथक मेहनत की। उन्होंने उन लोगों की मदद के लिए चौबीसों घंटे काम किया, जिनका जीवन उस विनाशकारी घटना के कारण तबाह हो गया था। लेकिन यह करते वक़्त उन्होंने इन लोगों की जाति, रंग, धर्म या मूल को नहीं देखा था। दिलोदिमाग़ में बस

एक ही विचार, एक ही भाव था – मानवता की ख़ातिर हर संभव चीज़ करना। अमेरिकियों ने घटना के शिकारों को बचाने के लिए मदद का हाथ बढ़ाया था। अमेरिकी होने का यही मतलब है, यही सच्ची देशभक्ति है।

इस पृष्ठभूमि में उस कायर इंसान की संकीर्ण और खोखली मानसिकता, जिसने आपको गुमनाम फ़ोन कॉल किया, और भी सदमे भरी है। मैं उसके शब्दों पर आपकी बेलाग और चुभती हुई प्रतिक्रिया के लिए आपको बधाई देती हूँ।

मेरा नाम ट्रेसी कुंडे है। मैं पिछले कई वर्षों से हर्षा ग्रुप ऑफ़ इंडस्ट्रीज़ में काम कर रही हूँ, जिसके मालिक भारतीय मूल के शाह परिवार के सदस्य हैं। मैं विश्वास से कह सकती हूँ कि भले ही शाह परिवार जन्म से अमेरिकी न हो, लेकिन वे काम और जीवन के प्रति नीति में पूरी तरह अमेरिकी हैं।

मैं जन्म से अमेरिकी हूँ। मैं वायोमिंग राज्य के न्यूकासल में पली–बढ़ी थी। मेरे पिता नौसेना में थे। उन्होंने 20 साल तक अपने देश की सेवा की और अपना काम निष्ठा तथा ईमानदारी से किया। उन्होंने वियतनाम के युद्ध में हिस्सा लिया। अब वे रिटायर हो चुके हैं।

होटैल उद्योग में 18 साल तक काम करने के बाद मैं 1998 में हर्षा समूह में काम करने लगी।

उस वक़्त समूह के पास 8 होटैल थे। मुझे संचालन निदेशक नियुक्त किया गया। अपने काम के दौरान मुझे हसु और हर्षा शाह से क़रीबी चर्चा का अवसर मिला। मैं उन्हें जितना अधिक जानती गई, उनके प्रति मेरा सम्मान उतना ही बढ़ता गया। मैं तो यहाँ तक कहूँगी कि हर्षा और महान अमेरिकी स्वप्न की जीती–जागती मिसाल हैं।

हज़ारों दूसरे लोगों की तरह ये दोनों भी अपने दिल में अरमान और उम्मीदें लेकर भारत से अमेरिका आए थे। उन दोनों ने अपने जीवन को बेहतर बनाने के लिए अथक मेहनत की। उनके पास शुरुआत में पैसे नहीं थे। उनके पास जो था, वह थी तीक्ष्ण बुद्धि, ज़बर्दस्त इच्छा शक्ति और कड़ी मेहनत की अविश्वसनीय क्षमता।

उन्होंने एक छोटे व पुराने मोटैल से काम शुरू किया था। आज वे 100 से अधिक होटैल के मालिक हैं, जिनमें कुल मिलाकर लगभग 11,000 कमरे हैं।

इन दोनों ने अपने कारोबार को बेहद सफल बना लिया है, लेकिन इससे कहीं महत्त्वपूर्ण वह है, जो उन्होंने समाज और देश की ख़ातिर किया है। आज वे 650 से अधिक लोगों को रोज़गार देते हैं और इस तरह उन सभी के परिवारों की ज़िम्मेदारी उठाते हैं। वे रेड क्रॉस और अन्य समाजसेवी संगठनों को उदारता से चंदा देते हैं। उन्होंने कॉर्नैल और हार्वर्ड से पढ़कर निकले अपने बेहद योग्य बच्चों में बहुत ठोस जीवनमूल्य भरे हैं।

अमेरिकी होने की परिभाषा क्या है? क्या सिर्फ़ वही व्यक्ति अमेरिकी है जिसका जन्म अमेरिका में हुआ हो? या यह उन लोगों के लिए भी कहा जा सकता है जो इसकी महिमा बढ़ाने में योगदान देते हैं और इस देश को गौरवशाली बनाते हैं? मेरे मन में शाह परिवार की कई अमिट यादें हैं।

मिसाल के तौर पर, हर्षा समूह में मेरे पहले दिन को ही ले लें। समूह के सीईओ श्री हसु शाह कॉफ़ी मशीन से ख़ुद के लिए कॉफ़ी लेने जा रहे थे। जब उन्होंने मुझे देखा, तो उन्होंने ठहरकर 'हलो' कहा और फिर बहुत स्वाभाविक अंदाज़ में पूछा, 'क्या मैं आपके लिए कॉफ़ी ले आऊँ?' बात छोटी सी है, लेकिन यह उस इंसानी और विनम्र नीति के बारे में बहुत कुछ बयां कर देती है जो हसु शाह में कूट–कूट कर भरी है।

परवाह का यह मानवीय नज़रिया उनके पेशेवर सौदों में भी झलकता है।

1999 में जब कंपनी का सार्वजनिक इशू जारी होने वाला था, तो सभी कर्मचारियों को स्टॉक ऑप्शन राइट्स दिए गए।

हर्षा समूह ने अमेरिकी आतिथ्य उद्योग में अपनी विकट प्रतिष्ठा कई कारणों से बनाई है, जिसमें सबसे महत्त्वपूर्ण है उनकी पेशेवर नीति और सेवा के प्रति समर्पण।

जैसा मैं पहले ही बता चुकी हूँ, मैं हर्षा समूह में 1998 में संचालन

निदेशक के रूप में आई थी। मैं भारतीय मूल की नहीं हूँ, लेकिन इसके बावजूद मुझे एक साल बाद ही प्रमोशन दिया गया और आतिथ्य प्रबंधन का वाइस प्रेसिडेन्ट बना दिया गया। यही नहीं, मुझे समूह में साझेदार बनने का अवसर भी दिया गया।

हर्षा समूह में काम के प्रति समर्पण नौकरी के वर्षों की संख्या से अधिक महत्त्वपूर्ण होता है। मैं यह बताना चाहूँगी कि मैं पहली इंसान नहीं हूँ, और निश्चित रूप से इकलौती कर्मचारी नहीं हूँ, जिसे समूह में इस तरह पुरस्कृत किया गया हो।

अपने पत्र को ख़त्म करने से पहले मैं साफ़–साफ़ बताना चाहूँगी कि मैंने यह पत्र हर्षा समूह में अपनी जल्द तरक्की की वजह से या वहाँ मेरे वर्तमान पद की वजह से नहीं लिखा है। मैंने तो यह हर्षा समूह के एक कर्मचारी की हैसियत से लिखा है, जो अपने कार्य संस्कारों, कार्य संस्कृति और कार्य दर्शन के प्रति वाजिब गर्व महसूस करती है।

हर्षा समूह में पृष्ठभूमि, रंग, मूल, धर्म की भिन्नताओं का सम्मान किया जाता है। जिसकी क़द्र की जाती है, वह है काम के प्रति ईमानदारी। यही समूह में सफलता की कुंजी है और इसी कारण यह अमेरिकी सपने को साकार करने में सफल हुआ और इसका इतना असाधारण विस्तार हुआ।

ट्रेसी कुंडे

हसु शाह

मेरे पास ज़्यादा ख़ाली समय नहीं रहता है, लेकिन जब कभी मुझे अपने लिए कुछ पल मिलते हैं तो मैं अपने जीवन की परिस्थितियों को देखता हूँ और कुछ मिनट तक सोचता हूँ।

इंसान के पास हज़ारों यादें होती हैं। बहरहाल, कुछ यादें उसके साथ हमेशा के लिए बनी रहती हैं क्योंकि वे जीवन में मील के महत्त्वपूर्ण पत्थर बन जाती हैं, जैसे लॉजिंग में प्रकाशित पत्र।

एक और अमिट याद उस यात्रा की है जो मैंने अपने परिवार के साथ 1979 में की थी, जब हम चारों मुंबई से अमेरिका लौट रहे थे।

हम विमान में थे और अपने सीट बैल्ट बाँध रहे थे, तभी मुझे अहसास हुआ कि घर छोड़ने के बाद मैंने किसी से एक शब्द भी नहीं कहा था।

मैंने हर्षा की ओर देखा। वह जय और नील से बात कर रही थी, जो हमारे सामने वाली क़तार में बैठे थे। वह यह सुनिश्चित कर रही थी कि उन्होंने अपने सीट बैल्ट बाँध लिए हैं, अपने कानों में रुई लगा ली है और वे टॉफ़ी चूस रहे हैं।

मैंने खिड़की से बाहर देखा। कुछ पलों में विमान रनवे पर चलने लगेगा और अमेरिका की ओर उड़ान भरेगा।

हवाई जहाज़ का एक तय मार्ग होता है, तय दिशा होती है और निश्चित समय सारिणी होती है।

लेकिन मेरे बारे में क्या? मैं अब अमेरिका क्या करने जा रहा हूँ? मैं वहाँ कैसे बसूँगा, नौकरी कैसे खोजूँगा, मकान कैसे खोजूँगा? और यह सब एक पत्नी और दो बच्चों की अतिरिक्त ज़िम्मेदारी के साथ?

अचानक मुझे डर लगने लगा। मैं अपनी सीट पर टिक गया और मैंने अपनी आँखें बंद कर लीं, ताकि कोई उनमें डर का भाव न देख पाए।

हर्षा ने अपना हाथ मेरे हाथ पर रखा और पूछा, 'क्या हुआ, हसु? आप इतने विचलित क्यों लग रहे हैं?'

मेरी प्यारी अनुभवी पत्नी। क्या मैं उससे कभी कोई बात छुपा सकता हूँ?

लेकिन मैं उसके तनाव को बढ़ाना नहीं चाहता था। इसलिए मैंने अपनी आँखें बंद रखीं और अपना सिर हिला दिया। लेकिन इसके बावजूद उसने मेरी भावनाओं का अंदाज़ा लगा लिया होगा, क्योंकि वह आश्वस्त करने वाले स्वर में बोली, 'चिंता मत करो। हर चीज़ सही हो जाएगी। क़िस्मत पर भरोसा रखो।'

मैंने मन ही मन सोचा, *जब मैं मुंबई रहने आया था, तब मैंने क़िस्मत*

पर एक बार भरोसा किया था। लेकिन उससे क्या हुआ? हमें एक बार फिर अमेरिका जाना पड़ रहा है – पराजित और ख़ाली हाथ।

1967 में मैं पहली बार अमेरिका गया था। तब यात्रा का उद्देश्य अध्ययन करना था। मुझे कैमिकल इंजीनियरिंग में डिग्री के लिए न्यू मेक्सिको स्टेट युनिवर्सिटी में दाख़िला मिल गया था। बापू ने मुझे अमेरिका जाने की अनुमति सिर्फ़ इसलिए दी थी क्योंकि मुझे वहाँ आगे पढ़ने का अवसर मिल रहा था। लेकिन उन्होंने मुझसे कहा था, 'डीकरा, भारत हमारा देश है। तुम पढ़ाई कर लो, कुछ साल वहाँ काम कर लो, लेकिन अपनी मातृभूमि में वापस लौट आना। हम तुम्हारा इंतज़ार करेंगे।'

मैंने उन्हें वचन दिया था कि मैं एक दिन लौटकर आऊँगा।

पहली बार जब मैं अमेरिका आया था तो मेरी जेब में सिर्फ़ 100 डॉलर थे, लेकिन तब मुझे ज़रा भी डर नहीं लगा था। मेरा मन उम्मीद, जिज्ञासा और उत्साह से भरा हुआ था। मेरे मन में यह संकल्प था कि मैं सफलता पाने के लिए हर ज़रूरी काम करूँगा। इसी कारण मैं अमेरिका में बच और बस पाया तथा अपनी शिक्षा पूरी कर पाया। मैं मुंबई लौटा ज़रूर था, लेकिन सिर्फ़ हर्षा से शादी करने और उसे अपने साथ अमेरिका लाने के लिए।

हर्षा और मैं बचपन के दोस्त थे। बड़े होकर हम एक दूसरे से प्रेम करने लगे। लेकिन हमारे परिवार इसके सख़्त ख़िलाफ़ थे। इतने कि उसके परिवार ने उसकी शादी किसी दूसरे से करने का निर्णय लिया।

हर्षा ने मुझे उनकी योजनाएँ बता दीं और मैं अमेरिका से ताबड़तोड़ मुंबई पहुँचा। उसकी शादी रोकने के लिए मैं सपनों के राजकुमार की तरह ठीक समय पर पहुँच गया। फिर हमने शादी की और हम वापस अमेरिका लौट गए। यह बंबइया फ़िल्म जैसा दृश्य था।

इस तरह अमेरिका में हमारा संयुक्त जीवन शुरू हुआ। हम दोनों नौकरी कर रहे थे। हम अपनी दिनचर्या में अटके थे, बच्चे पाल रहे थे और किसी दिन भारत लौटने के सपने देख रहे थे। हमने तय किया था कि पर्याप्त पैसे बचाएँगे और फिर भारत में घर लौट जाएँगे। यह क़तई

आसान नहीं था। लेकिन हम चौबीसों घंटे मेहनत करते थे। कई बार तो हम एक साथ दो नौकरियाँ भी करते थे। आख़िरकार हम 50,000 डॉलर बचाने में कामयाब हो गए। अब हमारे सपने और पिताजी को दिए वचन को पूरा करने का समय था।

हम दोनों ने अपनी नौकरियों से इस्तीफ़ा दे दिया और अपना मकान तथा कार बेच दी।

मैंने अपने निर्णय की जानकारी पिताजी को दे दी और 1978 में अमेरिका से भारत लौट आया।

मैंने इस बारे में भी सोच लिया था कि भारत आने पर मैं क्या करूँगा। मैंने काफ़ी सोच–विचार के बाद योजनाएँ बनाई थीं। मुंबई में हमारे परिवार के मित्र श्री दिवाकर भट्ट की मुंबई के उपनगर गोरेगाँव में एक फ़ार्मास्यूटिकल कंपनी थी। मैंने अपने पिताजी और दिवाकर भाई से बातचीत की थी। आख़िर मैंने उनके कारोबार में पैसा निवेश करने तथा उनका साझेदार बनने का फ़ैसला कर लिया था।

तो अमेरिका छोड़ने से पहले ही मैंने मुंबई में अपने भविष्य की योजना बना ली थी।

हमारी बचत भारतीय रुपयों में 12–13 लाख थी। मैंने तय किया था कि 4 लाख रुपये का निवेश कारोबार में करूँगा, दूसरे 4 लाख रुपये से एक नया फ़्लैट ख़रीदूँगा और बाक़ी का पैसा पारिवारिक ख़र्च के लिए रखूँगा, जब तक कि मैं कमाने न लगूँ। यह राशि पर्याप्त से अधिक लग रही थी जिसमें हमारा काम तब तक चलने की उम्मीद थी, जब तक कि मुझे कारोबार से मुनाफ़ा न होने लगे।

हर्षा, बच्चे और मैं मुंबई में अपने घर आ गए। पूरा परिवार बहुत ख़ुश हुआ, लेकिन सबसे ज़्यादा ख़ुश पिताजी थे। वे हर एक को गर्व से बताते थे, 'देखा। मैंने कहा था ना, मेरा हसु ज़रूर लौटेगा।'

जब मैंने उनके चेहरे की ख़ुशी देखी तो मुझे महसूस हुआ कि मैंने सही निर्णय लिया था। मैंने अपने पिता को दिया वचन निभाकर और भारत लौटकर सही काम किया था।

लौटने के बाद शुरुआती दो–तीन दिन पंख लगाकर उड़ गए। तब तक हमें अहसास ही नहीं हुआ कि हम कहाँ थे। लेकिन इसके बाद मैं फ़ौरन काम में जुट गया। एक तरफ़ तो मैं गोरेगाँव की फ़ैक्ट्री जाकर दिवाकरभाई के साथ लंबी बैठकें करता था और दूसरी तरफ़ मैं फ़्लैट की तलाश में भटकता था। मैंने सोचा, एक बार सब कुछ मेरी योजना के मुताबिक़ हो जाए तो फिर मैं चैन से बैठूँगा। इसलिए मैंने दिवाकरभाई के कारोबार में पैसों का निवेश करने के लिए आवश्यक क़ानूनी दस्तावेज़ भी तैयार करा लिए।

हर्षा और मैं हर दिन मकान की तलाश में जाते थे।

अब हमें लौटे हुए दो सप्ताह हो गए थे। लेकिन तभी हमारे संसार में भूचाल आ गया। पिताजी को दिल का गंभीर दौरा पड़ा और वे गुजर गए। जो हुआ, उस पर हम यक़ीन नहीं कर पा रहे थे। हर चीज़ निराशाजनक और दुखमय लग रही थी। कुछ दिनों तक मैं स्थिति को स्वीकार नहीं कर पाया। मेरा दिमाग़ सवालों से भरा था : मेरी योजनाओं का क्या हुआ? यह सब कैसे हुआ?

क्यों? अब क्या?

आख़िर मैंने ख़ुद को सँभाला। दूसरा कोई विकल्प भी नहीं था। अब पूरे परिवार की ज़िम्मेदारी मेरे कंधों पर थी।

मैंने एक बार फिर गोरेगाँव जाना और कारोबार देखना शुरू कर दिया।

कुछ दिन गुज़र गए। मैं यथास्थिति से निबटने की पूरी कोशिश कर रहा था। लेकिन मैं यथास्थिति को समझ नहीं पा रहा था। कोई भी चीज़ मेरी योजना के मुताबिक़ नहीं हो रही थी। कंपनी के हालात आदर्श नहीं थे। मैं कंपनी में होने वाले कुछ कामों को पसंद नहीं करता था और मुनाफ़ा भी मेरे अनुमान से कहीं कम था। दिवाकरभाई के साथ मेरी बातचीत का अंत अक्सर ज़ोरदार बहस पर होता था।

घरेलू मोर्चे पर भी समस्याएँ थीं। बच्चे भारत में बहुत ख़ुश नहीं थे। भारत में छुट्टी मनाने आना एक बात थी और यहाँ रहना बिलकुल ही

अलग बात थी। वयस्क कुछ समझौते करना सीख जाते हैं लेकिन बच्चे इतने छोटे होते हैं कि यह नहीं समझ पाते। स्थिति इसलिए भी बदतर हो गई क्योंकि नील को दो बार अस्थमा का दौरा पड़ा और उसे अस्पताल में भर्ती करना पड़ा। नील का स्वास्थ्य हमेशा से नाज़ुक था। उसे अमेरिका में भी अस्थमा की समस्या थी लेकिन यहाँ आने के बाद वह बढ़ गई थी। डॉक्टर की राय थी कि मुंबई का सीलन भरा मौसम उसे रास नहीं आ रहा था। हम चिंतित थे। हम नहीं जानते थे कि क्या करें। कई बार हमें महसूस होता था कि हमें वापस अमेरिका लौट जाना चाहिए। लेकिन फिर मुझे पिताजी को दिया वचन याद आता था। उनकी इच्छा थी कि मैं अपने परिवार और देश की ख़ातिर भारत लौटूँ। भले ही वे अब हमारे साथ न हों या शायद इसी वजह से मैं अपने निर्णय पर डटा रहा। एक और कारण था, जिसने मुझे अमेरिका जाने से रोका : मेरा अहं।

वापस जाने का मतलब यह स्वीकार करना होता कि मैं हार गया था। और मैं इसके लिए तैयार नहीं था।

मैं हर्षा के सामने अपने दिल की भावनाएँ उड़ेल देता था। वह मुझे तसल्ली देते हुए कहती थी, 'हसु, मैं कभी अमेरिका नहीं जाना चाहती थी। मुझे बड़ी कारों या मकानों का कोई अरमान नहीं है। मैं यहाँ विलासिता में पली–बढ़ी थी। जब से मैंने होश सँभाला तो मेरे पास हर मनचाही चीज़ थी, ड्राइवर वाली कार भी थी। मैं अमेरिका गई थी तो सिर्फ़ आपके साथ रहने के लिए। आप जहाँ भी रहने का चुनाव करें मैं हमेशा आपके साथ रहूँगी। लेकिन भावुकता की रौ में बहकर या जल्दबाज़ी में कोई निर्णय मत लेना। हर चीज़ के बारे में शांति से और तटस्थता से सोच लें। इसके बाद ही निर्णय लें कि आपको क्या करना है।'

मैंने कुछ और समय इंतज़ार करने का निर्णय लिया तथा भारत में हालात सुधारने की पूरी कोशिश की। मेरा कारोबारी अनुभव सफल नहीं हो रहा था, इसलिए मैंने सोचा कि इसके बजाय मुझे नौकरी की तलाश करनी चाहिए।

अब हमें भारत लौटे चार महीने हो चुके थे। एक बार जब मैं अपने एक मित्र से बात कर रहा था, तो वह बोला, 'हसु, तुम अमेरिका में

पर्यावरण के क्षेत्र में काम कर रहे थे। तुम यहाँ भी उसी क्षेत्र में नौकरी की तलाश क्यों नहीं करते? हो सकता है हमारी केंद्र सरकार के पर्यावरण संरक्षण विभाग में कोई अच्छा पद ख़ाली हो।'

उसकी बात में दम था, लेकिन मैंने सुना था कि भारत में सरकारी नौकरी पाने के लिए इंसान के पास ऊँचे लोगों की सिफ़ारिश और प्रभाव होना चाहिए।

मेरी शंकाओं को सुनकर मेरा मित्र हँस दिया। 'तुम किसकी सिफ़ारिश चाहते हो? क्या भारत के प्रधानमंत्री से काम चल जाएगा?'

मैंने उदासी से कहा, 'हाँ, अब तुम भी मेरा मज़ाक़ उड़ाने लगे।'

मेरा मित्र मुस्कुराकर बोला, 'नहीं यार, मैं गंभीरता से बोल रहा हूँ। क्या तुम हकू भाई कापड़िया को जानते हो?'

'हाँ, हाँ, क्यों नहीं? मैं उन्हें बहुत लंबे समय से जानता हूँ।'

'अरे बाबा। हकूभाई और उनके भाई का "हकोबा" नामक एक बड़ा कपड़ा उद्योग है। उद्योग जगत में उनका काफ़ी रुतबा है। सबसे महत्त्वपूर्ण बात यह है कि हमारे प्रधानमंत्री मोरारजीभाई देसाई उनके क़रीबी मित्र हैं। अब तुम समझे?'

मैं आख़िर समझ गया कि वह क्या कहने की कोशिश कर रहा था। मैं हकूभाई से जल्दी से जल्दी मिला और उन्होंने मोरारजीभाई से मेरी सिफ़ारिश कर दी।

मैं नई दिल्ली जाकर मोरारजीभाई से मिला। उन्होंने बहुत आत्मीयता से मुझसे बातचीत की और बहुत से सवाल पूछे। आख़िरकार मैंने उनसे कहा, 'मैं केंद्र सरकार के पर्यावरण संरक्षण विभाग में नौकरी करना चाहता हूँ।'

एक पल की ख़ामोशी छा गई और फिर मोरारजीभाई ने एक पैनी निगाह डालकर कहा, 'तुम्हें यहाँ पर्यावरण संरक्षण विभाग में नौकरी मिल जाएगी। आख़िर तुम्हारे पास इस क्षेत्र में अमेरिका का दस वर्ष का अनुभव है। लेकिन क्या तुमने सोचा है कि वहाँ और यहाँ की तनख़्वाह में कितना फ़र्क़ होगा? एक और बहुत महत्त्वपूर्ण बात : तुम कारोबारी बनिया

समुदाय के हो। तुम नौकरी क्यों करना चाहते हो? इसके बजाय तुम्हें तो कारोबार करना चाहिए। यहाँ करो या अमेरिका में करो, लेकिन अपना ख़ुद का कारोबार शुरू करो। मेरी तो यही सलाह है। मेरी शुभकामनाएँ तुम्हारे साथ हैं।'

और इसके साथ ही मुलाक़ात ख़त्म हो गई। जब तक मैं दिल्ली से लौटा, मैंने फ़ैसला कर लिया था। मैं अमेरिका जाऊँगा और वहाँ अपना कारोबार शुरू करूँगा।

हमेशा की तरह हर्षा ने मेरा पूरा साथ दिया और हम अमेरिका लौटने की तैयारी करने लगे। मैं पहले भी कई बार मुंबई आकर अमेरिका लौटा था, लेकिन इस बार हालात बिलकुल अलग थे।

मैं दोबारा लौटकर शून्य पर आ गया था और मुझे सब कुछ दोबारा शुरू करना था।

विमान उड़ने लगा। मैंने अपनी चिंता छुपाने की कोशिश की और हर्षा की ओर देखा। उसकी आँखें बंद थीं और वह शांति से सो रही थी। उसका सिर मेरे कंधे से टिका हुआ था।

हर्षा शाह

जब से हम अमेरिका में जाकर बसे थे, हम कई बार मुंबई–न्यू यॉर्क और न्यू यॉर्क–मुंबई यात्रा कर चुके थे। जब भी हम अपनी मंज़िल पर पहुँचते थे, तो हर बार हमें इस बात पर ख़ुशी होती थी कि चलो, 18 घंटे लंबी यात्रा के बाद आख़िरकार पहुँच गए।

इस बार मेरा दिल हमेशा की तरह उत्साहित नहीं था।

अमेरिका में 10 साल तक रहने के बाद हमने अपना मकान और कार बेच दी थी। इसके बाद 4 महीने पहले हम बड़ी उम्मीदों और सपनों के साथ भारत लौटे थे।

लेकिन जैसी हमने योजना बनाई थी, वैसा कुछ नहीं हुआ। इसलिए हम अपने जीवन को दोबारा बनाने के लिए अमेरिका लौट आए थे। इस बार भविष्य में हमारे लिए क्या लिखा था?

पहली बार मैं एक नई दुल्हन के रूप में अमेरिका आई थी। तब भी मेरा दिल अफ़सोस से भरा था, क्योंकि मैं अपने परिवार को पीछे छोड़कर आई थी और नई जगह के बारे में मेरे मन में बहुत से डर थे। लेकिन साथ ही, यहाँ के जीवन के बारे में उत्सुकता भी थी तथा इस बात की ख़ुशी भी थी कि अब हसु और मैं साथ–साथ थे।

मुझे जल्दी ही अहसास हो गया कि अमेरिका में जीवन विलासिताओं से भरा था, लेकिन उस जीवनशैली को हासिल करने के लिए इंसान को सचमुच कड़ी मेहनत करनी होती है।

हमारा पहला घर न्यू जर्सी स्टेट में ट्रेन्टन में था। हसु न्यू जर्सी पुलिस विभाग में केमिस्ट के पद पर काम कर रहे थे।

मुझे अब भी वे शुरुआती जादुई दिन याद थे, जब मैं भारत से आई ही थी।

और मुझे वह शाश्वत दुविधा भी याद है जो मेरी तरह इस देश में नई आने वाली भारतीय महिलाओं के सामने होती है – किचन में आने के बाद क्या पकाएँ। 1968 में बाज़ार में भारतीय सामान ज़्यादा नहीं मिलता था : दाल, सब्ज़ियाँ कुछ नहीं। इसलिए हम खाने में नए प्रयोग करने लगे, जैसे सूखी मटर की दाल बनाना, आटे के घोल से कढ़ी बनाना और सादे आटे की रोटियाँ बनाना।

मैं अभी यहाँ के जीवन की आदी हो ही रही थी, तभी हसु ने घोषणा की, 'हर्षा, एक दिन हम निश्चित रूप से भारत लौटेंगे। मैंने बापू से वादा किया है कि मैं ज़रूर लौटूँगा।'

मैंने एक पल के लिए सोचा और फिर कहा, 'ठीक है। मुझे कोई दिक्क़त नहीं है।'

हसु मुस्कुराकर बोले, 'लेकिन उसके लिए हमें बहुत से पैसे बचाने होंगे। मैंने हिसाब लगा लिया है और मुझे लगता है कि हमें कम से कम 50,000 डॉलर की ज़रूरत पड़ेगी। तभी हम हनेशा के लिए भारत जाने के बारे में सोच सकते हैं।'

मैं सहमत हो गई और सुझाव दिया कि अगर ऐसी बात है तो मुझे भी नौकरी कर लेनी चाहिए। मैंने उनसे कहा, 'सिर्फ़ आपकी तनख़्वाह में घर ख़र्च चलाने के बाद पैसे नहीं बच पाएँगे।'

हसु को यह विचार पसंद आया। क़िस्मत की बात थी या शायद हसु ने ख़ुद सिफ़ारिश की थी, मुझे भी हसु के विभाग में ही नौकरी मिल गई।

मैंने मुंबई से इंटर साइंस किया था और एक साल के लिए माइक्रोबायोलॉजी का अध्ययन भी किया था। न्यू जर्सी पुलिस विभाग को मेरी योग्यता पर्याप्त लगी होगी, इसलिए मुझे अदालती प्रयोगशाला में नौकरी मिल गई।

मुझे अपराधियों के रक्त के नमूनों की जाँच करनी थी, जिन पर बलात्कार, मादक द्रव्यों के सेवन आदि के आरोप होते थे।

हम दोनों ही नौकरी कर रहे थे लेकिन हमारी ज़िम्मेदारियाँ हर दिन बढ़ रही थीं, इसलिए हमें भारत लौटने के लिए पैसे बचाना वाक़ई मुश्किल लग रहा था। हमने इस बारे में बहुत सोचा। आख़िर हसु के दिमाग़ में एक विचार आया। 'हर्षा, क्यों न हम एक पुराना मकान ख़रीदें और उसका जीर्णोद्धार करें। इसके बाद हम उसे या तो किराए पर दे सकते हैं या फिर ज़्यादा ऊँचे दाम पर दोबारा बेच सकते हैं। तुम इस बारे में क्या सोचती हो?'

'बेहतरीन,' मैंने कहा। 'लेकिन मेरे मन में बस एक ही शंका है। हमें मकान की मरम्मत पर बहुत सारा पैसा ख़र्च करना होगा। इसके बाद हम उससे कितना कमा पाएँगे?'

हसु के पास इसका भी जवाब था। 'हम सिर्फ़ कच्चे माल पर ही ख़र्च करेंगे। हम मज़दूरी का ख़र्च बचा सकते हैं।'

'आपका क्या मतलब है? मैं नहीं समझ पाई।'

'मेरा मतलब है कि मरम्मत का काम तुम और मैं, हम ख़ुद करेंगे।'

मुझे उनकी बात पर यक़ीन नहीं हुआ। 'हसु, पुताई, नल की फ़िटिंग, बढ़ई के काम, चिनाई का काम, बिजली का काम... क्या आप गंभीर हैं? ये सारी चीज़ें उतनी आसान नहीं हैं, जितनी कि नज़र आती हैं।'

'यह आसान तो नहीं है लेकिन असंभव भी नहीं है। हम यह कर सकते हैं। मैं तुम्हें सिखा दूँगा।'

मैं किसी और तर्क के बारे में नहीं सोच पाई, इसलिए मैं तैयार हो गई।

अगले ही दिन से हम अख़बारों में वर्गीकृत विज्ञापन देखने लगे।

इस तरह हमने अपना पहला मकान ख़रीदा, उसका जीर्णोद्धार किया और उसे अच्छे मुनाफ़े पर बेच दिया। हमारा यह नया कारोबार काफ़ी अच्छी तरह चल रहा था। मुझे मानना पड़ा कि हसु में अच्छी कारोबारी समझ थी।

इस समय के आस–पास हसु पर्यावरण संरक्षण विभाग में काम करने लगे।

जीवन तूफ़ानी गति से आगे बढ़ रहा था। नौकरी, घर, बच्चे, मकानों का नवीनीकरण और पुराने मकानों को दोबारा बेचना : यह एक अंतहीन चक्र था।

लेकिन एक चीज़ थी, जिसने हमें सक्रिय और उत्साहित बनाए रखा: हमारा बढ़ता बैंक बैलेंस।

हम अपने लक्ष्य की ओर धीरे–धीरे लेकिन लगातार बढ़ रहे थे।

एक दिन हसु ऑफ़िस से आए और उन्होंने घोषणा की, 'बा और बापू यहाँ आ रहे हैं। वे दो महीने तक हमारे साथ रहेंगे।'

मैं नहीं जानती थी कि कैसी प्रतिक्रिया करूँ। उनके और मेरे दोनों के ही माता–पिता हमारी शादी के सख़्त ख़िलाफ़ थे।

दरअसल हमारे परिवार मुंबई में आमने–सामने रहते थे। दोनों ही बनिया समुदाय के थे। दोनों ही एक दूसरे को अच्छी तरह जानते थे। लेकिन विवाद की जड़ यह थी कि वे दोनों ही गुजरात के अलग–अलग क्षेत्रों से आए थे – मेरा परिवार सौराष्ट्र से आया था और हसु का कच्छ से।

हसु और मैंने अपने बड़ों की इच्छाओं के ख़िलाफ़ जाकर एक दूसरे से शादी की थी। शादी के बाद हम नियमित रूप से मुंबई जाते थे और धीरे–धीरे हमारे परिवारों ने स्थिति को स्वीकार कर लिया था। हसु के

पिताजी मुझसे बातचीत करने लगे थे और उन्होंने आख़िरकार मुझे बहू के रूप में स्वीकार कर लिया था। लेकिन हसु की माँ अब भी हमारी शादी को स्वीकार नहीं कर पाई थीं। उन्होंने अब तक मुझे माफ़ नहीं किया था और वे अब भी मुझसे बात नहीं करती थीं। इन परिस्थितियों को देखते हुए मैं स्वाभाविक रूप से तनाव में आ गई, जब मैंने सुना कि वे दो महीने तक यहाँ रहने वाले हैं।

हसु ने मुझे आश्वस्त करते हुए कहा, 'हर्षा, इसे इस तरह देखो। यह सास–ससुर का दिल जीतने का तुम्हारा आख़िरी अवसर है।'

मैंने ऐसा ही करने का निर्णय लिया। सौभाग्य से उस समय मैं घर पर ही रहती थी क्योंकि छोटा बेटा नील बहुत छोटा था और मुझे उसकी देखभाल करनी होती थी। हसु कारोबार के मोर्चे पर हर चीज़ सँभाल रहे थे। इसलिए मेरे पास अपने सास–ससुर का स्वागत करने के लिए समय था और मैंने उनके साथ बर्फ़ पिघलाने की पूरी कोशिश करने का संकल्प लिया।

जब बा और बापू आए तो मैं पारंपरिक शैली की साड़ी में थी, जिसका पल्लू मेरे सिर पर था। उनके आते ही मैंने उनके पैर छुए। जब तक वे हमारे साथ रहे मैं साड़ी ही पहनती रही। जिन दो महीनों में वे यहाँ थे, मैंने हर चीज़ उनकी पसंद के हिसाब से करने का फ़ैसला किया।

मैं भोजन में बहुत सारी चीज़ें बनाती थी, जिनमें नाश्ता, लंच और डिनर शामिल होता था। यही नहीं, मैं उन्हें शहर घुमाने भी ले जाती थी – कई बार रिश्तेदारों से मिलाने या कई बार सैर–सपाटे या ख़रीदारी के लिए। रास्ते में कहीं पर बा का मेरे प्रति विरोध घुल गया और उसकी जगह सम्मान व प्रेम आ गया। मैंने उनका प्रेम तथा परवाह करने वाला हिस्सा देखा और हमारे बीच की सारी ग़लतफ़हमियाँ हवा हो गईं। हमारे बीच एक नया बंधन बँध गया जो हर दिन मज़बूत होता गया।

हसु इस स्थिति से रोमांचित थे। मैं तो और भी ज़्यादा ख़ुश थी क्योंकि मैं जानती थी कि हमारे क़रीबी और प्रिय लोगों का प्रेम ही सबसे महत्त्वपूर्ण होता है।

'आदर्श बहू' की भूमिका निभाते वक़्त कई मज़ेदार पल भी रहे। बा और बापू दोनों को ही आइसक्रीम का बड़ा शौक था इसलिए मैं उन्हें अक्सर एक आइसक्रीम पार्लर ले जाती थी। एक बार जब वे वहाँ गए तो लंबी क़तार लगी थी, इसलिए मैं क़तार में खड़े होकर अपनी बारी का इंतज़ार करने लगी। क़तार में अधिकतर लोग अमेरिकी थे, लेकिन वहाँ दो भारतीय लड़कियाँ भी थीं। जब उन्होंने मुझे देखा, तो वे यह कहकर मेरा मज़ाक़ उड़ाने लगीं, 'उसे तो देखो। पारंपरिक सूती साड़ी और सिर पर पल्लू। यह मणि बेन अमेरिका में क्या कर रही है?' और वे दोनों ही जमकर हँसने लगीं। मैंने नाटक किया कि मैं उनकी बात समझी नहीं थी या वे जो कह रही थीं उसे मैंने सुना नहीं था।

कुछ दिनों बाद हम स्थानीय भारतीय समुदाय द्वारा आयोजित एक कार्यक्रम में गए। जब हम आस–पास के लोगों से बातचीत कर रहे थे, तो मुझे वही दो लड़कियाँ दिखीं, जिन्होंने आइसक्रीम पार्लर पर मेरा मज़ाक़ उड़ाया था। मैं उनके पास गई और मुस्कुराकर बोली, 'हाय, मैं हर्षा हूँ।'

'हाय, मैं प्रज्ञा हूँ,' उनमें से एक ने जवाब दिया।

'और मैं माया हूँ।'

उन्हें स्पष्ट रूप से मेरी शक्ल याद नहीं थी। फिर मैंने उन्हें अपनी मुलाक़ात की याद दिलाई। 'वैसे मेरा नाम "मणि बेन" नहीं है। जब हम आइसक्रीम पार्लर में मिले थे तो तुमने सोचा था कि मैं मणि बेन हूँ, याद है?'

वे हैरान भी थीं और शर्मिंदा भी। मैं मुस्कुराकर बोली, 'चिंता मत करो। मेरा इरादा तुम्हें लज्जित करने का नहीं है। दरअसल, मुझे तुम्हारी बात सुनकर बड़ा मज़ा आया था। लेकिन जानती हो? "मणि बेन" जैसी पोशाक की बदौलत ही मैं अपने सास–ससुर का दिल जीत पाई हूँ।'

यह सुनकर वे दोनों भी मेरे साथ हँसने लगीं। उसके बाद हमने काफ़ी देर तक बातचीत की और आज तक वे मेरी काफ़ी अच्छी सहेलियाँ हैं।

मेरी सास मुझसे इतनी प्रभावित थीं कि वे कहने लगीं, 'हर्षा आदर्श बहू है। मुझे तो ऐसा महसूस होता है कि अब वह मेरी सगी बेटी से भी

मेरे ज़्यादा क़रीब है।'

दरअसल, जब हम एक साथ बाहर जाते थे तो मेरी सास कहती थीं, 'हर्षा, कार तुम चलाओ। तुम्हारे साथ मैं बहुत सुरक्षित महसूस करती हूँ। हसु बहुत उतावलेपन में गाड़ी चलाता है।' उस वक़्त हसु के चेहरे का भाव देखने लायक़ होता था।

'देवियों और सज्जनो, कृपया आप अपने सीट बेल्ट बाँध लें। हम जल्द ही न्यू यॉर्क के जेएफ़के इंटरनैशनल एयरपोर्ट पर उतरने वाले हैं,' एयर होस्टेस ने घोषणा की।

हसु और मैंने एक दूसरे की तरफ देखा। जैसे ही मैंने उनकी आँखों में देखा, मेरी सारी शंकाएँ और डर घुल गए तथा आशा की एक हल्की किरण नज़र आई।

'हम एक साथ हैं, है ना? यही सबसे अहम बात है। मिलकर हम संसार का सामना कर सकते हैं और सब कुछ कर सकते हैं। और हम जीत जाएँगे।'

जब हम 1979 में अमेरिका लौटे, तो मैं भविष्य को लेकर थोड़ी घबरा रही थी। लेकिन जैसे ही हम लौटे, हमें तुरंत एक अच्छी ख़बर मिली। हसु को पर्यावरण संरक्षण विभाग में उनकी पुरानी नौकरी मिल गई। इसलिए हमें ख़ुद को दोबारा जमाने में ज़रा भी दिक्क़त नहीं हुई: घर, कार, बच्चों के स्कूल, हर चीज़ ठीक हो गई और इससे पहले कि हमें पता चल पाए, हम अपनी जानी-पहचानी दिनचर्या में ढल गए।

एक शाम हसु ऑफ़िस से घर लौटे तो वे रोमांचित होकर एक अख़बार की कटिंग को लहरा रहे थे, 'हर्षा, इस विज्ञापन को देखो।'

मैंने देखा : मोटैल बिकाऊ है।

स्टारलाइट नामक मोटैल हैरिसबर्ग के पास था और इसमें 11 कमरे थे। यह बिकाऊ था।

मैं हैरान रह गई। मैंने पूछा, 'इस विज्ञापन का हमसे क्या संबंध है?'

'इसका निश्चित रूप से संबंध है,' हसु ने कहा। 'मैं बिलकुल ऐसे ही अवसर की तलाश में था। मोटैल में 11 कमरे हैं इसलिए यह ज़्यादा बड़ा नहीं है। इसके अलावा, यह हमारे घर के काफ़ी क़रीब है। अगर यह हमारे बजट के भीतर बैठता है, तो चलकर इसे ख़रीद लेते हैं।'

'क्या?' मैं सदमे में थी।

हसु समझाने लगे। 'देखो हर्षा, जब हम यहाँ लौटे थे, तो हमने फ़ैसला किया था कि हमें किसी कारोबार में उतरना होगा। मैं नौकरी सिर्फ़ तभी तक कर रहा हूँ जब तक कि कारोबार गति न पकड़ ले, ठीक है?'

'ठीक है। आप अक्सर कहते थे कि आप ख़ुद का कारोबार करना चाहते हैं। लेकिन मैंने हमेशा सोचा था कि आप किसी ऐसे कारोबार में जाएँगे जिसका आपकी शिक्षा–दीक्षा से ताल्लुक होगा या पर्यावरण के क्षेत्र में आपके अनुभव से संबंध होगा। आप अब अचानक मोटैल के मालिक बनने और उसे चलाने में रुचि क्यों ले रहे हैं?'

हसु ने शरारत से मुस्कुराते हुए कहा। 'मैं नहीं। तुम। मोटैल तुम ख़रीदने वाली हो और उसे तुम ही चलाने वाली हो। मैं तो सिर्फ़ साझेदार रहूँगा।'

'मज़ाक़ छोड़ो, हसु।'

'नहीं, नहीं, मैं गंभीर हूँ। देखो, मेरा मानना है कि किसी कारोबार का सबसे अहम पहलू मुनाफ़ा है। मोटैल उद्योग में मुनाफ़े की संभावना बहुत ज़्यादा है। कई सालों से पश्चिम में यानी लॉस ऐंजेलिस और सैन फ्रैंसिस्को में कुछ गुजराती परिवार सफलतापूर्वक मोटैल्स चला रहे हैं। पिछले कुछ सालों में कुछ गुजरातियों ने पूर्व में भी मोटैल्स ख़रीदे हैं और वे बहुत सफल हुए हैं। उनमें से कुछ तो पहले से ही यहाँ रह रहे थे और कुछ युगैंडा या कीनिया से आए थे। उल्लेखनीय बात यह है कि वे सभी इस कारोबार में सफल हुए हैं।'

'आप जो कह रहे हैं, वह मैं मानती हूँ। लेकिन हसु, आप चाहते हैं कि कारोबार मैं सम्भालूँ जबकि मैं इसके बारे में कुछ भी नहीं जानती हूँ।'

'हर्षा बेन, अगर तुम सीखने को तैयार हो तो कुछ भी असंभव नहीं

है। अब मुझे बताओ, कुछ साल पहले तक क्या तुम जानती थीं कि नल से पानी रिसने को कैसे ठीक करना है? क्या तुम जानती थीं कि बिजली की फ़िटिंग्स को कैसे बदलना है या मरम्मत कैसे करना है? क्या तुम जानती थीं कि टीवी कैसे ठीक करना है? क्या तुमने ये सारी चीज़ें नहीं सीखी थीं? अब भी यही करने के लिए तैयार रहो।'

मेरे पति के पास मेरे हर सवाल का जवाब था। आख़िरकर मैं बस यही कह पाई, 'चलो, कोई भी निर्णय लेने से पहले स्टारलाइट मोटैल चलकर देख तो लें।'

'यह रहा स्टारलाइट मोटैल,' हसु ने कार से नीचे उतरते हुए कहा। मैंने मोटैल को देखा और मेरी बोलती बंद हो गई। मेरी शुरुआती प्रतिक्रिया सदमे की थी।

इससे पहले कि मैं कुछ कह पाऊँ, मालिक हमसे मिलने आ गया। उसने हमारा स्वागत किया और हमें अंदर ले गया। मोटैल अंदर से भी उतना ही ख़स्ताहाल और गंदा था, जितना कि बाहर से था।

सब कुछ देखने के बाद हमने मालिक मिस्टर ब्राउन से विदा ली और चल दिए।

हसु ने पूछा, 'तुम्हें मोटैल कैसा लगा?'

'हसु, क्या आप सचमुच इस मोटैल को ख़रीदने की योजना बना रहे हो? यह तो डरावना लगता है। यह किसी भूत बँगले जैसा लगता है।'

'तुमने सही कहा। हाल–फ़िलहाल, यह भूत बँगले जैसा ही है। लेकिन हम इसका कायाकल्प कर देंगे। हम नल, पाइप, बिजली की फ़िटिंग सब कुछ बदल देंगे। हम इस पर पुताई करेंगे, कमरों की सफ़ाई करेंगे, नए गलीचे, पर्दे और सजावट का सामान लगाएँगे, नए गद्दे, चादरें, तकिए सब कुछ। क्या अब तुम अपने मन में तस्वीर देख सकती हो? यह अब भूत बँगले जैसा नहीं दिखता है, है ना? यह अब एक बिलकुल नए, सुंदर मोटैल जैसा दिखता है, है ना?'

'ओह। तो हमें यह सारी कोशिश करनी होगी?'

'ज़ाहिर है, अगर हम इसका कायाकल्प करना चाहते हैं तो दूसरा

कोई तरीक़ा नहीं है। मैडम, यह इतनी घटिया हालत में है इसीलिए यह हमें इतना सस्ता मिल रहा है। ८0,000 डॉलर।'

'८0,000 डॉलर।'

'हाँ। 50,000 डॉलर डाउन पेमेंट और बाक़ी का मॉर्टगेज लोन, जो हमें बैंक को क़िस्तों में चुकाना होगा। मुझे यक़ीन है कि हम यह आसानी से कर सकते हैं।'

मैं ख़ामोश थी। यह हमारे जीवन का बहुत बड़ा निर्णय था। हमने भारत में नया जीवन शुरू करने के लिए 50,000 डॉलर बचाए थे। हमने वहाँ सारा पैसा ख़र्च नहीं किया था। हम वहाँ सफलतापूर्वक कारोबार खड़ा करने और चलाने में कामयाब नहीं हुए थे। लेकिन कम से कम हमने पैसा गँवाया भी नहीं था। जब हम लौटकर आए तो हम पैसे को साथ ले आए थे।'

अब हसु उस पूरी रकम को, जिसे हमने पिछले दस सालों में इकट्ठा किया था, इस साहसिक उपक्रम में लगाने के बारे में सोच रहे थे। और उसके ऊपर 30,000 डॉलर का लोन लेने के बारे में भी।

हमें क्या करना चाहिए? मैं बहुत तनाव में थी। मैंने हसु को ओर देखा। वे शांत और आत्मविश्वासी थे। उनका विश्वास मुझमें भी भर गया।

हसु कह रहे थे, 'यदि हम थोड़ा जोखिम नहीं लेंगे तो कभी अपना कारोबार शुरू नहीं कर पाएँगे। इसका मतलब है कि हम कभी सफल उद्यमी बनने की ख़ुशी और गर्व को भी नहीं जान पाएँगे।'

आख़िरकार, मेरे भीतर का कारोबार–केंद्रित बनिया ख़ून हावी हो गया। मैंने अपना हाथ उनके हाथ पर रखकर कहा, 'ठीक है हसु। चलकर स्टारलाइट ख़रीद लेते हैं और इसे कामयाब बनाते हैं।'

एक बार जब चुनौती को स्वीकार कर लिया तो फिर पीछे पलटकर देखने का सवाल नहीं था। हमने स्टारलाइट के लिए डाउन पेमेंट दे दिया, सम्पत्ति गिरवी रखने की व्यवस्था भी कर दी और क़िस्त की राशि तय कर दी।

जैसे ही सारी औपचारिकताएँ पूरी हुईं, हम मोटैल का कायाकल्प करने में जुट गए। जैसी हसु ने भविष्यवाणी की थी, जल्द ही स्टारलाइट

उजले, साफ़–सुथरे और प्यारे मोटैल जैसा दिखने लगा।

इस जगह को कैसे चलाएँ, इस बारे में भी हमने कई चर्चाएँ कीं। मोटैल में मालिक के लिए कोई अलग अपार्टमेंट नहीं था। इसलिए हमने निर्णय लिया कि हम अपने घर पर रहकर ही मोटैल चलाएँगे। दिन में सब कुछ मुझे सँभालना था। हसु अपने ऑफ़िस से सीधे मोटैल आने वाले थे और फिर अगले कुछ घंटों तक उसे सँभालने वाले थे। वे देर रात को घर लौटने की सोच रहे थे।

हमने एक युवा पति–पत्नी को नियुक्त कर दिया था जो रात में आने वाले अतिथियों की अगवानी करें और दिन में साफ़–सफ़ाई का काम करें। इस तरह हम यह सुनिश्चित करने में सफल रहे कि मोटैल सातों दिन चौबीसों घंटे चलता रहे।

सुबह बच्चों के स्कूल जाने के बाद हसु अपने ऑफ़िस जाते थे और मैं मोटैल जाती थी। मैं सफ़ाई और दीगर मरम्मत कार्य की निगरानी करती थी तथा पैसे जमा करने के लिए बैंक जाती थी। फिर मैं बाक़ी दिन स्वागत काउंटर सँभालती थी, जब तक कि हसु ऑफ़िस से आकर यह ज़िम्मेदारी नहीं सँभाल लेते थे।

अब मैं मोटैल के ग्राहकों को बढ़ाने के तरीक़े सोचने लगी। मोटैल के पास ही एक भारी वाहन ड्राइविंग स्कूल था। मैंने जाकर संचालक से बात की और उसके साथ एक अनुबंध पर हस्ताक्षर किए। ड्राइविंग स्कूल में नाम लिखाने वाले सभी विद्यार्थियों को चार महीने तक हैरिसबर्ग में रुकना होता था। हम इस बात के लिए सहमत हो गए कि अगर बाहर से आने वाले प्रशिक्षणार्थियों को रहने की जगह चाहिए होगी, तो वे स्टारलाइट मोटैल में रुकेंगे। बदले में मैं नए दाख़िलों के समय ड्राइविंग स्कूल के रजिस्टर को सँभालूँगी, जो हर दो महीने में एक बार होता था। इससे पहले ड्राइविंग स्कूल वालों को रजिस्टर सँभालने के लिए उस दौरान किसी को नियुक्त करना होता था। अब मैं यह काम उनके लिए मुफ़्त में कर देती थी।

ड्राइविंग स्कूल के विद्यार्थियों की बदौलत हमारा मोटैल लगातार भरा रहा। यह सभी – मोटैल, ड्राइविंग स्कूल और विद्यार्थियों – के लिए

फ़ायदे का सौदा था।

स्टारलाइट चलाने की ज़िम्मेदारी लेने के एक महीने के भीतर ही हमें यह अहसास हो गया कि इस क्षेत्र में भारी संभावना और भारी मुनाफ़ा है। सारे ख़र्च और हमारे द्वारा नियुक्त लोगों की तनख़्वाह निकालने के बाद भी हर रात हमारे पास अच्छा मुनाफ़ा बच जाता था।

हसु और मैं बहुत खुश थे। हम विकास करने और विस्तार करने के तरीक़े सोचने लगे, लेकिन तभी एक अप्रत्याशित संकट आ गया।

स्टारलाइट मोटैल के बहुत क़रीब थ्री माइल आइलैंड नामक एक टापू था। उस टापू पर एक परमाणु ऊर्जा स्टेशन था।

जब हमारा मोटैल अच्छी शुरुआत कर रहा था, तभी उस परमाणु स्टेशन में एक दुर्घटना हो गई।

जब वहाँ कुछ परीक्षण चल रहे थे तो कुछ गड़बड़ हो गई। कोई विस्तृत जानकारी नहीं दी गई लेकिन अचानक उस इलाक़े के सभी रहवासियों को वहाँ से हटने को कहा गया और इलाक़े के सभी उद्योगों को आगामी सूचना तक बंद करवा दिया गया।

हमें तो यह भी पता नहीं था कि हम पर आई इस मुसीबत की क्या वजह थी।

हालाँकि हमारा मोटैल बंद था लेकिन फिर भी बैंक को क़िस्तें चुकानी थीं और कर्मचारियों को तनख़्वाह देनी थी। यह साँप-छछूँदर वाली स्थिति थी।

हम सचमुच दिन गिन रहे थे। हमारे दिलोदिमाग़ में एक भयानक डर मँडरा रहा था। क्या यह मोटैल हमें तबाह करने वाला है?

लेकिन जितने अकस्मात तरीक़े से बादल आए थे, उतनी ही तेज़ी से छँट भी गए। सरकार ने आदेश जारी किया कि इलाक़े के उद्योगों को दोबारा काम शुरू करने की अनुमति है। हर चीज़ सामान्य हो गई, जिसमें हमारा मोटैल भी शामिल था। हसु और मैंने राहत की साँस ली।

जब से हमने मोटैल सँभालना शुरू किया था, तब से छह महीने हो

गए थे। एक दिन हसु और मैं पिछले छह महीनों के बहीख़ातों को देख रहे थे।

हसु ने कहा, 'डॉलर के मान से हमारा मुनाफ़ा बहुत अच्छा है। लेकिन हमने इससे भी ज़्यादा महत्त्वपूर्ण एक और चीज़ पाई है।'

'वह क्या, हसु? मैं नहीं समझ पाई।'

'हमने इस क्षेत्र के अनुभव के बिना ही इसे सफल बना लिया है। हमारा आत्मविश्वास और आत्मसम्मान कितना बढ़ गया है, है ना?'

'आपने बिलकुल सही कहा, हसु। यह आत्मविश्वास एक ऐसी चीज़ है जिसे सँजोकर रखना है और यह जीवन भर हमारे काम आएगा। मुझे अब भी याद है, मैं कितनी घबरा गई थी जब आपने कहा था कि यह मोटैल मैं चलाऊँगी। लेकिन जब एक बार मैंने यह करने का मन बना लिया, तो उसके बाद हर चीज़ सही होती गई।'

'निश्चित रूप से सफलता का बहुत बड़ा श्रेय तुम्हें ही जाता है, हर्षा। मैं तो वहाँ हर दिन ऑफ़िस के बाद सिर्फ़ कुछ ही घंटे काम करता था। तुम ही थीं, जिसने स्वागत काउंटर, रखरखाव, साफ़–सफ़ाई, बैंक और जनसंपर्क का काम अपने दम पर अकेले ही किया। मुझे तुम पर बहुत नाज़ है।'

प्रशंसा के ये शब्द सुनकर मैं फूली नहीं समाई। मेरे चेहरे पर संतुष्टि का भाव देखकर हसु ने कहा, 'अब हम कारोबार को और फैला सकते हैं।'

मैं जैसे बादलों से नीचे आ गिरी। 'अच्छा, अब समझी। वे सारी मीठी–मीठी बातें सिर्फ़ भूमिका थीं, ताकि आप वह बता सकें जो आप सचमुच बताना चाहते थे, है ना?'

'बिलकुल नहीं। प्रशंसा का एक–एक शब्द सच है। लेकिन हमने अब तक जो हासिल किया है, क्या हम सिर्फ़ उतने से ही संतुष्ट हो जाएँ? क्या इसके बाद हम रुक जाएँ? हम एक छोटी सीढ़ी चढ़ चुके हैं। अब हमें एक ज़्यादा बड़ी सीढ़ी पर चढ़ना है।

यह एक नए हसु थे, जिन्हें मैं देख रही थी। एक सच्चे व्यवसायी।

'तो हर्षा मैडम। आप क्या सोच रही हैं?'

'मैं आपकी कही बात के बारे में सोच रही हूँ। सीढ़ियाँ, शिखर आदि। लेकिन हम उनके बारे में करने क्या वाले हैं?'

'मेरे सपने बहुत बड़े हैं, लेकिन मैं सही समय पर तुम्हें उनके बारे में बताऊँगा। हाल–फ़िलहाल तो मैं स्टारलाइट में छह कमरे बढ़ाने के बारे में सोच रहा हूँ। इससे हमारा कारोबार बढ़ जाएगा।'

मैंने सहमति में सिर हिला दिया।

अगले ही दिन से हम कई भूमिकाएँ – बढ़ई, राजगीर, पुताई वाले, नल वाले, बिजली वाले, कारीगर आदि... – एक साथ निभाने लगे।

रात को जो दंपति हमारी मदद करते थे, उन्होंने यहाँ भी मदद की। 45 दिन के भीतर ही हम छह और कमरे बनाने, सजाने और खोलने में कामयाब हो गए।

जब स्टारलाइट मोटैल के 17 कमरे अच्छी तरह चलने लगे तो मैं सोचने लगी कि अब हसु का अगला क़दम क्या होगा। यह जानने के लिए मुझे ज़्यादा समय तक इंतज़ार नहीं करना पड़ा।

एक सप्ताहांत पर हसु बोले, 'कल सुबह हम एलिज़ाबेथ टाउन जाएँगे। हम बच्चों को भी साथ ले चलेंगे।'

'क्यों?'

'वहाँ एक मोटैल बिकाऊ है : रेड रोज़। हम जाकर उसे देख लेते हैं।'

जैसे ही मैंने रेड रोज़ को देखा, मैं पहली नज़र में ही इसकी दीवानी हो गई। आस–पास हरियाली और शांति थी।

घोड़े की नाल के आकार का मोटैल बहुत शांत माहौल में बना था। मोटैल साफ़–सुथरा और सुंदर था। हमें दो चीज़ें सबसे ज़्यादा पसंद आईं : एक तो स्विमिंग पूल और दूसरा दो बेडरूम क सुसज्जित अपार्टमेंट, जो मालिक के लिए था।

हमने मोटैल के मालिक मिस्टर हूवर के साथ सारे वित्तीय विवरणों पर अच्छी बातचीत की। सौदे का ख़र्च आसानी से उठाया जा सकता था और उसकी व्यवस्था की जा सकती थी।

मिस्टर हूवर ने एक बात स्पष्ट कर दी थी, 'आप मोटैल ख़रीद रहे हैं। लेकिन मैं इसके बाजू वाला रेस्तराँ नहीं बेचूँगा। उसे मैं ख़ुद चलाऊँगा।'

हम सहमत हो गए।

घर लौटने के बाद हसु और मैंने सौदे के आर्थिक पहलुओं पर बातचीत की। मैंने कहा, 'अगर हम थोड़ा सा पैसा डाल दें और स्टारलाइट को बेचने से मिलने वाला पैसा भी उसमें जोड़ दें, तो हम आसानी से इसे सँभाल सकते हैं।'

हसु ने अपना सिर हिलाते हुए कहा, 'नहीं, नहीं। स्टारलाइट को क्यों बेचना? हमने इसे सफल बनाने में बहुत मेहनत की है। इस वक़्त उसे क्यों छोड़ना? हम रेड रोज़ के लिए डाउन पेमेंट की व्यवस्था कर सकते हैं और बैंक से एक बार फिर मॉर्टगेज लोन का इंतज़ाम कर लेंगे। हम क़िस्तों में बैंक को पैसे चुका देंगे। तुम क्या सोचती हो?'

यह अप्रत्याशित था और एक बार फिर इस विचार को स्वीकार करना मेरे लिए मुश्किल था। लेकिन यह भविष्य के बारे में हसु के स्वप्न में अच्छी तरह फ़िट होता था, जिसे मैं समझने लगी थी।

मुझे हसु और उनकी कारोबारी सूझबूझ पर पूरा भरोसा था, इसलिए मैं बोली, 'ठीक है। मैं दो मोटैल्स की मालकिन बनना पसंद करूँगी।'

हसु शाह

मुझे बहुत ख़ुशी थी कि हर्षा मेरे विचार को आगे बढ़ाने के लिए तैयार हो गई थी, लेकिन साथ ही मेरे मन में अफ़सोस का भाव भी था। हर्षा मुँह में चाँदी की चम्मच लेकर पैदा हुई थी। उसका बचपन बहुत लाड़–प्यार में गुज़रा था। उसका काम करने के लिए हमेशा नौकरानियाँ रहती थीं। वह कभी भी ड्राइवर–चलित कार के बिना बाहर नहीं निकलती थी। वह सिर्फ़ मेरी ख़ातिर अमेरिका आई थी। उसने बहुत कड़ी मेहनत की थी और किसी चुनौती का सामना करने से नहीं घबराई थी।

उसने हर स्थिति में मेरा साथ देने की पूरी–पूरी कोशिश की थी।

चाहे यह मेरे कारोबार में हो या मेरे माता–पिता का दिल जीतने में, वह हमेशा मेरे साथ खड़ी रही थी और सारी मेहनत करने के लिए तैयार थी। लेकिन इसके बावजूद वह अमेरिका में विलासितापूर्ण जीवनशैली का आनंद नहीं ले पा रही थी।

मेरा हमेशा सपना था कि मैं उसके दिल की हर मनचाही चीज़ उसे दे सकूँ और मैं इसके लिए कड़ी मेहनत करने को तैयार था तथा इसके लिए पैसे बचाने की ताक में था। हर्षा ने कभी शिकायत नहीं की। इसके विपरीत, उसने हमेशा मेरा हाथ थामा और चाहे कटु हो या मधुर, हर पल का मेरे साथ अनुभव लिया।

मैंने कभी इन विचारों को बोलकर नहीं बताया, लेकिन मैंने निर्णय लिया कि एक दिन मैं निश्चित रूप से उसे वे सारी सुख–सुविधाएँ और विलासिताएँ दूँगा, जिनकी वह हक़दार थी।

रेड रोज़ पर वापस लौटते हुए, हमने उसमें थोड़ा पैसा लगाया, बाक़ी के लिए मॉर्टगेज का इंतज़ाम किया और उसे ख़रीद लिया, जैसा हमने स्टारलाइट के मामले में किया था। फ़र्क़ यह था कि इस बार हम मोटैल में रहने भी चले गए।

यह हमारे जीवन में एक भारी परिवर्तन था, क्योंकि पहली बार हमें सचमुच महसूस हुआ, मानो हम किसी मोटैल के मालिक थे। रेड रोज़ हमारा संसार बन गया।

मोटैल हैरिसबर्ग से सिर्फ़ 16 मील की दूरी पर था, इसलिए मैं अब भी पर्यावरण संरक्षण विभाग की नौकरी करता रहा। लेकिन अब शाम को घर आने के बाद अगले दिन सुबह नौकरी पर जाने तक स्वागत काउंटर सँभालना मेरी ज़िम्मेदारी थी।

अमेरिकी मालिक रात को अक्सर मोटैल के सामने 'जगह ख़ाली नहीं' का साइन बोर्ड लगा देते थे। लेकिन हम ऐसा नहीं कर सकते थे। मुझे याद नहीं है कि उन पाँच सालों में एक दिन भी मैंने सोने से पहले रात के कपड़े पहने हों। मैं दिन जैसी औपचारिक पोशाक पहने–पहने ही सो जाता था, ताकि अगर कोई अतिथि रात के 2 बजे भी आए, तो

मैं उसके स्वागत के लिए तैयार रहूँ। कई बार ड्राइविंग स्कूल का कोई विद्यार्थी अपने गृहनगर से आकर आधी रात को घंटी बजाता था। फिर मुझे कार हटाने और उसे लाने जाना पड़ता था।

हमने रेड रोज़ में जो पाँच साल बिताए, उनके बारे में यह कहना अतिशयोक्ति नहीं होगी कि मैं 24/7 की ड्यूटी पर था, यानी चौबीस घंटे, सातों दिन।

हर्षा और बच्चे भी हर संभव तरीक़े से मदद करते थे।

जब बच्चे और मैं सुबह चले जाते थे, तो हर्षा पहले स्टारलाइट जाती थी जो रेड रोज़ से 8.5 मील की दूरी पर था।

वहाँ जाकर वह रजिस्टर देखती थी, कमरों की साफ़–सफ़ाई तथा रखरखाव के दूसरे कामों की निगरानी करती थी और फिर पैसे जमा कराने बैंक जाती थी।

इसके बाद वह रेड रोज़ लौटती थी जहाँ उसे एक बार फिर साफ़–सफ़ाई की निगरानी और रजिस्टर की जाँच करनी होती थी। चूँकि रेड रोज़ ज़्यादा बड़ा था इसलिए हमने सफ़ाई के लिए चार लड़कियों को काम पर रख लिया था, लेकिन रखरखाव की ज़िम्मेदारी पूरी तरह हर्षा की थी। और इस सबके अलावा वह दिन भर रेड रोज़ का स्वागत काउंटर सँभालती थी।

हर्षा शाह

जब हमने रेड रोज़ ख़रीदा तो मेरे काम का बोझ दोगुना हो गया, लेकिन धीरे–धीरे मैंने दोनों मोटैल्स को एक साथ सँभालना सीख लिया।

यह कहने की ज़रूरत नहीं है कि चाहे आप चीज़ों की योजना कितनी ही अच्छी तरह बना लें, हमेशा कुछ न कुछ गड़बड़ हो जाती है या अप्रत्याशित मुश्किलें सामने आ जाती हैं।

मोटैल चलाने में हमारा एक स्वर्णिम नियम था : हम उन लोगों को कमरे नहीं देते थे, जो शराब या नशीली दवाओं के प्रभाव में होते थे। जब हम ऐसे लोगों को बताते थे कि कोई कमरा ख़ाली नहीं है, तो अधिकतर

लोग चुपचाप चले जाते थे। लेकिन कुछ लोग इस बात पर अड़ जाते थे कि उन्हें कमरा दिया जाए और ख़ामख़्वाह बहस करने लगते थे। ऐसे मौक़ों पर इन लोगों को सँभालना, अपना धैर्य न खोना और अप्रिय स्थिति उत्पन्न करने से बचना सचमुच मुश्किल होता था। कई बार तो हनें पुलिस को भी बुलाना पड़ा, क्योंकि हमारे पास दूसरा कोई विकल्प ही नहीं था।

मोटैल उद्योग में चोरी बहुत आम समस्या है। हमने चोरी रोकने के लिए कई क़दम उठाए थे, लेकिन कभी–कभार चूक हो ही जाती थी।

एक बार हमें सचमुच अच्छी तरह चूना लगा। एक शाम को एक दंपति शानदार कैडिलक गाड़ी में आए और एक दिन के लिए कमरा लिया। अगली सुबह जब सफ़ाई करने वाली लड़की कमरा साफ़ करने गई तो उसने दरवाज़े को खुला देखा। किसी गड़बड़ी की आशंका में उसने सावधानी से कमरे में झाँका और उसे यह पाकर सदमा लगा कि वह पूरी तरह साफ़ था। चोर सब कुछ ले गए थे : एसी, टीवी, माइक्रोवेव, तकिए, चादरें, कंबल, तौलिए, यहाँ तक कि बाथरूम का साबुन भी – हर चीज़ चोरी हो गई थी।

बाद में हमें पता चला कि वे दोनों आधी रात को चुपके से निकल लिए थे और सुबह तक किसी को भी शक नहीं हुआ था।

मोटैल उद्योग में इंसान को कई तरह के लोगों से मिलना होता है और उसे विविध अनुभव होते हैं।

एक बार एक ग्राहक ने इंटरकॉम पर फ़ोन करके कहा कि उसका टीवी सही तरीक़े से काम नहीं कर रहा है। मैं रिपेयर किट लेकर उसके कमरे में गई। वह पलंग पर लेटा हुआ था। उसने टीवी की ओर संकेत किया, जो थोड़ी ऊँचाई पर लगा था। मैं कुर्सी पर चढ़ी और टीवी की जाँच करने लगी। अचानक मुझे अहसास हुआ कि बिस्तर पर लेटा आदमी मुझे घूर रहा था। मुझे एक साथ क्रोध और डर महसूस हुआ। मैं तब तक वहाँ से नहीं जा सकती थी, जब तक कि टीवी वाली समस्या दूर न हो जाए। मैंने फ़ैसला किया कि अगर उसने कोई गड़बड़ की तो मैं स्क्रू ड्राइवर को हथियार बना लूँगी। सौभाग्य से इसकी नौबत नहीं आई। उस आदमी ने घूरने से ज़्यादा कुछ नहीं किया।

कटु अनुभवों के साथ कुछ बेहतरीन अनुभव भी रहे। मैं एक इंसान का ज़िक्र किए बिना नहीं रह सकती। वे थे मोटैल के पूर्व मालिक मिस्टर हूवर। हमें मोटैल बेचने के बाद वे मोटैल के बग़ल वाला रेस्तराँ चलाते थे। लेकिन वे इससे भी कहीं ज़्यादा करते थे। वे हमें मोटैल को सफलतापूर्वक चलाने के लिए अनमोल सलाहें देते थे – रजिस्टर संभालने से लेकर ग्राहकों के अभिवादन तक, और भी बहुत कुछ। यदि मैं कोई ख़ास मुश्किल काम नहीं सँभाल पाती थी तो मैं उन्हें फ़ोन करके कह देती थी, 'मिस्टर हूवर, क्या आप मेरी मदद कर सकते हैं?'

और वे जो भी कर रहे होते थे, उसे छोड़कर तुरंत मेरी मदद करने आ जाते थे।

ड्राइविंग स्कूल के विद्यार्थी भी कई बार मदद का हाथ बढ़ाते थे। मरम्मत के कुछ कामों में शारीरिक शक्ति की ज़रूरत होती थी और ऐसे मौक़ों पर विद्यार्थी स्वेच्छा से मेरी मदद कर देते थे।

मैं लोगों की अंदरूनी अच्छाई में यक़ीन करती हूँ और इस सूक्ति पर विश्वास करती हूँ, 'जैसा बोओगे, वैसा काटोगे।'

इन विद्यार्थियों का ही उदाहरण लें। कई बार ऐसा होता था कि वे मिस्टर हूवर के रेस्तराँ में खाने के लिए स्कूल से बहुत देर से आते थे। दुर्भाग्य से, तब तक रेस्तराँ बंद हो चुका होता था। मोटैल शहर से दूर था इसलिए वे किसी दूसरी जगह जाकर नहीं खा सकते थे। ऐसे मौक़ों पर मैं उनके लिए उपमा या पोहा या सैंडविच बना देती थी। वे बहुत कृतज्ञ होते थे और न सिर्फ़ सैंडविच बल्कि पारंपरिक भारतीय नाश्ते भी खा लेते थे।

वे खाना खिलाने के लिए मुझे कोटि–कोटि धन्यवाद देते थे। जवाब में मैं कहती थी, 'मैंने ज़्यादा कुछ नहीं किया। मैंने तो सिर्फ़ आतिथ्य की युगों पुरानी भारतीय परंपरा पर अमल किया है और मेज़बान के रूप में अपना फ़र्ज़ निभाया है।'

चाहे जो हो, इस तरह की छोटी–छोटी बातों से उन्हें महसूस होता था जैसे वे परिवार का हिस्सा हैं। इस वजह से जब भी ज़रूरत होती थी, वे मदद करने को तैयार रहते थे।

रेड रोज़ मोटैल अब हमारा घर था। हसु और मेरे काम का बोझ दोगुना हो गया था। इसके अलावा, हसु को ऑफ़िस पहुँचने के लिए ज़्यादा दूरी तय करनी होती थी। लेकिन सबसे ज़्यादा परिवर्तन बच्चों के जीवन में आया था। स्कूल के बाद उनकी उम्र का कोई बच्चा मोटैल में नहीं होता था।

एक और परिवर्तन यह था कि घर और कारोबार के बीच कोई सीमारेखा नहीं रह गई थी। भले ही हम घर पर रहते थे, लेकिन सारे समय कारोबार की ही बातचीत होती रहती थी।

तीसरा परिवर्तन जिसका जय को सामना करना पड़ा, वह था स्कूल का माहौल। एलिज़ाबैथ टाउन मूलतः श्वेत अमेरिकी किसानों का कस्बा था। इसलिए स्वाभाविक रूप से स्कूल में लगभग सभी बच्चे श्वेत अमेरिकी थे। जय उस स्कूल में जाने वाला भारतीय मूल का पहला बच्चा था, और वह भी सीधे पाँचवी ग्रेड में। शुरुआत में दूसरे बच्चे उसे किसी गतिविधि में शामिल नहीं करते थे, अशिष्ट व्यवहार करते थे और हर समय उसका मज़ाक़ उड़ाते थे। यह अवधि जय के लिए बहुत मुश्किल रही होगी, लेकिन अपने जीवन में हुए परिवर्तन को लेकर उसने एक बार भी शिकायत नहीं की या हमें दोष नहीं दिया।

चूँकि नील सिर्फ़ पाँच साल का था इसलिए वह इन बातों से वाक़िफ़ नहीं था और अपने माहौल में हुए परिवर्तन के हिसाब से आसानी से ढल गया।

एक बार जब हसु और मैं बातचीत कर रहे थे, तो मैंने कहा, 'हसु, बच्चे यहाँ बहुत अकेले हैं। हम क्या कर सकते हैं?'

हसु ने पल भर सोचकर कहा, 'हर्षा, हम सप्ताहांत के लिए अपने मित्रों और उनके बच्चों को यहाँ बुला सकते हैं। इस तरह बच्चों को उनकी उम्र के बच्चे मिल जाएँगे।'

मुझे विचार पसंद आया।

जैसा तय हुआ था, अगले सप्ताहांत पर हमने अपने सभी मित्रों को बुला लिया, जो अपने बच्चों के साथ आए। हमारा समय बेहतरीन गुज़रा।

वयस्कों ने बातचीत की, ताश के खेल खेले, स्विमिंग पूल में घंटों बिताए। बच्चों को भी मज़ा आ गया। वे पूरी जगह दौड़ते रहे, एक दूसरे का पीछा करते रहे, नाचते रहे, तैरते रहे... किसी को भी अहसास नहीं हुआ कि सप्ताहांत कितनी जल्दी गुज़र गया।

जय और नील रोमांचित थे।

इसके बाद तो रेड रोज़ में सप्ताहांत गुज़ारना हमारे मित्रों और उनके परिवारों के लिए परंपरा का हिस्सा बन गया। हर सप्ताहांत पर हमारा घर लोगों से भरा रहता था। आपको सच बताऊँ तो ये सप्ताहांत हसु और मेरे लिए बहुत भागमभाग भरे तथा व्यस्त होते थे, क्योंकि हमें अपने सभी अतिथियों की देखभाल करने के लिए चौबीसों घंटे काम करना होता था, लेकिन जय और नील के चेहरे देखते ही हमारी सारी थकान काफूर हो जाती थी। मुझे अब भी एक घटना याद है जब हमने ऐसे ही एक सप्ताहांत पर पानी–पूरी बनाने की योजना बनाई थी। तीन–चार सौ पूरी बनाने के लिए मुझे एक रात पहले कई घंटे की मेहनत करनी पड़ी थी।

किसी दूसरे देश में जाकर बसने वाले हर व्यक्ति के दिमाग़ में यह डर होता है कि क्या नया देश उनके बच्चों को उनसे दूर कर देगा। अगर वे अपनी जड़ों को, अपने उद्‌गम को भूल गए तो क्या होगा?

हम अमेरिका आए थे, हमने यहाँ काम किया था, बसे थे, एक विदेशी भाषा सीखी थी, थोड़ी–बहुत विदेशी संस्कृति सीखी थी, लेकिन दिल से हम मूलतः हिंदुस्तानी थे। हमारी जड़ें अब भी भारत में थीं। लेकिन हमारे बच्चों की बात अलग थी। वे इसी देश में जन्मे और पले–बढ़े थे।

हैरिसबर्ग में लगभग 100 भारतीय परिवार थे। हम सभी मिलते रहते थे, विभिन्न मामलों पर बातचीत करते थे और हमने एक भारतीय संस्कृति क्लब बनाने का फ़ैसला किया। यहाँ बच्चों को भारतीय मूल के दूसरे बच्चों से मिलने का मौक़ा मिलता था। वे भारतीय संस्कृति और परंपराओं के बारे में सीखते थे।

उन्होंने भारतीय भाषाएँ सीखीं और बोलीं। और सबसे महत्त्वपूर्ण बात, उन्होंने अपनी जड़ों के बारे में सीखा और इस बारे में ज़्यादा समझा

कि वे कहाँ से आए थे।

रेड रोज़ में जाकर बसने के बाद जय और नील भारतीय संस्कृति के क्लब में नहीं जा पा रहे थे। इस वजह से उनके लिए सप्ताहांत पर ये पार्टियाँ आयोजित करना बहुत महत्त्वपूर्ण था, क्योंकि इससे बच्चों को दूसरे भारतीय परिवारों के साथ रहने, उनके साथ बातचीत करने, हमारी भारतीय भाषा बोलने और भारतीय संस्कृति के बुनियादी तत्वों को ग्रहण करने का अवसर मिला।

जय शाह

जब हम रेड रोज़ रहने गए तब नील 5 साल का था और मैं 12 का। मैं एक अजीब-सी उम्र में था और नए स्कूल से तालमेल बैठाने में मुझे काफ़ी समय लगा। हालाँकि स्कूल के बाद मेरे साथ खेलने वाला एक भी दोस्त नहीं था लेकिन मैं मोटैल के छुटपुट कामों में मदद करके ख़ुद को व्यस्त रखता था जैसे लॉन छाँटना, बागवानी, स्विमिंग पूल की सफ़ाई करना, ग्राहकों का सामान उनके कमरे तक ले जाना आदि। मैं जो कर सकता था, मैंने सब कुछ किया। कई बार तो माँ की मदद करने के लिए मैं स्वागत काउंटर भी सँभालता था।

कई बार मैं दुखी हो जाता था, जब मैं अपनी उम्र के दूसरे बच्चों को खेलते हुए या टीवी देखते हुए या स्कूल के बाद किसी हॉबी क्लास में जाते देखता था, क्योंकि मैं इनमें से कोई चीज़ नहीं कर सकता था। लेकिन फिर मैं यह कहकर ख़ुद को तसल्ली देता था कि मैं हमारे कारोबार में अपने परिवार की मदद कर रहा हूँ, जो उतना ही महत्त्वपूर्ण और संतुष्टिदायक है। कोई कारोबार सिर्फ़ तभी फैल सकता है, जब पूरा परिवार उसमें योगदान दे। यह मोटैल तो सिर्फ़ शुरुआत थी। अपने दिल में मैं जानता था कि मैं यहाँ से भविष्य में काफ़ी आगे जाने वाला हूँ।

मम्मी-डैडी को जल्द ही अहसास हो गया कि हमारा जीवन नीरस था और उसमें कोई मज़ा नहीं आ रहा था। इसलिए उन्होंने हमें यथासंभव अधिकतम समय दिया। और फिर सप्ताहांत पार्टियाँ भी थीं, जिनका नील और मैं दोनों ही इंतज़ार करते थे।

रेड रोज़ में हमारे जीवन का सार सिर्फ़ चंद शब्दों में बताया जा सकता है : 'सुखद दिन... सुखद समय।'

एक दिन डैडी मेरे पास आकर बोले, 'जय, आज से तुम कोका कोला वेन्डिंग मशीन सँभालने जा रहे हो।'

'सँभालने? आपका क्या मतलब है?'

'तुम बोतलें ख़रीदोगे, वैंडिंग मशीन में उन्हें भरोगे और उससे होने वाला मुनाफ़ा भी तुम ही रखोगे।'

मैं अचानक ख़ुद को बड़ा महसूस करने लगा। मैंने उत्सुकता से पूछा, 'डैडी, क्या आप मेरे सामने एक कारोबारी प्रस्ताव रख रहे हैं? क्या यह मेरा ख़ुद का कारोबार होगा?'

'ज़ाहिर है बेटा। मुझे विश्वास है कि तुम इसमें बहुत सफल रहोगे।'

अगले ही दिन से मैं अख़बारों में छपने वाले वर्गीकृत विज्ञापनों पर ग़ौर करने लगा। चार दिनों बाद मेरे धैर्य का पुरस्कार मिला और मुझे वह विज्ञापन मिल गया जिसकी मैं तलाश कर रहा था।

यह विज्ञापन एक सुपरमार्केट ने दिया था और इसमें लिखा था : 'कोका कोला की बोतलें अविश्वसनीय रूप से कम दामों पर, बशर्ते थोक में ख़रीदी जाएँ।'

मैंने विज्ञापन डैडी को दिखाया और पूछा, 'क्या आप मुझे कल वहाँ ले चलेंगे?'

डैडी सहमत हो गए। मैं अभी इतना बड़ा नहीं हुआ था कि कार ख़ुद चला सकूँ, इसलिए वे मुझे वहाँ ले गए।

उन्होंने कोक के बक्से ख़रीदने के लिए पैसे भी दिए। उन्होंने मज़ाक़ में कहा, 'जय, इसे मेरी तरफ़ से अपने पहले कारोबारी अभियान के लिए कर्ज़ समझना।'

मैंने सिर हिला दिया।

जैसे ही हम मोटैल लौटे, मैंने कोक की बोतलें वैंडिंग मशीन में भर दीं। जो ग्राहक मोटैल में ठहरते थे, वे ज़रूरत पड़ने पर सिक्के डालते थे

और बोतल ले लेते थे।

मशीन चार ही दिन में ख़ाली हो गई। मैंने कोक की ढेर सारी बोतलें ख़रीदी थीं, लेकिन वे सब बिक चुकी थीं। मैंने हिसाब–किताब लगाया, डैडी का 'उधार' लौटा दिया और दरअसल ख़ुशी से नाचने लगा। इस पहले कारोबारी अभियान में मुझे काफ़ी अच्छा मुनाफ़ा हुआ था।

इससे भी अधिक महत्त्वपूर्ण इस अनुभव से मिली सीख थी। मैं अब 'ख़रीदारी,' 'बिक्री' और 'मुनाफ़ा' शब्दों के अर्थ और महत्त्व को समझ गया था।

छोटे तालाब में ही सही, मैंने पहली बार छलाँग लगाई थी और तैरना सीख लिया था। मैं यह भी जान गया था कि मैं तैर सकता हूँ और मुझे अधिक गहरे पानी में कूदने का आत्मविश्वास भी हासिल हो गया था।

हसु शाह

जनवरी 1984 का अंत था। कड़ाके की ठंड पड़ रही थी और पिछले दो दिन से बर्फ़ गिर रही थी।

जब मैं उस सुबह जागा और खिड़की से बाहर झाँककर देखा, तो मुझे दिख गया कि रेड रोज़ का रास्ता एक फुट मोटी बर्फ़ की परत से ढँका था।

मैंने मन ही मन सोचा, हे *भगवान। आज का दिन तो भयंकर है। मुझे कम से कम रास्ते से तो बर्फ़ हटानी ही होगी, वरना मैं आज ऑफ़िस नहीं जा पाऊँगा।* अचानक फ़ोन की घंटी बजने लगी। हैरिसबर्ग से मेरे सहकर्मी का फ़ोन था।

'हसु। कल रात हाइवे पर एक बड़ी दुर्घटना हो गई है। हैरिसबर्ग आने वाली दो–तीन सड़कें बंद हैं।'

मैंने इस बारे में सोचा और फ़ैसला किया कि मैं आज ऑफ़िस नहीं जाऊँगा। इसके बजाय मैं मोटैल के कुछ बचे हुए काम निबटा लूँगा।

मैं रजिस्टर और दूसरी फ़ाइलें देखने लगा। हर्षा एक कप चाय

लेकर आई। 'रेड रोज़ और स्टारलाइट अब अच्छे चल रहे हैं। कारोबार और मुनाफ़ा दोनों ही अच्छे हैं।'

हर्षा हँसने लगी। 'हसु, आप यह मुझे क्यों बता रहे हैं?'

'मैं जानता हूँ मेरी प्यारी पत्नी, कि तुम मोटैल्स की वर्तमान स्थिति के बारे में मुझसे ज़्यादा जानती हो, लेकिन इस समय यह मैं इसलिए कह रहा हूँ क्योंकि मेरे ख़्याल से अब आगे बढ़ने का समय आ चुका है।'

'एक और मोटैल?'

मैंने अपना सिर हिलाया। 'नहीं। इस बार मैं सोचता हूँ कि हमें ज़्यादा बड़ी जायदाद लेनी चाहिए, शायद शहर में स्थित कोई बड़ा होटैल।'

'हसु, मैं सोचती हूँ कि यह काफ़ी बड़ी छलाँग होगी। क्या हम शहर में जगह ख़रीदने का ख़र्च उठा पाएँगे?'

'अगर ज़रूरत पड़ी, तो हम रेड रोज़ और स्टारलाइट को बेच देंगे, लेकिन आगे से हम मोटैल नहीं चलाएँगे। हमें एक होटैल ख़रीदना है और वह भी एक बड़ा होटैल।'

हर्षा ने एक शब्द भी नहीं कहा और हमने बात उस वक़्त वहीं पर छोड़ दी...

कई दिन गुज़र गए। मैंने कुछ एजेंटों से बात की थी और मैं अख़बारों में उपयुक्त विज्ञापन की ताक में था। लेकिन कोई रोचक चीज़ नहीं हुई।

तभी हमने सुना कि 'नेशनवाइड' – नदी किनारे का एक होटैल– बिकाऊ था। मैं हर्षा और बच्चों को साथ लेकर वह जगह देखने गया।

होटैल की जगह बेहतरीन थी। पीछे नदी और सामने मुख्य सड़क। लेकिन होटैल की ख़ुद बहुत अच्छी नहीं थी।

हर्षा फुसफुसाई, 'हसु, हमें एक बार फिर पुताई, नल की फ़िटिंग, बिजली की फ़िटिंग और सजावट करनी होगी।'

लेकिन इसके हुलिए से भी ज़्यादा बुरी बात यह थी कि होटैल की छवि बहुत ख़राब थी। इसे 'नशे का अड्डा' कहा जाता था।

कुछ लोगों का तो यहाँ तक मानना था के होटैल का स्टाफ़ ही नशीले पदार्थ उपलब्ध कराता था।

इसके बावजूद हमने आगे बढ़ने और होटैल ख़रीदने का निर्णय लिया। एक बात तो यह थी कि यह हमें वाजिब दामों पर मिल रहा था। दूसरी बात यह थी कि हमें रेड रोज़ और स्टारलाइट दोनों के लिए ख़रीदार मिल गए थे, जो इन्हें अच्छी क़ीमत पर ख़रीदने को तैयार थे।

हमने स्टारलाइट 80,000 डॉलर में ख़रीदा था। अब हमें उसके बदले में 1,55,000 डॉलर मिल रहे थे। जहाँ तक रेड रोज़ की बात थी, हमने उसे 1,56,000 डॉलर में ख़रीदा था और अब हमें एक ख़रीदार मिल गया था जो उसके लिए 2,62,000 डॉलर देने को तैयार था। इसका मतलब था कि दोनों मोटैल्स बेचने पर हमें लगभग 100 प्रतिशत मुनाफ़ा हो जाएगा।

मैंने बहुत हिसाब–किताब लगाया। हमें दोनों मोटैल्स के लिए 4,17,000 डॉलर मिल रहे थे। लेकिन फिर भी यह राशि होटैल ख़रीदने के लिए पर्याप्त नहीं थी। इसके बाद भी हमें बैंक लोन की ज़रूरत पड़ेगी। हमने मॉर्टगेज लोन की कोशिश की, लेकिन एक भी बैंक हमें कर्ज़ देने को तैयार नहीं था। कुछ ने तो होटैल का नाम सुनकर इंकार कर दिया जबकि बाक़ी बैंक वाले भारतीय मूल के किसी व्यक्ति को कर्ज़ देने के लिए ज़्यादा उत्सुक नहीं थे।

लेकिन मैंने अपना मन बना लिया था। 'मैं सारी बाधाओं के बावजूद यह होटैल ख़रीदूँगा। मैं इसका कायाकल्प करूँगा और इसे सफल बनाऊँगा।'

आख़िरकार, कैलिफ़ोर्निया का हॉराइज़न बैंक हमें मार्टगेज लोन देने को तैयार हो गया। वे लोग इस पर 15 प्रतिशत का भारी ब्याज ले रहे थे लेकिन इसके बावजूद मैंने इसे स्वीकार कर लिया। मेरे पास विकल्प नहीं था और मुझे यह विश्वास भी था कि जब होटैल अच्छी तरह चलने लगेगा तो पिछली दो बार की तरह ही इस बार भी मैं आसानी से क़िस्तों का भुगतान कर दूँगा।

मैं पैसों के बारे में चिंतित था और लगातार संख्याओं के बारे में सोचता रहता था, जबकि हर्षा बिलकुल ही अलग कारण से तनाव में थी।

'हसु, क्या मुझे यह होटैल बिलकुल अकेले सँभालना होगा?'

'अकेले क्यों? मैं तुम्हारे साथ हूँ।'

'तुम तो ऑफ़िस के बाद ही साथ रहोगे लेकिन बाक़ी समय तो मुझे अकेले ही सँभालना होगा, है ना?'

'हाँ, लेकिन तुम चिंतित क्यों हो? तुमने इससे पहले भी तो दो मोटैल्स अकेले ही सफलतापूर्वक चलाए हैं।'

'हसु, मोटैल चलाना बिलकुल अलग बात थी। वहाँ हम सिर्फ़ कमरे किराए पर दे रहे थे। लेकिन अब हम एक बड़ा होटैल ख़रीद रहे हैं, जिसमें 125 कमरे हैं, एक रेस्तराँ है और एक बार लाउंज है। इन सबको सँभालने का मुझे कोई अनुभव नहीं है।'

'मुझे विश्वास है कि तुम सब कुछ सँभाल लोगी हर्षा। हम तुम्हारी मदद के लिए अनुभवी कर्मचारी नियुक्त कर देंगे। तुम हमेशा नई चीज़ें सीखने में निपुण रही हो। यहाँ भी यही करने के लिए तैयार रहो। मुझे यक़ीन है कि तुम यह कर सकती हो।'

मैंने हर्षा को तसल्ली देने की कोशिश की – और बच्चों ने भी। 'चिंता मत करो मम्मी, हम आपकी जितनी मदद कर सकते हैं, करेंगे।'

क़ागज़ी कार्यवाही पूरी हुई और आख़िरकार हर्षा उस होटैल की मालकिन बन गई।

यह हमारे भावी साम्राज्य की शुरुआत की दिशा में बस पहला छोटा सा क़दम था।

हर्षा शाह

पीछे पलटकर देखते समय हसु कहते हैं कि यह हमारे अंतिम लक्ष्य की दिशा में बस एक छोटा क़दम था।

लेकिन उस वक़्त 125 कमरों का होटैल चलाना मुझे विशाल

चुनौती जैसा लग रहा था। मेरा दिमाग़ डर और शंकाओं से भरा हुआ था। लेकिन मैंने चुनौती का सामना करने और अपनी सर्वश्रेष्ठ कोशिश करने का फ़ैसला किया।

एक अच्छी बात यह हुई कि हम एक बार फिर हैरिसबर्ग में रहने लगे। हसु का ऑफ़िस और बच्चों का स्कूल दोनों ही क़रीब थे, इसलिए वे होटैल में ज़्यादा समय दे सकते थे।

होटैल ख़रीदने के बाद हमने जो पहला काम किया, वह था होटैल की सफ़ाई। हमने सारे पुराने स्टाफ़ को निकाल दिया। स्वागत काउंटर के दो मैनेजर्स और साफ़–सफ़ाई विभाग के दो कर्मचारियों को छोड़कर हमने बाक़ी सभी कर्मचारियों को निकाल दिया। यह करने के पीछे दो कारण थे : पहला तो यह कि हम जानते थे कि शुरुआत मे कारोबार मंदा रहेगा और हमें इतने ज़्यादा स्टाफ़ की ज़रूरत नहीं पड़ेगी। दूसरा कारण यह था कि अगर पुराने स्टाफ़ का कोई सदस्य सचमुच नशीले पदार्थों के गोरखधंधे में शामिल था, तो हम उन्हें होटैल में नहीं रखना चाहते थे।

सफ़ाई के काम में पुताई, नवीनीकरण आदि भी शामिल था।

बाक़ी सारे परिवर्तनों के साथ–साथ हमने होटैल का नाम भी बदलने का फ़ैसला किया : अब हमने इसका नाम रिवर फ़्रंट इन कर दिया।

हमने रेस्तराँ और बार लाउंज को नए सिरे से सजाया तथा उनके लिए नया स्टाफ़ नियुक्त किया। होटैल का हुलिया अब चमक गया था। यह आकर्षक और साफ़–सुथरा दिखने लगा था। सड़क पर आते–जाते लोग अब रुककर इसे प्रशंसा भरी नज़रों से देखने लगे थे।

मैंने तय किया कि अब अपने जनसंपर्क को बेहतर बनाने और होटैल की मार्केटिंग शुरू करने का समय था।

मैं हैरिसबर्ग के शीर्षस्थ बिज़नेस कंपनियों से मिली और उन्हें भावभीना आमंत्रण दिया।

'हमारा होटैल रिवर फ़्रंट इन अब चालू हो चुका है। कृपया वहाँ ज़रूर पधारें। आपके अतिथियों के वहाँ ठहरने के बहुत बढ़िया इंतज़ाम हैं। रिवर फ़्रंट इन में कारोबारी मुलाक़ातों और समारोहों के लिए भी अच्छी व्यवस्था है।'

धीरे–धीरे लोग विश्वास करने लगे और होटैल में आने लगे। उनका अनुभव आम तौर पर इतना अच्छा होता था कि वे लगभग हमेशा दोबारा लौटकर आते थे और जल्द ही रिवर फ्रंट इन लोकप्रिय हो गया।

जब रिवर फ्रंट इन का कारोबार तेज़ी से बढ़ा, तो सबसे पहले हमने बैंक लोन चुकाया और फिर फ़ैसला किया कि मुनाफ़े का निवेश होटैल में ही करेंगे। होटैल की हर चीज़ – जिनमें गलीचे, पर्दे, फ़र्नीचर और टेबल क्लॉथ शामिल थे – अब बिलकुल नए थे और इससे होटैल का पूरा हुलिया ही बदल गया।

हसु और बच्चों ने अपना वादा निभाया और होटैल चलाने में ज़्यादा से ज़्यादा मदद की। हसु होटैल के दिन प्रति दिन के संचालन में बहुत ज़्यादा रुचि नहीं लेते थे। उनकी विशेष योग्यता वित्त और भावी नियोजन में थी तथा वे यह काम उत्कृष्ट तरीक़े से करते थे। नील और जय स्कूल से सीधे होटैल आते थे। नील अब 11 साल का हो चुका था, जबकि जय हाई स्कूल के आख़िरी साल में था। वे कई चीज़ें सँभालते थे, जैसे पार्किंग लॉट को साफ़ रखना, लॉन छाँटना, बागवानी, मरम्मत के छुटपुट काम आदि।

नील ने गर्मी की छुट्टियों में वेटर का काम किया। उसे टिप में 127 डॉलर मिले। यह उसकी पहली कमाई थी और वह इसे लेकर चाँद पर था। उसने उन पैसों से एक सोनी वॉकमैन ख़रीद लिया।

जब नील अपने वॉकमैन पर संगीत सुनते हुए इधर–उधर टहलता था, तब उसके चेहरे पर जो गर्व का भाव रहता था उसे मैं कभी नहीं भूल सकती।

जब रिवर फ्रंट इन अच्छी तरह चलने लगा और हमने राहत की साँस ली, तभी त्रासदी बारिश के रूप में आ गई। भारी बारिश हर पल तेज़ होती जा रही थी। नदी में बाढ़ आ गई। जलस्तर बढ़ता गया। पानी ख़तरे के निशान के ऊपर पहुँच गया। यह नदी के तट छोड़कर आगे बढ़ गया और राह में आने वाली हर चीज़ को डुबाता चला गया। रिवर फ्रंट का भूतल पानी के नीचे था। जायदाद को काफ़ी नुक़सान हो रहा था, लेकिन हम इस बारे में कुछ नहीं कर सकते थे।

जब बारिश रुकी और पानी उतरा तो हनने स्थिति का जायज़ा लिया। भूतल का रेस्तराँ पूरी तरह धुल गया था। पार्किंग लॉट में कारें तैर रही थीं और होटैल के मैदान पूरी तरह गंदे हो चुके थे। हमने एक सप्ताह के लिए होटैल को बंद करने और भारी सफ़ाई अभियान छेड़ने का फ़ैसला किया। हमने रेस्तराँ को साफ़–सुथरा करके नए जैसा चमकाया और फिर इसे जनता के लिए खोल दिया। लेकिन इस चक्कर में हज़ारों डॉलर का नुक़सान हो गया। हमने यह कहकर ख़ुद को तसल्ली दी कि स्थिति इससे भी बुरी हो सकती थी।

बहरहाल, बाढ़ के बाद हमारे दिन फिर गए। बारिश के बाद चीज़ें अचानक बेहतर दिखने लगीं। मैंने कॉनरेल के साथ एक बड़ा अनुबंध कर लिया। रेलवे कर्मचारियों की बदौलत अब हमारा होटैल हर दिन पूरा भरा रहने लगा।

पहले साल के अंत में होटैल में भारी मुनाफ़ा नज़र आया। उत्कृष्ट आँकड़ों की बदौलत संसार भर में मशहूर होटैल चेन 'हॉलिडे इन' ने हमें अपना फ़्रैंचाइज़ी बनने का अवसर प्रदान किय।

यह सचमुच सम्मान की बात थी। यह हमारी कड़ी मेहनत व सफलता की पहचान भी थी।

हसु ने अब नौकरी छोड़ दी और अपने सपनों को खुली ढील दे दी, जो हर सफल उद्यम के साथ ज़्यादा बड़े और महत्त्वाकांक्षी होते जा रहे थे।

हसु शाह

रिवर फ़्रंट इन अब हॉलिडे इन के नाम से चल रहा था। यह समय था कि मैं अपनी नौकरी छोड़ दूँ और ख़ुद को पूरी तरह से कारोबार में झोंक दूँ।

हमारे होटैल ने कई उतार–चढ़ाव देखे थे और कई समस्याओं का सामना किया था, लेकिन ये समस्याएँ अब अतीत का हिस्सा थीं और हम वर्तमान में अच्छा प्रदर्शन कर रहे थे।

बहरहाल, मुनाफ़ा और पैसा ही वे चीज़ें नहीं थीं, जिनमें मेरी दिलचस्पी थी। मैं एक बार फिर बेचैन हो रहा था और किसो नई चुनौती

के लिए तैयार हो रहा था। 'अब क्या?' यह सवाल मेरे दिमाग़ में लगातार गूँजता रहता था।

इसी समय के आस–पास मैं अपने एक पुराने मित्र भरत मेहता से मिला। वह भी मेरी तरह कैमिकल इंजीनियर था और उसने अपनी स्नातकोत्तर उपाधि पैनसिल्वेनिया युनिवर्सिटी से ली थी। जिस समय मैं उससे मिला, वह एक मल्टीनेशनल कंपनी 'लीवर ब्रदर्स' में बहुत ऊँचे पद पर था। उससे बात करते समय मुझे अहसास हुआ कि वह अपनी नौकरी से बहुत ख़ुश नहीं था। जब मैंने उससे कारण पूछा, तो उसने कहा, 'एक बड़ी कंपनी में अच्छी तनख़्वाह वाली नौकरी का मतलब ख़ुशी नहीं होता। कम से कम मुझे तो ऐसा नहीं लगता। हर कुछ महीनों में मुझे एक नए शहर में "ट्रबलशूटर" (मुश्किलें दूर करने वाले) की भूमिका में भेजा जाता है। अब मैं इस यायावर जीवन से उकता चुका हूँ। मैं हर बार अपने परिवार को साथ नहीं ले जा सकता। इसलिए अक्सर मैं ख़ुद को अकेला ही पाता हूँ और मेरे साथ कोई नहीं होता।'

जब मैंने उसे शांत करने की कोशिश की तो उसके दिल का गुबार फट पड़ा, 'हसु, तुम्हारे लिए यह समझना असंभव है। तुम्हारे पास अपना ख़ुद का कारोबार है। तुम अपने निर्णय ख़ुद लेते हो। मैं भी ऐसा ही कुछ करना बहुत पसंद करूँगा। लेकिन...'

मैंने उसके शब्दों को याद रखा।

घर लौटने के बाद मैंने यह घटना हर्षा को बताई और यह भी बताया कि मेरे दिमाग़ में क्या आया था। 'हर्षा, हम भरत को अपने कारोबार में साझेदार बना लेते हैं।'

हर्षा ने मेरी ओर हैरानी से देखा। 'साझेदार? क्यों? हम अकेले ही इसे काफ़ी अच्छी तरह चला रहे हैं।'

'देखो, अगर हम अब अपने कारोबार को और फैलाएँगे, तो स्पष्ट रूप से हमें भारी निवेश की ज़रूरत है और उसके लिए हमें साझेदारों की ज़रूरत पड़ेगी।'

'माना, लेकिन हम जिन अधिकतर लोगों को जानते हैं, उन्होंने

अपने परिवार के सदस्यों या क़रीबी रिश्तेदारों को साझेदार बनाया है।'

'नहीं, मैं इस बारे में बहुत अटल हूँ। मुझे महसूस होता है कि कारोबार और संबंधों में घालमेल नहीं होना चाहिए तथा उन्हें अलग-अलग रखा जाना चाहिए। वरना बहुत बार वे दोनों ही नष्ट हो जाते हैं।'

उसने पल भर के लिए सोचा और फिर कहा, 'हाँ हसु, आप बिलकुल सही कह रहे हैं। मैंने ऐसे परिवारों के बारे में सुना है, जो कारोबारी तनावों के कारण बिखर गए हैं। दरअसल, आपको सच्चाई बता दूँ, मैं तो दरअसल यह भी महसूस करती हूँ कि हमारे बच्चों को भी कुछ अलग करना चाहिए और पारिवारिक कारोबार में शामिल नहीं होना चाहिए।'

हर्षा हमेशा विचार को अंतिम छोर तक ले जाती थी। जब मैंने उससे यह बात कही, तो वह सहमत नहीं हुई। 'मैं इसे अंतिम छोर तक नहीं ले जा रही हूँ। जो रिश्तेदारों के बारे में सही है, वह बच्चों के लिए भी सही है।'

'वह कैसे?'

'देखो, हाल-फ़िलहाल बच्चों के साथ हमारे संबंध अच्छे हैं। हम उनके साथ बहुत ईमानदारी से खुलकर बातें करते हैं और वे भी हमें अपना मित्र समझते हैं। लेकिन यदि हम एक साथ कारोबार में आते हैं, तो हो सकता है कि हमारी और उनकी सोच अलग-अलग हो। पीढ़ियों के अंतर के कारण संघर्ष हो सकते हैं। और आप जानते हैं कि आप कितने गर्म मिजाज़ के हैं। हो सकता है कि आप गुस्से में कुछ कह दें, उनकी भावनाओं को चोट पहुँचा दें और उनके साथ हमारे संबंधों को ख़राब कर दें।'

'तो अब हर चीज़ मेरी ग़लती बन जाती है, है ना?'

'मैंने ऐसा तो नहीं कहा, लेकिन मुझे सच-सच बताएँ, क्या मैंने कुछ ग़लत कहा?'

मैंने कठिन परिस्थितियों में फँसे इंसान की सामान्य रणनीति का इस्तेमाल किया और उसके सवाल के जवाब मे एक और सवाल पूछ लिया।

'लेकिन हम भरत मेहता के बारे में बात कर रहे थे। उस बारे में तुम्हारी क्या राय है?'

'मैं साझेदार बनाने के आपके विचार से सहमत हूँ। भरत से बात करके उचित निर्णय लें।'

कुछ दिनों बाद मैंने भरत से बात की। हमने कारोबार और दीगर मामलों पर विस्तार से बातचीत की। आख़िरकार भरत अधिकृत रूप से हर्षा एंटरप्राइज़ेस का पार्टनर बन गया।

जय शाह

मैं 12 साल की उम्र से अपने पारिवारिक कारोबार को ग़ौर से देख रहा हूँ और जब भी संभव होता है, मैं ज़्यादा से ज़्यादा योगदान देता हूँ।

मैं स्वीकार करता हूँ कि मैंने हमेशा इच्छा से काम नहीं किया। कई बार मैं बुरी तरह थका होता था। ऐसे में मैं टीवी देखना या कोई खेल खेलना ज़्यादा पसंद करता। ऐसे मौक़ों पर मैं अपनी उम्र के दूसरे बच्चों को देखता था और सोचता था कि मेरे माता–पिता बाक़ी सबकी तरह सामान्य नौकरियाँ क्यों नहीं कर रहे हैं।

जैसा लोग कहते हैं, 'दूसरी तरफ़ की घास ज़्यादा हरी दिखती है।'

लेकिन ये विचार यदा–कदा ही मन में आते थे। आम तौर पर मैं अपने माता–पिता के बारे में बहुत ऊँची राय रखता था और मुझे साफ़ दिखता था कि वे दोनों ही कितनी ज़्यादा कड़ी मेहनत कर रहे हैं। मुझे महसूस हुआ कि अगर मैं उनकी मदद कर दूँ तो उनका बोझ हल्का हो जाएगा, इसलिए मैं मौक़ा पाते ही मदद कर देता था। मैं अपने परिवार की मदद कर रहा था, मेरे अनुसार यह विचार सबसे महत्त्वपूर्ण था।

चूँकि मैं कारोबारी परिवार में बड़ा हुआ था इसलिए मैंने इसकी अच्छी–बुरी बातों को क़रीब से देखा था और यह फ़ैसला किया था, 'मैं पारिवारिक कारोबार से बँधा नहीं रहूँगा। मैं पढ़ूँगा और अपना ख़ुद का मार्ग चुनूँगा, अपनी ख़ुद की दिलचस्पी के क्षेत्र में आगे जाऊँगा।'

सौभाग्य से, माँ मेरी भावनाओं को पूरी तरह समझती थीं। उन्होंने और डैडी ने अपने विचार या राय हम पर कभी नहीं थोपी।

हाई स्कूल की पढ़ाई के बाद मैं कॉर्नेल युनिवर्सिटी गया। मैंने पढ़ाई पर ध्यान केंद्रित करने का निर्णय लिया था इसलिए मुझे बेहतरीन ग्रेड मिले और बाद में मैंने क़ानून का भी अध्ययन किया। मैं बहुत गंभीर विद्यार्थी था और शायद ही कभी वे पागलपन भरी चीज़ें करता था, जो लोग कॉलेज में करते हैं।

यहाँ भी मुझे अपना जेब ख़र्च कमाने का तरीक़ा मिल गया। जब से डैडी ने मुझे वेन्डिंग मशीन का कारोबार सौंपा था, मैंने अपना पैसा ख़ुद कमाने के लिए कुछ न कुछ हमेशा किया था।

मैं युनिवर्सिटी में भी ऐसे ही अवसर की ताक में था। किसी कारोबारी परिवार में बड़े होने का फ़ायदा यह होता है कि इंसान उस जगह कारोबार का अवसर देख लेता है, जहाँ दूसरे नहीं देख पाते।

पहले ही साल मुझे एक उत्कृष्ट विचार सूझ गया। कॉलेज में अक्सर चुनाव होते हैं और देश के राजनीतिक चुनावों की तरह ही ये भी प्रतिस्पर्धात्मक होते हैं। उम्मीदवार सभाओं में भाषण देते है, रैलियाँ निकालते हैं और प्रचार अभियान के लिए कुछ पोस्टर भी लगाते हैं। मैंने सोचा, *अगर कोई पोस्टरों की संख्या बढ़ा दे, तो कैसा रहेगा?*

मैंने कैम्पस का विस्तृत सर्वेक्षण किया और पोस्टर लगाने के लिए 250 संभव स्थान नियत किए। ये सभी स्थान ऐसे थे जहाँ विद्यार्थी अक्सर जाते थे।

फिर मैं विद्यार्थियों की एजेंसियों से मिला और उन्हें विश्वास दिलाया कि अगर उन जगहों पर 250 पोस्टर लगाए जाएँ तो उनका प्रचार अभियान ज़्यादा प्रभावी होगा और उम्मीदवारों को ज़्यादा प्रचार मिलेगा।

उन्हें विचार पसंद आया और उन्होंने पोस्टर लगाने का काम मुझे सौंप दिया। मैंने पहली चीज़ यह की कि युनिवर्सिटी के अधिकारियों से अनुमति ले ली।

फिर मैंने पोस्टर्स छपवाए और चार लड़कों को नियुक्त किया, जिन्हें

घंटे के आधार पर भुगतान किया जाना था। मैंने कैंपस के आर्मी नेवी स्टोर से मोटे कॉटन बैग सस्ते में ख़रीद लिए। अब मैं काम के लिए तैयार था। हर लड़के को कैंपस का एक ख़ास इलाक़ा सौंपा गया और सीमित समय में वहाँ अधिकतम पोस्टर लगाना उसका काम था। लड़कों ने अपना काम 4 घंटों में पूरा कर लिया, जैसा मैंने अनुमान लगाया था। उन्हें भुगतान देने के बाद मेरे पास अच्छा मुनाफ़ा बच गया। हमेशा युनिवर्सिटी में कोई न कोई चुनाव होते रहते थे, इसलिए यह मेरे लिए अतिरिक्त आमदनी का ज़रिया बन गया।

इसके अलावा, मुझे डिपार्टमेंट्स ऑफ़ कम्युनिकेशन एंड मैनेजमेंट में 'टीचर असिस्टैंट' का पद भी मिल गया।

संक्षेप में, अध्ययन और काम की मेरी दिनचर्या युनिवर्सिटी में भी काफ़ी कुछ उसी तरह चलती रही जिस तरह कि स्कूल में चली थी।

मैं गर्मी की छुट्टियों के दौरान अपने होटैल में छुटपुट काम करता था; कई बार सफ़ाई विभाग में, तो कई बार रखरखाव विभाग में।

मुझे उतनी ही तनख़्वाह मिलती थी, जितनी कि उस पद वाले किसी दूसरे कर्मचारी को मिलती थी। मालिक का बेटा होने के नाते मुझे कोई अतिरिक्त रियायत नहीं दी जाती थी, न ही मैं उसकी उम्मीद करता था।

एक बार गर्मी की छुट्टियों में मेरे दिमाग़ में एक नया विचार आया : हमारे होटैल का एक अलग सेल्स ऑफ़िस होना चाहिए।

डैडी और मम्मी को विचार बहुत पसंद आया तथा इसे जमाने की ज़िम्मेदारी मुझे सौंपी गई।

हैरिसबर्ग पैनसिल्वेनिया राज्य की राजधानी है, इसलिए यहाँ कई बड़े संगठनों के ऑफ़िस हैं – पैनसिल्वेनिया टीचर्स असोसिएशन, असोसिएशन ऑफ़ इंजीनियर्स आदि। मैंने इनके साथ ही कई अन्य संगठनों पर भी शोध किया और फिर उनके अधिकारियों से मिलने लगा।

उन्हें हमारे होटैल के बारे में पूरी जानकारी देने के बाद मैं हमेशा अंत में कहता था, 'अपनी मीटिंग्स या सैमिनार हमारे होटैल में आयोजित करें। आपके बाहर से आने वाले अतिथि वहाँ आराम से रह सकते हैं।

हम आपको अच्छे डिस्काउंट भी देंगे। फ़ैसला करने से पहले मैं आपको आमंत्रित करता हूँ कि आप हमारे होटैल को देखें और इसके बाद ख़ुद ही इसकी गुणवत्ता के बारे में निर्णय लें।'

कई अधिकारियों ने मेरे आमंत्रण को स्वीकार कर लिया और होटैल देखने आए। वे माहौल, सुविधाओं और सेवा से ख़ुश थे।

यह संतुष्टि होटैल के बढ़े हुए कारोबार में दिखाई देती थी।

जब मैं छुट्टियों के बाद युनिवर्सिटी लौटा, तो हमने सेल्स ऑफ़िस में अपना पहला कर्मचारी नियुक्त किया। हनारा सेल्स ऑफ़िस एक व्यक्ति और शून्य बजट से शुरू हुआ था। आज उसमें 75 लोगों का स्टाफ़ है और उसका बजट 35 मिलियन डॉलर है।

हर्षा शाह

हमारा कारोबार समृद्ध हो रहा था। 125 कमरों के रिवर फ्रंट होटैल को ख़रीदना, मशहूर हॉलिडे इन चेन के फ़्रैंचाइज़ी के रूप में उसे सफलतापूर्वक चलाना – ये सभी हमारे उद्यम की सफलता की राह में मील के अहम पत्थर थे।

1985 से हसु ने कारोबार को पूरा समय दिया। जय युनिवर्सिटी में पढ़ने दूर चला गया था। जब वह घर लौटता था, तो काफ़ी मदद करता था और कारोबार फैलाने के लिए नए–नए विचार सुझाता रहता था।

ज़ाहिर है, मेरा बोझ अब हल्का हो गया था। पिछले कुछ वर्षों से मैं बहुत सारे मोर्चों पर अकेले ही लड़ रही थी। अब हमने कई ज़िम्मेदारियों को सँभालने के लिए नए कर्मचारी नियुक्त कर लिए थे। वे सभी उच्च शिक्षित, अनुभवी और पेशेवर थे।

साझेदार बनाने और कारोबार फैलाने का हसु का विचार बहुत अच्छी तरह काम कर गया। 1990 तक हर्षा ग्रुप ऑफ़ कंपनीज़ में तीन नए साझेदार शामिल हो गए। एक बार मैंने हसु से पूछा था, 'आप किसी साझेदार को चुनते कैसे हैं? आप हमारे समूह में किसी साझेदार में क्या देखते हैं?'

हसु ने जवाब दिया, 'आज कई लोग हर्षा समूह में शामिल होने के इच्छुक हैं, क्योंकि हर कोई सफल उद्यमियों के साथ काम करना चाहता है और उनकी सफलता का हिस्सा बनना चाहता है। इसलिए मैं साझेदार चुनते समय दोगुना सावधान रहता हूँ। उस व्यक्ति को शिक्षित, समझदार, ईमानदार और मेहनती होना चाहिए। ज़रूरी नहीं है कि वह होटैल उद्योग का ही हो। लेकिन उसे अपने चुने हुए क्षेत्र में शिखर पर होना चाहिए, क्योंकि ऐसे लोग हमेशा शिखर पर बने रहने की कोशिश करते हैं और वे चाहे जो करें, उसमें सफल होने का पूरा प्रयास करते हैं। उन्हें मेरी तरह आस्तिक होना चाहिए। मेरा दृढ़ विश्वास है कि जो लोग ईश्वर पर आस्था रखते हैं वे कभी अनुचित साधनों का इस्तेमाल नहीं करेंगे। और ज़ाहिर है, उन्हें काम को धर्म समझना चाहिए।'

'हसु, मुझे मानना पड़ेगा कि हमारे साझेदारों के बारे में आपके निर्णय हमेशा सही रहे हैं और पिछले कुछ वर्षों में हमारे कारोबार के तीव्र विकास से इसकी पुष्टि भी होती है।'

'प्रशंसा के लिए धन्यवाद, लेकिन पूरा श्रेय मुझ अकेले को ही नहीं जाता है। हमारे साझेदार भरत मेहता, राजेंद्र गाँधी और के. डी. पटेल ने हम पर भरोसा किया, हमारी शर्तें मानीं और हमारे कारोबार के विस्तार में सक्रियता से योगदान दिया। इसीलिए हमारी साझेदारी इतनी सफल है।'

बातचीत को ख़त्म करते हुए हसु ने पूछा, 'अब अगर मेरा इंटरव्यू ख़त्म हो गया हो तो क्या मुझे एक कप चाय मिल सकती है? गर्म और कड़क?'

मैं उनके लिए चाय लाने के लिए खड़ी हुई, लेकिन हमारे बीच जो बातचीत हुई थी, मैं उसके बारे में सोचे बिना नहीं रह पाई। मुझे याद था, हसु ने भरत से कहा था, 'भरत, हर्षा एंटरप्राइज़ेस के साझेदार के रूप में शामिल होने से पहले तुम्हें अपनी नौकरी से इस्तीफ़ा देना होगा। मैं ऐसा साझेदार नहीं चाहता जो सिर्फ़ पूँजी ही लगाए। मैं तो ऐसा व्यक्ति चाहता हूँ जो कारोबार के विकास में हर संभव तरीक़े से सक्रिय योगदान दे। लीवर ब्रदर्स में तुम्हारी तनख़्वाह 75,000 डॉलर थी। यहाँ तुम्हें सिर्फ़ 35,000 डॉलर मिलेंगे। लेकिन अगर तुम कंपनी का आर्थिक रिकॉर्ड

देखो, तो तुम्हें पता चल जाएगा कि तुम्हारे हिस्से का मुनाफ़ा तुम्हारी वर्तमान तनख़्वाह से कहीं ज़्यादा होगा।'

भरत ने हसु की सारी शर्तें मान लीं और हर्षा समूह में साझेदार बन गए। इसके तुरंत बाद हसु ने अपने पार्टनर के साथ एक और जायदाद ख़रीद ली। यह स्टेट कॉलेज के पास का शैरेटन होटैल था।

1986 में राजेंद्र गाँधी समूह में शामिल हुए और फिर 1989 में के. डी. पटेल। हर नए पार्टनर के जुड़ने के साथ हमने एक नया होटैल ख़रीदा।

हर्षा एंटरप्राइज़ेस अब 4 बड़े होटैल का स्वामी था और समूह ने 3 नए होटैल बनाने का बीड़ा भी उठाया था।

ईश्वर की कृपा से हमारा कारोबार इतना समृद्ध हो चुका था कि हसु और मैंने पहली बार सच्ची अमेरिकी शैली में आनंद लेने का निर्णय लिया। हमने एक रोल्ज़ रॉइस कार ख़रीदी और एक हवाई जहाज़ भी। पैसे बचाने के हमारे दिन आख़िरकार पीछे छूट गए थे। हमारे सपने ज़्यादा बड़े और बेहतर होते जा रहे थे।

होटैल उद्योग की सबसे बड़ी समस्याओं में से कुछ हैं चोरी, दुर्घटनाएँ, प्राकृतिक आपदाएँ या क़ानूनी मुकदमे। जब कारोबार ज़्यादा फैलता है तो समस्याओं की संख्या भी उसी अनुपात में बढ़ जाती है। ऐसा इसलिए है, क्योंकि लोगों – अतिथियों, स्टाफ़ – की संख्या अधिक होती है और सारे समय हर एक पर निगाह रखना लगभग असंभव होता है।

मुझे इस संदर्भ में बहुत सारी अप्रिय घटनाएँ याद हैं।

होटैल में भोजन सामग्री की ख़रीदारी काफ़ी बड़े पैमाने पर की जाती है। इसलिए यहाँ चोरी आम बात है। यदि चोर को रंगे हाथों पकड़ लिया जाता है तो उसे तुरंत सज़ा दी जाती है, लेकिन कई बार, भले ही आपको पता हो कि किसी चीज़ में हेराफेरी हो रही है, आँख बंद रखना उचित होता है।

मगर नक़द पैसे की चोरी एक गंभीर अपराध है और इसे कभी नज़रअंदाज़ नहीं करना चाहिए। हमारे होटैल में एक नियम था कि जैसे

ही कैश रजिस्टर में 500 डॉलर से अधिक हों, उन्हें तिजोरी में रख दिया जाए। इतने वर्षों में केवल दो मैनेजर थे, जिन्होंने रजिस्टर में ग़लत प्रविष्टियाँ करके पैसा चुराया। जैसे ही उनके अपराध का पता चला, हमने उन्हें तत्काल नौकरी से निकाल दिया।

आम तौर पर होटैल सप्ताहांत्स पर बहुत व्यस्त रहता है और चूँकि उस दौरान बैंक बंद रहते हैं, इसलिए नक़द पैसे शुक्रवार से सोमवार तक वहीं रहते हैं। एक सोमवार की सुबह हमें मैनेजर ने दहशत भरा फ़ोन किया। 'मैं बैंक में नक़दी जमा करने के लिए बैंक जा ही रहा था कि तभी एक हथियारबंद डाकू ने मुझे हथियार दिखाया और पूरे पैसे लेकर भाग गया।'

यह घटना तब हुई थी जब हमने रिवर फ़्रंट शुरू ही किया था और तब होटैल में कैमरे नहीं लगे थे। इसलिए मैनेजर की बात पर भरोसा करने के अलावा दूसरा कोई विकल्प नहीं था क्योंकि कोई भी चीज़ साबित नहीं की जा सकती थी।

लेकिन इस घटना से हमने एक सबक़ सीखा और होटैल में कैमरे लगाए। अब छुटपुट चोरियों की संख्या कम हो गई क्योंकि लोग कैमरे पर पकड़े जाने से डरने लगे थे।

हम भी थोड़े आरामदेह हो गए। लेकिन एक रात एक विचित्र चोरी हुई। ऑफ़िस के सारे कंप्यूटर्स चोरी हो गए। चोर शायद कैमरों के बारे में जानते थे, क्योंकि उन्होंने कंप्यूटर्स कुर्सियों पर रख दिए और उनके चेहरे कंप्यूटर मॉनिटर्स के पीछे छुपे थे। इसलिए उन्हें पहचानना नामुमकिन था। बहरहाल, हमने यह देखा कि जब चोर स्वागत काउंटर के पास से गुज़रे थे, तब नाइट ड्यूटी वाला मैनेजर गहरी नींद में सो रहा था। चोरों को पकड़ा नहीं जा सका लेकिन नाइट ड्यूटी वाले मैनेजर से तुरंत इस्तीफ़ा देने को कहा गया। हमारे कंप्यूटर्स का नुक़सान सिर्फ़ आर्थिक नुक़सान ही नहीं था, उनमें एकत्रित सारी अमूल्य जानकारी भी चली गई थी। हर चीज़ को दोबारा पटरी पर लाने में हमें कई दिन लग गए।

सीढ़ियों पर किसी के फिसलने जैसी दुर्घटनाएँ भारत में आम बात हैं, लेकिन ऐसे मामलों में अमेरिका में होटैल पर हमेशा मुकदमा किया

जाता है और उसे उस व्यक्ति को तगड़ा मुआवज़ा देना पड़ता है। इसलिए होटैल के अहाते में इस तरह की दुर्घटना से बचने के लिए बहुत सावधानी रखी जाती है।

लेकिन इंसान की सावधानियों की भी एक सीमा होती है और उनके बावजूद दुर्घटनाएँ हो ही जाती हैं।

एक बार एक अतिथि नशे में पूरी तरह धुत्त था। वह पलंग पर लेटकर सिगरेट पी रहा था। उसे इस बात का अहसास नहीं हुआ कि कब सिगरेट उसके हाथ से छूटकर गलीचे पर गिर गई और गलीचे ने आग पकड़ ली। वह पूरी तरह मदहोश था। आग पूरे कमरे में फैल गई। जैसे ही स्टाफ़ को अहसास हुआ कि क्या हो रहा था, फ़ायर ब्रिगेड को जानकारी दी गई। उन्होंने तुरंत वहाँ आकर उस आदमी को सुरक्षित बाहर निकाला, लेकिन कमरा पूरी तरह जलकर खाक हो गया। कमरे को दोबारा सजाना बहुत ख़र्चीला काम था, लेकिन हमने इस बारे में ज़रा भी नहीं सोचा, क्योंकि अगर ग्राहक को कुछ हो जाता तो होटैल को ज़्यादा नुक़सान हो सकता था। हमने अपने सितारों को धन्यवाद दिया कि अतिथि सुरक्षित था और हम कम से कम उस यंत्रणा से बच गए थे। ऐसी परिस्थितियों में बदक़िस्मती को दोष देना और आगे बढ़ जाना बेहतर होता है। जब तक मुनाफ़े नुक़सान से ज़्यादा हों, चिंता की कोई बात नहीं है।

इस तरह की दुर्घटनाओं के बावजूद हर्षा एंटरप्राइज़ेस अविश्वसनीय गति से विकास कर रहा था और 1990 तक हमारे मुनाफ़े नई ऊँचाइयों पर पहुँच रहे थे। हम सभी बहुत ख़ुश थे और भविष्य में शानदार विस्तार की भव्य योजनाएँ बना रहे थे, लेकिन तभी देश मंदी की लहर में फँस गया।

हम इस भयानक लहर में डूबते–डूबते बचे। मंदी के दौर में जो सबसे पहला कारोबार प्रभावित होता है, वह लगभग हमेशा होटैल उद्योग होता है, क्योंकि होटैल में ठहरने को ऐसी विलासिता माना जाता है, जिसे संकट के समय में टाला जा सकता है। क्या हो रहा था, हमें इसका अहसास हो पाए इससे पहले ही हमारा कारोबार इतना कम हो गया कि होटैल के रखरखाव की लागत भी नहीं निकल पा रही थी। साथ ही हमारे कर्ज़ बढ़ रहे थे। सबसे गंभीर समस्या नक़दी की थी। हमने उसी समय

तीन नए होटैल बनाने शुरू किए थे और सारे साझेदारों ने उनमें भारी निवेश कर रखा था। इस सबसे बढ़कर हम पर बैंक लोन का बोझ भी था, जिसे चुकाया जाना था। मौजूदा होटैल से होने वाली आमदनी बुरी तरह घट गई थी और नए होटैल पर होने वाले ख़र्च लगातार बढ़ते जा रहे थे। स्थिति भयावह थी।

एक दिन हसु ने कहा, 'हमें हर दिन 50,000 डॉलर का नुक़सान हो रहा है।'

यह भयानक आँकड़ा सुनकर मेरा दिमाग़ सुन्न हो गया।

'तो अब हम क्या कर सकते हैं?'

हसु भी उतने ही सदमे में होंगे, लेकिन मेरी ख़ातिर उन्होंने बहादुरी का नाटक किया और बोले, 'हम जितनी व्यक्तिगत संपत्तियाँ बेच सकें, उतनी बेच देंगे और कुछ पैसे इकट्ठे कर लेंगे। हम मकान, कारें आदि बेच देंगे लेकिन हाथ में नक़दी होनी चाहिए।'

मेरी आँखों में आँसू थे। लेकिन हसु ने मुझे आश्वस्त करने की कोशिश की, 'कारोबार में उतार–चढ़ाव चलते रहते हैं।'

'मैं समझती हूँ, हसु। और मैं दरअसल रोना नहीं चाहती हूँ, लेकिन मैं बच्चों के बारे में सोचती हूँ। यह हाई स्कूल में नील का अंतिम वर्ष है और जय अभी युनिवर्सिटी में पढ़ रहा है...'

'सब ठीक हो जाएगा। हम जो कर सकते हैं, वह सब कर रहे हैं। हर चीज़ बिलकुल ठीक हो जाएगी।'

हालाँकि मैंने अपने आँसू पोंछ लिए, लेकिन मैं अपने दिमाग़ की उथलपुथल को नहीं मिटा पाई। इसके बाद हमने बचे रहने के लिए बुरी तरह संघर्ष किया। जाने वाली पहली चीज़ थी हवाई जहाज़, फिर रोल्ज़ और अंततः हमने हॉलिडे इन होटैल को बेचने का निर्णय लिया। दुर्भाग्य से, मंदी के कारण कोई ख़रीदार नहीं मिला।

हमारी दिनचर्या सामान्य की तरह चलती रही। हमें झूठी मुस्कान से अपने डर छुपाने होते थे और भयानक दिनों से जूझना होता था। वास्तव में, उन दिनों नाटक करने का तनाव ही था, जिसकी वजह से मुझे माइग्रेन

के दौरे पड़ने लगे।

बच्चों को अहसास हो गया कि स्थिति ख़राब थी और उन्होंने हमसे लाखों सवाल पूछे। हमेशा की तरह हमने उन्हें सच्चाई भरे जवाब दिए और समस्या की गंभीरता बता दी।

एक दिन जय हमसे बोला, 'मम्मी, डैडी। आप लोग जिस तनाव से गुज़र रहे हैं उसे देखना मैं बर्दाश्त नहीं कर सकता। आप यह सुनिश्चित कर रहे हैं कि इस स्थिति में भी मेरी फ़ीस भरी जाए। मैं इसके बारे में अपराधी महसूस करता हूँ। मैं सोचता हूँ कि मुझे कॉलेज छोड़कर कोई नौकरी कर लेनी चाहिए।'

उसकी परवाह हमारे दिल को छू गई, लेकिन हसु ने उसका कंधा थपथपाकर दृढ़ता से कहा, 'नहीं, जय। तुम्हें अपनी पढ़ाई पूरी करने की ज़रूरत है। घर की स्थिति के बारे में चिंता मत करो। अगर ज़रूरत पड़ी तो तुम्हारी मम्मी और मैं दो नौकरियाँ कर लेंगे, लेकिन तुम दोनों सर्वश्रेष्ठ शिक्षा प्राप्त करो। ठीक है?'

धीरे–धीरे मंदी का दौर कम हुआ और हमारे होटैल हमेशा की तरह कारोबार करने लगे। हम ख़ास तौर पर ख़ुश थे, क्योंकि हमने अपने एक नए होटैल का हाल ही में शुभारंभ किया था और यह लोकप्रिय होने लगा था।

हमने राहत की साँस ली। मामला यहाँ तक आ गया था कि हम दबाव के मारे टूटने लगे थे, लेकिन सुरक्षित बच निकलने में कामयाब हो गए। एक बार फिर, हसु और अन्य साझेदार विस्तार की महत्त्वाकांक्षी योजनाएँ बनाने लगे। मेरी सिर्फ़ एक ही प्रार्थना थी, 'हे भगवान, हम इस अग्निपरीक्षा से सुरक्षित निकल आए हैं। लेकिन मेहरबानी करके दोबारा ऐसी परीक्षा मत लेना।'

जय शाह

मैंने कॉर्नेल युनिवर्सिटी से होटैल मैनेजमेंट का कोर्स किया। इसके बाद मैंने टेम्पलयुनिवर्सिटी से एमबीए किया और वहाँ क़ानून की पढ़ाई भी की।

इस दौरान मैं अपने पारिवारिक कारोबार को ग़ौर से देखता रहा और उसके उतार–चढ़ाव का अनुभव करता रहा। इससे पारिवारिक कारोबार में शामिल न होने का मेरा संकल्प और दृढ़ हो गया। यह कोई ऐसा निर्णय नहीं था जो मैंने स्वार्थवश लिया हो। अगर मम्मी–डैडी को ऐसे संकट से एक बार फिर गुज़रना पड़ता तो मैं उनकी मदद करने के लिए हरसंभव जतन करता। मैं बस महसूस करता था कि किसी भी परिवार के सदस्यों के पेशे अलग–अलग होने चाहिए। ऐसे में अगर किसी को अपने पेशे में कोई समस्या आती थी, तो बाक़ी के परिवार को कष्ट उठाने की ज़रूरत नहीं थी।

धीरे–धीरे हमारा पारिवारिक कारोबार ज़्यादा मज़बूत हुआ। डैडी ने डेविड डेसफ़र और किरण पटेल नामक दो नए साझेदार बना लिए। डेविड को 1982 से आतिथ्य उद्योग में काम करने का बहुत सारा अनुभव था। किरण पटेल मेकैनिकल इंजीनियर थे। उन्होंने अमेरिका में इंडस्ट्रियल इंजीनियरिंग में मास्टर डिग्री ले ली थी और वे एक बड़ी कंपनी में सीनियर मैनेजर थे।

हर्षा ग्रुप की नए साझेदार बनाने और नए होटैल चालू करने की परंपरा चलती रही। अब समूह कुल मिलाकर 8 होटैल का स्वामी था। यह 1978 की छोटी शुरुआत से काफ़ी दूर तक आ गया था, लेकिन नील और मेरी दोनों ही की यही राय थी कि हम बहुत सावधानी से विकास कर रहे थे और विकास की गति इससे ज़्यादा तेज़ हो सकती थी।

परिवार में नील सबसे छोटा था और उस वक़्त पैनसिल्वेनिया युनिवर्सिटी में पढ़ाई कर रहा था। उसने बड़े होते वक़्त कारोबार को बहुत क़रीब से देखा था और हमारे बीच अक्सर बातचीत होती थी कि कारोबार कैसा चल रहा है। एक बार नील ने कहा, 'जय, हर्षा समूह छोटे स्तर पर "मम्मी–डैडी" जैसे धंधे के रूप में शुरू हुआ था। अब हमारे पास 8 होटैल हैं। इसका मतलब है कि मम्मी–डैडी निश्चित रूप से इसका विस्तार करने में सफल हुए हैं। लेकिन दूसरी आधुनिक कंपनियों की तुलना में हमारा समूह काफ़ी पारंपरिक और सावधान है। क्या तुम इस बात से सहमत हो? एक नया साझेदार बनाना और एक नया होटैल खोलना, यह कछुए की गति का विकास है। अगर ऐसा ही चलता रहे, तो मुझे लगता है कि

जब तक समूह में 60 होटैल होंगे, तब तक हम 60 साल के हो जाएँगे।'

नील की बात में दम था। आज बड़े व्यवसायों को बड़े जोखिम लेने, विशाल छलाँगें लगाने और एक आक्रामक रणनीति बनाने की ज़रूरत होती है। होटैल उद्योग में प्रतिष्ठित समूह एक साथ कई होटैल ख़रीदने, विकसित करने या बनाने में लगे रहते हैं। उनके प्रभावशाली विस्तार का यही कारण है। मैंने जवाब में कहा, 'नील, तुम्हें समझना होगा। हर्षा समूह का वर्तमान प्रबंधन पुरानी पीढ़ी के पास है। उनका सोचने का अपना तरीक़ा है। यदि हम उस समूह का हिस्सा होते, तो उसे बदल सकते थे। लेकिन मुद्दे बात यह है कि हम इस पल हर्षा समूह का हिस्सा नहीं हैं और हो सकता है कि कभी बनें भी नहीं। तो इस बारे में अटकलें लगाने का क्या फ़ायदा?'

नील ने आह भरी। 'हाँ, मैं समझता हूँ, जय। लेकिन कई बार मैं परिवर्तन शुरू करने के लिए, नए विचारों को अमल में लाने के लिए बेताब हो उठता हूँ... लेकिन जो तुम कहते हो वह सही है। उन्हें अपने तरीक़े से काम करने दो, हम अपने रास्ते जाते हैं।'

लेकिन क़िस्मत की इच्छा कुछ और ही थी। नील और मुझे दोनों को ही ज़रा भी अंदाज़ा नहीं था कि क्या होने वाला था। काश हम भविष्य को देख पाते!

जब मैंने टेम्पलयुनिवर्सिटी से वकालत की डिग्री ली, तो मेरे पास 3 विषयों में उपाधियाँ हो गई थीं : होटैल मैनेजमेंट, बिज़नेस एडमिनिस्ट्रेशन और क़ानून।

मैंने क़ानून में करियर बनाने का फ़ैसला किया और ख़ुशक़िस्मती से मुझे प्रतिष्ठित लॉ फ़र्म कूपर्स एंड लब्रेन्ड में नौकरी मिल गई। यह शुरुआत थी और इसके बाद मुझे कई अन्य अवसर मिले। सीनेटर जॉन हेन्स की बदौलत मेरा परिचय राजनीति, राजनेताओं और कैपिटॉल हिल के संसार से हुआ। मैंने एक और प्रतिष्ठित लॉ फ़र्म तथा फ़िलाडेल्फ़िया में डिस्ट्रिक्ट अटॉर्नी के ऑफ़िस में भी काम किया। मैं 5 साल से क़ानून के क्षेत्र में था। मेरा प्रदर्शन अच्छा था और मैं सीढ़ी पर चढ़ने में सफल हुआ था। फिर एक दिन मैंने अपने जीवन की समीक्षा की और ख़ुद से

कुछ सवाल पूछे – 'मैं ठीक–ठीक क्या कर रहा हूँ? क्या मैं ख़ुश हूँ?' मैंने क़ानून के क्षेत्र में अपने पिछले पाँच वर्षों की तुलना बचपन के उन वर्षों से की जो मैंने पारिवारिक कारोबार के माहौल में गुज़ारे थे। मेरी कई महत्त्वाकांक्षाएँ थीं और मैं कई चीज़ें करना चाहता था। लेकिन मुझे नौकरी में अपने ख़ुद के निर्णय लेने की स्वतंत्रता नहीं थी। हमेशा एक बॉस रहता था जो मेरे काम की दिशा तय करता था और मैं उस काम को अच्छी तरह करने भर से ख़ुश हो सकता था। लेकिन वहाँ कोई जोखिम नहीं लेता था। जीवन अच्छी तरह सुव्यवस्थित और योजनाबद्ध था। मैं अगले 25 सालों में भी वही सब करूँगा, जो मैंने पिछले 5 सालों में किया था। बहुत उबाऊ।

कारोबार में ऐसा बिलकुल नहीं होता। वहाँ आप हर पल कोई न कोई जोखिम लेते हैं। आप अपने सबसे भव्य सपनों से आगे जाकर सफल हो सकते हैं, लेकिन अगर आप असफल होते हैं तो आपको इसकी क़ीमत भी चुकानी पड़ती है। उस मामले में, आप दोबारा शुरू करते हैं।

मुझे अहसास हुआ कि यह एक बड़ा निर्णय लेने का समय था। यह मेरे जीवन का निर्णायक बिंदु हो सकता था। मेरा दिल हमारे कारोबार की ओर झुक रहा था और एक विचार जो मेरे दिमाग़ में लगातार दौड़ रहा था, वह यह था, 'अगर मुझे कारोबार में जाना पड़े तो सबसे अच्छा यही रहेगा कि मैं पारिवारिक कारोबार में शामिल हो जाऊँ, जिसे मैंने बचपन से इतने क़रीब से देखा है।'

एक बार फिर, मैंने मम्मी–डैडी से बातचीत की। मम्मी मेरे हृदय परिवर्तन के बारे में सुनकर हैरान थीं। उनकी अब भी यही राय थी कि मुझे हर्षा समूह में शामिल नहीं होना चाहिए और अपना ख़ुद का करियर बनाना चाहिए।

उन्होंने अपने दृष्टिकोण के समर्थन में कई कारण गिनाए, जबकि डैडी ने मुझसे कहा कि उन्हें मेरा निर्णय मान्य होगा, चाहे यह जो भी हो। मम्मी ने पीढ़ी के अंतराल का तर्क सामने रखा। यह मेरे लिए बहुत महत्त्वपूर्ण मुद्दा था। पिछले कुछ वर्षों से मैं घर से दूर था, पहले तो अपनी पढ़ाई के कारण और फिर नौकरी के कारण। लेकिन मैं जहाँ भी

था, कारोबार पर क़रीबी नज़र रखे हुए था और हमारे कारोबार की ख़बरों तथा नवीनतम घटनाओं के संपर्क में रहता था। कई बार जब मैं छुट्टियों में घर आता था तो कारोबारी मामलों पर डैडी और अन्य साझेदारों से बातचीत करता था। वे मेरे विचार और राय सुनते थे। हमारी चर्चाएँ हमेशा बहुत खुली और निष्कपट होती थीं। मिसाल के तौर पर, हर किसी ने केंद्रीकरण के मेरे विचार को पसंद किया और उन्होंने तत्काल सक्रिय होकर इसे लागू कर दिया। इसकी बदौलत हर्षा डिवैलपमेंट कॉरपोरेशन का संचालन सरल और अधिक कार्यकुशल बना।

हर पार्टनर इक्का–दुक्का जायदादों के लिए ज़िम्मेदार होगा, इस पुराने तंत्र को ख़त्म कर दिया गया। अब कान और ज़िम्मेदारियों का अधिक व्यापक वितरण हो गया। कारोबार के अलग–अलग पहलुओं के प्रबंधन के लिए अलग–अलग कंपनियाँ बनाई गईं, जैसे हर्षा कंस्ट्रक्शन कंपनी, हर्षा इंटीरियर्स एंड सप्लाइज़ कंपनी आदि।

हालाँकि ये सभी कंपनियाँ मुख्यतः हर्षा समूह के लिए काम करती थीं, लेकिन वे बाहरी काम भी ले सकती थीं। इस वजह से पूरे हर्षा समूह का कामकाज और टर्नओवर काफ़ी बढ़ गया।

डैडी और उनके साझेदार नील तथा मेरी बातों को धैर्यपूर्वक सुनते थे। उस मुद्दे पर वे खुलकर बातचीत करते थे और अगर उन्हें विचार जम जाता था तो वे हमारे सुझावों को स्वीकार कर लेते थे और तुरंत उन्हें लागू भी कर देते थे।

इसीलिए काफ़ी सोच–विचार के बाद मैंने हर्षा समूह में शामिल होने का निर्णय ले लिया।

डैडी की प्रतिक्रिया बस तीन शब्दों की थी, 'बधाई और स्वागत।'

हर्षा शाह

जय ने 1997 में हर्षा ग्रुप के मैनेजिंग डायरेक्टर के रूप में शुरुआत की।

हार्वर्ड बिज़नेस स्कूल में पढ़ने वाला नील एक दिन सप्ताहांत पर घर आया। उसने जय से पूछा, 'तो भाई? कोई नई योजनाएँ?'

जय ने जवाब दिया, 'कई नई योजनाएँ हैं। लेकिन पहली चीज़ हमें यह करनी है कि इस छोटी जगह से बाहर निकलें और किसी बड़े शहर में जाएँ।'

मैं दुविधा में थी। 'क्यों? हैरिसबर्ग में हमारे घर में क्या गड़बड़ है?'

जय हँस दिया और बोला, 'मम्मी, मैं अपने घर की बात नहीं कर रहा था। मैं तो हमारे कारोबार की बात कर रहा था। हाँ... मैं जानता हूँ कि आप डाइनिंग टेबल पर कारोबार की बातें पसंद नहीं करतीं, लेकिन हमारा खाना ख़त्म हो चुका है इसलिए क्या हम टीवी रूम में जाकर बातचीत कर सकते हैं? और मम्मी, मैं चाहता हूँ कि आप भी वहाँ आकर अपनी राय दें।'

मैंने कहा, 'ठीक है, तुम लोग चलो। मैं तुम्हारे लिए मिठाई लेकर वहाँ आती हूँ।'

जय ने अपनी योजना की रूपरेखा हमें बताई। 'डैडी, मम्मी, हम लोग पिछले 19 साल से होटैल उद्योग में हैं। हमारे समूह के पास अब 10 होटैल हैं। लेकिन ये सभी होटैल हैरिसबर्ग जैसे छोटे कस्बों या छोटे शहरों में हैं। मुझे लगता है कि हमें फ़िलाडैल्फ़िया और न्यू यॉर्क जैसे महानगरों में दाख़िल होना चाहिए और ख़ुद को वहाँ स्थापित करना चाहिए। वहाँ जाने पर हमारे नाम की पहचान बनेगी और हमारा कारोबार ज़बर्दस्त तरीक़े से बढ़ेगा।'

नील को विचार पसंद था और उसने जय का समर्थन किया, लेकिन हसु और मैं थोड़े सावधान थे। हसु ने कहा, 'जय, न्यू यॉर्क जैसे शहर में जायदाद ख़रीदना आसान नहीं है। अगर हमने इतनी ऊँची छलाँग लगाई और मुँह के बल गिर गए तो क्या होगा? बड़े शहरों में गलाकाट प्रतिस्पर्धा होती है, उसके बारे में भी तो सोचना होगा। अगर हम बच नहीं पाए तो क्या होगा?'

जय ने समझाने की कोशिश की, 'डैडी, किसी कारोबारी समूह को लगातार अपनी शक्ति बढ़ानी होती है। अब हमारे पास एक ठोस नींव तैयार हो चुकी है। पहले हमारे पास सिर्फ़ 11 कमरे थे, आज हम 10 होटैल के मालिक बन गए हैं। हमें इसी तरह विस्तार करना है। इकलौती

बात यह है कि हमें अपने विस्तार की गति को बढ़ाना होगा और अपनी कार्यशैली में नवीनतम परिवर्तनों का समावेश करना होग।'

लंबी बातचीत के बाद हसु और मैंने जय के सुझाव को मान लिया।

इसके बाद जय ने सभी साझेदारों से मुलाक़ात की। उसने अपनी योजना उनके सामने पेश की, अपने तर्क रखे और उन्हें राज़ी करने में कामयाब हो गया।

क़िस्मत की बात, उसके बाद जल्द ही फ़िलाडैल्फ़िया में ९६ कमरों का एक प्रतिष्ठित होटैल बिक रहा था। हर्षा समूह ने टेंडर डाला और 'क्लैरियन सुइट्स' के मालिक बन गए।

यह किसी बड़े शहर में जड़ें जमाने की दिशा में हमारा पहला क़दम था। कारोबार का विस्तार तेज़ी से हो रहा थ। हसु, उनके 5 साझेदार और अब जय भी हर चीज़ की देखभाल कर रहे थे। मेरे पास सिर्फ़ एक ही विभाग की ज़िम्मेदारी बची थी; इंटीरियर्स एंड सप्लाइज़।

सजावट मेरा जुनून है, चाहे वह हमारे घर की हो या हमारे होटैल की। लोग अक्सर कहते हैं, 'हमें आपके होटैल की सजावट बहुत पसंद है। क्या आप हमारे लिए भी ऐसी ही सजावट कर सकती हैं?'

ऐसे मौक़ों पर मुझे ख़ुशी और गर्व महसूस होता है।

चूँकि अब मेरे कंधों पर सिर्फ़ एक ही ज़िम्मेदारी थी, इसलिए मेरे पास अपनी रुचियों और शौकों के लिए ज़्यादा ख़ाली समय था।

वर्तमान में मैं हर्षा समूह की दिन प्रति दिन के क्रियाकलापों में शामिल नहीं रहती। फिर भी मैं सभी महत्त्वपूर्ण गतिविधियों पर नज़दीकी निगाह रखती हूँ और नवीनतम स्थिति को जानने में रुचि लेती हूँ।

जय हर्षा समूह में किसी तूफ़ान की तरह आया और अपने साथ कार्यशैली में नवीनतम परिवर्तनों की श्रँखला ले आया। वह मानता है कि यदि समूह को हमेशा फैलने वाले उद्यम का सपना हासिल करना है, तो इसके लिए भारी पूँजी होनी चाहिए।

सभी संबंधित लोगों के अनुमोदन के बाद वह इस विचार पर अमल

करने में सफल हुआ। समूह ने अपने चार बेहतरीन और अच्छी तरह चल रहे होटैल बेच दिए। इस तरह एकत्रित पूँजी की मदद से समूह 10 नए होटैल तैयार करने लगा।

जय के हर नए विचार – सेल्स ऑफ़िस और केंद्रीकरण से बड़े शहरों में पदार्पण तक – के बेहतरीन परिणाम मिले, जिससे समूह की शक्ति और प्रतिष्ठा बढ़ी।

अब उसने एक और प्रस्ताव सामने रखा : कंपनी को शेयर बाज़ार में सूचीबद्ध कराओ और पूँजी एकत्रित करने के लिए पब्लिक इशू जारी करो।

अब तक जय के नवाचारी विचार हमेशा कारगर रहे थे और कंपनी के लिए लाभकारी साबित हुए थे। लेकिन यह कुछ ज़्यादा ही साहसिक विचार था। कंपनी को पब्लिक लिमिटेड बनाने का मतलब था कारोबार के जो दरवाज़े अब तक बंद थे, उन्हें पूरा खोल देना। इसका मतलब था लोगों को हमारे कारोबार की जाँच–पड़ताल का न्योता देना, ताकि पसंद आने पर वे इसमें निवेश कर सकें तथा परिवार का हिस्सा बन सकें। यह शायद वक्त का तकाज़ा था और हर एक ने इसे स्वीकार किया, लेकिन वे थोड़े घबरा भी रहे थे। अगर यह कारगर नहीं रहा तो सार्वजनिक रूप से मखौल उड़ेगा और संभवतः ख़तरनाक भी साबित हो सकता है। साझेदारों के मन में भी यही विचार चल रहे थे।

कंपनी को शेयर बाज़ार में सूचीबद्ध कराने में एक तकनीकी अड़चन भी थी। नियमों के मुताबिक़ शेयर बाज़ार में दर्ज कोई कंपनी होटैल नहीं चला सकती और इसे होटैल का प्रशासन किसी दूसरी कंपनी के हवाले करना होगा।

संक्षेप में, यह कोई आसान निर्णय नहीं था, क्योंकि इसमें बहुत सारे पहलू शामिल थे। किसी नतीजे पर पहुँचने के लिए कुछ दिन नहीं, बल्कि विस्तृत चर्चाओं भरा पूरा एक साल लग गया।

इस दौरान जय की लगन प्रशंसनीय थी। उसने धैर्यपूर्वक सभी सवालों के जवाब दिए, हर संभावित समस्या का समाधान बताया और सारी शंकाओं को दूर करने का सर्वश्रेष्ठ प्रयास किया। आख़िरकार,

1999 में सभी साझेदारों के अनुमोदन के बाद हमने अपनी कंपनी को पब्लिक लिमिटेड कंपनी बनाने का निर्णय किया।

बहरहाल, क़िस्मत भी बड़े अजीब खेल खेलती है। 1999 में मंदी की एक और लहर आई। हम पुरानी मंदी की दहशत को नहीं भूले थे। जय भी इसके प्रभाव को देख चुका था। लेकिन तब वह एक कॉलेज विद्यार्थी था और आज वह एक मंजा हुआ व्यवसायी था।

वह हर एक के सामने यह तर्क रखता था, 'मंदी और विस्तार दोनों ही कारोबार के आंतरिक अंग हैं। अगर हमारी नींव मज़बूत है तो हमें मंदी से डरने की कोई ज़रूरत नहीं है। इसी तरह हमें अनावश्यक छलाँगें सिर्फ़ इसलिए नहीं लगानी चाहिए, क्योंकि कारोबार फैल रहा है। अगर हमारे अनुमान सही हैं और हमारा काम आदर्श है, तो हम मंदी से उबर सकते हैं और औद्योगिक उछाल के लाभों का आनंद ले सकते हैं।'

आख़िरकार 1999 में हमारी नई कंपनी हर्षा हॉस्पिटैलिटी ट्रस्ट, जो 10 होटैल की मालिक थी, स्टॉक एक्सचेंज पर दर्ज हो गई। अब हर्षा ग्रुप में पाँच कंपनियाँ थीं, जिनमें हर्षा हॉस्पिटैलिटी मैनेजमेंट, हर्षा डिवैलपमेंट कॉर्पोरेशन, हर्षा कंस्ट्रक्शन सर्विसेस, हर्षा इंटीरियर्स एंड सप्लाई और अब हर्षा हॉस्पिटैलिटी ट्रस्ट शामिल थे।

जैसा हम सोच रहे थे, हमारा पब्लिक इशू 1999 में जनता के सामने आया। यह पूरी तरह असफल रहा। यह दीगर बात थी कि शेयर जारी करने वाले निवेश बैंक ने अपने स्तर पर 15 मिलियन डॉलर के शेयर बेच दिए थे। मगर जहाँ तक जनता का सवाल था, उसने इसे पूरी तरह नज़रअंदाज़ कर दिया। स्थिति का अनुमान इस बात से लगाया जा सकता है कि जनता में सन् 2003 तक सिर्फ़ 10,000 डॉलर के शेयर ही बिक पाए थे।

ऐसा लग रहा था जैसे पब्लिक इशू के ज़रिये पूँजी इकट्ठी करने की जय की योजना नाकाम रही थी।

इस असफलता से जो अच्छी चीज़ सामने आई, वह था सभी साझेदारों का बेहिचक समर्थन। हर एक ने अपने दिमाग़ को ठंडा रखा और ज़्यादा उजले कल की उम्मीद क़ायम रखी। किसी ने भी दोषारोपण

का खेल नहीं खेला। सभी को यक़ीन था कि अगर इस वक़्त तराजू हमारे ख़िलाफ़ झुक रहा है तो यह दोबारा उठ जाएगा।

सन् 2000 में मंदी ने देश को जकड़ लिया। उस वक़्त नील ने अपनी अच्छी तनख़्वाह वाली नौकरी छोड़ दी और अपने बड़े भाई के पदचिन्हों पर चलते हुए हर्षा समूह में शामिल हो गया। अब जीवन और महत्त्वाकांक्षा से भरे दो नवयुवक 6 अनुभवी लोगों के साथ हर्षा समूह की पतवार सँभाल रहे थे। टीम भावना असाधारण थी। नए विचार लागू किए जा रहे थे। नई योजनाओं पर अमल हो रहा था। संक्षेप में, हर्षा समूह नवाचार की जन्मभूमि बन गया। तब हमने अपने 8 होटैल को बेचने का बड़ा निर्णय लिया। यह पैसा उन 15 मिलियन डॉलर में जोड़ दिया गया, जो पब्लिक इशू जारी करने पर निवेश बैंकर से मिला था। इन पैसों से समूह ने 18 नई जायदादें ख़रीद लीं। जिन लोगों से हमने होटैल ख़रीदे थे, उनमें से कुछ को भुगतान में नक़दी के बजाय कंपनी के शेयर्स दिए गए थे।

आख़िर 2003 तक हर्षा समूह के पास 20 होटैल हो गए थे। इस समय के आस-पास मंदी के प्रभाव कम होने लगे थे। हम सभी ने राहत की साँस ली। होटैल उद्योग एक बार फिर फलने-फूलने लगा। शेयर बाज़ार भी उछाल मारने लगा।

जय और नील ने समूह का विस्तार करने का फ़ैसला किया। उन्होंने नवीनतम मार्केटिंग रणनीतियों का इस्तेमाल किया और कंपनी में नई जान डालने के लिए आधुनिक क़दम उठाए।

सिर्फ़ 3 साल के दौर में ही कंपनी का मूल्य 50 मिलियन डॉलर से बढ़कर 150 मिलियन डॉलर हो गया, जो तीन गुना वृद्धि थी। 2006 तक कंपनी के होटैल की संख्या तीन गुनी से अधिक हो गई। अब हर्षा समूह के पास 70 होटैल थे। इन होटैल्स में से अधिकतर न्यू यॉर्क, फ़िलाडैल्फ़िया, वॉशिंगटन डी.सी. और बॉस्टन जैसे बड़े शहरों में थे।

मैं आश्चर्य, विस्मय और गर्व के साथ कारोबार के क्षेत्र में इन विशाल छलाँगों को देख रही थी। अपने बच्चों को सफल होते देखने से अधिक कोई माँ और क्या उम्मीद कर सकती है?

जय शाह

एक छोटे कस्बे में 11 कमरों के मोटैल से हमारी यात्रा शुरू हुई थी और अब हम 11,000 कमरों से अधिक के मालिक हैं : यह हर्षा समूह के उत्थान की कहानी है।

आज हर्षा समूह 100 से अधिक होटैल का प्रबंधन करता है, जिनमें हिल्टन, मैरियट, हॉलिडे इन जैसे विश्व के मशहूर पाँच सितारा होटैल शामिल हैं।

एडिसन, हार्टफ़ोर्ड, हैरिसबर्ग, विल्मिंगटन, डेलावेयर जैसी छोटी जगहों से न्यू यॉर्क, वॉशिंगटन, फ़िलाडैल्फ़िया, बॉस्टन, अटलांटा जैसे महानगरों तक, पूर्वी तट से पश्चिम तक हर्षा समूह ने पूरे देश में अपनी उपस्थिति दर्ज की है।

कुछ इसे सफलता की कहानी या चमत्कारी यात्रा कह सकते हैं। यह सब मेरे लिए गौण है। मैं सबसे बढ़कर यह चाहता हूँ कि समूह को और अधिक ऊँचाइयों पर ले जाऊँ। हमारे ग्राहकों को यह विश्वास होना चाहिए कि हर्षा समूह होटैल और सेवा की गुणवत्ता में उत्कृष्ट है। जब डैडी, मम्मी, नील और मैं नहीं रहेंगे, तब भी हर्षा होटैल के नाम से ग्राहकों में विश्वास की वही भावना उत्पन्न होनी चाहिए। मेरे हिसाब से यही हर्षा समूह की सच्ची सफलता की कहानी होगी।

अब जब मैं पलटकर पीछे की ओर देखता हूँ, तो मुझे मन ही मन हँसी आ जाती है। उस वक़्त नील कुछ समय पहले ही समूह में शामिल हुआ था। मुझे थोड़ा अनुभव तो था, लेकिन मैं अनुभवी खिलाड़ी नहीं बना था। हम दोनों ही नए विचार दे रहे थे और समूह में परिवर्तन शुरू कर रहे थे। साथ ही, हम अनुभवी लोगों को देख रहे थे और उनसे सीख रहे थे।

अमेरिका में होटैल मालिकों के कई संगठन हैं। एएएचओए (द एशियन अमेरिकन होटैल ओनर्स असोसिएशन) में मुख्यतः भारतीय मूल के होटैल मालिक हैं। हर साल एएएचओए अपने सदस्यों के लिए एक वार्षिक सम्मेलन आयोजित करता है। सम्मेलन में सैमिनार और भाषण होते हैं। सम्मेलन का मुख्य उद्देश्य यह है कि भारतीय होटैल मालिक एक दूसरे से मिलें

और उनमें जान–पहचान बढ़े। साथ ही, यह एक सद्‌भावनापूर्ण माहौल में विचारों के आदान–प्रदान का अवसर भी प्रदान करता है।

नील और मैं इन सम्मेलनों में जाने के बारे में दृढ़ थे। हम बहुत कम लोगों को जानते थे और हमें तो लगभग कोई भी नहीं जानता था। हम होटैल की लॉबी में इंतज़ार करते रहते थे। अगर हम असोसिएशन के किसी सदस्य को पास से गुज़रते देखते थे, तो हम अपना परिचय देते हुए कहते थे, 'हाय, मैं जय शाह हूँ और यह मेरा भाई नील है। हम हर्षा समूह से आए हैं।' उद्योग के दिग्गज़ और मशहूर भारतीय होटैल मालिकों से बात करते हम थोड़ी घबराहट और आतंक महसूस करते थे। बात करते समय तो हम आत्मविश्वास का नाटक करते थे, लेकिन बातचीत ख़त्म होने पर दरअसल राहत की साँस लेते थे। यह सन् 2000 की बात थी।

अगले 5 सालों में हर्षा समूह ने ख़ुद को पूर्वी तट पर बहुत अच्छी तरह स्थापित कर लिया। हमारे समूह और परिवार के बारे में अग्रणी अख़बारों, पत्रिकाओं तथा बिज़नेस जर्नल्स में असंख्य लेख प्रकाशित हुए हैं। हर्षा समूह ने कई पुरस्कार भी जीते हैं।

2005 के एएएचओए सम्मेलन में हमारे लिए एक बिलकुल ही अलग परिदृश्य था। पहले हमें समय काटने के लिए मक्खियाँ मारनी पड़ती थीं, जबकि आज हमारे शेड्यूल में चींटी बराबर भी जगह ख़ाली नहीं रहती।

एएएचओए हमारे लिए सेमिनार्स, भाषण, प्रेस वार्ताओं को तय करता है। इसके अतिरिक्त सम्मेलन में मौजूद होटैल मालिकों की ओर से लंच, डिनर और कॉकटेल के बहुत से आमंत्रण मिलते हैं। और फिर कुछ होटैल मालिक भी होते हैं, जो हमारे कमरे में अनौपचारिक बातचीत के लिए आ जाते हैं।

जहाँ पहले हम लोगों से बातचीत करने के लिए घंटों इंतज़ार किया करते थे, अब लोग हमारे पास आते हैं, हमसे बात करना चाहते हैं, अख़बार के रिपोर्टर्स इंटरव्यू लेना चाहते हैं। मैं इंकार नहीं करूँगा कि इतने ध्यान का केंद्र बनने में बेहतरीन महसूस होता है, लेकिन साथ ही हम यह भी जानते हैं कि यह सिर्फ़ शुरुआत है। हमें अब भी काफ़ी दूर जाना है।

हमसे अक्सर यह सवाल पूछा जाता है, '2000 और 2005 के बीच ऐसा क्या हुआ जिससे इस दौरान कंपनी का असाधारण विकास हुआ?'

इसका जवाब आसान है। इस दौरान जो तीव्र विकास देखा गया, उसका श्रेय सिर्फ़ इन पाँच वर्षों को ही नहीं दिया जा सकता। कुंजी उस दृढ़ नींव में भी है जो मेरे माता-पिता ने 20 साल से अधिक समय तक रखी थी। उन्हें अपने साझेदारों का अमूल्य समर्थन मिला था। सच कहूँ, तो श्रेय का एक हिस्सा हमें जाता है और एक बड़ा हिस्सा बदली हुई परिस्थितियों को भी जाता है। 1999 में जब अमेरिका पर मंदी का वार हुआ तो आतिथ्य उद्योग और रियल एस्टेट सबसे ज़्यादा प्रभावित हुए थे। लेकिन इसी दौरान आईटी उद्योग फला-फूला था। अगर किसी ने आईटी उद्योग में 10,000 डॉलर का निवेश किया होता, तो 3 महीनों के भीतर ही यह 30,000 या 40,000 डॉलर हो सकता था। स्वाभाविक रूप से हर कोई इस धमाके का हिस्सा बनना चाहता था। इसके विपरीत, रियल एस्टेट और होटैल उद्योग दो कारणों से कष्ट उठा रहे थे; एक तरफ़ तो ग्राहकों की संख्या काफ़ी कम हो गई थी और दूसरी तरफ़ कम मुनाफ़े की संभावना के कारण कोई भी इन कंपनियों में निवेश नहीं करना चाहता था।

आईटी का बुलबुला लगातार बड़ा होता गया और सन् 2001 में यह भारी धमाके के साथ फूटा। इस वजह से हज़ारों निवेशक बर्बाद हो गए। छोटे निवेशक ने सीख लिया कि धीमा और निरंतर चलने वाला ही अंत में दौड़ जीतता है, इसलिए लोग एक बार फिर रियल एस्टेट और होटैल में निवेश करने लगे। वही शेयर बाज़ार, जिसने हमारा पतन देखा था, अब उसने होटैल शेयर्स के भावों में चमत्कारी उछाल भी देखा। 1999 में हम अपने पब्लिक इशू से पूँजी इकट्ठी करने में नाकाम रहे थे। लेकिन मैं निराश नहीं हुआ था। मैंने अपने प्रयास जारी रखे। हमने निवेश बैंकर से मिले पैसे और अपने 8 होटैल बेचने पर मिले पैसे को इकट्ठा किया। फिर हमने उन पैसों से 18 नई जायदादें ख़रीद लीं। इनमें से कुछ तो मौजूदा होटैल थे, जबकि बाक़ी प्रमुख स्थानों पर

ज़मीनें थीं। सबसे महत्त्वपूर्ण बात यह थी कि ये सभी जायदादें न्यू यॉर्क, बॉस्टन और फ़िलाडैल्फ़िया जैसे बड़े शहरों में थीं। हमने मौजूदा होटैल का नवीनीकरण किया और ख़ाली ज़मीन पर नए होटैल बनाए। ये सारे होटैल सीमित सेवा वाले थे।

लिमिटेड सर्विस यानी सीमित सेवा वाला होटैल दरअसल क्या होता है? आइए, हैम्प्टन इन नामक हमारे होटैल का उदाहरण लें, जो 2003 में चैल्सी, न्यू यॉर्क में शुरू हुआ था। यह 144 कमरों का होटैल था। सभी कमरों में अच्छी सजावट थी और टीवी आदि सुविधाएँ थीं। हमने विलासिता के सामानों और होटैल में अनावश्यक बर्बाद होने वाली जगह में कटौती की थी। हर कमरा एक तिहाई छोटा था। कोई कॉन्फ़्रेंस रूम, बार, रेस्तराँ या स्विमिंग पूल नहीं था।

लिमिटेड सर्विस होटैल में ग्राहकों को सिर्फ़ नाश्ता दिया जाता है और वह भी अनाज, कॉफी, दूध आदि तक सीमित होता है... चूँकि जगह छोटी होती है, इसलिए खान–पान में भी कटौती होती है और सेवा सीमित होती है, ख़र्च कम होते हैं और अंतिम परिणाम यह होता है कि ग्राहक बहुत फ़ायदे में रहता है। इसकी वजह से लिमिटेड सर्विस होटैल का किराया बड़े शहर के बाक़ी होटैल के मुक़ाबले काफ़ी कम होता है। और चूँकि किराया छोटे कस्बों के होटैल की तुलना में ज़्यादा होता है, इसलिए मालिक को भी अच्छा मुनाफ़ा होता है।

एक और सकारात्मक बिंदु यह है कि शहर में होटैल इतनी अच्छी जगह पर होता है कि ग्राहकों की कभी कमी नहीं रहती। ये होटैल पूरे साल भरे रहते हैं।

2000 से 2005 तक इन लिमिटेड सर्विस होटैल ने इतना अच्छा प्रदर्शन किया कि धीरे–धीरे हमारे होटैल की संख्या 20 हो गई। और फिर ग्राफ़ 20 से 50 तक और फिर 70 तक पहुँच गया। हमें इस बात का अहसास भी नहीं हुआ कि कब संख्या 100 के आँकड़े को पार कर गई। इस पल हमारे पास कई महत्त्वाकांक्षी योजनाएँ हैं, ताकि भविष्य और भी उज्ज्वल बने।

उपसंहार

हर्षा और तथा उनके बेटों जय व नील की सफलता की कहानी सर्वोच्च प्रशंसा की हक़दार है।

वैसे, मैं निजी तौर पर महसूस करती हूँ कि एक अच्छा इंसान वह है, जो अपने से परे सोचता हो और दूसरों की मदद करता हो। इसलिए मैं आपको शाह परिवार के मानवीय पहलू के बारे में बताना चाहती हूँ।

हसु और हर्षा शाह को ईश्वर पर हमेशा दृढ़ विश्वास था। उनके गुरु कृष्ण शंकर शास्त्री की सलाह से उनकी आस्था बलवती हुई, जिन्होंने उन्हें सही दिशा में मार्गदर्शन दिया। अमेरिका में बसे भारतीयों के आमंत्रण पर कृष्ण शंकर शास्त्री अमेरिका की वार्षिक यात्रा पर आए थे। हसु और हर्षा ने शास्त्री महाराज का प्रवचन सुना, जिसमें उन्होंने कहा था, 'हम कभी ईश्वर का यह कर्ज़ नहीं उतार सकते कि उसने हमें यह जीवन दिया है, लेकिन अगर हम मूल धन नहीं चुका सकते, तो सूद चुकाने की कोशिश तो कर ही सकते हैं, है ना?'

जब सभी ने अपना सिर हिलाया, तो उन्होंने आगे कहा, 'तो अब हम देखते हैं कि हम सूद कैसे चुका सकते हैं। कुछ कहते हैं कि वे धार्मिक स्थलों को दान देते हैं। लेकिन मुझे महसूस होता है कि ईश्वर को हमारे पैसों की क्या ज़रूरत है। यह बेहतर होगा, अगर आप कुछ और क़ीमती चीज़ दे सकें – अपना समय।' श्रोता चकरा गए थे। कोई ईश्वर को समय कैसे दे? हम अपनी बेहद व्यस्त दिनचर्या में से समय कैसे निकाल सकते हैं?

शास्त्री महाराज हल्के से मुस्कुराए और बोले, 'मैं आपको बताऊँगा कि आप समय कैसे निकाल सकते हैं। ईश्वर ने हर एक को समय की समान मात्रा दी है। हर व्यक्ति के पास एक दिन में 24 घंटे होते हैं। भले ही आप सोने में 10 घंटे लगा दें, लेकिन फिर भी आपके पास 14 घंटे बचते हैं। इन 14 घंटों में से एक घंटा भगवान को दे दें। जब मैं भगवान कहता हूँ, तो मेरा मतलब उस मूर्ति से भी है जो आपको मंदिरों में मिलती है। मेरा मतलब यह भी है कि किसी अच्छे उद्देश्य के लिए, ज़रूरतमंद लोगों को समय दें। आप ईश्वर को हर जगह पर पाएँगे और इस तरह

आप उसके सूद को चुका पाएँगे।'

हसु और हर्षा शाह उनके विचारों के कायल हो गए। लौटकर हर्षा ने कहा, 'हसु, अब तक हमने सिर्फ़ ख़ुद के, अपने जीवन, अपने परिवार, अपने कारोबार के बारे में ही सोचा है। हमारे लिए ख़ुशी का मतलब एक अच्छी फ़िल्म देखना, अच्छे कपड़े पहनना, अच्छा भोजन करना रहा है। लेकिन शास्त्रीजी के विचार सुनने के बाद मैंने सीखा है कि दूसरों को ख़ुश करने से ज़्यादा ख़ुशी मिल सकती है।'

हसु की भी यही राय थी। 'हाँ, आज जीवन और ख़ुशी के बारे में मेरा दृष्टिकोण बदल गया है। अब हर चीज़ स्पष्ट है। मैं समझ गया हूँ कि हमें अपना जीवन किस तरह जीना चाहिए और हमें इसे बेहतर बनाने के लिए क्या करना चाहिए।'

उस पल के बाद से हसु और हर्षा ने चेतन प्रयास किया कि वे अपने पैसे और अधिक महत्त्वपूर्ण बात, अपने समय का एक हिस्सा अच्छे कामों में समर्पित करेंगे। उनके कार्यों से बहुत से लोगों को लाभ हुआ और उन्हें भी भारी संतुष्टि मिली।

1974 में हैरिसबर्ग में लगभग 100 भारतीय परिवार थे। वे धार्मिक त्योहारों और अन्य मौक़ों पर कोई हॉल या चर्च किराए पर लिया करते थे। कुछ लोग कहते थे, 'शहर में एक मंदिर होना चाहिए।' हसु और हर्षा लोगों की भावनाओं को समझते थे, इसलिए उन्होंने इस बारे में कुछ करने का फ़ैसला किया। शुरुआत में उन्होंने अपने घर में ही एक छोटा मंदिर बनाया और फिर बहुत कोशिशों के बाद वे शहर में एक मंदिर बनाने के लिए पर्याप्त पैसे इकट्ठे करने में कामयाब हुए।

हैरिसबर्ग में अब भारतीय समुदाय के पास अपनी ख़ुद की जगह है, जहाँ वे जब चाहे, मिल–बैठ सकते हैं। धार्मिक और सामाजिक समारोहों के लिए तो इसका इस्तेमाल होता ही है, यह भारतीय संस्कृति और भारतीय भाषाओं पर कक्षाओं का स्थल भी बन गया है।

हसु और हर्षा रोटरी क्लब के सदस्य भी बन गए तथा विभिन्न कार्यक्रमों में सक्रियता से भागीदारी करने लगे। उन्होंने अफ़्रीका के ग़रीब

देशों में रह रहे अपंग लोगों के लिए 'जयपुर फुट' यानी कृत्रिम पैर लगवाने की व्यवस्था की, चंपा वन के जनजातीय आदिवासियों के लिए आँखों की देखभाल हेतु मुफ़्त कैंप आयोजित किए, और भूकंपों तथा सूनामी जैसी प्राकृतिक आपदाओं से प्रभावित लोगों की मदद की। हसु और हर्षा ने इन सभी गतिविधियों में महत्त्वपूर्ण भूमिका निभाई।

वे अपने योगदान को सिर्फ़ पैसों के दान और अच्छे उद्देश्यों के लिए चंदा इकट्ठा करने तक ही सीमित नहीं रखते हैं। वे ख़ुद आगे आकर काम करना पसंद करते हैं और प्रभावित इलाकों में सचमुच काम करने जाते हैं।

हर्षा समूह के प्रति अपनी भारी ज़िम्मेदारी के बावजूद हसु और हर्षा सुनिश्चित करते हैं कि इन गतिविधियों में शामिल होने के लिए समय निकालें। यदि हसु नहीं जा पाते हैं, तो हर्षा बेन अकेली चली जाती हैं और रोटरी क्लब द्वारा संसार में कहीं पर भी किए जा रहे प्रोजेक्ट में मदद करती हैं। वे महसूस करती हैं, 'अधिकतर जगहों पर डॉक्टर और नर्स तो हैं, लेकिन स्वयंसेवियों की हमेशा कमी रहती है। यहीं पर मैं मदद करने पहुँच जाती हूँ। मैं हर तरीक़े से मदद करने को तैयार रहती हूँ। एक बार चंपा वन में आँखों का कैंप चल रहा था, तभी बिजली चली गई। ऑपरेशन पैट्रोमैक्स की रोशनी में हुए और पैट्रोमैक्स को पकड़ना मेरा काम था। इथियोपिया में पोलियो के ख़िलाफ़ अभियान के दौरान हम बस से दूरस्थ गाँवों में गए और बच्चों को पोलियो की दवा पिलाई। हमने कीनिया और इथियोपिया में अपंगों के लिए जयपुर फुट की व्यवस्था कराई। हमारे पास डॉक्टरों और नर्सों की टीम थी तथा हमने हर संभव तरीक़े से उनकी मदद की।'

एक बार ऊबड़-खाबड़ इलाक़े में चलते समय मैं गिर गई और मेरे घुटने में चोट लग गई। उस दूरस्थ अंचल में किसी तरह की जाँच कराना संभव नहीं था, इसलिए मैं वीलचेयर में लौटी। मेरा घुटना इतनी बुरी तरह ज़ख़्मी हो गया था कि अमेरिका लौटने के बाद मुझे एक बड़ा ऑपरेशन कराना पड़ा। मेरी सहेली मुझसे मिलने आई और मज़ाक़ में बोली, 'आप ये चीजें क्यों करती हैं और ख़ुद को अनावश्यक जोखिम में

क्यों डालती हैं?' मुझे इस बात का जवाब देने की ज़रूरत महसूस नहीं हुई क्योंकि मैं जानती थी कि इससे मुझे कितनी ज़्यादा संतुष्टि मिलती थी। इससे हमारा यह अपराधबोध भी हल्का होता है कि हम भारत में अपने माता–पिता को छोड़कर यहाँ आ गए थे। हालाँकि हम चाहते तो थे, लेकिन हम हर बार उनकी मदद करने के लिए शारीरिक तौर पर उनके साथ नहीं रह पाते थे। अब जब हम संसार के अलग–अलग हिस्सों में जाते हैं और ज़रूरतमंद लोगों की मदद करते हैं, तो हम उनमें अपने माता–पिता की छवि देखते हैं।'

जब मैंने मिस्टर हसु शाह से इस बारे में बात की तो वे अपनी पत्नी के विचारों से पूरी तरह सहमत थे। उन्होंने कहा, 'मेरे दिमाग़ में एक और विचार भी है। मैंने अमेरिका में पढ़ाई की और काम किया। मैं यहाँ अपने परिवार के साथ बस गया और इतने बरसों से यहीं रह रहा हूँ। मुझे एक कर्ज़ चुकाना है। मुझे इस धरती को कुछ वापस लौटाना है, जिसने मुझे इतना कुछ दिया है। हर्षा की अनुमति से हमने यहाँ एक वृद्धाश्रम बनाया है। हमने इसके लिए ज़मीन ख़रीदी, इमारत बनाई, सारी आवश्यक सुविधाएँ मुहैया कराईं और इसे चलाने के लिए ज़िम्मेदार लोगों को नियुक्त किया। एक मैनेजर है, जो उस वृद्धाश्रम का प्रभारी है।

हर्षा और मैं दोनों ही वहाँ बहुत समय बिताते हैं। हम वहाँ रहने वालों के साथ क्रिसमस, नया वर्ष और अन्य त्योहार मनाते हैं। हम क्रिसमस से पहले वहाँ रहने वाले हर वरिष्ठ नागरिक को ख़रीदारी कराने ले जाते हैं। कभी–कभार हम वहाँ संगीत समारोह या डांस पार्टी की व्यवस्था भी करते हैं। इनमें से अधिकतर विचार हर्षा के होते हैं और यह पूरी तरह उसी की पहल है। वह यह सुनिश्चित करती है कि बुज़ुर्ग लोग उपेक्षित या अकेले महसूस न करें।'

मुझे इस संदर्भ में हर्षा बेन और हसु भाई को 100 प्रतिशत श्रेय देना होगा। उन्होंने परिवार, कारोबार और सामाजिक जीवन के बीच आदर्श संतुलन स्थापित कर लिया है।

आज वे एक संतुष्ट और सुखी जीवन जीते हैं तथा बहुत से दूसरे लोगों के जीवन को ख़ुशहाल बनाते हैं।

इस अध्याय का शीर्षक 'सिर्फ़ पोटैल्स हो नहीं' एक ख़ास कारण से रखा गया है।

1970 के दशक में गुजराती समुदाय ने मोटैल उद्योग में अपना वर्चस्व स्थापित किया और उनमें से अधिकतर पटेल थे। दरअसल बहुत जल्द ही इस कारोबार में पटेल समुदाय की सख्या इस हद तक बढ़ गई कि मोटैल्स को पोटैल्स कहा जाने लगा। लेकिन यह मूलतः एक निंदात्मक शब्दावली है और गुजराती समुदाय का मज़ाक़ उड़ाने के लिए प्रयुक्त की जाती है।

बहरहाल, आज मखौल की जगह सम्मान आ गया है और नीचा दिखाने वाले अंदाज़ की जगह श्रद्धा का सुर आ गया है।

ऐसा इसलिए है, क्योंकि नवीनतम आँकड़ों के अनुसार 50 प्रतिशत आतिथ्य उद्योग, जिनमें मोटैल्स, तीन सितारा और चार सितारा होटैल, रेस्तराँ, पाँच सितारा होटैल शामिल हैं, के स्वामी भारतीय हैं, जिनमें से अधिकतर गुजराती हैं और ख़ास तौर पर पटेल समुदाय के हैं।

आज पटेल समुदाय न सिर्फ़ मोटैल्स का स्वामी है, बल्कि मैरियट, हिल्टन, हॉलिडे जैसे प्रतिष्ठित होटैल का भी स्वामी है।

'सिर्फ़ पोटैल्स ही नहीं' शीर्षक इसलिए उपयुक्त माना गया, क्योंकि यह कहानी शाह परिवार के संकल्प, लगन, कड़ी मेहनत, साहस और उत्कृष्ट कारोबारी बोध को रेखांकित करती है।

आभार

मोहनभाई पटेल, जयदेव पटेल और परिवार, दलपतभाई पटेल और परिवार, मगनभाई पटेल और परिवार, हर्षा और हसुभाई शाह, जय और नील शाह तथा परिवार, भीमजीभाई पटेल, गौरी डांगे और संयुक्ता दीवान – आप सभी को धन्यवाद। आपके समर्थन, मदद और सहयोग के बिना यह पुस्तक संभव नहीं होती।

लेखिका के बारे में

शोभा बोंद्रे एक मशहूर और बहु–प्रकाशित मराठी लेखिका हैं। वे विगत 25 वर्षों से लिख रही हैं और उनकी 13 पुस्तकें प्रकाशित हो चुकी हैं, जिनमें से कई बैस्टसैलर्स रही हैं तथा उनके 25 से अधिक संस्करण प्रकाशित हुए हैं।

ग़ैर–मराठी पाठक जगत उनकी पुस्तकें पढ़ने के लिए उत्सुक रहता है, इसलिए उनकी पुस्तकों का अनुवाद अँग्रेज़ी, हिंदी, और गुजराती में हो चुका है। वे महाराष्ट्र टाइम्स, लोकसत्ता, लोकप्रभा, माहेर, किर्लोस्कर आदि प्रतिष्ठित प्रकाशनों के लिए लेख, कहानियाँ और कॉलम लिख चुकी हैं। उन्होंने अभालमाया, मानसी, ऊन पाउस और अर्धांगिनी जैसे कई लोकप्रिय मराठी टीवी धारावाहिकों के संवाद भी लिखे हैं।

विगत कुछ वर्षों में जीवन के विविध क्षेत्रों के लोगों के व्यक्ति–परिचय

में शोभा ने विशिष्ट योग्यता दिखाई है। इसके लिए वे संबंधित व्यक्तियों से क़रीबी संवाद करती हैं और उनकी सामाजिक, पारिवारिक, भावनात्मक तथा आर्थिक पृष्ठभूमि की समझ हासिल करती हैं। सृजन के क्षेत्र में वे कई साहित्यिक पुरस्कार जीत चुकी हैं, जिनमें 1997 में सर्वश्रेष्ठ उपन्यास के लिए मिला महाराष्ट्र राज्य पुरस्कार शामिल है, जो उन्हें *सात समुद्र पार* के लिए दिया गया था।

भीमजीभाई पटेल

भीमजीभाई के तीन भाई

शिवभाई

कुर्जीभाई

धीरजलाल

भीमजीभाई के पुत्र – लालजी पटेल

कृषि मंदिर, मोहनभाई पटेल का सुपा फ़ार्म स्थित आवास

सुपा फ़ार्म पर काम करते हुए मोहनभाई

मोहनभाई अपनी चौथी पीढ़ी (परनातिन आन्या) की घोड़ों में रूचि जगाते हुए

मोहनभाई अपनी सहेली—परनातिन आन्या के साथ

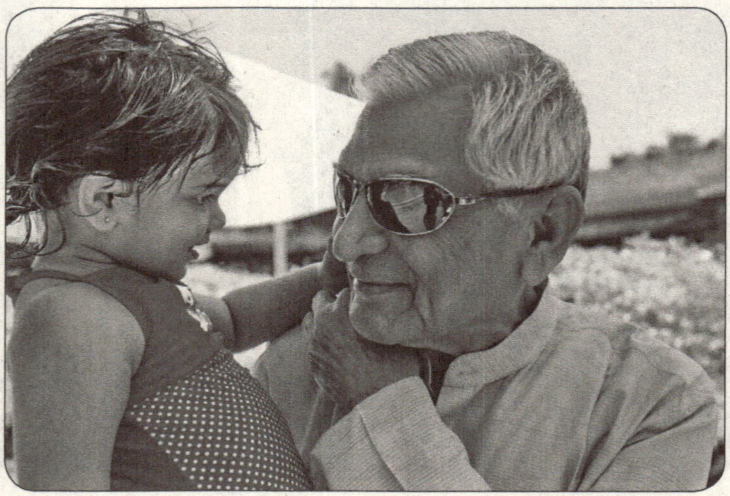

दो प्रेमी – परनाना मोहनभाई और परनातिन आन्या – एक दूसरे की आँखों में देखते हुए

मोहनभाई एक सेमिनार में बोलते हुए

स्वर्ग के पक्षी कहलाने वाले मोर – मोहनभाई के मुम्बई निवास पर

पटेल परिवार : पहली पंक्ति (बैठे हुए) : समीर, नीताबेन, कुणाल, प्रीति, चेतन, करीना
खड़े हुए : माया, चंपक, दलपतभाई, मगनभाई, मंजूबेन, राकेश, नील, अंजना

State of New Jersey

THE SENATE AND GENERAL ASSEMBLY

STATE HOUSE, TRENTON, N.J.

JOINT LEGISLATIVE RESOLUTION

By Senator SINGER and Assemblymen COTTRELL and MALONE

WHEREAS, The Senate and General Assembly of the State of New Jersey are pleased to commend and salute the Honorable Dalpat C. Patel, an esteemed resident of the Garden State, who has been selected by the Township Committee of Mansfield Township as Mayor for the year 2001; and,

WHEREAS, Dalpat C. Patel's record of inspired and effective civic leadership throughout many years has earned for him the respect and admiration of the citizens of his community; and,

WHEREAS, Dalpat C. Patel has especially distinguished himself through his tireless efforts as a member of the Mansfield Township Board of Education, and the depth of his knowledge and the breadth of his experience have contributed immeasurably to the quality of education within the Township; and,

WHEREAS, Dalpat C. Patel brings a deep and diverse cultural background to the administration and citizenry of Mansfield Township; and,

WHEREAS, The people of Mansfield Township and of the State of New Jersey are genuinely indebted to hard-working and inspiring individuals, personified by Dalpat C. Patel, whose time and energies are devoted to improving the effectiveness of their communities and the quality of life for their neighbors; and,

WHEREAS, It is altogether proper and fitting for this Legislature to recognize Dalpat C. Patel, and to salute him as an individual of outstanding character and exceptional determination; now, therefore,

Be It Resolved by the Senate and General Assembly of the State of New Jersey:

That this Legislature hereby honors and salutes Dalpat C. Patel, pays tribute to his meritorious record of service, leadership, and commitment within his community, and extends to him sincere best wishes for his continued happiness and success during his term as Mayor of Mansfield Township; and,

Be It Further Resolved, That a duly authenticated copy of this resolution, signed by the Senate President and the Assembly Speaker and attested by the Senate Secretary and the Assembly Clerk, be transmitted to the Honorable Dalpat C. Patel.

Attest:

President of the Senate

Speaker of the General Assembly

Dolores A. Kirk
Secretary of the Senate

Linda Metzger
Clerk of the General Assembly

दलपतभाई की मैन्सफ़ील्ड टाउनशिप, कोलम्बस, न्यू जर्सी
का मेयर घोषित करता प्रमाण–पत्र

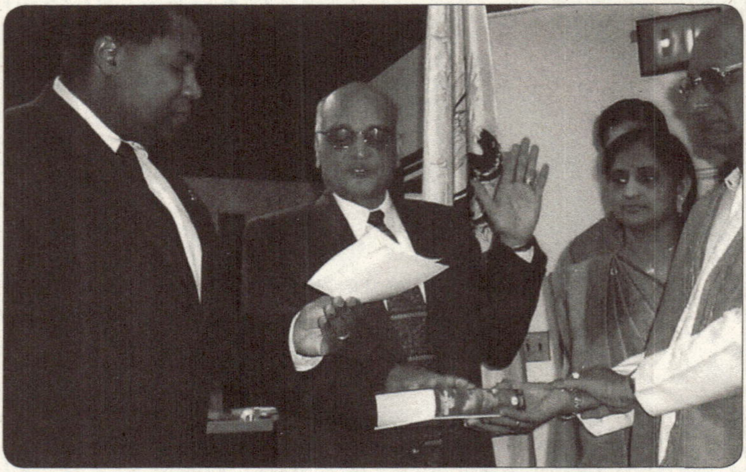

मैन्सफ़ील्ड टाउनशिप हॉल, कोलम्बस, न्यू जर्सी में दलपतभाई मेयर पद की शपथ लेते हुए

मगनभाई और दलपतभाई इम्पीरियल इन की लॉबी में।

पृष्ठभूमि में लगा चित्र न्यू *यॉर्क टाइम्स पत्रिका* के 4 जुलाई के संस्करण में प्रकाशित हुआ था।

बाँए से : मगनभाई, मंजूबेन, नीताबेन और दलपतभाई
इम्पीरियल इन की लॉबी में

इम्पीरियल इन के बाहर दलपतभाई

जयदेव पटेल

शरन, सीमा, जयदेव और सचिन पटेल

न्यू यॉर्क लाइफ़ के चेयरमैन व सीईओ सीमोर स्टर्नबर्ग से 2003 में सेवा के तीस साल पूरे होने पर पुरस्कार प्राप्त करते हुए।

सीमा, शरन और सचिन पटेल

जयदेव और पूर्णिमा पटेल 1983 में टॉरंटो में हुई काउंसिल मीटिंग में

'नए एजेंट के रूप में उन्होंने इतना अधिक काम किया जितना एक केमिस्ट रहते हुए कभी नहीं किया, और उनके पास सचिन और मेरे लिए समय ही नहीं रहता था' – पूर्णिमा पटेल

पहले और बाद में : सोजित्रा (भारत) में स्थित एम एम हाई स्कूल

पूर्णिमा, सीमा और जयदेव पटेल

हर्षा ग्रूप का हायट 48 एलईएक्स न्यू यॉर्क

केप में, न्यू जर्सी में पारिवारिक अवकाश पर
बाएँ से दाएँ : नील, सिमरन, जूही, अरहान, हसु पी. शाह, हर्षा, अरयना, सूज़ी, अविकार, और जय

मिशिगन स्टेट एन्डाउमेन्ट ऐंड अवॉर्ड, नवम्बर 2012 का चित्र जब जय और नील शाह को संयुक्त रूप से 2012 के उद्योग नेतृत्वकर्ताओं के रूप में मिशिगन स्टेट यूनिवर्सिटी (एमएसयू) में द स्कूल ऑफ़ हॉस्पिटैलिटी बिज़नेस एलमलाय असोसिएशन द्वारा चुना गया

ब्लैक टाई डिनर पार्टी में फ्रास के राजदूत पिएर विमॉन्ट के निवास पर श्री एवं श्रीमती शाह को दिए गए 2009 के नैशनल यूनाइटेड वे टोकविल सोसाइटी अवॉर्ड का चित्र

बाएँ से दाएँ: (खड़े हुए) जूही, नील, हसु, जय

(बैठे हुए) हर्षा, सूज़ी

शाह के रिटनहाउस होटैल के लाइब्रेरी बार का प्रवेश द्वार